深圳统计年鉴

SHENZHEN STATISTICS YEARBOOK

2002

总第12期

深圳市统计局编
Shenzhen Statistics Bureau

中国统计出版社
China Statistics Press

（京）新登字 041 号

图书在版编目（CIP）数据

深圳统计年鉴. 2002/深圳市统计局编. —北京:中国统计出版社,2002.7
ISBN 7-5037-3779-4

Ⅰ. 深... Ⅱ. 深... Ⅲ. 社会经济统计—统计资料—深圳市—2002—年鉴 Ⅳ. C832.653-54

中国版本图书馆 CIP 数据核字(2002)第 034143 号

深圳统计年鉴—2002

作　　者 / 深圳市统计局
责任编辑 / 陈越月
E-mail: yearbook@stats.gov.cn
责任校对 / 吴　冰　张春山
封面设计 / 王　端
出版发行 / 中国统计出版社
通信地址 / 北京市西城区三里河月坛南街 75 号　中国统计出版社
电　　话 / (010)63262295
印　　刷 / 利丰雅高印刷(深圳)有限公司
开　　本 / 890×1240 毫米　1/16
字　　数 / 75 万字
印　　张 / 25 印张
印　　数 / 1-1500
版　　别 / 2002 年 7 月第 1 版
版　　次 / 2002 年 7 月第 1 次印刷
书　　号 / ISBN 7-5037-3779-4/F.1393
定　　价 / 200.00 元

深圳市无线电管理办公室

SHENZHEN RADIO MANAGE OFFICE

市领导、市无管办领导同全市优秀无线电专管员合影。

深圳市无线电管理办公室，在省无线电管理委员会和市人民政府领导下负责全市除军事系统外的无线电管理工作，是市政府行使全市无线电管理的职能部门。

其主要职能和任务是：

一、贯彻执行国家、省和深圳市的无线电管理的各项方针、政策、法规和规章。

二、拟制深圳市无线电管理的具体规定，上报市政府审批后负责贯彻执行。

三、协调处理本市范围内无线电管理方面的事宜。

四、负责承办审查本市范围内各类无线电台（站）的建设布局和台址，指配无线电台（站）的频率和呼号，核发无线电台执照。

五、负责本市行政区域的无线电监测和理工科医电磁场强的测量，及时查处有害的无线电波干扰。

六、根据授权，负责承办深、港边境地区无线电的协调事宜。

七、负责深圳市无线电设备的研制、生产、销售行业管理及有关产品质量的检测、审查。

八、负责审批无线电传呼企业（公众网、专用网）的申办，核发无线电传呼经营许可证。

九、负责审批无线电通信设备的进口及进口无线电设备的检测。

十、负责承办外国驻深代表机构、来华团体、客商等外籍人士在我市设置、使用无线电台（站）以及携带或者运载无线电设备的申报审批手续。

组织机关和企业人员在市内主要广场设点宣传无线电管理法规

省无委办领导莅临市无管办指导工作。（右二省无委办领导曾超鹏）

市无管办组织在南岭村参观、学习。

市无管办张俊焕主任带队深入基层检查指导工作。

《深圳统计年鉴—2002》编委会名单

编 辑 说 明

1. 鉴于原“深圳市统计信息局”更名为“深圳市统计局”，因此原《深圳统计信息年鉴》相应地更名为《深圳统计年鉴》，有关内容也作了相应调整，有关信息化建设方面的内容不再编入。

2. 为方便国外读者查阅，本年鉴在目录、统计图表等内容上按中英文对照编辑。

3. 本年鉴全面系统地介绍了深圳市国民经济和社会发展情况，主要指标着重反映了2001年深圳市经济和社会各方面所取得的成就，也反映了深圳建市以来历年统计数据。统计资料内容分为15个部分，即：(1) 综合；(2) 人口和劳动力；(3) 工业；(4) 运输、邮电、能源；(5) 农业；(6) 固定资产投资；(7) 商业、物价；(8) 财政、金融；(9) 对外经济贸易和旅游；(10) 劳动工资；(11) 科学、教育、文化、卫生；(12) 环境保护与城市公用事业；(13) 人民生活；(14) 企业景气状况；(15) 各区概况。为了便于读者正确使用资料，还附上了主要统计指标解释。

4. 本年鉴中的“全市”包括经济特区和宝安区、龙岗区，“特区” 包括罗湖区、福田区、南山区和盐田区。

5. 根据最新掌握到的统计资料以及国家新的统计制度之规定，本期年鉴对过去发表的一些重要统计资料重新予以核实，对部分历史数据进行了调整。因此，读者在使用历史资料时，凡与本年鉴有出入的，均以本年鉴为准。

6. 本年鉴中的部分数据由于单位取舍不同产生的计算误差均未作机械调整。

7. 为便于读者使用，本年鉴特编制了主要指标的定基指数、环比指数和年平均增长速度。本年鉴中所列指数和年平均增长速度均按可比口径计算。

8. 本年鉴使用的符号说明：“…”表示数据不足最小单位数；“空白” 表示该项统计指标无数据或数据不详；“#”表示其中项；“*”表示另有注解。

9. 限于我们的水平，本年鉴仍存在许多不足和错漏，希望读者不吝批评指正，帮助我们改进编辑工作，以期更好地为广大读者服务。

深圳市统计工作会议于2001年12月29日在深圳人大会堂召开，在主席台上的是：深圳市市长于幼军（左四）、副市长庄心一（左五）、市政府副秘书长唐杰（左三）、深圳市统计局局长邓平（左六）、副局长孔爱玲（左二）、巡视员曾曲宏（左一）、局长助理陈凤基（左七）。

深圳市统计系统先进集体暨先进工作者表彰大会于2002年5月21日在深圳人大会堂召开，深圳市政协主席、市委常委、常务副市长李德成（后排左四）、市政府副秘书长唐杰（后排左五）、市人事局副局长陆韬（后排左二）和深圳市统计局领导给获奖者颁奖。

更名后的深圳市统计局首届工会会员大会于2002年6月5日召开，深圳市总工会副主席毛晓碚（左二）、市直属机关工会副主席冯艳玲（左四）、市统计局领导（左三、左一）以及局工会主席李成辉（左五）在大会主席台上。

2002年2月22日，深圳市市长于幼军（左四）亲临市统计局视察并指导工作，深圳市统计局领导迎接于市长一行。

于幼军市长（左四）、庄心一副市长（左五）、胡爱民秘书长（左三）、唐杰副秘书长（左六）与深圳市统计局领导及中层干部座谈。

2002年3月22日，深圳市统计局局长邓平（左一）接受韩国全州文化电视台《世界经济的绿洲 —— 中国》专题节目采访。

2002年6月4日，深圳市统计局局长邓平（左一）会见美国**BRMWE**公司**Jeff Bowers**总裁（左五），商谈有关合作事宜并签署了合作意向书。

深圳市统计局副局长孔爱玲（左四）与南非国家统计局领导（左三、左一）进行工作交流。

广东核电合营有限公司

GNPJVC

广东核电合营有限公司(广东大湾核电站)是我国引进国外资金、进设备和技术所建设的大型商用电站，拥有两台单机容量为98.4千瓦的压水堆核电机组，年发电力为150亿千瓦时，所发电力分送东(30%)和香港地区(70%)。电站自94年投产八年多来，保持安全稳定行，至2001年底，已累计上网电量4亿千瓦时,创汇40.3亿美元，基建款还本付息占预计还本付息总额的例已达80.9%。

从1996年以来，广东核电合营有限公司在信贷资信等级上一直保持在“AAA”级，并获得了第三届、第四届“深圳市守法纳税大户”、“1997年度全国外商投资出口先进企业”、“1997年广东省外商投资出口先进企业”、1996~2000年全国外商投资“十大人均高利税企业”、“十大高出口创汇企业”等称号，荣获“全国五一劳动奖状”，公司还被评为“全国环境保护先进企业”，并于1999年4月通过ISO14001环境管理体系认证。

深圳市
笋岗实业股份有限公司

SHENZHEN SUN GANG INDUSTRY AND COMMERCE CO.,LTD.

笋岗实业股份有限公司，是实施深圳市委、市政府关于在特区农村实现城市化的战略决策，由原罗湖区笋岗村企业公司经过股份化改造之后成立的，在深圳市工商行政管理局注册登记的集体性质的股份制公司，具有独立的法人资格。

深圳经济特区建立以来，笋岗村企业公司贯彻执行党和政府的改革开放政策，依托本身优势，外引内联，逐步形成了以合作开发工业为一体的综合性、多层次的经济结构，村集体经济实力不断壮大，现拥有总资产2.8亿元。集体占51%，股东占49%。现有股东427人。公司内设六部一室。公司（董事会）办公室、企业发展部、物业管理部、财务部、基建工程部、人事部、武装保卫部。公司的发展指导方针是：发挥优势，多业并举，不断完善，滚动发展，尽快纳入城市正规化，一体化发展的良性循环轨道。笋岗实业股份有限公司成立后，经营范围比原村企业公司进一步扩大。主要经营：五金交电、日用百货、化工原料、汽车配件、塑料制品、建筑材料、家具、服装、纺织品、工艺美术品、文化体育用品、粮油、副食品、农副土产品、旅游业、饮食服务、旅业、物业管理、消防保安器材、石油化工、运输等。经营方式：生产、批发、零售、代购代销。在合法取得土地使用权范围内从事房地产开发经营。

公司在步入二十一世纪全面振兴发展的新时期，将继续涉足特区城市建设、工业发展、商品流通、旅游服务、高新技术产品开发等广阔领域，竭诚与国内外各界人士在平等互利的基础上携手合作，共创大业！

携手合作　共创大

中铁十二局集团有限公司

中铁十二局集团有限公司是铁路综合性工程大型一级资质企业,兼营公路、市政、机场、水利水电、建筑、铁路电气化、建筑装璜、设计、设备安装、航务等工程施工，并提供技术咨询、设备租赁、物资经销、设备制造修理等服务，一九九三年九月，我集团公司被建设部年批准为“一级工程施工总承包企业”，享有土建工程范围内的科研、设计、采购、施工一体化总承包权。

我集团公司下辖四个综合工程处、两个专业工程处、六个实业开发公司以及10余个直属生产经营服务单位。截止97年底在册职工11616人，其中具有专业职称的技术经济管理人员3072人（高级83人、中级1146人、初级1843人），占职工总数的28%；其中，工程技术人才1637人（高级64人、中级550人、初级1023人），占职工总数的14%，职工平均技术等级5级以上，全集团公司资产总额25.5亿元，拥有各类大型机械设备2800余台（套），综合机械化施工度为78.4%，形成了土石方、隧道、桥梁、深水基础、高层建筑、电气化施工、公路路面、机场场道、地铁等机械化施工作业线，年最大施工能力约30亿元；其中隧道机械化施工作业线可完成钻、爆、控、装、运、混凝土泵送、衬砌一条龙作业，年可完成18000成洞米；高层建筑施工已形成大吨位塔吊、泵送混凝土、大模板液压滑模、自动计量拌合生产混凝土、布料机布料的高层房建机械化施工作业线，年可完成房建工程14.9万平方米；土石方机械化作业线可完成各类大型土石方施工任务，年施工能力为1500万立方米。

我集团公司前身是铁道兵第二师，一九八四年集体转业并入铁道部，一九九八年七月三日注册组建为中铁十二局集团有限公司，是一支具有光荣革命传统和优良作风的、能征善战的基建专业队伍。四十多年来，南征北战，屡建功勋，曾出色地完成了解放战争、抗美援朝、援越抗美、对越自卫反击等战时抢修、抢建任务；在社会主义建设时期，先后参加了黎湛、鹰厦、兰新、湘黔、成昆、襄渝、南北同蒲、侯月、大准、京九、广深准高速等二十余条干线的建设，参加了太岚、武墨、孝柳、阳涉、平朔专用线的建设任务，以及北同蒲、平朔专用线、旧高山专用线等八条铁路电气化工程的建设。在以铁路为主的基础上，广泛涉足公路、机场、码头、市镇、建筑、水利水电等施工领域，先后建了湖南黄花岗国际机场、山西平朔机场、太原武宿机场、海口美兰国际机场的新建、扩建任务；承建了湖北宜黄高速公路、云南楚大高速公路、福建福泉高速公路、京珠高速公路、107、325国道、广州环城高速公路、广珠东线高速公路、海南东线高速公路等一级以上高等级公路32项约450公里；承建了山西木瓜界集运站及储煤筒仓、广东南海谢边立交桥、广州地铁、上海地铁、上海黄埔江奉浦大桥等多项大中型市政工程；承建了太原建行大厦、太原铁道大厦、太原火车站高架侯车楼、山西汾酒厂酒库、三晋文赢公寓(27层)、太原唐槐商厦（41层）等建筑工程；承建了三峡船闸水洞、四川江口水电站、湖北五峰电站、湖南滟州电站、黄陂船闸、山西漳泽水库大坝、万家寨引黄等水利水电工程。在长期的施工实践中培养和锻炼了一大批经营管理和施工技术人员，积累了丰富的施工经验，形成了雄厚的经济和技术实力。

从八四年转工到九七年底，累计完成施工产值135亿元，年完成施工产值由一九八四年的10768万元，长了19.3倍。共修建铁路干支线里程1180公里、公路358公里，还交付了一批其它建设项目。其中修建桥梁66230延长米、隧洞57868延长米、土石方10386万立方米、房屋979913平方米，全集团公司共创省部级以上优质工程31项，平朔煤矿专用线被评为国家优质工程，上海奉浦大桥、京九铁路吉定段获得年度鲁班奖，京九铁路平湖南编组站获国家工程建设质量金质奖章，京九铁路吉定段荣获首届中国土木工程（詹天佑）大奖；实现连续6000天无因工亡人事故，创造了全国铁路基建系统安全生产最好成绩；共实现利润15800万元，上缴国家利税17000万元，资金总量增长三倍。近几年来，我集团公司积极走向市场，奋力开拓经营，企业的经营领域越来越宽广，从九二年起，相继在海南、上海、珠海、北海、广州成立了五个新型实业公司，开展房地产开发和综合贸易等项目，投资总额在3.1亿元以上，形成多业并举，多业并重的经营新格局。

我集团公司历年来积极稳妥地进行企业内部改革，较早推行了“百元产值含量包干制”，实行以承包经营为主要内容的各种经济责任制，逐步培育和完善了项目法施工机制，特别是一九九四年被建设部确定为全国进行现代企业制度改革试点的三十五家建筑企业之一，为我集团公司从根本上转换经营机制，向企业国际化方向迈进了一大步。在激烈的市场竞争中，我集团公司在继承和发扬人民军队的优良传统和作风的基础上，锐意进取，靠全新的观念开拓市场、靠灵活的机制适应市场、靠过硬的实力占领市场、靠优质的服务巩固市场，在强手如林的建筑市场树立了良好的企业形象，跻身于全国百家大型建筑企业和创立大户之列，连年被驻地政府评为“重合同守信用单位”，九零年在全路基建系统首家跨入国家二级企业行列，九六年被中国施工企业管理协会评为“全国优秀施工企业”，九七年同时通过了ISO9001和ISO9002质量体系认证，连续六年被评为“全国思想政治工作优秀企业”，在“全国500家最大经营规模建筑企业”排行榜中，九三年名列第十九位，九四年跃居第十位，在铁路、公路、隧道、桥梁行业“100家最大经营规模建筑企业”中排名第五位，经济效益排名第二十四位，成为我国建筑行业的“强中强”之一。

广深铁路股份有限公司

广深铁路股份有限公司地处深圳，毗邻香港，横贯富饶的珠江三角洲，主要经营粤港地区的客货运输服务。公司成立以来，坚持“热情诚信、顾客至上、提供安全、便利、快捷、优质的运输服务，做旅客货主真诚的伙伴和朋友”的企业宗旨，走出了一条有中国特色的社会主义新型铁路运输企业发展的新路子，成为全国铁路改革的“第一号种子”。2001年10月21日起，广深铁路实施新的列车运行图，平均每15分钟开行一趟特快旅客列车，实现了“新时速”城际特快旅客列车“公交化”，掀开了中国铁路发展的新篇章。公司还先后获得国家“金马奖”、深圳市AAA资信企业、广东省思想政治工作优秀企业、深圳市文明单位等称号。今后，公司将不断向高速度、高密度、高科技、高效益的方向发展，以实现“中国铁路科技与管理现代化的样板、中国铁路改革与建立现代企业制度的样板、中国铁路服务的样板”的目标。

华安财产保险股份有限公司
SINOSAFE GENERAL INSURANCE CO.,LTD.

深圳客户服务中心

华安财产保险股份有限公司是经中国人民银行批准，于1996年10月18日正式创立的一家专业性财产保险公司，总部设于深圳，主要经营各种财产险、责任险、信用险、农业险及其上述保险的再保险。

华安财产保险股份有限公司聚合了股东的整体优势，它是由国内16家实力雄厚的投资人共同发起，股东拥有资产逾1000亿元，业务覆盖运输、邮电、通讯、旅游、房地产、工贸等众多领域，这对华安的业务发展将会提供直接有力的支持。

五年来，华安保险开拓进取，奋力拼搏，以振业民族保险事业为已任，在取得良好自身经营业绩的同时，也为探索中国保险业的发展道路作出了积极的贡献，赢得了公众的认同和信赖。截至2002年5月，华安已经从华南一隅走向了全国，除了已经开业的深圳分公司、广州分公司、长沙分公司、福州分公司等省级分公司之外，南宁分公司也在筹建之中，此外，还获批了北京、上海、南京、成都、大连、杭州等六家省级分公司。在广东省，华安的营业网点几乎遍布每一个城市和乡镇，除深圳、广州外，珠海、东莞、顺德、佛山、江门等地区均有华安的分支机构。

推出住房装修贷款保证保险，为客户排忧解难

华安于1998年4月启动ISO9002质量体系文件规范服务程序，并分别于同年10月、12月正式获得荷兰KEMA质量认证公司和中国进出口产品质量认证中心ISO9002国际及国内质量管理体系认证，成为国内首家通过ISO9002国际认证的保险公司。

目前，华安已与包括瑞士再、慕尼黑再、科隆再在内的50多家专业再保公司建立和发展了业务关系，并且选择瑞士再（世界第二大专业再保公司）作为分保合同的首席再保人。广泛的分保业务关系，将有效地保障广大保户的经济利益。与此同时，华安在国内外设立了500多个检验和理赔代理网点，迅速、公正、准确地为出险客户进行理赔服务。

街头家财险种推广、真诚服务万户千家

面对WTO的挑战，华安人不断努力开拓和进取，期冀以更好的险种、更优质的服务打响华安品牌，为民族保险业的兴起尽力，为使华安成为一家产寿险齐全，市场占有率持续递增，集保险、投资实业为一体的多元化综合性的跨国集团而努力。

24小时服务热线 0755-82071666

位于金丰城大厦的公司总部

公司地址：深圳市深南东路5015号金丰城大厦2层/A座23层　邮编：518010

电话：0755-82071888　传真：0755-82070484　主页：www.sinosafe.com.cn

做最好的网络

客户服务“一对一”充分体现人性化的服务理念

中国移动广东深圳分公司简介

中国移动广东深圳分公司（港资独资），是中国移动（香港）有限公司的全资子公司广东移动通信有限责任公司在深圳市的分公司。中国移动（香港）有限公司于1997年10月经国务院批准在香港和美国纽约上市。

作为全国最早开通移动电话系统的移动通信运营公司之一，自1988年11月开始为深圳公众提供移动通信服务以来，公司致力于以优质、方便、个性化的移动通信服务满足市民的需求，为深圳的信息化建设和社会经济发展竭诚奉献。在广大客户和社会各界的关爱、支持下，公司锐意进取，开拓创新，截止目前，网上客户总数已突破380万户，网络容量超过450万户。公司拥有GSM900和GSM1800两大网络，并已建成GPRS商用网。分布合理的1000多个基站覆盖整个深圳市99%以上的人口，国内漫游无盲区，并已经与94个国家和地区的161家移动通信运营商实现了国际自动漫游，网络通信质量和服务水平等一直保持全国先进行列，“全球通”、“神州行”、“动感地带”已经成为深受广大客户信赖的知名品牌。

公司紧紧围绕创世界一流移动信息运营公司的目标，坚持实施服务与业务领先，努力提升核心竞争力，打造品牌新优势，不断提高服务质量，增加服务种类，构筑完善的客户服务体系。公司在深圳6个区设有20多个大型的专业服务厅，拥有1000多个代销、分销服务网点和缴费网点，为客户提供从开户入网、业务咨询、话费缴纳到投诉处理和业务办理等在内的全员、全程、全方位的优质服务，功能强大的www．sz1860.com客户服务网站、全天候的1860客户服务热线以及方便、快捷的流动服务让客户足不出户即可轻松办理多项业务。公司密切跟踪世界先进技术，引领移动电子商务发展潮流，已相继成功推出了包括移动股市、手机银行、手机支付、手机投注、无线POS、资讯快线、企业之窗等40多种新服务，在构建移动互联网、发展移动电子商务、开展信息应用服务的道路上始终走在市场前列。

“沟通从心开始”，我们的真诚服务永无止境。伴随着移动通信市场的发展，中国移动广东深圳分公司将继续秉承精益求精的专业精神，以客户需求为导向，开拓创新，争当深圳信息化建设的主力军，为移动通信市场的繁荣和地区经济发展做出新的贡献！

多样化新业务满足个性化需求

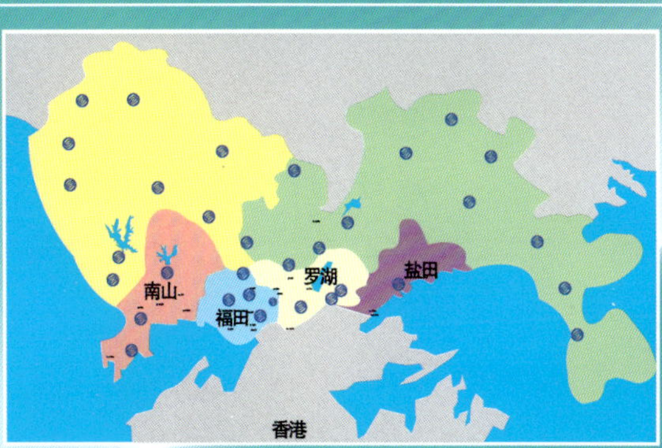

完善的服务营销渠道

泰华房地产(中国)有限公司

董事长、法人代表　罗瑞希

泰华房地产（中国）有限公司,成立于1991年8月,注册资本为52,8
万港元,为国家房地产开发一级资质企业。2002年5月,在深圳市规划国
局举行的“深圳市2000年度房地产开发企业资质年审”中居第五名。

公司成立以来,先后以投标、竞买及招商会购买等方式取得了约15
万平方米建筑面积的土地使用权。2000年3月，公司以3.24亿元人民
竞得了号称“宝安地王”的原深圳市宝安区体育场地块；2001年12
公司以14.55亿元人民币竞得号称“深圳地王”的深圳红树湾拍卖地,
建筑面积达70万平方米,成为当之无愧的“深圳标王”。

2001年12月，泰华公司以14.55亿元竞得深圳树湾拍卖地后，境内外记者追访罗瑞希董事长

公司现已成功开发了包括共和世家（建设部第五批优秀城市住宅示范小区）、泰华豪园（2001年中国深圳区域性开发模式（宝安）标准住区）、泰华锦绣城、泰华大厦等深圳市明星楼盘在内的10多个高尚住宅小区，已开发物业总建筑面积约80余万平方米。目前在建的有“天骄世家”、“宝安地王.冠城世家”、“泰华明珠”、“海逸世家”等，总建筑面积约70多万平方米；泰华红树湾、深圳市购物公园等项目也即将于今年下半年正式动工兴建。

近年来，公司综合产值逐年上升，商品房销售额、纳税额均名列深圳市同行业前茅。公司自1995年以来，已连续6年获深圳市建设银行资信“AAA”企业；2000年度被深圳市人民银行评为“AAA”资信等级,公司被深圳市、宝安区政府多次授予“文明企业”荣誉称号。

泰华豪园

公司地址：深圳市宝安30区泰华花园一座
电话：27833888（总机）27800138　27800188
传真：27805828　　网址：www.tai-hua.com
电子信箱：lihg@tai-hua.com　邮编：518133

天骄世家

冠城世家

信誉第一、客户至上、精诚合作、互惠互

多姿多彩每一天——友谊城百货

友谊城位于热闹繁华的深圳市罗湖区商业中心区，汇聚了友谊城百货、为食欢乐城、稻香海鲜火锅酒家和金伯爵演义娱乐中心等著名购物饮食娱乐场，是一家中高档定位的大型消费场所。

友谊城百货主要经营男女服装、百货精品、皮具、皮鞋、文体用品、儿童用品、超市和精品电器等大类商品。云集了万宝龙、都彭、法国鳄鱼、奥米茄、雅格狮丹、骆驼等国内外的知名品牌，其中不少品牌在深圳市场尚属独家经营。高尚的品牌效应和对流行时尚的敏锐捕捉，使友谊城百货成为深圳名副其实的“品牌橱窗”。这里宽敞幽雅、清新亮丽的购物环境，高品质的商品，细微周到的服务，时刻为顾客缔造一个引领潮流新趋势、轻松愉快的消费空间。追求生活品质的白领人士和海内外游客一直把友谊城当作购物休闲的首选之地。

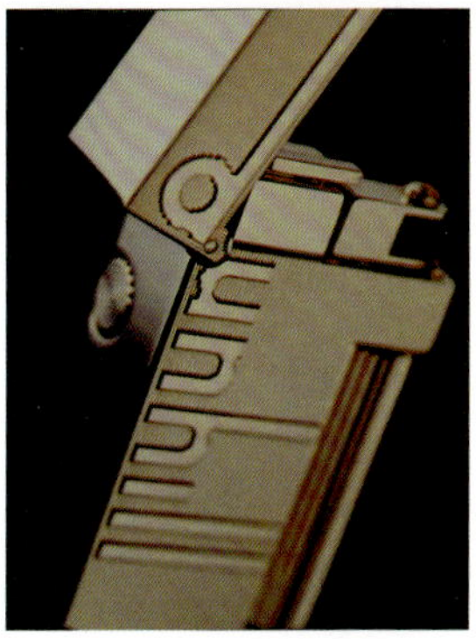

圳市现代友谊股份有限公司友谊城百货分公司
NZHEN MODERN FRIENDSHIP CO.,LTD FRIENDSHIP DEPARTMENT STORE BRANCH
圳市罗湖区友谊路友谊城
iendship City YouyiRoad,Luohu Shenzhen,P.R.C.
话(Tel)：86-755-82178210 86-755-82178245
真(Fax)：86-755-82229577

WINDOW of the WORLD
深圳世界之窗
一票在手游世界 世界有您更精彩
一票通玩 超值享受
率先推出一票制，景区内游客可免费参与以下6大项目：
大型音乐舞蹈史诗《跨世纪》晚会
阿尔卑斯山大型室内滑雪场(嬉雪)
科罗拉多大峡谷探险漂流
亚马逊丛林穿梭电动滑道
富士山240度环绕数码影院
金字塔幻想馆
地址：中国深圳特区华侨城
电话：26608000-8120 26902840
传真：26603226 网址：www.szwwco.com
文化主题活动
印度文化周 春节期间
樱花节 5月1日至7日
啤酒节 7月12日至8月18日
狂欢节 7月20日至8月25日
埃及文化周 国庆节期间
世界之窗
SHENZHEN WORLD MINIATURE

F&T
ACCOUNTANTS

深圳執信會計師事務所

深圳执信会计师事务所于1994年8月广东省财政厅批准成立，具备《会计师务所执业许可证》和财政部批准的资产估资格，领取了深圳市工商行政管理局发的《合伙人企业营业执照》。

本所的业务内容为审计、验证注册资、资产评估和企业管理及财税咨询。

我们为企业提供的审计服务包括了企会计报表审计、企业合并、分立、清算宜中的审计、企业经营者离任审计及法、行政法规规定的其他审计。我们为新册成立的公司提供设立验资，也为企业更注册资本提供变更验资。

我们也为企业提供整体资产评估和单资产评估（包括：房地产、机械设备、动资产、无形资产等）服务。

在企业管理及财税咨询方面，我们的服务内容包括：企业发展战略及围绕企业核心能力的管理要素整合、公司及业重组、组织结构框架设计及结构优化、财务控制程序设计及税务问题答疑及平衡记分卡应用。同时，我们也扮演企业资咨询的角色，通过对行业及市场状况的定性、定量调查研究，为企业投资作可行性分析、项目论证。我们的优势在对各类企业实际情况和管理环境细致入微的了解和把握，在审计过程除了按独立审计准则的要求关注被审计企业外，们还审视其业务运作方法、管理人员的配备和绩效等，并将同行业的企业经营、管理模式进行类比，开拓出一条有自特色且可实施的咨询评价方法。除了长期工作在第一线的会计师和经济师外，本所拥有暨南大学、厦门大学的教授专智囊，不仅可以随时把握世界上最新的管理咨询动态，同时也将具体的咨询项目与学术研究相结合，使人才优势和知优势相互结合。

本所经过多年的运作，现已初具规模，现有从业人员58人，其中：中国注册会计师23人，中国注册评估师8人，中国册税务师3人。拥有一批既有多年会计管理经验、又有审计经验的高级会计师和经济师，及既懂工程预算、又懂评估的级工程师。全所所有人员全部具有大专以上学历。我们注重人才储备，为本所的发展奠定了坚实的执业基础。

自从我所执业以来，为社会提供了大量的专业服务，并在行业内建立起良好的信誉。尤其在为政府提供专业服务上，年来受到政府有关职能部门良好评价，因良好的执业质量被深圳市财政局选定为参予市属国有企业财政核查任务，及深圳市国有资产管理办公室推荐参与国企改革评估的事务所。

多年来，本所坚持以"质量第一、效益第一、服务第一"为宗旨，恪守"独立、客观、公正"原则，为企业提供全方位服务。从企业项目的可行性分析、财务制度设计、财务咨询、企业问题的诊断，到企业审计、评估等，我们都尽心尽完成好客户委托的各项任务。我们的特点是善于与客户沟通，并以较高的专业水准使我们的服务达到最佳效果。

自1994年我所成立以来，已为深圳市及国内多家集团提供了良好的专业服务。已提供专业服务的部分集团公司及大型国营企业名单如下：

1、深圳地铁公司
2、深圳市投资管理公司
3、深圳市能源集团有限公司
4、深圳市经济特区发展（集团）公司
5、深圳南油（集团）有限公司
6、中信集团（深圳）公司
7、深圳市粮食集团有限公司
8、深圳国际信托投资公司
9、中国爱地集团公司
10、深圳市深信泰丰股份有限公司
11、广东雷伊股份有限公司
12、深圳市免税商品总公司
13、深圳市鹏基工业总公司
14、深圳市西湖企业发展公司
15、深圳市深华运输实业总公司
16、深圳市龙岗大工业区投资发展有限公司
17、深圳市航运总公司
18、深圳特发高尔夫俱乐部有限公司
19、深圳市深华工贸总公司
20、腾讯科技有限公司
21、深圳香蜜湖度假村有限公司
22、深圳新江南投资有限公司
23、深圳市益田房地产开发有限公司
24、范梅勒糖果（深圳）有限公司
25、深圳市建筑设备材料进出口总公司
26、深圳市沙头角进出口贸易公司

深圳市宝安人民医院

深圳市宝安区人民医院始建于1984年11月23日，是一所集医疗、预防、保健、康复、科研、教学于一体的现代化综合医院。该院在各级党政领导部门和卫生主管部门的正确领导与大力支持下，经过17年的发展，目前医院占地面积达5.3万平米，建筑面积达8.2万平方米，开设病床700张，有固定资产2.4亿元，其中仅MRI、螺旋CT、直线加速器等10万元以上医疗器械设备就有200多台、套。全院干部、职工1110多人，其中高级卫技人员126人，中级217人。该院2001年年门诊、急诊量76万人次，年住院量1.5万人次。医院设有职能科室14个，临床科室19个，辅助科室6个，其中骨科、急诊科、妇科、呼吸内科是我院重点专科。

院长 陈海涛

该院发展迅速，引人瞩目。1994年被评为国家二级甲等医院，同年9月被评为国家爱婴医院1996年4月经省卫生厅正式批准在第二评审周期设置三级医院，这是全国第一个区级医院创“三甲”的单位。1997年先后被评为广东省高等医学院校教学医院、临床住院医师规范化培训基地该院已连续四届被市委市政府评为“文明单位”深圳市十佳卫生单位，深圳市安全文明小区标兵单位；被国家卫生部评为全国卫生文化建设先进单位；1998年省卫生厅评为省纠风工作先进单位省百家文明医院。1999年被广东省委授予“文明窗口”称号，被国家卫生部授予“全国百佳医院与“全国青年文明号”称号。2000年被国家卫生部、人事部等授予全国卫生系统先进集体、全国卫生系统行业作风建设先进单位、全国卫生系统先进思想政治工作研究会等。

地址：深圳市宝城龙进二路118号
电话：27788311（总机）转各科室
传真：27751033

深圳市社会保险管理局

深圳市社会保险管理局负责全市企业、机关事业单位职工养老保险、医疗保险、工伤保险、失业保险、住房公积金和机关事业单位家属统筹医疗工作。到2001年底，全市养老保险参保人数223.57万人，医疗保险参保人数104.39万人，工伤保险参保人数261.68万人，失业保险参保人数90.64万人，企业年金参保人数3.2万人，家属统筹医疗参保人数16332人。深圳市借助现代化的电脑信息管理系统，实现了社会保险管理服务社会化。2001年底，全国人大常委会副委员长许嘉璐视察该局的信息化建设，现场题词：“社保基金直接为民，利用技术一步登云”。

该局党组将2002年定为社会保险“管理年”，提出努力实现“依法、规范、科学”的管理目标，坚持真心实意为民服务，理直气壮依法管理，要求社会保险的各项管理工作再上一个新的台阶。

局党组书记、局长刘礼权陪同全国人大常委会副委员长许嘉璐（左）视察该局信息化建设

召开依法行政工作会议

研究解决社会保险工作中的问题

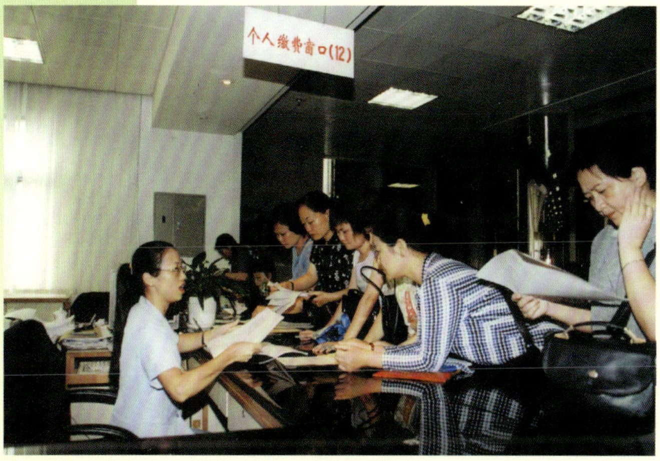

热情为参保职工服务

地址：深圳市彩田南路社会保险大厦
电话(总机)：(0755) 83460066
传真：(0755) 83460409 邮编：51802

社保基金直接为民 利用技术一步登

深圳市福田区教育局

福田区是深圳市委、市政府所在地，是深圳市中心区，也是圳市未来十年开发建设的重点，全市行政、文化、信息、国际览中心。近几年来，福田区教育局在区委、区政府的领导下，真贯彻落实“科教兴区”战略，以教育现代化为主线，以改革动力，以标准化、信息化建设为龙头，全面推进素质教育，使区教育改革和发展上了一个大台阶。

区委书记谢百泉同志（右一）深入学校调研

福田区教育事业生机勃勃。全区现有中小学62所，其中中学所（公办19所、国有民办1所），小学42所（公办39所，国有民3所）。另有幼儿园102所（公办17所，民办85所），还有电大校1所，各类成人教育办学机构83个。全区现有中小学生76624。目前，一个学前教育、基础教育、职业教育、成人教育和高教育协调发展，公办、国有民办、民办等多种办学体制并存的局基本形成。2001年，小学、初中的入学率、年巩固率和毕业均为100%，高质量、高标准完成9年义务教育，同时，高中入学达到97.76%以上，上等级学校比例达到72.41%。随着素质教育推进，全区教育质量得到了全面提高。

区委副书记、区长吕锐锋同志（右一）深入课堂调研

结奋进的局领导班子（右四为区长助理、教育局局长黄华东同志）

教育信息化规划专家论证会

广东省教育强区督导验收总结会

“教育信息化”是福田区建设教育强区的重点目标之一。福田区在积极扶持社会力量投资办学，实施大人才战略工程，积极吸进“名师、名校”，建设高素质的师资队伍;同时大力拓展教育空间，抓好教育信息化建设。目前，建成校园网、办公网和教学网33个，教育系统办公网覆盖了全区所有学校，100%的学校有软件制作室，2001年底全区实现了“校校通”，争取今年底100%学校建立校园网。

福田区全面推进素质教育，打造教育品牌。景莲、莲花、岗厦、梅园小学形成了各自的教改特色，成为深圳市首批小学素质教育课程改革实验校。而福田特色教育纵深发展，形成了不同的教育品牌。把德育作为塑造新人的首要工作，率先启动心理教育，深入开展家庭教育，全面开展科技教育和劳技教育，艺术教育出现了百花争艳的局面。

福田区在加快教育强区建设方面取得了突出成绩，主要表现在：深刻认识教育现代化与地区现代化的关系，把教育摆在优先发展的战略地位；教育规模快速增长，优质学位不断增加，基本满足日益高涨的教育需求；通过实施人才战略“五大工程”，学校班子的“三优工程”优化了教师队伍的结构，全面提高教师队伍的整体素质。福田大力开展教育现代化建设终于喜结硕果，2002年6月，福田区顺利通过广东省“教育强区”的督导验收。福田教育将以通过教育强区验收作为一个新的起点，认真实践“三个代表”思想，进一步明确教育在福田经济、社会发展中先导性、全局性、基础性的地位，继续保障教育优先发展，坚持全面推进素质教育，努力提高教育质量，抓住机遇，与时俱进，努力把教育事业推向一个新台阶。

热烈祝贺福田区顺利通过广东省教育强区督导验收

深圳市公路局

部分出版物和奖杯

深圳市公路局是市交通局管理的副局级事业单位，主要负责全市公路的建设、养护、路政管理和规费征收等工作。2001年，市公路局各项工作都取得了显著成绩，被评为2001年度深圳市交通邮电系统“先进单位”和广东省公路系统“优胜局”。

公路建设成绩突出。2001年，市公路局积极争取省、市主管部门和市、区、镇政府的支持，多方筹集资金加快公路建设步伐。截至2001年底，市公路局管养公路里程达到1169公里，其中一级公路422公里，二级公路197公里，全市实现了镇镇通一级公路和村村通水泥路的目标。

在公路建设中注重强化建设项目现场管理，严格把好工程质量关，涌现了一大批管理规范、制度落实的工程，如惠庙线公明至黄江段公路改造工程、坪西一级公路一期B段、旧布龙公路改建工程质量等级被评为优良。地方公路建设保持良好发展势头，全年新改建公路69.7公里，并积极配合市政府实施同富裕工程，对优化龙岗、宝安等区的投资环境起到了良好的促进作用。

205国道深圳龙岗立交桥夜景

公路养护有新的突破。市公路局结合养护运行机制改革，积极实施GBM工程及创建“文明样板路”工程，路容路貌进一步优化。2001年底省养公路平均好路率达92.8%，年末好路率达93.4%，国省道平均好路率达93.7%，年末国省道好路率达94.1%，地养公路平均好路率省道达87.8%、县道达83%，常年养护公路平均良好路面率达81.6%，均超额完成省公路管理局下达的指标任务。

路政管理全面加强。市公路局突出“维护路产路权，保障公路安全畅通”的目标，切实加大依法治路力度，大力整治公路环境。全年共制止违章建筑及其他违法违章行为为共1848宗，协助清理各类障碍物600立方米，拆除各类违章广告牌2247块，收取各类赔偿、补偿费共358万元，收取各类违章罚款25万元；新设各类公路安全标志牌280套，施划交通标线62531平方米，公路交通设施齐全、鲜明、规范，营造了良好的交通环境。

深圳东部大动脉——坪西一级公路（葵水段）
2001年11月20日建成通车

规费征收成绩喜人。2001年，深圳市养路费、客运附加费、高等级公路建设还贷资金等三项公路规费征收额、超收额名列全省前茅；摩托车养路费超额完成年度计划。路桥收费人员文明服务，依法收费，较好地完成了车辆通行费的年度征收任务。

精神文明建设成绩显著。局工会连续14年保持全国“模范职工之家”荣誉称号；梅林征稽所、龙岗区公路局路政科，丹平、水田、马田收费站先后获得省级、国家级“巾帼文明示范岗”、“青年文明号”等荣誉称号，还有10多个征稽所、收费站创建或保持团市委、市妇联授予的各类荣誉称号。

惠庙线公明至黄江段公路被誉为深圳市一级公路的样板路

107国道宝安段一瞥

深圳市保税区管理局

深圳市福田、沙头角和盐田港三个保税区，总面积2.83平方公里，其中围网内面积2.4平方公里，配套生活区面积0.43平方公里。2001年，深圳市保税区工业总产值占全国15个保税区的45.59%，进出口总额占33.65%,其中出口占45.85%,实际利用外资12.33%,国内生产总值占21.2%,正是在这占全市1.3‰的土地上，生产出了工业总产值、外贸出口、实际利用外资等三项主要经济指标分别占全市10%左右的经济成果，为拉动全市经济增长作出了应有的贡献。截止2002年5月底，深圳市三个保税区共有25个国家和地区的1068家企业落户，累计实现国内生产总值37.54亿元，增长17.3%;工业总产值146.02亿元，增长35.5%;进出口总额41亿美元，增长51.8%，其中出口总额22.11亿美元，增长62.7%，进口总额19.79亿美元，增长41.3%。

深圳市保税区不仅在经济建设领域散发着神奇魅力，而且在城市规划建设，投资环境改善方面，也独具特色。

高起点规划、高质量建设现代化花园式的保税区孕育而生。福田保税区内20多条道路，全部以花名和树名命名，如红花路、桂花路、红棉道等，一路一花一景，"见花知路名、找路看花名"；早在1995年底，福田保税区的绿化总面积就达9万多平方公米，初步形成了"春有花、夏有荫、秋有果、冬有绿"的优雅投资环境。

想方设法完善配套设施，为投资者提供优质、舒适的工作和生活环境。三个保税区的单身公寓基本上能满足4万多驻区企业员工的住宿；沙头角保税区已建成和福田保税区即将竣工的配餐中心，能较好地解决保税区内员工的就餐；学校、幼儿园、居委会等生活配套设施一应俱全；发展中心大厦、外商俱乐部和金融中心大厦等一批颇具特色的建筑物，成为了保税区的一道独特风景线；区内耸立的奉献、浪潮、拼搏等大型雕塑，体现了保税区人不畏艰难、奋力拼搏的精神，流露出浓厚的人文气息；保税区中心广场修建的喷泉、凉亭和廊亭等休闲设施，为区内工作员工提供了良好的休息环境。

坚持走可持续发展道路，加大环境保护工作力度。为切实做好环境保护工作，管理局提出了"共同参与、保护环境、节约资源、持续发展、依法管理、繁荣经济，建设花园式保税区"的环境方针，并按照国际环境管理体系制定了《ISO14001环境管理手册》，要求全体干部员工牢固树立环保意识，严格按照程序规定去开展工作，确保管理局环境管理体系正常运行，不断提高环境管理水平。2001年初，福田保税区获得了ISO14001环境管理体系国际国内认证，给外商营造一个良好的投资环境。

在管理和维护区内环境方面，深圳市保税区不仅有组织领导机构，而且还有一定规模的管理队伍。局监管协调处和地政规划建设处主要负责保税区范围内的建设规划和市容市貌的管理；三个保税区服务中心分别设立了公用事业部，负责本辖区内的公用事业工作；局属企业深圳市深福保市政园林有限公司和深圳市沙保公用事业管理服务公司分别负责辖区内的绿化和公用设施的维护工作。

面对成绩，深圳市保税区毫不骄傲，在总结经验的基础上，进一步开拓创新，巧妙地运用行政手段，齐抓经济快速发展和生环境改善，有效地促进物质文明和精神文明建设双丰收!

目　　录
CONTENTS

特　载
SPECIAL ARTICLES

统计工作
STATISTICS

统计执法
LEGAL SYSTEM OF STATISTICS

统计资料
STATISTICAL CHART

二、人口和劳动力

POPULATION AND LABOR FORCE

三、工业

INDUSTRY

四、运输、邮电、能源

TRANSPORTATION AND POSTAL TELECOMMUNICATION SERVICES AND ENERGY

五、农业

AGRICULTURE

六、固定资产投资

INVESTMENT OF FIXED ASSETS

七、商业、物价

DOMESTIC TRADE AND PRICE

八、财政、金融

PUBLIC FINANCE AND BANKING

九、对外经济贸易和旅游

FOREIGN TRADE AND TOURISM

十、劳动工资

LABOR FORCE AND WAGE

十三、人民生活

PEOPLE'S LIVELIHOOD

十四、企业景气状况

ENTERPRISES PROSPERITIES

十五、各区概况

GENERAL CONDITIONS OF DISTRICTS

光荣榜
HONOUR ROLL

统计大事记
ISSUES OF STATISTICS

指标解释
EXPLANATORY NOTES OF INDICATORS

索　　引
INDEX

特　　载

政 府 工 作 报 告

——2002年 3月3日在深圳市第三届人民代表大会第三次会议上

深圳市市长　于幼军

各位代表：

现在，我代表深圳市人民政府，向大会作政府工作报告，请予审议。并请各位政协委员和其他列席人员提出意见。

一、2001年的工作回顾

2001年是迈入新世纪的第一年，也是我市率先基本实现社会主义现代化、实施“十五”计划的起步之年。在党中央、国务院、省委、省政府和中共深圳市委的坚强领导下，全市人民以邓小平理论为指导，认真贯彻落实江泽民同志“三个代表”重要思想和“七一”重要讲话精神，团结拼搏、迎难而上、求真务实、开拓进取，全面完成了市人大三届二次会议确定的各项任务，为“十五”开了一个好局。

（一）积极应对国际经济形势变化，力促国民经济快速健康发展。2001年，美、日、欧盟三大经济体同时走入低谷，“9.11” 事件使低迷的国际经济形势雪上加霜。面对比亚洲金融危机更加严峻的外部经济环境，我们审时度势，沉着应对，在不利中寻找机遇，在困难中谋求发展，保持了良好发展势头。

主要经济指标圆满完成，综合经济实力增强。全年实现国内生产总值1908亿元，增长13.2%，高出预期目标1.2个百分点；规模以上工业总产值2880亿元（现价），增长17.4%；工业增加值844亿元，增长15.6%；外贸进出口总额686亿美元，增长7.3%，其中出口总额375亿美元，增长8.4%；全社会固定资产投资673亿元，增长8.7%；社会消费品零售总额609亿元，增长13.2%；实际利用外资36亿美元，增长21.4%；地方一般预算财政收入262亿元，增长18.3%，剔除证券交易印花税因素，增长30.9%；国内金融机构人民币各项存款余额4093亿元，增长29.1%；各项贷款余额2861亿元，增长24.8%。

经济结构进一步优化，经济增长质量提高。三大支柱产业继续提升。高新技术产业保持快速增长，高新技术产品产值1321亿元，增长24.1%，占工业总产值的比重达45.9%，其中具有自主知识产权的高新技术产品比重达52.8%。金融业集聚能力进一步增强，全年实现增加值240亿元，占国内生产总值的比重达12.6%。创业投资业发展迅速，在深圳设立的创业投资机构从2000年的40多家增至130多家，创业资本总规模115亿元，约占全国的1/3。以两港运输为龙头的物流业发展迅猛，深圳机场货邮行吞吐量24.8万吨，增长22.1%，深圳港集装箱吞吐量达508万标箱，增长27.1%，在全球集装箱港口中的排名由2000年的第11位跃居第8位。

外贸出口市场结构、产品结构优化。在千方百计力保对美国、日本和欧盟市场出口的同时，大力拓展东欧、南美、非洲等新兴市场，对新兴市场的出口大幅增长。高新技术产品出口达110亿美元，增长32.2%，占全国的23.7%。一般贸易出口增长31.2%，占全市出口总额的比重上升了2个百分点。

居民消费水平提高。商品房销售趋旺。旅游、假日消费成为新的消费热点，全年实现旅游总收入320亿元，旅游外汇收入15亿美元。汽车销售量增长3成，百户居民家庭小汽车拥有量比上年翻了一番。

新的战略布局有序铺开，为实现“十五”发展目标奠定了基础。一批填补我市产业空白、关联度高、技术领先的高科技大项目落户深圳。超大规模集成电路前工序项目取得突破性进展，签订了两条

8英寸、0.25微米超大规模集成电路生产线的合资协议，其中一条已动工。日本住友公司首期投资近亿美元的光纤预制棒项目正式启动。世界第二大软件供应商甲骨文公司决定在深圳设立研发中心，一批国内外著名软件企业签约入驻深圳软件园。去年底经国家科技部批准设立的“国家级集成电路设计产业化基地”和“国家火炬计划软件产业基地”正在抓紧建设。

高新技术产业带规划建设正式启动。横贯特区内外、全长100公里的高新技术产业带集高科技研发、制造和高等教育于一体，将形成分工合理、布局协调、产业衔接的高科技产业走廊。高新技术产业带获得科技部批准，已有150个新项目入驻，签约金额达136.5亿元。物流园区规划建设加快，平湖物流基地建设有较大进展；笋岗物流园区规划设计完成；华南国际物流中心首期工程即将完成；机场物流园区建设启动，国际快件监管中心建成投入使用。

（二）各项改革取得新进展，经济运行市场化程度提高。国有企业改革加快。出台了一系列关于国有企业改革与发展的政策，国有企业战略性调整和重组深入推进。36家市属一级企业的改革方案正在实施，自来水、能源、燃气集团等企业重组已经启动。完成212家企业的“放小”工作。一些长期亏损企业扭亏为盈。

投融资体制改革取得初步进展。按照打破地区、行业、所有制和内外资界限，开放经营性基础设施领域和经营性社会事业领域，促进投资主体多元化和融资渠道专业化的改革思路，污水、垃圾处理和能源等领域的投融资改革方案已开始实施，地铁二期、轻轨铁路、高新技术产业带、大学城等项目的投融资改革方案正在抓紧制定。与开发银行签订了200亿元贷款的协议，充分利用银行资金参与城市基础设施建设。

流通体制改革成效显著。现代流通业发展迅速，零售业集约化程度提高，排名前15位的零售企业的销售额占全市社会消费品零售总额的26.5%；连锁经营等新的商业业态成为零售业的主角，销售额占全市的33%。

其他改革不断深化。按照公共财政要求改革市区财政体制。财政收支体系进一步规范，部门预算扩展到34个部门143个单位，占市级行政事业单位的1/3。城市管理相对集中行政处罚权改革全面实施。推进医疗三项改革，医用材料招标采购达到100%，药品招标采购达到50%。出台了引进、留住人才的新政策，加大了引进、培训、用好各类人才的工作力度。

（三）积极参与国内外经济竞争与合作，开放型经济有新的发展。努力扩大出口和利用外资。出台了一系列促进企业出口的政策措施；各级政府和各有关部门深入近200家出口企业，主动为企业扩大出口服务；与海关密切配合，在40多家出口超亿美元的企业实行EDI监管模式，通关效率全面提高；主动出击争取了一批大订单，IBM、英特尔、索尼、希捷等高科技大企业大幅增加了在深采购和生产；探索利用跨国公司国际销售渠道促进出口，引进沃尔玛、家乐福等在深设立采购中心；实施“走出去”战略，共组织28个境外加工贸易项目，带动设备、原材料出口1.8亿美元；深圳出口加工区正式运作，保税区、龙岗大工业区在对外贸易、招商引资和全市经济发展中发挥了重要作用。

深港两地合作取得新进展。加快了两地在口岸、大型跨界项目等方面的合作。皇岗、罗湖口岸通关时间延长；罗湖口岸改造正式动工；电子口岸建设进展顺利。深港西部通道、深港联合清理沙头角河道工程进度加快。

与内地经济合作加强。积极参与西部大开发，拓展经济发展空间，与西部地区达成10个项目的投资意向，总投资额7.2亿元。根据中央和省的部署，积极开展对口扶持工作，既扩大了深圳产品市场，也增强了受援地区的造血功能。

（四）巩固国际花园城市创建成果，城市规划建设管理再上新台阶。城市规划进一步完善。按照一市多城、众星拱月、特区内外协调发展的思路，对深圳市城市总体规划进行调整和细化，积极开展覆盖全市的市域公路网、轨道交通网、光纤通道网建设规划、卫星城镇建设和农村城市化的规划。

基础设施建设加快。市民中心、少年宫、音乐厅、图书馆、电视中心等项目进展顺利。地铁一期全线开工，盐田港区三期、蛇口港区二期、西部跨海大桥等项目前期工作基本就绪。坪西一级公路B段、盐坝高速公路A段建成通车，盐坝高速公路B段开工，铁路客技站项目正式启动。供水网络干线全线贯通。妈湾电厂扩建工程进展良好，岭澳500千伏输变电工程完工，南山、月亮湾电厂“以大代小”工程并网发电。

城市管理和市容环境综合治理取得新的进步。全面启动创建卫生镇村、路容整治、灯光夜景工程，拆除违章建筑303万平方米。全年植树392.5万棵，新增公共绿地面积1908.6公顷。观澜河、龙岗河、坪山河等河流污染治理工程正式启动，深圳水库污水截排一期工程开始施工，工业废气、危险废物和东部海域污染得到有效控制。我市荣获国际绿色环保博览会特等奖和首届“中国人居环境奖”。

（五）加强政府自身建设，政府工作全面“提速”。政府机构改革顺利完成。根据中央和省的部署，按照机构调整与职能转变相结合、与审批制度改革相结合的思路，推进政府机构改革。市政府工作部门由40个减为38个，行政编制精简了864名，圆满完成了中央、省要求精简10%的任务。

审批制度改革不断深化。在1998年审批制度改革的基础上再减少审批核准事项277项，减幅达38%。优化审批程序，采用改“串联”为“并联”、改前置审批为后置审批、完善“一站式”服务、实行“窗口式办文”和“首问责任制”等方式，政府部门平均办事时间缩短了40%。规范审批行为，建立审批责任制，加强对审批行为的约束监管。市政协与市监察局对审批制度改革开展了联合评议，肯定了审批制度改革的成果。加快以市场机制配置政府资源的步伐，规范、完善了经营性土地使用权出让招标拍卖、建设工程项目公开招投标、政府采购、产权交易等制度。

推进政府行为法定化，提高依法行政水平。政府机构组织、职能、编制，行政程序，行政审批，行政收费，行政处罚，政府招标采购，政府投资，行政执法责任及政府内部管理等九个方面的法定化工作全面启动。健全政府监督制约机制，开展行政效能监察，出台行政过错追究责任制度。按照国务院的要求和市人大的部署，清理了部分特区法规和全部政府规章，清理自建市至2000年止的市政府系统规范性文件2600件，已废止近900件，其余1700余件正在清理修订之中。

改进机关工作作风，狠抓队伍廉政建设。认真组织开展政府行政效率全面提速工作。建立电话、信件和网上投诉系统，通过多种途径方式受理市民对政府部门在工作作风、办事效率、依法行政、廉政建设等方面存在问题的投诉，并认真查处、纠正，促进了行政效率提高和公务员队伍建设。监察和审计部门加强了对“三乱”和部门、行业不正之风的查处，一批以权谋私、贪污受贿的腐败分子受到处理。

（六）人民生活水平进一步提高，各项社会事业全面进步。居民收入稳步增加，社会保障日趋完善。城镇居民人均可支配收入23544元，增长8.9%，农民人均纯收入9600元，增长3.6%。安居房建设加快。社会保障覆盖面扩大，全市户籍职工养老保险参保率达99.8%，医疗保险参保率达95%，户籍职工和劳务工工伤保险参保率达96.2%，失业保险参保率达97.3%；下岗员工基本生活保障率、失业保险金的社会发放和领取率均达到100%。启动了第二期同富裕工程，市本级财政共落实资金3亿元，帮助欠发达村建设基础设施项目55个。

整顿市场经济秩序和社会治安成效明显。认真组织开展“打假、清无、打骗”三大战役，各种扰乱市场经济秩序的违法犯罪活动得到有效整治。税收征管加强，公民依法纳税意识提高。研究制定建立企业信用评级和个人征信系统的方案，市场秩序监管部门电脑联网工作扎实推进。落实安全生产责任制，安全生产工作得到加强。社会治安进一步好转，全年共破获刑事犯罪案件12041宗，破获经济犯罪案件283宗，打掉犯罪团伙883个。流动人口和出租屋管理以及娱乐服务场所综合整治继续加强，“黄赌毒”等社会丑恶现象得到有效遏制。在全省维护稳定及社会治安综合治理考评中名列榜首。

民主法制建设取得新成绩。坚持向人大报告工作制度，自觉接受政协、民主党派和群众监督，办理人大议案1件，建议513件，政协提案495件。立法工作进一步加强，共提请市人大常委会审议法规草案10件，颁布市政府规章18件。法制宣传教育日益普及，我市被评为全国“三五”普法先进城市。政务公开取得新进展，与市民切身利益关系密切、为群众排忧解难的若干决策事项决策前充分征询、听取市民群众的意见。基层民主政治建设加强，村务公开率达到100%。创建文明市、文明区活动继续深入。

教育、科技、文化、卫生、体育及外事、台务、侨务等各项社会事业蓬勃发展。正式启动中小学标准化建设第一期工程，33所学校达标，中小学办学条件改善；大学城规划设计完成并动工兴建；各级各类教育全面发展，南山被评为全省教育强区，宝安、龙岗四个镇被评为教育强镇。科技创新能力持续增强，申请专利6033项，新认定高新技术企业100家，分别增长36%和82%；第三届“高交会”成功举办，成交金额104亿美元。文化艺术、新闻出版、广播影视事业欣欣向荣，我市创作的8部作品获全国“五个一工程”奖。居民主要健康指标处于较好状态，医疗技术水平和服务水平进一步改善。全面完成了省下达的各项人口计划指标，全市户籍人口出生率12.05‰，计划生育率98.55%。体育事业成绩突出，我市运动员获得一项世锦赛冠军；成功承办了“九运会”深圳赛区的各项比赛，共获得12.5枚金牌。继续推进社区建设试点工作。优抚安置、拥军优属工作取得良好成绩，连续四次获得省“双拥模范城”称号。外事、侨务、台务、民族宗教事务、档案等各项工作都取得了新的成绩。

各位代表，过去一年我市各项事业所取得的进步和成绩，是在党中央、国务院和省委、省政府及市委的正确领导下，全市人民辛勤工作、奋发图强的结果。在此，我代表市政府，向奋斗在各行各业的广大干部群众，向中央和各省驻深单位，向驻深解放军、武警官兵和各民主党派、人民团体、社会各界及外地来深建设者致以崇高的敬意！向所有参与和关心深圳建设的港澳台同胞、海外侨胞、国际友人表示衷心的感谢！

在充分肯定成绩的同时，我们也清醒地看到，我们的工作还有一些薄弱环节，我市经济社会发展中还存在不少困难和问题：国有企业改革和发展的任务还很艰巨；城市信息化水平还不够高；社会治安和市场经济秩序仍是群众关心的热点问题；安全生产基础性工作仍需进一步加强；水资源等环保治理的任务还很繁重；城市建设和管理水平离市民要求还有一定差距；等等。我们一定高度重视，采取切实措施，下大力气加以解决。

二、2002年的主要工作

按照市委工作会议精神，我市今年工作的指导思想和总体要求是：以邓小平理论和江泽民同志“三个代表”重要思想为指导，以“率先基本实现社会主义现代化”和“争当建设有中国特色社会主义示范地区”为总目标、总任务统揽全局，坚决贯彻落实省委关于中心城市带动战略、成为应对“入世”先行市等要求，正确把握形势，沉着应对变化，积极开拓市场，化解不利因素保增长，抓住有利时机促发展。以加快提高国际竞争力为核心，以加快结构调整为主线，以全面推进改革开放为动力，大力推进高新技术产业、现代服务业发展和城市信息化建设，优化投资发展环境，转变完善政府职能，促进国民经济持续快速健康发展和社会全面进步，以两个文明建设的新成就迎接党的十六大和省第九次党代会的胜利召开。

去年11月召开的中央经济工作会议提出，今年宁可把困难估计得严重些，把应对预案准备得充分一点，把经济工作建立在扎实可靠的基础上。市委、市政府在考虑今年的经济工作时，最初将经济增长的预期目标定为11%，后来，又作了进一步的调查研究，充分吸收了各方面的意见，特别是考虑了全国、全省和我市的积极因素，预计今年的经济增长经过努力有可能再快一点。因此向本次大会建议今年我市经济发展的主要预期目标定为：国内生产总值2150亿元，增长12%；工业总产值3593亿元（1990年不变价），增长16%，工业增加值958亿元，增长14.5%，高新技术产品产值占工业总产值的比重47%；出口总额391亿美元，增长4.5%；全社会固定资产投资增长11%；实际利用外资增长11%；社会消费品零售总额增长12%；地方一般预算财政收入可比增长12%。

为顺利实现各项目标任务，2002年我们要进一步解放思想、与时俱进，把握先机、不断创新，迎难而上、团结奋斗，努力开创新局面。重点抓好以下十个方面的工作：

（一）以经济结构调整促发展，提高整体经济素质和国际竞争力。结构调整是我市“十五”时期经济发展的主线。我们要抓住有利时机，从三个层次把握和推进经济结构的战略性调整和优化升级。

第一层次：在地区经济总体结构上，努力实现高新技术产业和现代服务业的相互推动、共同发展，把深圳建设成为我国重要的高新技术制造业基地和研发中心，以及现代服务业发达的中心城市。

继续突出发展高新技术产业。要加快发展大规模集成电路设计与制造、软件、整机制造这三个关键环节，构建包括核心技术、关键元器件制造的完整的信息产业链和若干优势产业群；在生物工程、新材料、新兴环保产业等领域抢占“滩头阵地”。加快构建和完善地区科技创新体系，从整体上提高我市科技持续创新发展能力。

要加快开发建设龙岗大工业区、光明南片区、观澜片区、留仙洞的IC园、大学城、高新区软件园、硅峰软件园等高新技术产业带几个条件成熟的片区。积极争取设立国家集成电路研发中心，抓紧做好“国家级集成电路设计产业化基地”和“国家火炬计划软件产业基地”的规划建设。加快建设依托企业的工程技术研究开发中心和企业博士后流动站，新建若干个市级工程技术研究开发中心和开放式重点实验室，以及提供共用技术平台和各类中介服务的专业孵化器。进一步完善促进高新技术产业发展的法规、规章和政策措施。努力办好第四届“高交会”。

大力发展以物流、金融、信息服务为特征的现代服务业。实施“以港强市”战略，今年盐田港区三期、蛇口港区二期、西部通道填海工程等项目要抓紧开工建设，蛇口港区三期、赤湾港区12、13# 泊位要争取尽快开工。吸引国内外著名班轮公司来深设立分支机构，增辟国际航线。积极引进国内外航空公司、专业物流公司和航空代理公司、国际航空快递公司进入我市，争取与香港机场开展业务合作，力争实现深圳航空货运业的突破性、跨越式发展。要将商贸流通业改革与现代物流业的发展有机结合起来，抓住我国加入世贸组织的机遇，扩大引进外资进入我市商贸流通业，鼓励发展商贸服务业连锁企业、中高级批发市场，大力发展专业物流企业。

努力推动金融业的发展，加快建设金融运行的安全区、金融改革的创新区和金融服务的优质区，巩固和提升深圳作为重要金融中心城市的地位。积极推进金融创新，不断开发新的金融产品，提升我市金融业竞争力。加强金融监管，完善金融信用体系。积极探索引进外资参股本地银行，引进外资保险公司和中外合资保险公司，抓紧做好设立中外合资基金管理公司、中外合资证券公司的前期工作。

第二层次：在产业结构方面，全力发展战略优势产业，着力扶持新兴产业，改造提升传统产业。

全力发展战略优势产业。主要包括以下十大类：计算机硬件产品；光电子和通信设备；数字视听产品；微电子和基础元器件；软件业；信息服务业；生物、制药及医疗器械；两港运输业；专业批发与连锁商业；证券、基金与创业投资。

着力扶持新兴产业。主要有新材料与新能源、环保产业以及会展业、中介服务业、社区服务业和文化产业等，要拓宽融资渠道，加大研发投入，争取一批具有产业化发展前景的研究成果尽快形成产业规模。

改造提升传统产业。主要有钟表、家具、玩具、服装、珠宝首饰、印刷业、旅游业、房地产业等。要大力推动传统产业的技术创新，实施名牌战略。积极采用高新技术、先进适用技术和先进质量管理办法改造提升传统产业，提升产品外观设计、工艺流程、使用功能等方面的科技含量和内在质量，形成知名品牌和知名企业。今年重点实施80个技术改造项目，总投资29亿元。加快建立行业的技术开发、服务、推广中心，年内建成电子检测、服装、钟表、家具四大公共技术服务平台。积极推进农业现代化，研发和推广高产优质的农产品，抓好“无公害食品行动计划”试点工作，提升农业的集约化和高增值水平。

第三层次：调整优化企业结构，做大做强一批骨干企业，形成创新能力和核心竞争力较强的现代企业群体。

要把实施名牌产品战略与大企业发展战略有机结合起来，按照技术先进、主导产品突出、主业集中的原则，遵循市场经济规律，引导、推动、支持做大做强一批产品有市场竞争力、掌握核心技术的大企业和企业集团，不分所有制形式、不分隶属关系，为其提供良好的服务和生产、经营、科研条件。引导中小企业向“小而精、小而专、小而优、小而特”方向转变发展，加强企业标准体系、计量检测体系和质量保证体系建设。高度重视民营经济的发展，清理和废除对非公有制经济的歧视性政策规定，创造公平竞争的环境，支持民营企业上规模、上水平。

（二）拓展国际国内市场，扩大深圳产品的市场空间。努力扩大外贸出口，调整优化出口结构。我市经济外向度高，出口贸易在全市经济发展中具有举足轻重的地位，面对世界经济不景气的严峻形势，必须千方百计克服困难，努力实现外贸出口的一定增长。

继续实施出口市场多元化战略。要在力保美、日、欧盟市场份额的同时，重视扩大对东南亚的出口，大力开拓俄罗斯、东欧、拉美、非洲和中东等新兴市场。组织企业参加国际性的博览会、展览会，组织贸易小分队与当地的商会或有实力的贸易公司对口洽谈，争取建立长期贸易伙伴关系和相对稳定的销售渠道及场所，扩大深圳名优产品的销售市场。

大力推行科技兴贸。继续发展、提升高科技产品加工贸易。积极探索利用出口信贷等方式支持高科技企业开拓国际市场，培育有国际影响的民族品牌。提高我市优势传统产品的科技含量和质量水平，促进其出口较快增长。

拓展新的出口渠道。积极利用我市的产业配套优势和优良的物流环境，吸引和鼓励跨国公司来深设立采购中心、配送中心等物流机构，形成我市外贸出口的新增长点。鼓励我市有条件的企业积极“走出去”，通过投资办厂、带料加工、承包工程等方式开展跨国经营，带动设备、原材料、半成品、成品和劳务的输出。大力发展涉外会展业，积极拓展服务贸易、技术贸易，逐步提高其在我市出口中的比重。

点面结合，切实帮助企业扩大出口。进一步做好抓出口大户、抓大订单的工作，支持帮助大型高科技企业多争取国际著名跨国公司的订单。抓好中小企业的出口工作，支持新批准的2000多家外贸企业尽快形成出口规模。继续稳定、发展、提高加工贸易。积极协调海关、检验检疫、边检、国税、外汇管理部门、银行等驻深单位做好便捷通关、出口退税等工作，争取把EDI联网监管模式扩大到所有出口额在1000万美元以上的加工贸易企业。加强外贸购销的电子商务建设，使我市更多企业进入跨国公司的采购网。

努力开拓国内城乡市场，繁荣本地消费市场。积极扩大深圳产品的内销市场。鼓励支持企业遵循市场经济规律积极参与西部大开发，开展多种形式的经贸合作。引导部分外向型企业以品牌产品拓展国内市场，以进口替代的方式与跨国公司的进口产品在国内市场展开竞争。结合我市产业和产品优势，精心组织策划在内地举办2-3次规模大、层次高、品种全的深圳产品专业展和综合展览展销活动，组织企业参加在各地举办的专业展销会、贸易洽谈会，帮助企业建立国内销售网络。

努力促进本地消费增长。积极培育住房、汽车等个人大宗消费，培育信息服务、文化、教育、休闲消费等新的消费热点。加快新城市购物中心、华润购物广场、世纪购物城等国际水准购物中心的规划建设，加大东门、华强北商业街、人民南路传统商业旺区的改造建设力度，在宝安、龙岗两区建设一批区镇一级的繁华商业圈。加快发展旅游会展业，力争成为"中国最佳旅游城市"。提高深圳商业辐射功能，吸引周边地区和内地客商到深圳消费、采购。

大力推进流通业的现代化，以大流通带动大生产、形成大市场。鼓励支持商贸服务业连锁经营的发展，提高其规模化、集约化水平，在百货、家电、农副产品、药品、音像制品、图书、餐饮、家居装饰、维修租赁等领域着手培育和发展一批连锁经营的"龙头企业"，力争连锁商业销售额占全市的35%以上；大力发展现代批发业，规划建设若干高级批发市场，扩大农副产品、电子配套、钟表、服装、建材饰材、家具等市场的辐射功能；支持连锁经营、批发市场、专业物流企业进入国内其它省市，带动我市产品的销售；鼓励工商结合，通过开设专业市场、发展品牌代理、厂家自办直销等方式拓展市场。

（三）坚持扩大内需的方针，努力扩大投资规模。加大政府投资力度。集中财力搞建设，确保全市政府投资资金统筹使用，市、区两级政府拿出200亿元（包括市、区财政资金、国土基金等），重点投向高新技术产业带、物流园区、地铁、会展中心、文化教育、环保等公共基础设施领域。要完善政府投资项目的管理机制，切实加强项目建设的预概算、决算管理和运营管理，提高政府投资效率。

加快重大项目建设。初步确定今年安排重大建设项目96个，年度投资214.45亿元。要切实加强和改进重大建设项目的协调服务，及时解决重大项目建设过程中出现的问题和困难，确保固定资产投资较快增长。要在遵循法定程序的同时，采取有效措施缩短项目立项、审批时间。要抓好续建、新开工重大项目的建设，积极做好新一轮重大项目的前期准备工作，搞好项目储备，力争形成以大项目群为支撑的投资增长格局。

促进社会投资的较快增长。扩大开放投资领域，吸引更多外资和社会资本进入；改革经营性基础设施和环保设施项目投资与运营体制，对部分投资收益有保障的政府投资项目，考虑在控制收费标准的前提下将股权转让给外资和社会投资者；改革社会事业投资和运营方式，探索教育、体育、医疗等社会事业市场化运作的路子；充分利用资本市场，运用好间接融资，广泛采用新型融资方式；在重大项目建设中积极争取更多的银行、银团资金投入。

（四）深化改革，扩大开放，形成"入世"先发优势。加入世贸组织，与国际经济惯例接轨，抬高了改革开放的"标杆"。我们要增强紧迫感，抢占先机，加快发展，按照"入世"先行城市的要求做好工作。

进一步加强对世贸规则和知识的学习、研究和宣传，积极做好与世界贸易组织规则接轨工作。做好相关人才的培养、引进和干部培训工作，政府工作人员要认真学习和掌握世贸的基本原则和有关规则。按照世贸组织规则和国家法制统一的原则，继续清理、修订政府规章和规范性文件。抓紧建立符合世贸组织规则的外贸促进体系、产品技术标准体系和产业安全保障体系。发挥好市WTO咨询服务中心的作用。

进一步转变政府职能，全面创新行政管理体制。在中央和省的指导支持下，做好全国深化行政体制改革试点工作。加强政府在引导、调控、市场监管和产业扶持方面的作用，从侧重于行政审批转向搞好宏观调控，创造良好的环境和加强监督。按照决策、执行和监督适当分离的原则，改革和完善政府机构组织形式。探索建立规范的行政绩效考核标准，推进公共政策咨询机构的建设，建立决策、执行、监督、反馈和评价机制。要深化公共财政、政府工程管理、养老金运用与管理等方面的改革。完善统计工作，建立规范科学的现代统计体系。

加快推进国有企业改革。积极推进跨集团、跨资产经营公司、跨所有制和跨行政隶属关系的资产重组、企业重组，增强企业竞争力。要排出一批国有企业（包括上市公司）进行股权转让、招标拍卖，吸引国内外战略投资者参与国企改制，加快国有企业产权主体多元化步伐。扎实推进"放小"工作，对已明确范围的三类中小企业要坚决放掉。继续完善国有资产管理体制，健全对国有企业的有效监管，选择若干国有企业在改革、重组的基础上实行国有资产授权经营。进一步完善公司治理结构，建立现代企业制度。

加大引进外资工作力度。继续抓住新一轮国际信息产业结构调整的机遇，完善深圳的产业配套优势，大力吸引跨国公司关联制造业来深投资，承接跨国公司的生产订单。进一步加强与世界著名大公司的联系与合作，争取有更多大公司、大项目和跨国公司的研发中心、地区总部、采购中心等落户深圳。利用外资的领域要加快向制造业、现代服务业并重转变，积极创造条件，争取中央、省的支持和指导，在服务业的若干领域进一步扩大对外开放。拓展利用外资形式，积极探索和推进融资租赁、收购兼并、投资基金等新的利用外资形式，扩大保税区的功能。引资工作要扎实细致，事先制定周密的工作计划，提高工作的针对性，务求实效；各区镇、各部门在招商引资上要树立全市一盘棋的观念，互相补台，形成合力，避免恶性竞争。

加强深港经济合作，密切与内地的经贸联系。抓住加入世贸组织和我国内地与香港间建立更加紧密的经贸安排的历史机遇，提升深港经济合作水平。加快西部通道、皇岗—落马洲跨界人行通道和深圳河治理三期工程、铜鼓航道等项目的规划建设。抓紧抓好罗湖口岸改造工程和文锦渡、沙头角“快捷通”工程，提高口岸通关能力。改革口岸查验模式，争取进行“一地两检”试点工作。加强与珠江三角洲地区在环境保护、基础设施建设和产业配套等方面的分工与协作。积极参与西部大开发，扩大与内地的经济技术交流与合作。

（五）优化投资发展环境，提高城市综合竞争力。我国加入世贸组织后，城市间综合竞争力比较主要表现为对资金、人才的持续吸引力。在这方面，优惠政策的作用已经日趋弱化，重点是要着力创造法制优良、管理规范、服务高效、环境优美、文明进步的投资发展环境。市委、市政府已确定今年为我市的“优化投资发展环境年”，要精心策划、周密安排，下大力气扎扎实实地推进，使我市投资发展环境再上一个台阶。

巩固、扩展政府行政效率全面提速的成果。政府服务水平是衡量地区投资发展环境优劣的重要指标。要继续深化审批制度改革，完善“窗口式”办文、“首问责任制”、“一站式”服务等工作方式，大力提高政府部门尤其是窗口部门、窗口行业的服务水平和服务质量。进一步优化政府办事程序，提高政府工作的透明度和办事效率，切实做到高效便民。进一步理顺各方关系，建立健全部门协商机制，减少内耗，提高效率。积极协调、配合中央驻深有关部门，改革口岸通关体制，提高通关效率。进一步规范、完善经营性土地使用权出让招标拍卖、建设工程项目公开招投标、政府采购、产权交易进入市场等四项制度。搞好政府行政效率“提速”工作的评议、监督，保证其落到实处。

切实降低企业经营成本。认真清理水、电、气、路桥收费等公用事业价格，有效降低电价，适当控制地价，改革路桥收费，坚决取消对企业的不合理收费，降低过高的收费，减轻企业负担，降低企业生产经营成本。

进一步整顿规范市场经济秩序。加快推进企业信用评级和个人征信系统建设，建立、健全社会信用体系。继续严厉打击无照经营、制假售假、非法传销、非法行医、走私贩私、逃废债务、侵犯知识产权等各种违法犯罪行为，整顿和规范旅游市场，净化市场环境，扶持守法经营。坚持依法治税，强化税收征管，打击偷、逃、骗税行为。加强中介组织建设，发挥行业协会作用，促进行业自律，努力构建比较完善的社会经济监督服务体系。

努力创造吸引和留住人才创业发展的综合环境。完善人才引进机制，把引进高素质、高层次人才的一系列优惠政策措施落到实处，切实解决其子女入学、医疗社保、住房等方面的问题。建设一批国际学校和台湾、香港子弟学校，积极吸引外资合办具有国际一流水准的高等级医院，提高医疗服务水平，建设一批高品味的休闲娱乐设施，提供良好的配套服务设施。

（六）坚持可持续发展战略，实现经济、社会与人口、资源、环境的协调发展。营造良好的城市风貌和生态环境。继续做好城市绿化、美化、净化工作，巩固“国际花园城市”和“国家环保模范城市”创建成果。加快梅林、大沙河等 4 个市政公园和塘朗山、马峦山等 3 个郊野公园的建设，进一步形成园林式、花园式城市风貌。加大治理违章、违法建筑力度，严格执行关于处理历史遗留生产经营性违法建筑、违法私房的两个规定，妥善解决历史遗留问题；对 1999 年 3 月 5 日以后新建、改建、扩建的违法建筑，坚决依法处理。

加大环境综合治理力度。大力整治采石场、取土区，今年着手将高等级公路两侧的“秃头山”重新植被。加快福田河、新洲河综合治理工程建设，加强观澜、布吉、坪山等重点河流的污染治理和深圳水库、西丽水库、石岩水库、铁岗水库等重点水源保护区水环境保护，切实强化饮用水源保护和水质监管，加强机动车尾气等各类污染防治工作，维持城市生态环境的良性循环。加快东部供水水源网络干线、深圳水库污水截排工程等城市重点基础设施建设，确保工程质量和进度。珍惜土地资源，提高集约化利用水平。加强海域污染治理，搞好海洋生态保护。加强环保宣传教育，增强市民环境意识。

提高城市综合管理水平。进一步健全城市管理体制，按“条块结合，以块为主，管理重心下移”的原则，理顺各级管理关系，充分发挥市职能管理部门和区、镇（街）的积极性。认真做好全市城市管理综合执法工作。深入推进社区建设，加强社区管理和服务工作。加强交通管理，抓紧做好全市整体道路拓展规划和交通运输管理及相关政策研究，深入推进“畅通工程”，从规划和管理两方面努力缓解高峰期市区道路堵塞现象，切实解决停车难问题。依法加强对流动人口、出租屋的管理，大力整治乱张贴、乱摆卖等不良行为。落实市容环境管理责任制，实行量化考核。大力加强计划生育工作，积极开展计划生育综合改革。全年户籍人口出生率控制在14‰左右，流动人口持证率、验证率达80%以上。认真、深入研究制定我市人口发展的战略、规划和政策措施，使之与经济社会发展相协调。

（七）重点突破，加快推进城市信息化建设。加快信息基础设施建设。坚持高标准、适当超前的原则，充分发挥政府集中资源、统一规划的主导作用，打破垄断，引入竞争机制，多渠道融资，加快信息网络建设，在两年内建成覆盖全市的超大容量宽带城域全光主干传输网和具有多种接入方式的宽带接入网，实现通信管道资源的合理配置和有效调控，为网络运营商提供公平的竞争环境。大力推进电信网、广播电视网和计算机网“三网”融通，实现资源共享。加强监管，确保公共信息网络安全。

加快推进电子政务建设。上半年要发布行政机关电子公文交换技术规范，建立全市的电子公文交换系统和外商投资注册企业登记业务联网办公系统。下半年实现市、区两级政府以及各部门间办公网络的互联互通，建立全市电子公文数据中心和交换中心，形成全市统一的政府信息平台。

大力发展电子商务。加快出台电子商务的有关法规，积极探索制定有关技术规范、标准。建设全市性的电子商务综合服务平台，尽快建成电子商务证书认证（CA认证）中心、网上支付系统、货物保险系统和物流配送系统。以电子商务的新模式，整合提高零售、专业批发、仓储、运输业，提升物流业的水平。

加快推进覆盖全社会各领域的信息应用系统建设。认真组织开展国家数字电视试点工作，加快推进数字电视的研发和产业化步伐。加快我市现代化教育网络平台和远程教育系统、文化信息网络、卫生信息网络、公安综合信息系统等建设。建立养老、医疗、失业、工伤、生育五大社会保险险种一体化的信息管理系统。

（八）繁荣各项社会事业，不断提高人民生活水平和质量。大力发展教育事业。加大政府对教育的投入，充分利用好国际国内资源，扎扎实实推动高等教育的跨越式发展。加快大学城建设步伐，认真做好清华大学、北京大学、哈尔滨工业大学和南开大学等四所高校与我市合作办学工作。继续扩大深圳大学、深圳职业技术学院的办学规模，提高办学水平和质量，筹建市信息技术学院。调整职业教育布局和专业设置，加强成人教育的规范管理，完善继续教育体系。以素质教育为核心，大力提高基础教育水平，增加基础教育学位，扩大优质教育资源。加快学校标准化和信息化建设，努力推进教育现代化。继续深化教育体制改革，鼓励多种形式的社会办学。

繁荣各项社会事业。努力繁荣社会科学、文化艺术、新闻出版、广播影视事业，继续实施精品战略，力争创作出一批弘扬主旋律、反映时代精神、有影响的精品佳作。积极稳妥地推进文化体制改革，大力发展文化产业，搞好社区文化建设，加强文化市场管理。加快图书馆、音乐厅、电视中心、青少年宫等重点文化基础设施建设进度，确保工程质量。继续加强医德医风建设，努力降低医疗费用。积极开展全民健身活动，建设一批社区公共文体设施。承办好第十一届省运会。巩固“双拥模范城”创建成果。外事、侨务、台务等要在对外交往和扩大开放中发挥积极作用，民族宗教事务、档案、保密等各项工作也要努力取得新进步。

进一步提高人民群众的收入水平，提供良好的生活配套服务。努力扩大就业渠道，采取有效措施帮助居民就业，城镇居民登记失业率控制在2.8%以内。进一步完善覆盖全市、多领域、多层次的社会保障体系，改善市民居住、医疗卫生、教育、交通、通信条件。加快安居房、廉租屋建设，切实控制其房价。完善劳动安全、劳动仲裁和欠薪保障制度，切实维护外地来深建设者的合法权益。适度提高机关、事业单位职工工资并相应增加机关和事业、企业单位离退休人员的离退休金，规范和改善公务员待遇。积极稳妥地推进户籍制度改革，增强深圳的凝聚力和包容性。

把扶贫济困作为事关全局的重要工作抓紧抓实抓好。注重社会公平和共同富裕，让人民群众共享改革发展成果，是社会主义现代化的根本要求。要切实解决困难群众的生产和生活问题，建立健全扶贫济困的制度和良好的工作机制。动员全社会力量深入持久地开展扶贫济困活动，形成扶贫济困的良好社会风尚。努力增加低收入群体的收入，完善城乡居民最低生活保障制度，适当提高最低工资、生活救济标准和最低生活保障标准，切实解决特困群众在住房、子女入学、看病、打官司等方面的实际困难。扎实推进第二期同富裕工程，把资金用在刀刃上，解决农村基础设施建设、教育医疗事业、招商引资、发展经济和改善困难群众生活等问题，帮助欠发达村尽快脱贫致富。按照中央和省的要求，继续做好对国内、省内欠发达地区的对口帮扶工作。

（九）坚持两手抓两手硬，大力加强社会主义精神文明和民主法制建设。大力加强思想道德建设。继续开展邓小平理论和江泽民同志“三个代表”重要思想学习教育活动，用科学的理论武装人。认真贯彻落实《公民道德建设实施纲要》和《深圳市民行为道德规范》，加强市场经济伦理道德和社会公德、职业道德、家庭美德、个人品德建设，鼓励、倡导充满关怀和爱心的社会行动，促进全体市民群众道德水平的提高和社会风气的文明进步。大力弘扬以开拓和创新为基本内涵的特区“拓荒牛”精神，倡导高尚的社会主义人文精神和严谨的科学理性精神，全面提升深圳人的精神风貌。

加强民主法制建设，大力推进依法治市。各级政府要自觉坚持向人大及其常委会报告工作，自觉接受其监督；充分尊重和支持人民政协、各民主党派、人民团体在政治协商和民主监督中的作用；政府重大决策要向人大报告、向政协通报，加强协调沟通。进一步加强人大代表和政协委员提出的各项议案、建议、提案的督办落实工作。坚持依法行政，全面推进政府行政法定化，使政府对经济社会的管理切实转到法治轨道上来。从体制、机制上提高政府工作的透明度，推进决策的科学化、民主化，使政府的决策更好地集中民智、反映民意、维护和增进人民的利益。逐步扩大、提升基层民主政治，继续推行并不断完善扩大政务、村（居）务、企务公开。

强化社会治安综合治理，切实搞好安全生产。继续抓好严打整治专项斗争，坚持不懈地与各种敌对势力及“法轮功”等邪教组织作斗争，严厉打击各类刑事犯罪活动；重视打击加入世贸组织后可能增加的国际金融犯罪、跨国经济犯罪、侵犯知识产权等违法犯罪活动；建立健全社会治安综合治理群防群治网络，落实娱乐服务场所管理和扫除黄赌毒责任制，加强路面巡逻防控，确保社会治安不断好转进步。警钟长鸣、长抓不懈，强化安全生产责任制，切实抓好安全生产工作，杜绝重大事故发生。

（十）加强调查研究，转变机关作风。当前深圳面临着许多新的机遇和挑战，广大干部一定要增强历史责任感和使命感，振奋开拓、进取和创新精神，更加认真、扎实、勤奋地工作。我们要按照中央的要求，将今年作为“调查研究年”、“转变作风年”，以作风建设作为经济社会发展和提高人民生活水平的保证，以良好的政风带动社会风气的进一步好转。

要求真务实，加强调查研究。对事关我市经济社会发展的重大问题，要组织专门力量认真研究，为决策提供科学依据。对事关人民群众切身利益的问题，要立即深入调研，制订措施抓紧解决，对于因客观条件限制暂时难以解决的，要向群众解释清楚，并积极创造条件去解决，做到件件有回音、事事有着落。要提倡说实话，办实事，抓落实，各级领导干部要把工作重心沉到基层，切实为基层、为群众解决实际问题。要大力精简会议和文件，切实解决“文山会海”问题。加强信访工作，及时化解矛盾。各级政府、各部门要牢固树立全局意识，正确处理好整体利益与局部利益的关系。要自觉以全国发展大局为重，以我市率先基本实现社会主义现代化的大局为重，坚决制止为了部门利益、小集团利益、个人利益而影响、损害全局利益的现象发生。

切实转变机关作风，继续深入开展创建“团结、廉洁、开拓”好班子活动和文明机关活动。各级机关干部要牢固树立以民为本、民为父母的思想，增强公仆意识。强化行政责任追究制度，完善投诉机制，加强行政效率监察。加强公务员队伍建设和管理，提高办事人员素质。

要发扬艰苦奋斗的优良传统，勤俭节约办一切事业。降低行政费用和会议、接待费用，集中财力搞建设、集中财力为广大人民群众办实事。加强财经监督管理，严肃财经纪律，全面落实“收支两条线”，进一步加强监察审计工作，坚决查处各类违法违纪行为，标本兼治搞好廉政建设。

各位代表，在新的一年里，让我们继续高举邓小平理论伟大旗帜，努力实践“三个代表”重要思想，紧密团结在以江泽民同志为核心的党中央周围，在广东省委、省政府和深圳市委的正确领导下，同心同德，锐意进取，扎实工作，以优异的成绩迎接党的十六大的胜利召开！

统计工作

切实加强、规范和完善统计工作

——在全市统计工作会议上的讲话

中共广东省委常委、深圳市人民政府市长　于幼军

(2001年12月29日)

过去的一年，统计战线的同志们勤勤恳恳、兢兢业业地工作，为市委、市政府的决策和管理提供了大量的信息和数据，也为描述和调控我市国民经济运行作出了积极的贡献。在此我代表市委、市政府对全市统计战线同志们全年的辛勤工作和作出的贡献表示感谢！

去年，省委和市委在研究贯彻十五届六中全会精神的意见中，明确提出减少领导同志的会议和活动，其中一条规定是，今后各个部门系统的工作会议，由分管领导参加就可以了。所以今年我市其他部门系统的工作会议我都没有去。今天我和心一副市长、唐杰副秘书长都来了，主要是我通过较长时间的观察、调研、了解，掌握统计工作的基本情况，有些话要和大家说说。

我今天的讲话就可以超脱一点，讲三点意见。

一、统计资料是国民经济决策管理的客观依据，统计工作是我市率先基本实现现代化的基础性工作，在国民经济建设中具有重要的地位和作用

马克思当年在《资本论》和在其它一些经济学论著里，曾谈到在未来共产主义社会，国家的职能将发生许多重要的变化，许多现存社会、现存国家的一些职能，如专政、镇压的职能，到了未来的理想社会里都可以不复存在了，但是他认为，政府的某些职能，就是到了理想社会不仅要存在而且要加强，其中就包括统计。这给我印象很深。可见，统计工作作为一项社会职能，在现代社会管理中，具有十分重要的地位和意义。

在当代社会，统计工作不仅不可缺少，而且还要进一步加强、完善。任何一种社会形态，都有对整个社会经济活动的管理和调控，否则就不成社会了。马克思主义认为，人是社会的人，人的本质决定了他们需要社会的生活。只要有社会性的生活，就存在经济活动，有对整个社会活动的调控和管理；而要调控和管理就要有依据，统计数据是其中重要依据之一。没有统计数据，就不可能进行科学的调控管理。人类社会已跨入知识经济时代。经济全球化了，是不是统计工作就不那么重要了呢？恰恰相反，正因为经济全球化了，世界各国经济的互相依存、相互制约的程度不断加深，各国各地区对本地的经济情况要准确的把握，对外部经济所产生的影响和连锁反应要进行预测，并根据这种预测去采取相应的对策、措施。要预测、要调控，就要依据统计工作所提供的真实、可靠、及时的信息和数据。否则就会陷入瘫痪，或盲目发展。盲目发展只会带来灾祸，造成混乱。所以科学、真实、全面的统计数据对国民经济运行调控具有重大作用。

进入新世纪，党中央、国务院、省委、省政府交给我们新的历史任务，就是深圳要率先基本实现现代化、把我市建设成为有中国特色的社会主义示范地区。现代化的内涵是什么？现代化的规律、要求是什么？一定要把握好这些内容。在这个基础上去研究制定出一套地区或城市实现现代化的指标体系，并以科学的指标体系去指导实践，这才叫做理性的发展，而不是盲目的实践。反之，放任自流，“踩着西瓜皮，滑到哪里算哪里”，这样的经济发展肯定要出大乱子。我在调查研究中，与有关部门的同志反复商量推敲，结论是一定要把握好现代化的规律内涵、指标体系。目前我国对这个问题的研究还很不够的。今年年初，中国科学院有些专家学者提出现代化内涵要求是：工业化、城市化、市场化、信息化、经济发达、政治民主、社会公平、教育普及、人民生活水平大幅度提高、可持续性发展等十个方面的现

代化内涵要求。我们根据这些要求，又参照世界中等发展国家的水平，制定了深圳率先基本实现现代化的指标体系，共有四个方面、42 个指标。如果把这 42 个指标都把握好，都能全面实现，那么到 2005 年深圳基本实现现代化就能令世人信服。我市提出的基本实现现代化的 42 个指标不仅是有中国特色的社会主义的，而且和国际社会公认的、通用的标准能够对接的，拿到国际社会也是立得起来的。所以对这 42 个指标体系，统计工作要十分注意跟踪监测。如果只有科学的指标体系，而没有跟踪监测和一些预测分析，还是不行。我们要求除了按国家统计口径外，还要对这 42 个指标的底数、现状搞清楚，然后一年一滚动，提出预测、预报。哪些指标很有把握做到？哪些指标难度很大？哪些指标要下大力气才能做到？应及时向市委、市政府提出决策依据，以使我们能进行工作上的调控，包括人、财、物力投放的调控，保证这些指标全面实现。还有统计口径、范围的问题。比如经济发展人民生活质量指标，都会涉及人口问题。是以户籍人口、常住人口测算，还是包括流动的短期打工务农经商的人口测算？这些都要有科学依据，还应该按国际的惯例来考虑，才有说服力。

综上所述，统计在国民经济中具有举足轻重的地位和作用，是我们率先基本实现现代化的基础工作。各级政府，各企事业单位都应该高度重视，认真对待。统计部门工作的同志更要感到自己责任的重大，使命的光荣，要兢兢业业把这项工作做好。

二、统计的生命在于数据的客观、真实、准确，必须进一步规范、完善我市的统计工作，提高统计数据的质量

学统计的人都记得很清楚：统计的生命在于数据的客观、真实、准确。离开这一条，统计就没有意义了。如果统计数据是拍拍脑袋得来的，那就会犯主观唯心主义的错误，贻误党和人民的事业。个别单位是否还有这种现象？大家要有所警惕。这种否定客观事实，主观臆造的统计数据，有比没有更糟糕。没有的话，顶多不清楚，还可以凭经验估计分析；而依据这种不真实、不准确的数据，在经济工作中去管理、调控、决策，不误事才怪呢！当前，个别地方和企业仍然存在不重视统计数据的真实性问题，要加以纠正。

首先要反对虚报、浮夸，不能用数字出政绩。另一方面，也不能漏统、少统。这两个方面都要注意。统计工作者，应严守职业道德，要把保证统计数据的真实、可靠作为神圣的使命，作为原则、立场。从我市当前的情况看，在数据的真实准确的问题上，要进一步规范完善。不规范、不完善的问题在哪里？我认为主要是两点：一是统计工作、统计口径、方法等还跟不上经济社会发展变化。现行的制度方法体系还有很多方面赶不上经济社会的发展变化。有许多新兴的行业，如信息服务业，从统计的对象、方法、口径等方面都要跟上去；又如：文化、教育的产业，过去都属于社会福利事业，没有作产业对待，但现在已部分产业化了；还有现代服务业、物流业也出现了。不仅有交通、运输、仓储业，还有第三方物流、第四方物流等，要研究新情况、分析新问题。第二是漏统问题。我市第三产业漏统问题比较严重，工业也有漏统问题。目前，房地产年增 30%，一般指的是毛胚房，而房屋装修这一块就没有列入统计。有的是因为工作思路衔接原因造成的，有的是干脆没有统，把新兴的行业忽略了。要深入研究统计方法问题。城乡居民收入统计不够客观准确，有的没统计上来，有的仅仅注意到工资收入这一块，而现在很多企业已经是员工持股了，这一块收入算了没有？灰色收入、第二职业收入不好统计，而这种合法收入总可以统计。

对上述问题要认真研究，要把握两条：凡是国家现行统计口径应该有的，而因种种原因漏统的要马上补上来；国家现行统计口径没有的，而经济社会发展中出现的新情况新问题，我们就要认真调查研究，向国家统计局提出建议。

三、切实加强完善我市的统计工作

（一）要求各级政府把统计工作摆到重要位置，予以高度重视。要支持统计部门、统计工作者独立地、公正地行使职权，保证统计数据的真实、客观、准确。领导要重视统计工作，但不等于干预统计数据，统计工作要保持独立性，保持公正。

（二）根据属地的原则，实行在地统计。明年我市就改为辖区统计，建立区级统计核算制度。现在还很不规范：有的指标是区属口径，有的是辖区口径，就是同一个指标，也分区属口径、辖区口径统计，没法比较。这种统计不能准确把握全市的经济发展情况，无法去调控，明年要下决心扭转过来。这牵涉到大量人员的培训，统计方法、口径、报表的改变以及统计网络的铺开，这一系列工作都要跟上来。

（三）健全充实市、区、镇（街）三级统计队伍。这次机构改革，统计部门编制不仅没有减少，还增加了。镇（街）现在只有一个或半个统计员，就是神仙也忙不过来。我市镇一级经济总量就等于甚至大于内地的一个县，街道的第三产业也很大。首先，各镇（街）要增加一个编制，下一步还要考虑增加。还要考虑在区一级机构调整时区级统计部门独立的问题，再增加一些编制，统计系统才能独立有效地去运作，以保证统计工作的客观公正。

（四）加强对统计的宣传。现在大家对统计的重要性，统计的作用还缺乏认识，统计部门要和宣传部门、新闻媒介沟通配合，作必要的宣传，下一步还要通过各种途径促进与加强统计法制建设，要确立起统计部门的权威地位，大家都要理解、尊重统计工作和统计数据的客观、真实、准确性。

明年全球经济形势不容乐观，我们面临的任务十分繁重。希望统计战线的同志们扎扎实实、认认真真地做好统计工作，为市委、市政府决策当好参谋，为我们经济社会建设发展作出新的贡献。

认真贯彻落实“三个代表”重要思想
把我市的统计工作推上新的台阶

——深圳市统计局局长、党组书记邓平在全市统计工作会议上的讲话

（2001 年 12 月 29 日）

同志们：

这次全市统计工作会议主要议题是：传达温家宝副总理对统计工作的重要指示和全国统计局长会议精神，以及市委市政府领导最近一段时间对我市统计工作的指示精神，并对 2001 年我市统计工作进行总结与 2002 年全市统计工作进行部署。等一会，庄心一副市长要对我市的统计工作作重要指示，我们要认真贯彻执行。庄心一副市长对统计工作极为关心与支持，特别是市统计局单独设立后，先后两次亲临市局具体地帮助、指导工作，使我们工作很快有新的起色。我们要以市领导的支持为动力，把全市统计工作做得更好。下面，我代表市统计局讲几点意见。

一、2001 年全市统计工作的回顾

2001 年，我市各级统计机构和广大统计工作者，努力实践江总书记“三个代表”思想，开拓进取，求真务实，依时、保质、全面完成了各项统计工作任务。尤其是机构改革过程中，各项业务工作依然紧张有序地进行。数据质量与服务水平得到提高，统计改革、统计执法检查、统计基础建设、干部队伍建设等方面都取得了新的成绩。我们主要抓了以下七项工作：

（一）精心组织，圆满完成了 2000 年统计年报和 2001 年定期报表任务。统计报表是统计最基础的数据，是社会经济发展成果的综合反映，是各级党政领导机关、主管部门决策的重要依据。做好统计报表工作，对于推动“十五”计划的执行和实现现代化目标具有重要意义。统计年报和定期报表任务繁杂，耗时费力，为了切实做好这方面的工作，我们根据国家、省的有关规定与要求，从深圳实际出发，具体制定了《深圳市统计年报和定期报表制度》，采取有效措施对年报和定期报表质量进行了考核评比，有针对性地加强统计执法检查等，确保了圆满完成统计年报和定期报表任务。在全省统计年报考核的 16 个专业中，我市 12 个专业获省级优秀，全市 2000 年统计年报工作受到省统计局的表扬。在全省城调队系统统计业务竞赛中，我市获五项第一名。

（二）认真抓数据质量，取得较好成效。过去一年，我市统计部门紧紧围绕提高统计数据质量这一中心环节，建立了严格的工作责任制度、工作流程制度和业务审核制度，严把各环节质量关，做到责任到人，杜绝统计数据的人为差错；制定了 GDP 相关数据质量控制方案；坚持专业联动原则，各专业根据有关规定认真进行统计数据质量评估；坚持下管一级的原则，对各区 GDP 及相关数据进行评估认定，对各区定期发布的指标，统一制定了标准，规范了各区统计资料的发布工作。通过抓住以 GDP 为核心的数据质量评估这一关键，从总体上带动统计数据质量的提高。还同政府有关部门合作开展查漏补缺，补报 20 多亿元工业总产值，受到市领导的批示和表扬。南山区计统局想方设法解决了辖区内蛇口、南油、华侨城等工业区因撤消统计机构，裁减统计人员而给统计带来的困难，保证了全市统计资料的及时、准确和完整。

（三）充分发挥统计优势，多层次、多角度地为政府宏观决策服务。一年来，统计部门注重对国民经济运行态势和社会发展的宏观监测、预警分析。在市政府每月召开的经济形势分析会上，统计局都是第一个发言，对我市宏观经济的运行态势和特点作出了全面、客观的综合分析。统计局每月为市领

导提供了包括统计预报、快报、月报，提供了副省级以上城市的月度、季度、年度宏观经济对比信息，提供了全市综合的社会、科技、环境统计监测指标季报，每月向新闻界通报全市经济形势，季度举办新闻发布会，全年接待来自市委市政府各部门和社会上的其它统计咨询3900余人次；同时，围绕市委市政府中心工作，开展了一系列专项调查，为市委市政府解决热点的经济和社会问题提供可靠的依据。如外商企业固定资产投资一次性全面调查、全市连锁商业餐饮业快速调查、百强工业固定资产投资调查、国有及国有控股工业企业跟踪调查、非公有制经济调查、农业单位主要产品生产调查、公务员工资水平抽样调查等，均取得良好的效果。此外，对经济运行中出现的重大问题和不确定因素开展了专项调查研究，及时撰写分析报告，除每月定期为市领导提供一篇进度分析外，全年撰写和编发了20多篇综合分析或专题分析给市领导作决策参考。受省委、省政府的委托，组织完成每年一度的计划生育目标管理责任考核的调查取证工作，为实现"一票否决"提供重要依据。编印了《深圳统计信息年鉴》、《深圳市2000年经济运行走势及2001年展望》、《统计科研文选》等专业书稿。统计部门积极参加深圳市妇女儿童"九五"规划的制定工作，被国务院妇女儿童工作委员会授予先进单位，被市妇女儿童工作委员会评为"深圳市实施妇女儿童'九五'规划先进集体"。

（四）积极推进各项统计改革工作。《深圳市统计改革方案》在国家统计局的领导和市领导的重视下，于2月20日通过专家组的论证。结合我市当前机构改革工作，正积极推动统计管理方式的转变，即实行在地统计。为推动在地统计改革，我们做了大量的准备工作，起草了《关于改革统计管理模式，实行在地统计的通知》，正在制定在地统计的具体实施方案；根据市领导的批示精神，开展了分辖区GDP试算工作；推行抽样调查的步伐加快，进一步巩固和完善规模以下工业抽样调查；在农业主要经济指标、个体商业抽样调查、限额以下批发零售贸易和餐饮业中全面推行了抽样调查，以抽样调查数据合理地取代总体数据。市局与福田区经贸局联合开展的批发零售贸易、餐饮业的"在地统计"试点工作取得了较好的效果。

（五）认真组织开展了全市《统计法》和"两办通知"执行情况大检查。为贯彻《统计法》、《广东省统计管理条例》及《深圳经济特区统计条例》，依法行政，我市统计部门按照全国的统一部署，与监察、司法等部门精心组织，密切配合，认真组织开展了全市《统计法》和"两办通知"执行情况大检查。通过大检查，初步树立了《统计法》的权威，全市的统计法制观念有了明显增强，依法统计日益成为广大统计工作者的自觉行动，统计工作环境有了较大改善。

（六）以机构改革为契机，加强统计基础建设。机构改革是当前的一项重要工作，我们从讲政治的高度，按市委市政府的统一部署，以高度的责任感、使命感和紧迫感，扎扎实实做好各项工作，确保了机构改革中统计机构和统计队伍的稳定，确保了机构改革的顺利进行。为加强统计基础建设，在充分调查论证基础上提出了使区级统计机构单独设立的改革方案，且已落实了在各区增编2个（6个区共计12个），各镇增编1个（19个镇共19个），街道办事处明确在原有编制中指定1人专职负责统计工作。这将显著加强区、镇（街道办）统计力量，为实行在地统计打下良好基础。

（七）认真做好人口普查的各项后续工作和基本单位普查前期工作。重点抓好人口普查表的编码和数据处理、普查快速资料汇总、汇编、普查资料的公报、开发利用等工作。完成了第二次基本单位普查的各项前期工作。具体包括：在全国、全省第二次基本单位普查电视电话会议之后召开专门会议，对我市第二次基本单位普查工作作出了具体部署；成立市普查领导机构；经反复讨论研究，制定了《深圳市第二次基本单位普查方案》；多次召开有关部门和各区计统局参加的普查办公室协调会议，确定工作思路和工作步骤，研究推进工作可能出现的问题和困难，抓紧落实人员、经费、办公场所。

此外，还开展了全市R&D资源清查工作，现已圆满完成全市R&D资源清查工作，正准备对外发布资料，各项主要数据质量较高，在全省R&D核心指标比较中，我市位居榜首。

以上这些成绩的取得，是全市广大统计工作者勤奋工作、无私奉献的结果，尤其是奋斗在基层第一线的同志们，埋头苦干，默默奉献，为统计事业的发展作出了重要贡献。我谨代表市统计局向战斗在基层的统计工作者表示诚挚的敬意和感谢！

在看到成绩的同时，还应该看到我市统计工作仍然存在不少问题。主要表现在：统计服务水平有待提高，统计制度方法还不能适应新形势；一些单位仍存在瞒报、迟报等统计违法行为；统计信息网络不够健全；统计基础工作薄弱，基层统计力量不足。对于这些问题，我们必须高度重视，深入地进行调查研究，逐步加以解决。

二、2002年统计工作主要任务

即将到来的2002年，是我们为“十五”奋斗目标乘胜前进的一年，也是统计系统机构改革后以新姿态新面貌打基础的一年。做好明年统计工作，必须全面客观深入分析新形势对统计工作的挑战，牢牢把握统计改革与建设的发展和机遇。

当前，我们所面临的主要挑战是：

1. 社会主义市场经济的进一步发展和改革开放的不断深入对统计工作的挑战。面对不断变化的多元的分散的社会经济基础和客体；面对我国正式加入WTO后国际国内市场一体化后新的主流、主体和门类的涌现，面对现代化过程中社会转型期可能出现的各种新形势新情况，如何改革传统的统计模式，建立与之相适应的新的统计制度、方法、体系，如何用现代信息技术手段，使统计成果科学地反映客观现实，已成为统计战线紧迫的任务。

2. 党政决策部门和社会公众对统计工作更高的期望已经对统计部门构成越来越大的压力。最近，温家宝副总理对统计工作的三点重要批示，代表了党和政府对统计工作的新的寄望和要求，是信任、鼓励，也是压力和动力。市委、市政府主要领导和主管市长对我市统计工作的多项指示，表明了市委、市政府对新形势下统计工作的更高要求、更大鞭策。社会各界和公众对统计信息的多样性选择和不同的新需求也与日俱增。统计工作如何围绕党和政府的中心工作，如何紧紧根据决策部门社会公众关心的重点、难点和疑点问题提出有价值和见地的对策性建议，将是我们长期而又迫切的任务。

3. 市、区、镇统计机构改革人员编制整体上的变动和缩编也不可避免对统计工作形成挑战。过去严重缺员的局面不可能一夕改观，转变职能的任务相当繁重，新旧交替的工作机制也难免出现这样那样的矛盾和问题，这些都是统计部门所要面临的考验。

面对挑战，我们也要充满信心地看到统计事业发展的有利条件：

1. 江泽民同志“三个代表”重要思想，党的十五届六中全会和中央经济工作会议精神，以及各级党政领导对统计工作的系列指示给统计改革和建设指明了方向；

2. 我市各级统计部门都有一个团结务实、开拓创新的领导班子，有一支训练有素、默默奉献、完全可以信赖和依靠的统计干部队伍；

3. 我市统计部门和各个单位、企业多年形成相互理解相互支持，共同发展的深厚友谊和工作机制是我们做好工作的重要支持。

我们认为，在各级党委和政府的坚强领导下，团结依靠广大统计工作者，充分发挥和调动各方面的积极性，我们完全有信心有条件去战胜困难，完成党和人民交给我们的各项统计工作任务，促进统计改革和建设健康快速发展。为此，我们提出2002年全市统计工作的总体要求是：以邓小平理论和江总书记“三个代表”的重要思想为指导，认真贯彻落实党的十五届六中全会精神，按照全国统计局长会议的统一部署，适应加入WTO后的新形势，联系深圳经济社会发展的实际，以提高统计数据质量为中心，以统计科技和法制为保障，加快统计改革的建设步伐，努力提高统计工作现代化水平，为深圳率先基本实现现代化和建设有中国特色社会主义示范城市作贡献。

根据总体要求，2002年要着重抓好以下几项工作：

（一）继续抓好机构改革工作，加强干部队伍建设。当前机构改革的任务还十分艰巨，统计部门要根据“三定方案”，马上要开展定员定岗，竞争上岗、人员分流等工作，区机构改革即将全面展开。我们要严格按照市机构改革方案开展工作，认真做好干部职工的思想政治工作，确保我市统计机构改革顺利进行，并以机构改革为契机，大力整顿机关作风，实行干部优化组合，充分调动干部职工的积极性，明显提高机关行政效率。

（二）加快统计改革，建立既符合我市市情、又符合国际惯例的统计制度、体系和方法。现在全国各行业都在认真研究如何应对加入WTO。应当看到加入WTO，统计工作面临的挑战同样是严峻的，统计工作在许多方面不能与国际接轨，比如我们的统计标准、统计指标体系与国际不适应，政府统计行为还有不规范的地方。深圳要发扬敢闯、敢试的精神，发挥信息灵通、与国外交往频繁的优势，尽快建立和完善我市现代化城市统计指标体系，力争在统计改革上走在全国前列。当前，重点是积极稳妥地推进“在地统计”改革工作。要积极争取市政府尽快下发《关于改革统计管理模式，实行在地统计的通知》，要制定推行“在地统计”的详细实施方案，要认真做好实行“在地统计”过程中统计渠道、主要统计数据衔接以及统计培训的准备工作。尽量做到在推行“在地统计”过程中确保统计秩序不乱，统计数据不断。要按国家统一部署，加快工农业发展速度计算方法的改革。这项改革的实施，可能会对我市工业发展速度造成一定影响，需要我们多作些准备，及时分析、研究、解决改革中出现的矛盾和问题。

（三）进一步完善区一级GDP核算，扩大住户调查范围，建立消费信心指数。为认真贯彻市领导的批示精神，我们要采取切实可行的措施，进一步完善区一级GDP核算，规范各区统计数字的发布，实现六区主要统计指标数据的规范、统一。 适应新形势的要求，扩大城市住户调查范围，计划将目前城调队住户调查的抽样调查户数由200户增至600户，提高城市住户调查代表性。随着我市经济的发展，越来越多的人关注消费信心指数，目前，国内还没有建立起来，我们拟明年在国内率先建立深圳市的消费信心指数。

（四）继续以提高统计数据质量为中心，狠抓质量，确保2001年度统计年报和2002年定期报表工作顺利完成。今年是"十五"的开局年，因此，搞好2001年统计年报，为实施"十五"计划提供准确、可靠的数据具有十分重要的意义。全市各级统计部门和广大统计工作者对此必须高度重视，加强年报工作的统一组织和协调管理，积极进取，减小或杜绝数据差错，把我市的年报工作提高到一个更高的水平。

要继续做好人口普查数据处理、资料编印和开发利用，善始善终地完成第五次人口普查工作。

（五）进一步强化统计服务功能，加强统计资源的开发利用。明年的国内外经济形势会更严峻，党和政府将会特别关注宏观经济运行的态势、问题与特点。统计部门为政府服务的任务将会更繁重、更艰巨。需要我们加强对宏观经济形势和重大经济问题的研究，及时提供准确的宏观监测与分析资料，增强宏观调控的预见性、科学性和有效性。为此，相关部门年初就应有相关的工作计划和准备，把为政府服务落实到实处，力争在新的一年里，迎难而上，确保为政府服务取得新的突破。在做好为市委市政府服务的同时，要对社会各界提供全方位服务，进一步提高统计服务水平。要充分发挥城调队、企调队机动灵活、反应快捷的优势，积极开展专项调查和专题研究，更好地为领导决策服务。

（六）加强统计法制建设。要把加强统计法制建设作为贯彻党的十五届六中全会精神，坚持实事求是，反对弄虚作假、虚报浮夸的一项具体行为。加强统计法制建设，也是维护统计严肃性，保证统计数据质量的一项重要措施，要常抓不懈。我们要加大统计执法的力度，加强对违法案件的查处。要认真做好《深圳经济特区统计条例》的修订工作，要依法加强对部门统计工作的协调和管理，促进部门间统计资源共享。

（七）切实抓好统计基础工作建设。统计基础建设是搞好统计工作的关键，目前我市统计机构不健全、人员配备不太合理、整体素质也不理想，尤其是镇（街道）没有统计机构。因此，要以机构改革为契机，切实抓好"双基"工作。要有效稳定基层统计机构和队伍。要切实减轻基层统计工作负担，改善基层统计工作条件；要积极推进统计基础工作规范化建设，各级统计部门要完善统计资料、统计单位名录库等；要建立健全各项工作制度，特别是基层单位要建立健全原始记录和台帐，把好数据源头，做到数出有据。

（八）进一步推动统计自动化建设。我市统计自动化建设仍适应不了新的形势和需要，为此，要认真做好我市"十五"统计信息工程建设规划和立项工作。要按照国家统计信息工程实施方案的技术要求，全面落实并按期完成"三网一库"（统计信息网、统计部门内部网、统计办公室自动化广域网和统计数据库）的建设，重点抓好统计信息应用系统完善和升级建设、特别是统计数据采集系统、统计部门内部系统的全面联通及向区镇的延伸、人口地理信息系统建设、国家"九五"统计信息工程网络深圳节点建设，要充实和加强统计信息化基础设施的建设和技术干部队伍建设。

（九）认真落实《第二次基本单位普查方案》，高质量完成普查任务。

国务院决定，2001年12月31日在全国进行第二次基本单位普查。这次普查是继第五次全国人口普查后的又一次重大国情国力调查，这次普查具有极其重大的作用。认真搞好这次普查，对于改善宏观调控和加强市场监管工作，促进我国国民经济和社会持续发展，对经济结构的战略性调整，以及整顿和规范市场经济秩序都具有重要意义。

1. 各单位应高度重视基本单位普查工作。这次基本单位普查是在市、区各级人民政府的领导下，按照"全市统一领导，部门分工协作，地方各级负责，各方共同参与"的原则进行。我市成立了以市政府副秘书长唐杰同志为领导小组组长的深圳市第二次全国基本单位普查领导小组，各单位、各部门应按普查领导小组的统一部署和安排，以崇高的使命感，尽职尽责做好基本单位普查工作。

2. 要围绕普查各阶段的中心任务来积极推进各项普查工作。这次普查工作分为四个阶段：1、2001年11月20日前为普查准备阶段；2、2001年11月至2002年1月为普查登记阶段；3、2002年2月至6月为普查数据处理阶段；4、2002年7月至12月底为普查后期阶段。各单位要严格按照各阶段的中心任务来开展普查工作，确保普查工作顺利进行。

3. 这次普查在总结以往普查成功经验的基础上，有了创新和改进，主要表现在：

一是这次基本单位普查在方式上按照所在地行政区域进行统计，原则上采用“以区为主、主管部门配合”，直接发表调查同有关部门的行政登记相结合、专门的基本单位调查与统计专业年报工作相结合的形式进行。普查以各区行政区划的居民委员会、村民委员会为普查区，对基本单位数量较多的普查区可再划分为若干普查小区，每个普查区或小区应配备与普查任务相适应的普查人员，对普查区或小区内的各类法人单位及产业活动单位逐个进行登记。

二是以信息技术为手段，实现信息交流和资源共享。目前对基本单位的行政登记是由政府几个职能部门分别进行的。这次基本单位普查的一个重要目标是最大限度地衔接和统一各个部门在单位行政登记方面的认定标准和代码，积极寻求相互衔接的办法，提高政府行政办事效率，加快相关部门之间的网络互联，实现信息交流和资源共享，强化市场的监督管理。

我们要根据这次普查的特点，有的放矢地开展工作，各区、镇、街道办事处要充分发挥地域统计职能，认真抓好地域内的普查工作，各有关主管部门要积极配合，为普查办提供有关普查资料，各单位要积极参与，如实填报。各级普查机构要按照《普查方案》要求，努力做到不遗漏一个单位和项目，共同做好这次普查工作。

4. 抓紧抓好普查的业务骨干培训工作。市、区对辖区的镇、街道办、主管部门等普查业务骨干的培训工作要抓紧、要抓好。业务培训组织上要根据不同层次、不同类型，分工负责，将培训面扩大到法人单位一级。培训的形式上可采取多种形式相结合。培训方法上要充分利用先进的手段提高培训效果。

5. 要层层建立责任制，保证数据质量。各级普查机构要牢固树立“质量第一”的指导思想，坚决贯彻全市“一盘棋”的原则，执行统一的标准，采用统一的实施方法，以达到统一的质量要求，要通过制定质量控制细则，对培训方案、调查登记、填报普查表、收表审表、数据录入与处理以及验收等环节的工作，实行全过程的质量控制。

6. 加强普查的宣传工作，依法进行普查登记。这次普查的涉及面广，情况复杂，技术难度高，协调难度大，一定要广泛动员社会各有关方面的力量积极参与普查工作。要充分利用各种新闻媒体深入宣传普查的目的意义、宣传普查的政策法规、宣传普查的具体要求等，把普查的宣传工作贯彻整个普查工作的全过程。普查人员进行普查工作时，任何单位、机构都必须接受并配合普查员的登记调查。

同志们，让我们高举邓小平理论伟大旗帜，按照“三个代表”要求，坚定信心，开拓创新，与时俱进，以统计工作者的崇高职业道德精神，求真务实的工作态度和科学严谨的作风，真抓实干，把我市的统计工作推上新的台阶！

谢谢大家！

统计执法

2001年深圳市统计法制工作情况

依法治国，建设社会主义法治国家，是党的十五大确立的治国基本方略，是我国宪法的基本原则。普法和执法工作是实施依法治国的重要思想基础。面对我国改革开放深入发展，社会主义民主法制建设不断完善的新形势、新要求，2001年深圳市统计法普法和执法工作进入了一个新阶段。我们高举邓小平理论伟大旗帜，以江泽民同志“三个代表”重要思想为指导，立足于建设社会主义法治国家，立足于建立和完善社会主义市场经济体制，立足于推进深圳市国民经济和社会发展，立足于提高全市广大统计工作者的法律素质，将依法治国与以德治国紧密结合，努力服务于全市改革、发展、稳定的大局，高起点、多层次、全方位地推进统计法制宣传教育，推动全市经济的持续、快速、健康发展，促进全市社会稳定和全面进步。邓平、孔爱玲、李树军、王宏彬、吴宜章、邱中兴、严晓辉、陈和鹏等同志被评为广东省统计执法大检查先进个人。

一、坚持围绕中心，服务大局

统计法制工作要紧密围绕“十五”期间全市经济和社会发展配合推进经济结构战略性调整，完善市场经济体制，规范市场经济秩序，大力发展社会主义先进文化，全面推进精神文明建设；大力加强统计法制建设，开展各种行之有效的统计法制宣传教育。针对不同对象、不同层次的特点，明确重点内容，做到分类指导，与时俱进。要切实从人民群众对法律的实际需要和在法律知识方面的薄弱环节出发，采取群众喜闻乐见、易于接受的方式开展法制宣传教育，做到社会性、针对性、实效性相结合，贴近生活，服务群众，努力达到最佳效果。努力实现全市公民由提高法律意识向提高法律素质的转变，努力实现由注重依靠行政手段管理向注重运用法律手段管理的转变，为全面推进依法治统，奠定坚实的法治基础。

通过普法教育和统计法规学习，全市统计人员的业务素质、统计基础工作的规范性以及对统计行政执法的重视程度都有明显提高，确保了统计数字的真实可靠。统计工作人员敬业爱业，认真负责，在人手少，任务重的情况下较好地完成各项统计任务。各级政府和企业重视统计工作，统计管理制度完善，原始记录、统计台帐比较齐全，没有出现其他重大的统计违法违纪情况。全市统计数据的抽查数与上报数基本没有出现大的偏差，主要统计指标数据客观可靠地反映了全市国民经济和社会发展情况。广东省统计执法检查组检查了全市的统计执法情况，就市、区、镇三级政府对统计执法大检查工作的高度重视予以肯定。认为深圳的普法和执法工作，行动积极，宣传到位，效果较好，都能认真开展自查工作。各级政府和企业对统计工作比较重视，没有发现人为干扰统计数字现象，确保了统计数字的真实可靠。

二、狠抓宣传发动，提高认识

为提高大家对统计普法和执法的思想认识，市、区、市直有关部门、各企事业单位对普法和执法检查工作进行了广泛宣传，在深圳市政府的网站深圳信息网上开辟执法大检查专栏。全市发放近4000本《统计法律法规文件汇编》、3000本《广东省统计管理条例》，市、区两级分别通过报纸、电视、电台等媒体，对大检查的意义、内容、方法步骤、时间安排等做了详细报道。全市各级新闻单位刊发了各种大检查的新闻稿件，为全市的统计工作创造了良好的社会环境。通过学习和宣传，使各单位对统计法有了更深的认识，使得普法和执法检查工作得到了各单位的大力支持和积极配合，为普法和执法检查的顺利开展奠定了良好的社会舆论基础，为今后的各项工作铺平了道路。各区根据实际情况，区、镇两级的有线电视台播放多次宣传统计法律法规的口号。录制了宣传统计法律法规知识的磁带，出动宣传车，到各镇、村、工业区宣传统计法律法规。各镇、村在主要路口悬挂宣传统计法律法规的横幅和在宣传栏上张贴宣传材料、标语439条。龙岗、宝安区在区办报纸上刊登宣传统计法知识，宝安区还在《宝安日报》刊登了一版宣传统计法律法规知识专栏，组织开展统计法律法规有奖知识竞赛活动，活跃了宣传和学习的形式，收到了很好的效果。

三、加强培训，提高素质，严格执法

针对统计执法存在的问题制订了《深圳市统计行政执法用语规范》。为宣传贯彻执行统计法和《广东省统计管理条例》，加强统计法制基础建设，建立一支高素质的统计行政执法队伍，满足统计执法工作需要。市统计局同市法制局一起进行了市区两级统计行政执法员培训，为从事统计工作的公务员或参照公务员管理的业务骨干，进行行政执法培训。培训行政执法检查员 50 人，提高了统计法制工作水平和业务素质。目前市区两级统计机构的领导和专业骨干均取得了深圳市政府统一制发的深圳市行政执法证。

四、贯彻上级精神，认真开展统计执法大检查

根据国家统计局、监察部、司法部《关于开展〈统计法〉和“两办通知”执行情况大检查的通知》和广东省统计局、监察厅、司法厅《关于开展〈统计法〉和“两办通知”执行情况大检查的通知》精神，深圳市统计局、监察局、司法局领导高度重视，结合深圳市的情况和自身特点从 6 月至 9 月在全市范围内展开了大检查工作的部署和动员。在组织领导，宣传发动，自查抽查等方面做到了领导重视，严密组织，广泛发动，认真落实。从 6 月至 9 月，在全市范围内开展了声势浩大的统计执法大检查，自查面达 94%，市区两级抽调业务骨干 65 人，组织了深圳市统计执法立案处理组（督导组）和 9 个执法大检查小组。全市共重点抽查近 700 家单位，其中市统计局抽查 39 家，各区、镇抽查 249 家，市直各局办、事业单位、各大集团公司抽查 400 多家，占全市自查单位数的 8%。发放各种法规学习资料 8000 份，新闻媒体宣传 518 次，统计部门设立统计执法大检查举报电话和信箱 22 个。通过这次大检查，发现了一批先进典型，查出了一些违反统计法律法规的单位，震慑了违法，宣传了《统计法》。同时，也为统计方法制度改革和政府统计机构对基层单位如何进行业务指导，搜集了第一手材料。

为抓好统计执法大检查我们重点做了如下工作：

1. 加强领导，认真做好动员工作

统计执法大检查工作受到了各级政府和各部门的高度重视，各级领导一致强调要充分认识大检查的重要性，高质量地完成大检查的各项工作，坚决查处统计违法行为。根据国家和省统计局统计执法大检查的工作部署，深圳市统计局、监察局、司法局联合成立了《统计法》和“两办通知”执行情况大检查领导小组及办公室。组织收听收看了国家、省《统计法》和“两办通知”执行情况大检查电视电话会议，市区统计、监察、司法部门，市直有关单位，各大公司，各镇（街道）及新闻单位的负责同志参加了会议。国家、省电视电话会议结束后，三部门联合召开会议认真动员和部署《统计法》和“两办通知”执行情况大检查工作。各区、各部门按照会议部署，及时成立了领导机构，制定了适合本地区、本部门的工作方案，积极贯彻落实各项工作。企事业单位也明确一名领导主抓，指定专人负责。印发了关于开展《统计法》和“两办通知”执行情况大检查的通知，并通过深圳市人民政府公报印发了近万份发放给全市有关单位，起到了很好的效果。市、区两级统计部门设立了统计执法大检查举报电话和信箱。

2. 精心组织，踏踏实实做好自查工作

全市《统计法》和“两办通知”执行情况大检查自查阶段的工作，在市大检查领导小组的精心组织和领导下，圆满完成自查的各项工作任务。除了要求对统计数据的质量进行逐项自查外，还设计了问卷式的自查表，要求各自查单位按统计报表管理渠道上报自查结果。各区政府、市直各部门、各集团公司都在规定时间顺利完成了对本地区、本系统所属单位的自查，向市大检查办公室报送了自查报告和自查汇总表。在全面自查自纠的基础上，重点突出了限额以上企业的自查自纠工作。

此次大检查自查工作安排，时间紧，任务重，各地区、各部门结合本地区、本部门的实际，采取了一些切实可行的措施，提高了工作效率，按时高质量地完成了自查的各项工作。如深圳发展银行成立了各部主要负责人组成的金融统计检查领导小组，各分支行也成立了统计检查领导小组。全行 31 个分支行（9 个分行和 22 个直属支行）全部进行了自查，并向总行提交了自查报告，自查面达 100%。行内抽调人员组织了实地抽查，抽查 24 家，占全行分支机构数的 77.4%，其中深圳市内支行 18 家，占深圳市内分支机构数的 100%；深圳市外分支行 6 家，占深圳市外分支机构数的 46.2%。

3. 认真检查，严格执法

从 7 月上旬到 8 月底，全市进入第二阶段的抽查工作。这次检查的重点分为两个大部分，一是统计违法行为，主要是查 2000 年和 2001 年 1-6 月的有关数据；二是统计基础工作，是否按检查的内容和要求得到了落实。检查采取听、看、查、议的方法进行，听就是听被查单位领导对自查自纠情况的汇报；看就是看原始记录、台帐、基层单位报表、统计上岗证、统计登记证；查就是查统计报表数据来源是否有据、各专业统计的汇总方法、检查上报数与原始汇总记录是否一致、有无统计违法行为；议就是检查组评议被检查单位的检查情况。

为确保统计执法重点抽查工作的顺利进行，精心制定了统计执法大检查抽查方案，抽调业务骨干，成立深圳市统计执法立案处理组（督导组）和深圳市统计执法重点抽查工作组。其中重点抽查工作组分为九个执法大检查小组，市局抽调的统计执法人员组成三个检查组，其余六组由各区抽调执法人员组成。每个区组成一个检查组。

为便于开展工作，立案处理组（督导组）下设南山、龙岗督导检查组、罗湖、宝安督导检查组、福田、盐田督导检查组三个督导检查组分别负责对各区的统计执法大检查工作进行督导检查。

根据国家、省统计局的要求，针对国内生产总值、现价工业总产值、利润总额、产品销售收入、固定资产投资、商品销售总额、社会消费品零售额、职工工资总额、在岗职工工资总额等重点指标，按数据报送来源，由各区计统局、市局工交处（工业专业）、国民经济核算处、固定资产投资处、经贸处（商业）、社会科技处、人口普查办等在组织有关单位自查基础上提出重点抽查单位。在检查时，我们坚持每个统计项目与会计报表相关科目相对应，每笔统计的归属内容与原始凭证核对，对检查出的问题，详细记录在案，检查方和被检查方双方签字确认后反馈给被检查单位，要求限期对所存在的问题进行整改。在整个统计检查过程中，做到边检查、边纠正。由于检查工作的认真深入，取得了较好的效果。

各区、各单位、市局各专业处室利用这次执法大检查的有利时机，加强依法治统工作，依法维护统计秩序，坚决制止虚报、瞒报、伪造、篡改、拒报或屡次迟报国家统计调查资料等统计违法行为。对在重点抽查阶段发现的统计违法问题，各执法大检查小组及时上报深圳市统计执法大检查领导小组办公室，并按现有报表管理原则，由深圳市统计执法立案处理组或各区统计执法大检查领导小组协调组织执法人员，按照国家有关规定进行了严肃查处。坚决做到“执法必严，违法必究”。

4．积极整改，加强制度和基础建设

从检查的结果来看，全市的统计数据检查数与上报数基本一致，没有出现大的偏差，这说明近两年的统计数据可靠性较高，基本能够客观地反映国民经济和社会发展的情况。通过检查，没有发现违反统计法规、法纪的现象。各级统计人员素质较好，责任心强，为提高统计质量，及时、准确、全面编制各类统计报表做了大量工作，付出了艰辛的劳动。但通过此次大检查，也暴露出当前统计工作中的一些不容忽视和亟待解决的问题。首先，从统计队伍来看，有些单位的统计人员变动频繁，目前仍有部分人员未持证上岗，直接影响着统计数据的质量。其次，统计人员的整体素质还有待提高，部分统计人员业务能力较差，对统计指标理解不清，造成上报的数字不准。第三，各单位的统计基础工作还需进一步加强，一些单位的统计数据质量的管理、检查、初审、复审和评估制度还不健全，部分单位的统计台帐和原始记录不完整、不规范，有的甚至没有建立原始记录和统计台帐。第四，基层统计力量薄弱，按目前各镇（街道）的统计工作量，仅一至两人很难完成工作任务，统计力量有待进一步加强。按《统计法》第四章第十六条规定：县级以上地方各级人民政府设立独立的统计机构；《广东省统计管理条例》第四条规定：县级（含县、县级市、市辖区）以上人民政府设立独立的统计部门。在今年区级机构改革中，希望按《统计法》的要求，单独设立统计机构，进一步加强依法统计和统计执法工作。此外，通过此次大检查，还发现了一些没有及时办理统计登记的单位。

对于这次统计执法大检查发现的问题，我们严格按照国家、省文件精神，区别不同情况进行了处理：对于自查出来的问题，本着教育从严、处理从宽的原则一律免予处罚，但责成单位提出整改意见，进一步提高认识。全市自查出有问题的单位全部进行了整改。对抽查中确实属指标概念不清，或虽有虚报、瞒报行为，但情节较轻的也一律免予处罚，责成被查单位认真整改，并要求统计人员加强学习统计业务知识。对在这次统计执法大检查中发现的统计违法案件线索，但证据还不够充分的进行深入跟踪调查，进一步收集证据。对基层统计力量薄弱，人员不足等长期困扰统计工作的问题，积极向市领导和编制部门反映，争取在机构改革中加以解决，目前该项工作已得到市领导的重视，有较大进展。

（撰稿：杨卫）

统计资料

一、综　合

自然概况

位　置

深圳市地处广东省南部沿海，位于北回归线以南。陆域位置东经 113° 46′ 至 114° 37′，北纬 22° 27′ 至 22° 52′。她东临大鹏湾，西连珠江口，南与香港新界接壤，北靠东莞、惠州两市。

深圳经济特区是深圳市的一部分。她枕山面海，山湖风光优美，东起大鹏湾背仔角，西连珠江口之安乐村，南与香港新界接壤，北靠梧桐山、羊台山脉，东西长 49 公里，南北宽平均 7 公里，是我国主要进出口岸之一。

地　势

全境地势东南高，西北低，大部分为低丘陵地，间以平缓的台地，西部沿海一带为滨海平原。区内最高山峰梧桐山海拔 943.7 米。

面　积

全市总面积 1948.69 平方公里，特区面积 391.71 平方公里。

海岸与河流

深圳西部和西南部是珠江口、伶仃洋，东部和东南部是大亚湾、大鹏湾，海岸线总长为 229.96 公里，可建深水港的有 6 处，可建中型港的有 3 处，可建小型港的有 10 多处。主要河流深圳河全长 35 公里，特区内小河密布，多汇集于深圳河，流域面积 311.8 平方公里。

气　候

深圳市属于亚热带海洋性气候，雨量丰沛，日照时间长，气候温和。常年平均温度为 22.4℃，最高为 36.6℃，最低为 1.4℃，无霜期 355 天。每年 5-9 月为雨季，多年平均降雨量 1933.3 毫米。常年主导风向为东南风，年平均日照时数为 2120.5 小时，太阳年辐射量 5404.9 兆焦耳 / 平方米。夏秋季的台风因受山峦阻挡，直接袭击深圳市平均每年不到一次。

2001年深圳市国民经济和社会发展统计公报

深圳市统计局

(2002年4月23日)

2001年，全市人民在市委、市政府的正确领导下，认真贯彻落实中央关于扩大内需、促进经济发展的一系列政策措施，千方百计扩大外贸出口，努力扩大投资规模，积极扶持高新技术产业，进一步优化投资环境，推进新一轮国企改革，国民经济仍然保持了健康平稳的增长态势，为完成"十五"计划打下了良好基础。社会主义精神文明建设、社会各项事业取得新成就，人民生活水平进一步提高，市容环境日趋优美，城市综合实力增强，在率先基本实现现代化的进程中深圳迈出了坚实的步伐。

一、综　合

初步统计，2001年，全市实现国内生产总值1954.17亿元，按可比价格计算，比上年增长13.2%。其中第一次产业完成增加值18.11亿元，增长7.2%；第二次产业完成增加值1056.46亿元，增长13.3%；第三次产业完成增加值879.60亿元，增长13.2%。三次产业结构为0.9∶54.1∶45.0。人均国内生产总值43344元，比上年增长5.2%。全社会劳动生产率60940元，比上年提高6.6%。按现行汇率计算，国内生产总值达到236.11亿美元，人均国内生产总值5237美元。

物价水平略有下降。2001年，深圳物价总水平呈现缓慢下降趋势，全年居民消费价格总水平比上年下降2.2%。分项目看，服务项目下降0.7%。食品类下降2.5%，其中粮食下降9.4%，肉禽及制品下降2.1%，鲜菜上涨4.4%。衣着类下降1.3%，交通和通讯类下降2.4%，居住类下降0.9%。家庭设备用品及维修服务类、娱乐教育文化用品及服务类均有不同程度的下降。

劳动就业工作加强。年末全市从业人员332.80万人，比上年末增加24.26万人，增长7.9%。其中，第一次产业从业人员3.48万人，下降10.1%；第二次产业从业人员185.51万人，增长5.5%；第三次产业从业人员143.81万人，增长11.6%。三次产业劳动结构为1.0:55.8:43.2。落实优惠政策，促进下岗、失业员工再就业。有就业愿望的登记失业员工再就业指导率达100%，全年组织下岗、失业员工进行再就业培训达7000人次。加强职业介绍服务，成功推荐2.28万人就业，其中下岗、失业员工3800人。年末城镇登记失业率2.47%。

国民经济和社会发展中存在的主要问题是：外贸出口和电子信息产业面临很大的困难和压力；投资增长乏力，部分重点建设项目进展缓慢；国有及国有控股企业经济效益不够理想。

二、农　业

农业生产稳步发展。全年农业增加值18.11亿元，比上年增长7.2%。农村三级经济总收入125.10亿元，比上年增长5.6%。鲜活产品出口额12.72亿港元，比上年增长13.6%。

乡镇企业是农村经济的重要支柱和农民增收的主要来源。2001年，全市乡镇企业总产值334.45亿元，营业收入261.71亿元，净利润37.01亿元，农民收入的80%来自乡镇企业。

全年种植业播种面积18.40万亩，比上年减少1.8%。其中，粮食播种面积0.80万亩，减少17.6%；粮食产量0.40万吨，增长8.1%。蔬菜种植面积16.81万亩，增长0.7%；产量21.29万吨，增长1.1%。水果种植面积20.92万亩，减少6.9%；水果产量2.48万吨，比上年下降9.8%。

全年主要畜产品产量如下：

指标名称	单位	数量	比上年增长%
肉猪出栏量	万头	65.15	-1.5
猪肉产量	万吨	4.57	-3.6
家禽饲养量	万只	3201	6.9
禽蛋产量	吨	922	-40.4
鲜奶产量	万吨	2.22	-10.8

全年完成造林面积 2.63 万亩，全民义务植树 42 万株，育中幼林 1.88 万亩，四旁植树 108 万株。

水产品养殖总面积 10.84 万亩，其中海水养殖面积 7.20 万亩，淡水养殖面积 3.64 万亩。水产品总产量 6.58 万吨，比上年增长 9.8%。其中，海产品 5.65 万吨，增长 10.4%；淡水产品 0.92 万吨，增长 5.9%。海洋捕捞产量 2.38 万吨，增长 23.3%。

农业机械总动力 5094 万瓦特，比上年减少 1141 万瓦特。农村用电量 47.28 亿千瓦小时，比上年增长 10.5%。

三、工业和建筑业

工业继续保持快速增长。全年实现工业增加值 905.18 亿元，按可比口径计算，比上年增长 15.0%，占国内生产总值的比重为 46.3%。比上年提高 0.3 个百分点。工业对全市经济增长的贡献率达 52.3%。2001 年全球 IT 产业生产收缩进一步影响深圳工业，部分电子信息类产品生产出现下降或增速明显减慢。

2001 年，全市国有工业企业及年销售收入 500 万元以上的非国有工业企业（简称规模以上工业企业，下同）完成工业总产值 3079.63 亿元（现价，下同），按可比口径计算，比上年增长 17.7%。在规模以上工业企业中，国有企业总产值 55.47 亿元，下降 36.6%；集体企业 16.26 亿元，下降 55.3%；股份合作企业 3.39 亿元，增长 14.6%；股份制企业 530.09 亿元，增长 1.3%；外商及港澳台投资企业 2459.08 亿元，增长 27.4%。重工业快速发展，占工业总产值比重提高。全年规模以上重工业总产值 1985.01 亿元，轻工业总产值 1094.62 亿元，分别增长 22.4%和 8.6%，重工业所占比重从上年的 60.5%提高到 64.5%。产销衔接良好，全年规模以上工业销售产值 3081.26 亿元，比上年增长 8.6%。出口交货值 1774.87 亿元，增长 9.9%。工业产品销售率为 100.1%，比上年提高 1.1 个百分点。

全年主要工业产品产量如下：

指标名称	单位	数量	比上年增长%
微型计算机	万部	164.22	13.6
硬盘机	万部	1116.60	29.3
软磁盘	万片	11616	-8.8
激光盘	万片	4195.87	14.8
彩色电视机	万台	659.50	-16.8
玻壳	万只	877.54	-1.4
彩色显像管	万部	626.99	5.0
磁头	万只	21016	7.9
袖珍计算器	万部	729.34	-5.6
程控交换机	万门	2994.30	-0.4
集成电路	万块	96122	-0.3
通讯电缆	万公里	5.02	13.8
液晶显示器件	万片	8094	-10.0
显示器	万只	371.38	-24.9
半导体分立器件	万只	68412	30.9
微电机	万只	6071.11	322.4
电话机	万部	2965.67	18.4
自行车	万辆	172.66	-28.1
表	万只	7908	11.5
钟	万只	993.16	40.8
照相机	万架	642.03	-22.3
录放机	万部	773.55	-29.1
电风扇	万台	753.09	22.9
组合音响	万部	545.13	-2.9
家用电热烘烤器具	万个	720.43	8.7
皮鞋	万双	4399	2.7
服装	万件	14509	-2.9
玩具	亿元	21.75	13.0
精炼食用植物油	万吨	47.69	4.2
饮料酒	万吨	27.52	2.3
瓶(罐)装饮用水	万吨	37.01	27.5
中成药	吨	5705	2.8
平板玻璃	万重量箱	216.54	-22.8
中空玻璃	万平方米	5.14	16.6
金属集装箱	万立方米	552.88	-31.1
塑料制品	万吨	72.20	27.9
纸制品	万吨	52.49	21.6
医疗仪器设备	亿元	1.70	-8.9
复印机械	万台	69.56	40.6
发电量	亿千瓦时	273.78	6.9
自来水生产量	万吨	93047	16.9

工业经济运行质量和效益有所改善。全年规模以上工业企业实现利税总额 307.33 亿元，比上年增长 7.1%。实现利润总额 231.32 亿元，增长 4.0%。工业全员劳动生产率达 106213 元，比上年提高 7.3%。但企业亏损状况有所加重。

建筑业平稳发展。全年建筑业增加值 151.28 亿元，比上年增长 4.4%。

四、固定资产投资

固定资产投资规模继续扩大。2001 年，全市完成全社会固定资产投资额 673.37 亿元，比上年增长 8.7%。其中，基本建设投资 284.40 亿元，增长 2.3%；更新改造投资 33.89 亿元，增长 7.2%；房地产开发投资 302.64 亿元，增长 16.0%。

投资结构继续改善。基本建设完成工业投资 82.71 亿元，比上年增长 9.6%，占基本建设投资的比重为 29.1%，比上年提高 2 个百分点。工业投资向高新技术产业倾斜，高新技术产业投资占工业投资的比重达59.7%。交通运输和邮电通信业完成投资38.05亿元,比上年下降16.0%。批发和零售贸易、餐饮业完成投资8.10亿元,下降23.4%。科学研究和综合技术服务业完成投资4.20亿元，增长172.7%。教育文化艺术及广播电视业完成投资14.13亿元，增长4.3%。全年重点项目完成投资153.39亿元，比上年增长20.6%,占全社会固定资产投资的22.8%。其中,竣工项目10项,完成投资9.00亿元。主要竣工项目有盐坝高速公路、坪西一级公路、西部田园海上风光旅游区等。深圳市青少年宫、深圳文化中心、电视中心等文化基础设施建设进展顺利。

五、交通运输和邮电业

交通运输和邮电通信业稳步增长。全年完成交通运输和邮电通信业增加值152.22亿元，比上年增长11.4%。

全年全社会运输量如下:

指标名称	单位	数量	比上年增长%
全社会货运量	万吨	5147	9.6
# 铁路	万吨	295	5.1
公路	万吨	4267	11.6
水路	万吨	580	-1.0
民航	万吨	5	2.0
全社会客运量	万人	9869	5.6
# 铁路	万人	1142	6.9
公路	万人	8260	5.0
水路	万人	155	-2.5
民航	万人	312	23.3

深圳机场已开通国内航线105条，国际航线5条。全年机场旅客吞吐量777.50万人次,比上年增长21.1%；机场货邮行吞吐量24.74万吨，增长21.9%。

全市有港口泊位128个,其中万吨级以上泊位39个。港口货运增长迅速，全年港口货物吞吐量6642.54万吨,比上年增长16.6%;港口集装箱吞吐量507.60万标箱,增长27.1%。2001年深圳港跻身世界集装箱港口吞吐量的第八名。全年远洋运输货运量348.40万吨,与上年基本持平。

全年完成邮电业务总量182.37亿元(按1990年不变价格计算),比上年增长36.5%。邮电通信网络不断扩展,至2001年末,全市共有邮电局(所)717处,比上年末增加64处;全市固定电话交换机总容量350.89万门,增加83.37万门;移动电话交换机容量549万门,增加171万门;固定电话用户219.38万户，增加45.87万户；移动电话用户387.69万户，增加156.78万户。每百人拥有电话(含移动电话)129.5部。

六、国内外贸易和旅游

消费品零售市场畅旺。全年社会消费品零售总额609.26亿元,比上年增长13.2%,消费需求对经济增长的拉动作用增强。住房、汽车、旅游和信息消费成为新的消费热点。批发零售贸易和饮食业全年完成增加值175.11亿元,比上年增长13.8%。

对外贸易在艰难中保持增长。2001年,作为深圳重要贸易伙伴的美国、日本、欧盟经济增幅同步趋降，深圳出口贸易面临严峻复杂的国际市场环境。在各级领导、各部门积极采取一系列应对措施的情况下,深圳出口企业调整出口战略,努力提高自身竞争力,全市对外贸易保持了稳步增长。全年累计进出口总额686.11亿美元,比上年增长7.3%,其中出口总额374.80亿美元,增长8.4%,进口总额311.31亿美元,增长6.0%。进出口相抵,顺差63.49亿美元。2001年,深圳出口总额占全国的14.1%,比上年提高0.2个百分点。自1993年以来,已连续九年位居全国大中城市榜首,有效拉动了经济增长。

就出口贸易构成来看,2001年，深圳远洋贸易出口额为78.40亿美元,比上年增长19.7%,占全市出口总额的比重为20.9%，比上年提高1.9个百分点。机电产品出口额239.61亿美元，比上年增长11.8%,占全市出口总额的比重为63.9%,比上年提高1.9个百分点。高新技术产品出口额110.21亿美元,比上年增长32.2%,占全市出口总额的比重为29.4%,比上年提高5.3个百分点。

就外贸出口的市场分布来看,对香港、日本的出口增长放缓,增幅分别为17.4%和13.9%,对这两地的出口分别占深圳出口总额（不含异地关出口额,下同)的36.4%和9.4%。对美国、欧盟的出口下降,降幅分别为2.5%和1.1%,对这两地的出口分别占深圳出口总额的26.2%和12.1%。对马来西亚、菲律宾、泰国的出口大幅上升，升幅分别为2.7倍、40.1%和35.7%,对这三地的出口分别占深圳出口总额的1.0%、0.3%和1.5%。

就贸易方式来看,一般贸易出口额40.87亿美元，比上年增长31.2%，占全市出口总额的比重为10.9%，比上年提高1.9个百分点;“三来一补”贸易出口额108.87亿美元,下降2.7%,占全市出口总额的比重为29.0%,比上年下降3.4个百分点;进料加工贸易出口额203.08亿美元,增长14.2%,占全市出口总额的比重为54.2%，比上年提高2.8个百分点;其他贸易出口额21.97亿美元,下降11.7%。

2001年，深圳累计实际利用外资36.03亿美元,比上年增长21.4%。其中外商直接投资25.91亿美元,增长32.1%,占全市实际利用外资的比重从上年的66.1%提高到71.9%，利用外资结构进一步改善。全年签订利用外资合同1860项，协议利用外资40.04亿美元，分别比上年增长1.4%和51.7%。

全年对外承包工程、劳务合作合同及设计咨询1670项，比上年增加670项；新签合同金额34461万美元，比上年增长82.7%；完成营业额12856万美元，增长22.3%。

旅游业持续发展。全年旅游住宿设施接待过夜游客1455.57万人，比上年增长9.9%。其中海外游客423.87万人，增长6.7%。过夜海外游客中，外国游客67.95万人，增长11.2%；港澳同胞307.33万人，增长6.9%；台湾同胞48.59万人，减少0.1%。旅游业经济效益有所提高，全年旅游外汇收入15.11亿美元，比上年增长6.7%。宾馆、酒店、度假村开房率64.3%，比上年提高1.8个百分点。全年经过一线口岸入出境人数11653万人次，比上年增长4.0%。

七、财政、金融和保险

地方财政收入与经济同步增长。全年完成地方预算内财政收入265.65亿元，比上年增长18.1%。地方预算内财政支出260.08亿元，比上年增长13.5%。

金融业健康快速发展，全年金融保险业增加值228.64亿元，比上年增长9.1%。

金融系统人民币存贷款业务增长迅猛，信贷增量创历史最高水平。至2001年末，全市金融机构各项存款余额4092.57亿元，比年初增加923.65亿元，增长29.2%；全市金融机构各项贷款余额2860.75亿元，比年初增加569.23亿元，增长24.8%。在各项贷款中，个人消费贷款余额579.49亿元，比年初增加180.81亿元，占新增贷款的31.8%；商业贷款余额423.80亿元，比年初增加52.08亿元，占新增贷款的9.2%；基本建设贷款余额195.10亿元，比年初增加46.40亿元，占新增贷款的8.2%；建筑业贷款余额102.33亿元，比年初增加38.23亿元，占新增贷款的6.8%；三资企业贷款余额199.94亿元，比年初增加25.90亿元，占新增贷款的4.6%。全年累计现金支出6422.11亿元，现金收入5964.70亿元，净投放现金457.41亿元，比上年多投放278.84亿元。

证券市场在规范中发展。年末深圳证券交易所上市公司508家。挂牌股票550只，比上年减少7只。其中，A股494只，减少5只；B股56只，减少2只。总发行股本1673.91亿股，比上年增长5.9%。总流通股本643.35亿股，增长10.1%。上市公司市价总值15931.64亿元，下降24.7%。上市公司流通市值6081.05亿元，下降20.1%。全年证券市场总成交金额17432.48亿元，下降47.4%。其中，A股总成交金额13365.20亿元，下降54.3%，B股总成交金额2230.59亿元，增长9.9倍。总成交股数1332.33亿股，下降42.6%。

保险事业快速发展。全年境内外保险机构承保额17314.71亿元，比上年增长51.4%。其中财产险承保额12397.41亿元，增长66.9%；人身险承保额4917.30亿元，增长22.8%。保费收入54.22亿元，增长32.9%。其中财产险保费收入27.14亿元，增长19.5%；人身险保费收入26.61亿元，增长47.1%。保险赔款给付（退保）支出14.03亿元，增长16.2%。其中财产险赔款给付（退保）支出10.54亿元，增长9.8%；人身险赔款给付（退保）支出3.49亿元，增长41.3%。

八、科学技术和教育

科技队伍不断壮大，科研经费快速增长。年末全市各类专业技术人员17.23万人（户籍人口口径），其中具有中级技术职称以上的专业技术人员7.88万人，分别比上年增长8.4%和8.1%。全年落实科技三项经费2.8亿元，比上年增长12.0%。科技贷款8.10亿元，比上年增长104.5%，共支持科技项目288个。

科学研究开发和产业化取得较大进展。全年累计认定高新技术企业314家，认定高新技术项目704项，登记鉴定科技成果251项。全年受理各种专利申请6033件，授权专利3649件，分别比上年增长36.2%和52.0%。

高新技术产业快速增长，有力支撑了全市经济发展。全年高新技术产品产值达1321.36亿元，比上年增长24.1%。其中，拥有自主知识产权的高新技术产品产值达697.96亿元，比上年增长30.6%，占全部高新技术产品产值的比重为52.8%。

各级各类教育全面发展。年末全市各级各类学校总数达1117所，比上年增加63所；毕业生12.33万人，招生数19.01万人，在校学生数64.42万人，分别比上年增长12.5%、15.4%和15.0%。年末全市有幼儿园587所，比上年增加25所，在园儿童10.34万人，比上年增长11.0%。有小学377所，增加24所，小学在校学生36.37万人，增长15.9%。有普通中学107所，增加13所，普通中学在校学生12.62万人，增长17.9%。学龄儿童入学率和小学毕业生升学率均保持在100%，初中毕业生升学率98.9%。高等院校继续扩大招生，全年5所高校（包括2所成人高校）共招生11795人，比上年增长11.8%；毕业生4789人，增长7.7%；在校学生29616人，增长20.6%。

九、文化、卫生和体育

文化事业蓬勃发展，文艺创作精品迭出。全市文化系统共获各类奖项398项，其中国际奖3项，国家奖222项，省级奖173项。全年文化系统内艺术表演团体演出359场，艺术表演场所艺术演出395场。各级文化馆(站)举办展览321个，组织群众文艺活动1479次。成功举办了第二届“深圳读书月”活动，参与群众达270多万人次。2001年末，全市拥有公共图书馆9座，博物馆、纪念馆14座。公共图书馆总藏量245万册（件），总流通人次405万人次。博物馆举办陈列展览70次，参观人数达52万人次。拥有广播电台1座，电视台2座，广播电视站19座，广播电视人口覆盖率达100%。公开发行报纸17家，公开发行期刊38家。全年出版图书460种，报纸出版印数70808万份，各类杂志出版印数2563万册，图书出版印数448万册。

医疗卫生服务能力显著提高。年末全市共有卫生机构723家，其中医院80家，比上年增加3家。各类卫生机构病床11159张，比上年增设865张，增长8.4%。其中医院病床10899张，增设940张，增长9.4%。全市有卫生技术人员17135人，比上年增长9.0%。其中医生和护师、护士分别为8097人和5945人，增长9.2%和9.6%。全年各级各类医疗机构完成门诊、急诊量2408.1万人次，比上年增长10.7%，其中处理急诊220.80万人次。收诊住院病人30.20万人次，比上年增长13.6%。病床使用率从上年的75.4%提高到77.3%。出院病人治愈率和好转率分别为75.8%和21.4%。全年未发生一例医疗事故。

全民健身运动广泛开展，成年人每周参加三次或三次以上体育锻炼者占16.4%，高出上年0.4个百分点。成年人体质水平达到优秀、良好、合格的分别占17.6%、25.3%和39.0%。

十、城市建设和环境保护

城市功能不断完善。2001年，全市用于城市基础设施方面的投资达147.69亿元，比上年增长3.1%。全年全市用电量212.29亿千瓦小时，比上年增长11.5%。其中特区内用电量97.61亿千瓦小时，增长6.3%。全市自来水日供应能力390.20万吨，供水总量97334万吨。其中特区内自来水日供应能力194.70万吨，供水总量46038万吨，特区内自来水普及率100%。

全市建成区面积343.90平方公里，其中特区内建成区面积147.40平方公里。

全市年末实有公共交通营运车辆15057辆，其中大巴3495辆，中小巴3057辆，“的士”8505辆。大中小巴营运线路291条，线路总长度5735公里。公共交通客运总人数88700万人次。

环境质量进一步改善，城市面貌更加优美。城市污水处理率58.1%，工业废水排放达标率97.9%，主要饮用水源水库水质达标率93.5%。区域环境噪声平均值56.1分贝，比上年降低0.9分贝，城市交通干线噪声平均值68.3分贝，比上年降低1.4分贝。特区内建成区绿化覆盖面积6633公顷，绿化覆盖率45.0%。

十一、人口、人民生活和社会保障

全市年末常住人口468.76万人，比上年增长8.3%。其中，特区内221.68万人，增长8.0%；特区外247.08万人，增长8.5%。

全市年末户籍人口132.04万人，占常住人口的28.2%，比上年末增加7.12万人。暂住人口336.72万人，占常住人口的71.8%，比上年末增加28.70万人。

户籍人口出生率14.06‰，死亡率1.73‰，分别比上年下降0.62和0.82个千分点。自然增长率12.33‰，比上年提高0.2个千分点。

职工工资水平稳步提高。全年全市在岗职工工资总额244.17亿元，比上年增长15.5%。在岗职工年平均工资25941元，比上年增长12.6%，扣除物价因素，实际增长15.1%。

城镇居民生活水平进一步提高。全年城镇居民人均可支配收入23544元，比上年增长8.9%，实际增长11.3%。城镇居民人均消费性支出17809元，比上年增长4.6%，实际增长7.0%。城镇居民人均交通通讯支出比上年增长22.2%(扣除不可比因素)，人均教育支出增长14.5%，人均医疗保健支出增长37.6%。恩格尔系数从上年的28.2%下降到27.1%。

农民收入稳步增长。全年农民人均纯收入9869元，比上年增长6.5%，实际增长8.9%。

2001年末居民储蓄存款余额1373.39亿元，比年初增加290.75亿元，增长26.9%。

全年城镇竣工住宅732.05万平方米，比上年增长11.4%。农村竣工住宅97.52万平方米，比上年减少1.0%。全市人均居住面积17.4平方米。

社会保障进一步加强。年末全市有223.57万人参加了基本养老保险，90.47万人参加了失业保险，分别比上年增加95.72万人和8.83万人。按本市法定范围，失业保险参保率达99.97%，失业保险金的社会化发放率和领取率均达100%。全市参加医疗保险的人数达104.39万人，比上年增加21.55万人。

注：国内生产总值及各行业增加值、人均国内生产总值、全社会劳动生产率绝对数按现行价格计算，增长速度按可比价格计算。

深圳经济:2001 年回顾与 2002 年展望

2001 年是世界经济由高速增长转向缓慢发展长的一年。美国经济告别了“十年繁荣”，又因“9.11”事件受到重击,已经跌入衰退;欧盟经济难以独善其身,出现萎缩;日本经济十年萧条,正处于缓慢的滞缩之中;亚太经济趋紧,下滑趋势加剧。国际经济环境的恶化,给外向型特征很强的深圳经济带来了极大的困难和压力。面对不利的外部因素,市委、市政府及早采取了各种应对措施,使全市经济在逆境中仍然保持了平稳的增长态势。据初步统计,2001 年全市实现国内生产总值 1954.17 亿元,比上年增长 13.2%, 实现地方预算内财政收入 265.65 亿元,比上年增长 18.1%。

一、2001 年深圳经济的基本走势

1. 平稳是全市经济运行的主旋律

2001 年，深圳经济呈现 1 月份低开,2 月份迅速回升,3 月份开始逐步走稳并保持到年底,其 4 月份至 12 月份的累计增长幅度在 12.2-13.2%之间，波幅极小。就各项主要经济指标来看,深圳经济的运行轨迹与工业、外贸出口的运行轨迹非常吻合(见图 1),这表明深圳的经济特征是“以工业为主导,以出口为依托的外向型经济”，与世界经济形势变化高度关联。

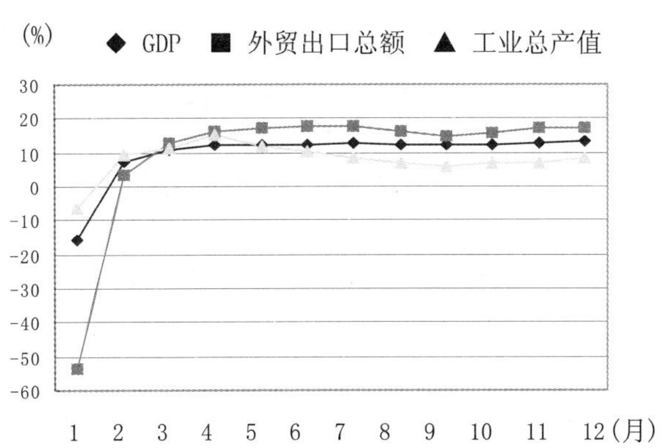

图 1 GDP、工业总产值和外贸出口总额增长率图示

2. 工业经济继续保持稳步增长

2001 年全市规模以上工业企业实现现价工业总产值 3090.33 亿元,按可比口径计算,比上年增长 17.7%。完成工业增加值 905.18 亿元,比上年增长 15.0%,其对全市经济增长的贡献率超过 50%,工业增加值占国内生产总值的比重达 46.3%，比上年提高 2.6 个百分点。

从工业内部结构看,外商及港澳台投资经济保持快速增长;重工业今年以来持续高速增长,占全市工业总产值比重由上年的 60.5%提高到 64.5%。与此同时,以生产服装、卷烟、饮料酒等传统产品为主的轻工业呈收缩状态。这表明深圳的轻重工业结构已经发生根本性变化;高新技术产业保持较快增长,有力支撑了全市经济发展。

从工业运行质量看,工业品销售畅顺,产销衔接良好，工业产品销售率一直维持在较高水平,达到 99.7%,比上年提高 0.74 个百分点。工业企业实现利税总额 307.33 亿元，比上年增长 7.1%。但同时,企业亏损情况有所加重。

3. 国内投资低速增长,外商投资增势强劲

受投资周期影响，全市固定资产投资自 2000 年开始就处于增幅的低谷,2001 年仍然维持这种状态。2001 年全年累计完成固定资产投资 673.37 亿元,比上年增长 8.7%,增幅低于全市经济增幅 4.5 个百分点,其中,基本建设投资 284.40 亿元,增长 3.4%,房地产开发投资 302.64 亿元,增长 16.0%。累计增幅分季度看，一季度固定资产投资增长 5.2%,二季度增长 2.3%，三季度增长 5.9%，四季度增长 8.8%,投资增幅虽然有所提高,但一直在低位徘徊,无论与全国、全省相比,还是与各主要城市相比,全市的固定资产投资增幅都是偏低的。从构成看,全市固定资产投资的增长有赖于房地产开发增长速度的逐步加快，其增幅一季度为 2.1%，二季度为 10.1%,三季度为 14.6%,四季度为 16.0%,而基本建设投资则受累于重点建设项目进展缓慢,一直在低位徘徊,二季度甚至出现了负增长(见图 2)。

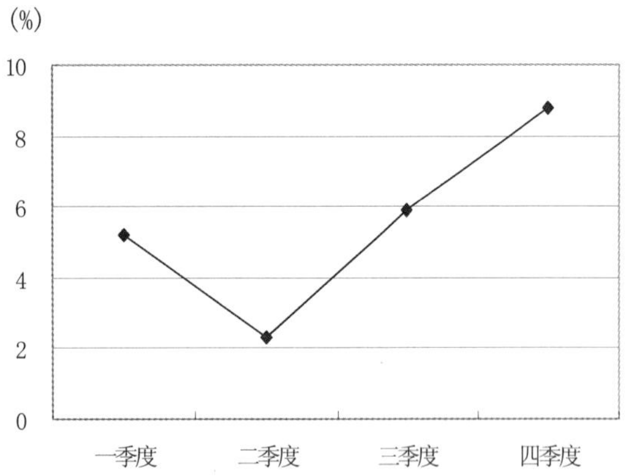

图 2　2001 年固定资产投资增长率图示

与国内投资形成鲜明对比的是，外商投资增势强劲。全年累计实现实际利用外资 36.03 亿美元，其中外商直接投资 25.91 亿美元，分别比上年增长 21.4%和 32.1%。新签合同项目与上年持平，但合同外资金额大幅增加，说明外商投资项目规模有所扩大。

4. 国内市场繁荣稳定，物价总水平持续缓慢下降

2001 年，全市实现社会消费品零售总额 609.26 亿元，比上年增长 13.2%，全年走势比较平稳，且增幅均高于全市经济增长幅度，但受 2000 年基数较高的影响，2001 年的增幅略低于去年（见图 3）。

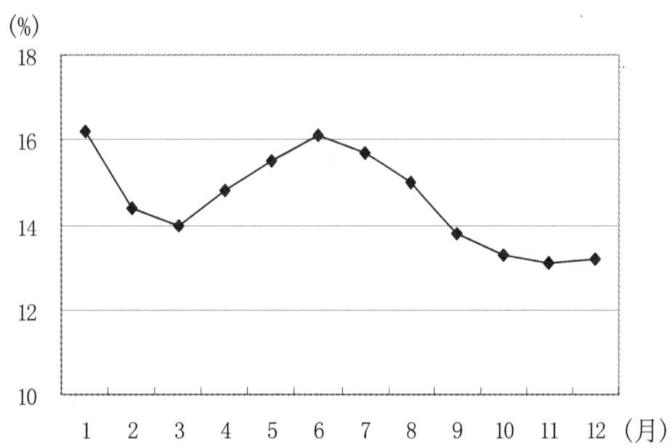

图 3　2001 年社会消费品零售总额增长率图示

物价总水平持续缓慢下降，与 2000 年相比，预计全年居民消费价格总水平累计下降 2.2%。总体价格水平呈现逐月下降态势。主要是食品价格和工业消费品价格下降幅度较大所致。此外，我国入世在即，持币观望，也是导致价格下降的重要原因(见图 4)。

2001 年，深圳居民收入呈逐月上升的态势（见图 5），但增幅仍低于全市经济增长幅度。受中国入世及世界经济形势不稳定影响，居民的消费欲望在 2000 年下降的基础上继续呈下降的趋势，但下降的幅度逐月收窄。

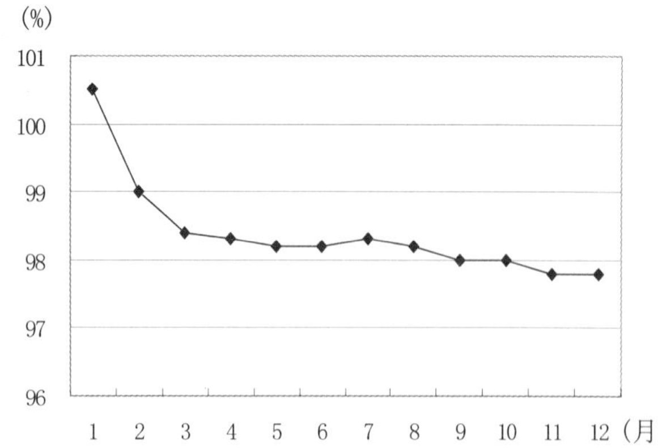

图 4　2001 年居民消费价格指数图示

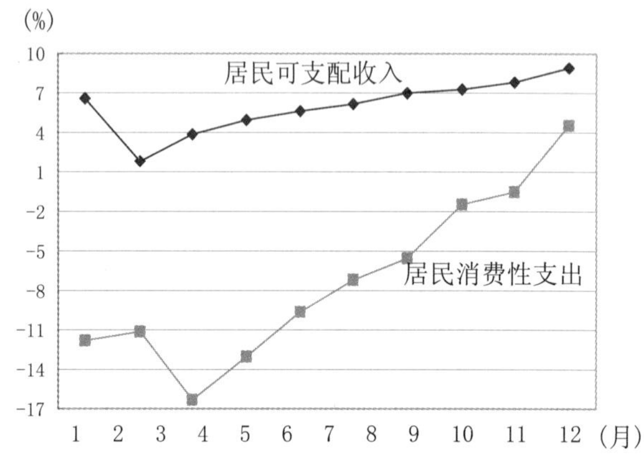

图 5　2001 年居民可支配收入及居民消费性支出增长率图示

5. 外贸出口增长明显放缓

2001 年，受美国经济减速影响，全球科技信息产品生产和投资锐减极大地冲击了世界贸易。世界经济的疲软明显影响了深圳的外贸出口。2001 年全市累计进出口总额 686.11 亿美元，比上年增长 7.3%。其中，出口 374.80 亿美元，进口 311.31 亿美元，分别比上年增长 8.4%和 6.0%，贸易顺差 63.49 亿美元，比上年增长 22.4%。全年外贸进出口、出口增速自 5 月份开始曾出现逐月下降趋势，在各级领导、各部门积极采取各种应对措施的情况下，至 10 月份，全年的外贸进出口、出口出现反弹，11 月小幅回升。全年进出口贸易的主要特点：一是进出口、出口、进口增速明显放缓，其增幅分别比上年减少 19.5、14.1 和 26.2 个百分点。二是出口结构呈现出“两个增长、两个下降”，即一般贸易、进料加工贸易出口持续快速增长，而“三来一补”贸易、其他贸易则呈负增长状态，相应地一般贸易、进料加工贸易占出口总额的比重亦有所提高，使全市的外贸出口结构进一步得到优化。三是对香港、日本出口放

缓，对美国、欧盟出口持续下降，对马来西亚、菲律宾等国家出口上升。

二、2002年深圳经济形势展望

就世界经济形势来讲，2001年世界经济遭遇了最严重的挑战，几乎所有地区的经济都出现了20年来最严重的同步下滑，各国政府都采取各种积极措施来减轻经济进一步下滑可能带来的危险．多数经济学家认为世界经济正在走上缓慢复苏之路，目前的全球性经济萧条将在2002年年中之前走到尽头．国际货币基金组织预计2002年世界经济增长率为2.4%，与2001年持平，这表明世界经济形势存在进一步下滑的可能性比较小。就国内经济形势来讲，2002年我国仍将保持较高的发展速度，我国已于2001年11月正式加入WTO，这将有利于我国加快改革开放的步伐，扩大对外经济贸易，发展优势产业，而扩大内需、西部大开发等国家宏观经济政策则为深圳企业带来了更多的投资机会，提供了更为广阔的潜在市场。

但是我们也应当看到，一是中国加入WTO给我们带来了机遇，但同时也带来了挑战，在政府转变职能、产业结构调整等方面不可避免地含有障碍。二是虽然有理由预计明年世界经济将开始复苏，但这一前景仍然存在不确定性，世界经济形势仍然存在继续恶化的可能性。三是人民币汇率坚挺将会给我国的出口造成一定压力。

综上所述，2002年深圳面临的国际、国内经济形势将略好于2001年，这使外向程度较高的深圳经济在2002年面临的困难和压力亦将略小于2001年，预计2002年深圳经济仍将保持健康平稳的发展势头，经济增长率将介于10%—12%之间。

（撰稿：赵蓉）

2001年深圳国内生产总值增长轨迹及2002年展望

2001年，在市委、市政府的正确领导和全市人民的共同努力下，深圳经济克服了世界经济放缓等一系列内外部困难，仍然取得了可喜成绩：总量继续高速增长，结构进一步优化调整。

一、国内生产总值增长总体概述

2001年，全年实现国内生产总值（GDP）1954.65亿元，按可比价格计算，比上年增长13.2%，其中第一次产业增加值18.11亿元，比上年增长7.2%，第二次产业增加值1055.67亿元，增长13.3%，第三次产业增加值880.87亿元，增长13.2%。三次产业结构为0.9:54.0:45.1，按可比口径计算，第一次产业增加值和第二次产业增加值占GDP的比重分别比上年下降了0.1和0.4个百分点，而第三次产业增加值占GDP的比重则上升了0.5个百分点。

第一次产业平稳增长，增加值增速比2000年提高3.4个百分点，对GDP增长的贡献率为0.5%，比上年提高了0.3个百分点，表明第一次产业对全市国民经济的推动作用有所增强。

第二次产业受工业生产回调和固定资产投资额增长减缓的影响，增长速度比上年减缓，第二次产业对经济增长的推动作用减弱，其中工业增加值增长15.0%，增幅比上年降低6.3个百分点，对GDP增长的贡献率也有较大幅度的降低，由2000年的74.4%降低到2001年的52.3%，降低了22.1个百分点。工业对经济增长的推动作用减弱，是导致第二次产业对经济增长推动作用减弱的主要原因，但工业在国民经济中依然占主导地位，工业的发展状况仍将直接影响着国民经济的整体发展。固定资产投资额增长速度低位徘徊，直接影响建筑业的发展，进而影响到GDP的增长和国民经济的后续发展。

第三次产业得到较快发展，增加值同比增长13.2%，增幅比上年提高了5.1个百分点，对GDP增长的贡献率也有了较大幅度的提高，由2000年的23.5%提高到2001年的44.7%，提高了21.2个百分点，第三次产业对国民经济增长的推动作用明显增强。但是第三次产业各行业发展不平衡，其中商业饮食业、房地产业和服务业发展较快，增加值分别比上年增长12.8%、15.0%和20.4%，增速均比上年加快，而交通运输邮电业和金融保险业发展较慢，增加值分别比上年增长9.7%和9.0%，增速均比上年减缓。

二、国内生产总值各季度走势分析

从2001年的全年走势看，深圳市国内生产总值各月累计增长率呈逐月上升的发展态势。一月份GDP为负增长，成为全年的谷底，然后逐月上升，第一季度累计同比增长10.4%。第二季度GDP各月走势平稳，累计同比增长12.5%。第三季度GDP增速有所回落，各月呈逐月下降的趋势，累计同比增长12.3%。第四季度增速逐月加快，累计同比增长13.2%，达到全年的峰顶。（详见表1—表3）

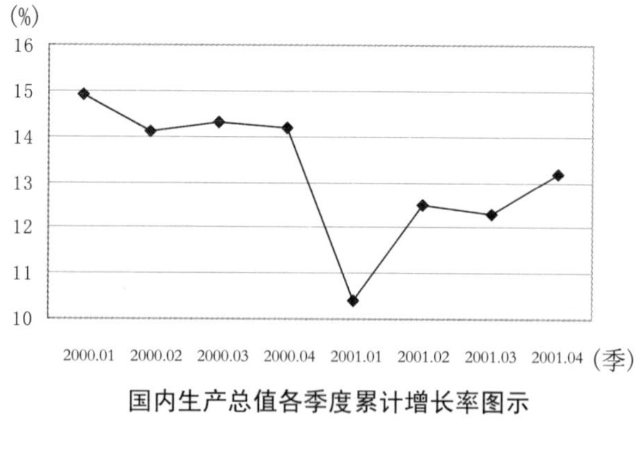

国内生产总值各季度累计增长率图示

表1　**2001年GDP累计增长率分季度表**

（单位:%）

	1季度	2季度	3季度	4季度
国内生产总值	10.4	12.5	12.3	13.2
第一次产业增加值	5.0	7.5	3.7	7.2
第二次产业增加值	11.0	13.7	13.6	13.3
# 工业增加值	12.0	15.3	15.6	15.0
第三次产业增加值	9.9	11.3	10.9	13.2

表 2　　2001 年各产业对 GDP 增长累计贡献率分季度表

（单位：%）

	1季度	2季度	3季度	4季度
国内生产总值	100.0	100.0	100.0	100.0
第一次产业增加值	0.5	0.6	0.3	0.5
第二次产业增加值	53.3	56.9	58.5	54.8
# 工业增加值	51.2	54.1	56.5	52.3
第三次产业增加值	46.2	42.5	41.2	44.7

表 3　　2001 年各产业增加值占 GDP 比重分季度表

（单位：%）

	1季度	2季度	3季度	4季度
国内生产总值	100.0	100.0	100.0	100.0
第一次产业增加值	1.1	1.0	0.9	0.9
第二次产业增加值	50.3	52.3	53.4	54.0
# 工业增加值	44.7	44.8	45.7	46.3
第三次产业增加值	48.6	46.7	45.7	45.1

第一季度 GDP 仅增长 10.4%，与上年同期相比，出现较大的回落，增幅下降了 4.5 个百分点。究其原因，一方面是工业生产受外部环境影响，产品订单减少，生产压缩，而且 1-2 月份工业经济效益综合指数比上年同期有所下降，工业总产值和工业增加值增速均出现较大的回落，特别是一月份，这两个指标还出现负增长；另一方面是 2000 年全年经济走势为“前高后低”，上年基数较大，对 2001 年的增长构成一定的压力。第三次产业方面，第一季度同比增长 9.9%，虽然仍低于 GDP 的增速，但第三次产业增速与 GDP 增速之间的差距由上年同期的 3.2 个百分点缩小到 0.5 个百分点，对 GDP 增长的贡献率比上年同期有较大的提高，达到 46.2%，比 2000 年第一季度高出 10.4 个百分点，说明第三次产业的发展加快，也意味着第三次产业对经济的推动作用明显增强。从第三次产业各行业来看，交通运输邮电业中虽然邮电业务量增长较快，但受客货运输周转量增速减缓的影响，交通运输邮电业增加值仅增长 7.6%，低于第三次产业的增速；受证券市场低迷和金融企业盈利水平下降的影响，金融保险业第一季度仅增长 5.6%，为第三次产业增长率最低的行业，而该行业增加值在第三次产业增加值中占较大的比重，达到 22.7%，因此，也影响了第三次产业的发展；商业饮食业在节日因素和留深过年人数逐年增加的双重影响下，保持了较高的增长率，并高于第三次产业和 GDP 的增长率；房地产市场中商品房销售旺盛，商品房销售面积比上年同期增长 119.9%，第一季度房地产业增加值增长 14.4%，为国民经济各行业中增长最快的行业，分别高出第三次产业和 GDP 4.5 个百分点和 4 个百分点；服务业方面，受节日因素的影响，以及随着服务内容、形式的多样化，使服务业得到较快的发展，增加值同比增长 10.8%，增速高于上年同期 0.8 个百分点，对 GDP 增长的贡献率达到 14.0%，比上年同期提高了 6.6 个百分点，表明服务业对 GDP 增长的推动作用增强。

第二季度 GDP 增幅在第一季度的基础上有所上升，各月走势较平稳，累计同比增长 12.5%，各产业增长均比上季度加快。第一次产业同比增长 7.5%，对 GDP 增长的贡献率为 0.6%，分别比上年同期提高 5.7 个百分点和 0.5 个百分点，表明第一次产业的发展在加快，对国民经济的推动作用在增强。第二次产业增长 13.7%，增加值占 GDP 的比重为 52.3%，对 GDP 增长的贡献率达到 56.9%，均比第一季度提高，表明第二次产业的发展本季度比第一季度加快。主要原因是工业生产逐渐得到回复，产品外销渠道顺畅，网络健全，实现产品产销两旺，上半年工业产品销售率为 97.8%，比上年同期提高 1.6 个百分点，工业经济效益有所提高，上半年工业经济效益综合指数达到 175.8%，比上年同期提高 7 个百分点，工业全员劳动生产率比上年同期提高 7.5%。第三次产业同比增长 11.3%，比上年同期提高了 1.9 个百分点，第三次产业增加值对 GDP 增长的贡献率为 42.5%，比上年同期提高了 13.6 个百分点，表明了第三次产业对国民经济的推动作用继续增强。其中房地产业受商品房销售面积增幅下降的影响，增加值增速也随之回调，比第一季度降低了 7.1 个百分点；在国家给公务员和机关工作人员加薪的影响下，其他服务业增加值增长较快，达到 18.6%，对 GDP 增长的贡献率比一季度提高了 4.1 个百分点，表明加薪政策对国民经济的推动作用初步显现出来；第三次产业中的其他各行业在第二季度基本上保持了平稳发展的势头。

第三季度 GDP 累计同比增长 12.3%，比上年同期降低 2 个百分点，增幅有所回落，增速呈逐月下调的趋势。第一次产业同比增长 3.7%，对 GDP 增长的贡献率为 0.3%，两者分别比上半年有较大幅度的回调，但与上年同期相比，分别提高了 2.7 个百分点和 0.2 个百分点，表明第一次产业对国民经济增长的推动作用比上半年减弱，但比上年同期有所增强。第二次产业增长13.6%，占GDP的比重和对GDP增长的贡献率在上半年的基础上进一步提高，其中工业增加值保持稳定增长，工业依然是国民经济的主导行业，对经济增长起较强的推动作用。第三次产业增长10.9%，比上半年的增速下降了0.4个百分点，主要是受交通运输邮电业和房地产业的影响。其中交通运输邮电业由于电信服务价格的调整，使电信企业的收益减少。另外，货物运输周转量比上年同期下降，也使交通运输企业的收益受到一定影响，因此第三季度交通运输邮电业增加值比上年同期仅增长4.6%，比上半年的增速下降了2.7个百分点；房地产业也由于商品房销售面积增速的放缓，房地产企业销售收入的减少，增加值增速也比上半年有所降低，对国民经济增长的推动作用有所减弱；而金融保险业在企业挖掘潜力、降低经营成本和保险业务快速发展的情况下，金融保险业增加值同比增长11.4%，比上半年提高了3.5个百分点，占GDP的比重和对GDP增长的贡献率也逐步提高，分别达到12.0%和11.2%，表明该行业对国民经济增长的推动作用逐渐增强，商业饮食业和其他服务业在第三季度保持了平稳的发展。

第四季度GDP累计增长13.2%，并且逐月上升，达到全年的最高点。第一次产业同比增长7.2%，对GDP增长的贡献率为0.5%，分别比上年同期提高3.4个百分点和0.3个百分点，继续保持了平稳增长的势头。第二次产业增长13.3%，比第三季度有所放缓，主要是美国等发达国家经济增长放缓，产品出口受阻，工业生产受到一定的影响。第三次产业增长13.2%，比第三季度高出2.3个百分点，对GDP增长的贡献率达到44.7%，比第三季度也有较大的提高，表明第三次产业对国民经济的推动作用增强。主要原因一是交通运输邮电业经过改革调整，经济效益有了提高，发展速度加快；二是批发零售贸易、餐饮业企业进一步加强管理，开展多元化经营，增设营业网点，实现批发、零售两个环节同步增长，全市贸易业步入稳定健康发展的轨道；三是随着市民二次置业现象的增多、房地产开发企业经济效益的提高以及房地产管理企业走向正规化、规模化经营，房地产业逐渐加快发展。

三、深圳经济发展中存在的主要问题及建议

2001年国民经济取得了较快的发展，但是在全市经济运行中依然存在急需解决的问题，主要表现为：

首先，投资需求不足。2001年，全市固定资产投资额的增长率基本上处于2.3%—8.7%低增长区间，从构成上看，主要是靠房地产开发投资额的增长带动的，从资金来源上，政府投资占了较大的比例。投资额增速的放缓既直接影响了建筑业的发展，同时又使经济增长后劲乏力。因此，政府有关部门应研究对策，着力改善投资环境，调整投资结构，以政府投资带动民间投资，为全市经济发展注入新鲜血液。

其次，出口形势不容乐观。2001年受国际形势的影响，外贸出口面临前所未有的困难，这既有外因，也有内因，为此，有关职能部门应进一步理顺外贸体制，采取切实可行的政策措施，积极鼓励出口。

此外，与发达国家相比，第三产业的发展仍然不足。2001年，全市第三产业占GDP的比重仅为45.1%，这与深圳“十五”计划的目标要求尚有较大差距，也与率先基本实现现代化的要求不相适应。因此，大力发展第三产业应是当前紧迫的任务，相关部门要相互配合，制定措施，积极促进第三产业的发展。

四、2002年经济展望

展望新的一年，我国已经加入WTO，既存在机遇，也面临挑战，国内外经济运行环境依然不容乐观，国际经济环境不确定因素较多，我们将面临较为严峻的形势，各行业的发展将遇到较大的阻力，从GDP来看，增长速度可能有所减缓，全年的经济目标仍然可望实现。

(撰稿：谢春敏)

1-1 行 政 区 划

ADMINISTRATIVE DIVISION

(2001)

单位:个 (unit)

地 区	Region	镇 Town	街道办事处 Urban Subdistrict Office	居民委员会 Neighbourhood Committees	村民委员会 Village Committees
全 市	**Total**	**19**	**26**	**412**	**218**
特 区	**District**	**1**	**24**	**348**	
罗湖区	Luohu		8	131	
福田区	Futian		7	116	
南山区	Nanshan		7	80	
盐田区	Yantian	1	2	21	
宝安、龙岗区	**Baoan and Longgang**	**18**	**2**	**64**	**218**
宝安区	Baoan	8	2	38	127
龙岗区	Longgang	10		26	91

1-2 分区土地面积、人口及人口密度

TOTAL LAND AREA, POPULATION AND DENSITY OF POPULATION IN DISTRICTS

(2001)

地 区	Region	土地面积 (平方公里) Land Area (sq.km)	年末常住人口 (万人) Year-end population (10 000pesons)	户籍人口 Population with Residence Cards	暂住人口 Population with Temporary Residence Cards	人口密度 (人/平方公里) Density Of Population (person/sq.km)
全 市	**Total**	**1 948.69**	**468.76**	**132.04**	**336.72**	**2 405**
特 区	**District**	**391.71**	**221.68**	**83.23**	**138.45**	**5 659**
罗湖区	Luohu	78.89	68.67	29.61	39.06	8 704
福田区	Futian	78.04	84.43	33.27	51.16	10 818
南山区	Nanshan	164.29	55.07	17.64	37.43	3 352
盐田区	Yantian	70.49	13.51	2.71	10.80	1 917
宝安、龙岗区	**Baoan and Longgang**	**1 556.99**	**247.08**	**48.81**	**198.27**	**1 587**
宝安区	Baoan	712.92	144.11	27.55	116.56	2 021
龙岗区	Longgang	844.07	102.96	21.26	81.70	1 220

1-3 主要年份国民经济和社会发展总量与速度指标

指标	Item	1979	1980	1985
人口	**Population**			
年末常住人口(万人)	Year-end Resident population(10 000 persons)	31.41	33.29	88.15
户籍人口	Population with Residence Cards	31.26	32.09	47.86
暂住人口	Population with Temporary Residence Cards	0.15	1.20	40.29
就业	**Employment**			
年末从业人员数(万人)	Total Employed (year-end)(10 000 persons)	13.95	14.89	32.61
# 职工	Staff and Workers	4.02	4.86	22.66
私营个体劳动者	Urban Self-Employment	0.41	0.38	0.64
镇村劳动者	Laborers of Town and Village	9.52	9.65	9.31
国民核算	**National Accounting**			
国内生产总值(万元)	Gross Domestic Product (10 000 yuan)	19 638	27 012	390 222
第一产业	Primary Industry	7 273	7 803	26 111
第二产业	Secondary Industry	4 017	7 036	163 586
第三产业	Tertiary Industry	8 348	12 173	200 525
人均国内生产总值(元)	Gross Domestic Product Per Capita (yuan)	606	835	4 809
固定资产投资	**Investment in Fixed Assets**			
全社会固定资产投资总额(万元)	Total Investment in Fixed Assets(10 000 yuan)	5 938	13 801	333 235
# 基本建设	Capital Construction	4 988	12 487	276 125
房地产开发	Investment in Commodity Houses			
更新改造	Technical Updates and Transformation	90	390	2 105
竣工住宅建筑面积(万平方米)	Floor Space of Residence Completed (10 000 sq.m)			
财政	**Public Finance**			
地方预算内财政收入(万元)	Local Financial Revenue (10 000 yuan)	1 721	3 043	62 894
地方预算内财政支出(万元)	Local Financial Expenditure (10 000 yuan)	2 971	4 003	58 651
物价指数(上年 =100)	**Price Indices (preceding year=100)**			
居民消费价格总指数	General Consumer Price Index		105.0	122.5
农业	**Agriculture**			
耕地面积(万亩)	Areas under Cultivation(10 000 mu)	53.21	49.01	33.94
农业总产值(万元)	Gross Output Value of Agriculture(10 000 yuan)	13 106	16 938	45 821

PRINCIPAL AGGREGATE INDICATORS ON NATIONAL ECONOMIC AND SOCIAL DEVELOPMENT AND THEIR RELATED INDICES IN MAIN YEARS

总量指标 Aggregate Data				指数(2001 年为下列各年%) Index (2001 as percentage of the following years)(%)					
1990	1995	2000	2001	1979	1980	1985	1990	1995	2000
201.94	345.12	432.94	468.76	1 492.4	1 408.1	531.8	232.1	135.8	108.3
68.65	99.16	124.92	132.04	422.4	411.5	275.9	192.3	133.2	105.7
133.29	245.96	308.02	336.72	224 480.0	28 060.0	835.7	252.6	136.9	109.3
109.22	244.92	308.54	332.80	2 398.2	2 247.6	1 025.7	306.3	136.6	107.9
55.41	88.75	93.36	94.88	2 393.0	1 979.3	424.5	173.6	108.4	101.6
3.36	45.66	84.38	97.48	23 769.7	25 641.5	15 227.2	2 900.5	213.4	115.5
50.43	110.04	129.98	139.64	1 466.5	1 446.3	1 499.5	276.9	126.9	107.4
1 716 665	7 956 950	16 654 652	19 546 539	29 554.6	18 165.1	2 365.5	859.4	228.0	113.2
70 220	129 243	173 374	181 096	377.7	366.7	191.9	126.5	127.7	107.2
769 319	4 169 346	8 740 081	10 556 758	175 600.7	99 886.6	4 377.8	1 047.7	246.5	113.3
877 126	3 658 361	7 741 197	8 808 685	23 514.5	11 224.1	1 516.2	715.6	206.3	113.2
8 724	23 381	39 745	43 355	2 124.8	1 303.6	425.7	375.1	172.2	105.2
579 222	2 758 243	6 196 993	6 733 749	113 401.0	48 791.7	2 020.7	1 162.6	244.1	108.7
427 134	1 401 235	2 779 690	2 844 010	57 017.0	22 775.8	1 030.0	665.8	203.0	102.3
67 842	1 030 368	2 609 694	3 026 364				4 460.9	293.7	116.0
24 661	70 484	316 008	338 886	376 540.0	86 893.8	16 099.1	1 374.2	480.8	107.2
183.24	485.23	755.59	852.58				465.3	175.7	112.8
217 037	880 174	2 250 212	2 656 532	154 359.8	87 299.8	4 223.8	1 224.0	301.8	118.1
198 073	934 041	2 292 096	2 600 790	87 539.2	64 971.0	4 434.3	1 313.0	278.4	113.5
101.6	112.4	102.8	97.8	644.3	613.6	385.3	194.5	110.3	97.8
28.01	6.58	6.03	5.65	10.6	11.5	16.6	20.2	85.9	93.7
119 205	232 653	311 359	327 111	359.2	420.6	272.3	135.5	138.8	103.7

指　　标	Item	1979	1980	1985
工业	**Industry**			
工业总产值(万元)	Gross Output Value of Industry	7 128	10 632	246 662
# 轻工业	Light Industry	6 307	9 265	194 108
重工业	Heavy Industry	821	1 367	52 554
运输、邮电	**Transportation, Post and Telecommunications**			
货运量(万吨)	Freight Traffic(10 000 tons)			
客运量(万人)	Passenger Traffic(10 000 persons)			
机场货物吞吐量(万吨)	Cargo Handled at Airport (10 000 tons)			
机场旅客吞吐量(万人)	Passenger Departing at Airport (10 000 persons)			
港口货物吞吐量(万吨)	Cargo Handled at Seaport (10 000 tons)	10	30	327
邮电业务总量(万元)	Revenue from Postal and Communications Services (10 000 yuan)	138	190	1 761
固定电话交换机容量(万门)	Capacity of Telephone Exchanges (line)			
电话机(万部)	Number of Telephone Sets(unit)			
国内商业	**Domestic Trade**			
社会消费品零售总额(万元)	Retail Sales of Consumer Goods(10 000 yuan)	11 259	19 615	265 642
对外经济贸易和国际旅游	**Foreign Trade and International Tourism**			
进出口总额(万美元)	Total Imports and Exports (USD 10 000)	1 676	1 751	130 632
出口总额	Exports	930	1 124	56 340
进口总额	Imports	746	627	74 292
利用外资签订协议(合同)项目(项)	Number of the Signed Agreements and Contracts for Utilization of Foreign Capital (unit)	169	303	1 203
协议利用外资额(万美元)	Amount of Foreign Capital to be Utilized in the Signed Agreements and Contracts (USD 10 000)	2 984	27 122	102 647
实际利用外资额(万美元)	Amount of Foreign Capital Actually Used(USD 10 000)	1 537	3 264	32 925
国际游客数(万人)	Number of International Tourists(10 000 persons)			77.85
金融	**Finance**			
金融机构各项存款(万元)	Deposits of National Banking System (10000 yuan)	10 125	20 284	302 567

continued

总量指标 Aggregate Data				指数(2001 年为下列各年%) Index (2001 as percentage of the following years)(%)					
1990	1995	2000	2001	1979	1980	1985	1990	1995	2000
2 202 180	12 264 893	26 724 181	32 044 685	379 520.2	254 540.7	9 927.5	1451.1	302.2	117.7
1 657 859	6 651 811	11 947 124	11 852 213	177 948.1	121 135.5	5 018.0	832.8	239.4	108.6
544 321	5 613 082	14 777 057	20 192 472	1 885 180.1	1 132 920.7	31 694.9	2 996.3	363.2	122.4
1 349	3 541.6	4 696.7	5 147.3				381.6	145.3	109.6
8 833	8 261	9 346	9 868				111.7	119.5	105.6
	7.9	20.3	24.7					312.7	121.7
	412	642	778					188.8	121.2
1 292	3 080	5 697	6 643	66 430.0	22 143.3	2 031.5	514.2	215.7	116.6
55 356	368 945	1 336 000	1 823 700	1 321 521.7	959 842.1	103 560.5	3 294.5	494.3	136.5
25.24	140.92	267.52	350.89				1 390.2	249.0	131.2
19.01	81.30	188.33	230.59				1 213.0	283.6	122.4
667 580	2 593 269	5 381 652	6 092 629	44 908.6	25 779.9	1 903.4	757.4	195.0	113.2
1 570 136	3 876 960	6 393 982	6 861 055	142 455.1	136 320.7	1 827.7	436.4	177.0	107.3
815 165	2 052 736	3 456 333	3 747 955	148 066.3	122 470.1	2 444.1	459.6	182.4	108.4
754 971	1 824 224	2 937 649	3 113 100	136 829.0	162 891.7	1 374.0	412.4	170.8	106.0
796	1 638	1 835	1 860	1 100.6	613.9	154.6	233.7	113.6	101.4
69 344	359 654	263 996	400 393	13 418.0	1 476.3	390.1	577.4	111.3	151.7
51 857	173 545	296 839	360 277	23 440.3	11 037.9	1 094.2	694.8	207.6	121.4
148.24	185.37	172.13	181.18			232.7	122.2	97.7	105.3
1 946 923	12 029 322	31 690 000	40 925 700	404 204.4	201 763.5	13 526.2	2 102.1	340.2	129.1

指　标	Item	1979	1980	1985
金融机构各项贷款(万元)	Loans of National Banking System(10000 yuan)	7 523	13 452	537 014
教育	**Education**			
专任教师数(人)	Full−time Teachers (person)			
普通高等学校	Institutions of Higher Education			288
中等专业学校	Specialized Secondary Schools	22	25	154
普通中学	Regular Secondary Schools	752	625	1 902
小　学	Primary Schools	1 588	1 763	2 749
在校学生数(人)	Students Enrollment (person)			
普通高等学校	Institutions of Higher Education			3 206
中等专业学校	Specialized Secondary Schools	80	142	1 661
普通中学	Regular Secondary Schools	13 686	12 296	35 334
小　学	Primary Schools	47 022	49 168	70 277
卫生	**Health Care**			
医院数(个)	Number of Hospitals (unit)	25	24	31
医疗机构床位数(张)	Beds in Health Care Institutions	597	643	1 885
# 医院病床	Hospital Beds			1 885
卫生技术人员数(人)	Medical Technical Personnel (person)	988	1 088	3 857
# 医生	Doctors	364	444	1 863
工资	**Wages**			
职工工资总额(万元)	Total Wage of Staff and Workers (10 000 yuan)	2 952	4 366	51 912
# 国有单位	State−Owned Units	2 505	3 691	38 465
生活	**People′ s Livelihood**			
职工年平均货币工资(元)	Average Money Wage of Staff and Workers (yuan)	769	979	2 418
农民年人均纯收入(元)	Per Capita Net Income of Rural Residents (yuan)	152	209	750
城市居民人均可支配收入(元)	Per Capita Disposable Income of Urban Residents(yuan)			1 915
城乡居民储蓄存款余额(万元)	Saving Deposits of Urban and Rural Residents (10 000 yuan)	3 713	5 338	79 989

continued

总量指标 Aggregate Data				指数(2001年为下列各年%) Index (2001 as percentage of the following years)(%)					
1990	1995	2000	2001	1979	1980	1985	1990	1995	2000
2 386 157	7 863 364	22 921 800	28 607 500	380 267.2	212 663.5	5 327.1	1 198.9	363.8	124.8
484	629	1 114	1 295			449.7	267.6	205.9	116.2
272	334	454	445	2 022.7	1 780.0	289.0	163.6	133.2	98.0
2 915	4 675	6 596	7 224	960.6	1 155.8	379.8	247.8	154.5	109.5
4 221	6 429	11 550	13 254	834.6	751.8	482.1	314.0	206.2	114.8
3 964	5 291	14 123	18 556			578.8	468.1	350.7	131.4
2 897	3 490	3 707	3 720	4 650.0	2 619.7	224.0	128.4	106.6	100.4
46 473	71 540	106 996	126 190	922.0	1 026.3	357.1	271.5	176.4	117.9
111 711	157 210	313 852	363 657	773.4	739.6	517.5	325.5	231.3	115.9
38	63	77	80	320.0	333.3	258.1	210.5	127.0	103.9
3 192	6 724	10 294	11 159	1 869.2	1 735.5	592.0	349.6	166.0	108.4
3 108	6 640	9 959	10 899			578.2	350.7	164.1	109.4
6 996	12 449	15 720	17 135	1 734.3	1 574.9	444.3	244.9	137.6	109.0
3 426	6 050	7 418	8 097	2 224.5	1 823.6	434.6	236.3	133.8	109.2
227 392	1 076 083	2 113 366	2 441 713	83 150.2	56 220.6	4 728.5	1 079.5	228.1	115.5
140 935	545 013	805 421	968 330	38 946.0	26 439.9	2 536.4	692.2	179.0	120.2
4 304	12 276	23 039	25 941	3 343.0	2 626.1	1 063.3	597.3	209.4	112.6
1 954	4 517	9 270	9 869	6 492.8	4 722.0	1 315.9	505.1	218.5	106.5
4 127	13 059	21 626	23 544			1 229.5	570.5	180.3	108.9
574 474	4 664 222	10 826 400	13 733 900	369 886.9	257 285.5	17 169.7	2 390.7	294.5	126.9

1-4 各时期国民经济和社会发展主要指标年平均增长速度

ANNUAL AVERAGE GROWTH RATE OF MAIN NATIONAL ECONOMIC AND SOCIAL DEVELOPMENT INDICATORS OF EACH PERIOD

单位:% (%)

指标 Item		年末常住人口 Year-end Resident Population	户籍人口 Population with Residence Cards	暂住人口 Population with Temporary Residence Cards	年末从业人员 Total Employed (year-end)	职工 Staff and Workers	私营个体劳动者 Urban Self-Employment
"六五"时期	"Sixth Five-year" Period	21.5	8.3	101.9	17.0	36.1	11.0
"七五"时期	"Seventh Five-year" Period	18.0	7.5	27.0	27.3	19.6	39.3
"八五"时期	"Eighth Five-year"Period	11.3	7.6	13.0	17.5	9.9	68.5
"九五"时期	"Ninth Five-year"Period	4.6	4.7	4.6	4.8	1.3	13.1
1980-2001		13.1	6.8	42.0	15.5	15.5	28.2
1981-2001		13.4	7.0	30.8	16.0	15.3	30.2

1-4 续表 1 continued

指标 Item		镇村劳动者 Laborers of Town and Village	国内生产总值 Gross Domestic Product	第一产业 Primary Industry	第二产业 Secondary Industry	第三产业 Tertiary Industry	人均国内生产总值 Gross Domestic Product Per Capita
"六五"时期	"Sixth Five-year" Period	-0.7	50.3	13.8	86.9	49.2	25.1
"七五"时期	"Seventh Five-year" Period	40.2	22.4	8.7	33.1	16.2	2.6
"八五"时期	"Eighth Five-year"Period	16.9	30.4	-0.2	33.6	28.2	16.9
"九五"时期	"Ninth Five-year"Period	3.4	15.0	3.6	16.8	12.8	10.4
1980-2001		13.0	29.5	6.2	40.4	28.2	14.9
1981-2001		13.6	28.1	6.4	38.9	25.2	13.0

1-4 续表 2 continued

指 标 Item		固定资产投资额 Investment in Fixed Assets	竣工住宅建筑面积 Floor Space of Residence Completed	地方预算内财政收入 Local Financial Revenue	地方预算内财政支出 Local Financial Expenditure	耕地面积 Areas under Cultivation	农业总产值 Gross Output Value of Agriculture
"六五"时期	"Sixth Five-year" Period	91.7	50.8	833	71.1	-7.1	9.1
"七五"时期	"Seventh Five-year" Period	11.7	5.6	28.1	27.6	-3.8	14.9
"八五"时期	"Eighth Five-year"Period	36.6	21.5	39.1	36.4	-25.2	-0.4
"九五"时期	"Ninth Five-year"Period	17.6	9.3	20.7	19.7	-1.7	6.0
1980-2001		37.7		39.6	36.1	-9.7	6.0
1981-2001		34.3		38.1	36.1	-9.8	7.1

1-4 续表 3 continued

指 标 Item		工业总产值 Gross Output Value of Industry	轻工业 Light Industry	重工业 Heavy Industry	货运量 Freight Traffic	客运量 Passenger Traffic
"六五"时期	"Sixth Five-year" Period	91.3	89.0	104.5		
"七五"时期	"Seventh Five-year" Period	46.9	43.2	60.3		
"八五"时期	"Eighth Five-year"Period	36.9	28.3	52.5	21.3	-1.3
"九五"时期	"Ninth Five-year"Period	20.8	17.1	24.3	5.8	2.5
1980-2001		45.4	40.5	56.4		
1981-2001		45.3	40.2	56.0		

1-4 续表 4 continued

指　标 Item		港口货物吞吐量 Cargo Handled at Seaport	邮电业务总量 Revenue from Postal and Communica-tions Services	社会消费品零售总额 Retail Sales of Consumer Goods	进出口总额 Total Imports and Exports	出口总额 Exports	进口总额 Imports
"六五"时期	"Sixth Five-year" Period	61.2	56.1	68.4	136.9	118.8	159.9
"七五"时期	"Seventh Five-year" Period	31.6	78.9	20.2	33.2	39.7	27.2
"八五"时期	"Eighth Five-year"Period	19.0	46.1	31.2	19.8	20.3	19.3
"九五"时期	"Ninth Five-year"Period	13.1	29.4	11.5	10.5	11.0	10.0
1980-2001		34.4	53.9	32.0	39.1	39.4	38.9
1981-2001		29.3	54.7	30.3	41.0	40.3	42.2

1-4 续表 5 continued

指　标 Item		实际利用外资额 Amount of Foreign Capital Actually Used	金融机构各项存款 Deposits of National Banking System	金融机构各项贷款 Loans of National Banking System	医院数 Hospital	医疗机构床位数 Beds in Health Care Institutions	# 医院病床 Hospital Beds
"六五"时期	"Sixth Five-year" Period	58.8	71.7	109.0	5.3	24.0	
"七五"时期	"Seventh Five-year" Period	9.5	45.1	34.8	4.2	11.1	10.5
"八五"时期	"Eighth Five-year"Period	27.3	43.9	26.9	10.6	16.1	16.4
"九五"时期	"Ninth Five-year"Period	11.3	21.4	23.9	4.1	8.9	8.4
1980-2001		28.2	45.9	45.5	5.4	14.2	
1981-2001		25.1	43.7	44.0	5.9	14.6	

1-4 续表 6 continued

指 标 Item		卫生技术人员数 Medical Technical Personnel	# 医 生 Doctors	在校学生数 Students Enrollment			
				普通高等学校 Institutions of Higher Education	中等专业学校 Specialized Secondary Schools	普通中学 Regular Secondary Schools	小 学 Primary Schools
"六五"时期	"Sixth Five-year" Period	28.8	33.2		63.5	23.5	7.4
"七五"时期	"Seventh Five-year" Period	12.6	13.0	4.3	11.8	5.6	9.7
"八五"时期	"Eighth Five-year"Period	12.2	12.0	5.9	3.8	9.0	7.1
"九五"时期	"Ninth Five-year"Period	4.8	4.2	21.7	1.2	8.4	14.8
1980-2001		13.8	15.1		19.1	10.6	9.7
1981-2001		14.0	14.8		16.8	11.7	10.0

1-4 续表 7 continued

指 标 Item		职工工资总额 Total Wage of Staff and Workers	职工年平均货币工资 Average Money Wage of Staff and Workers	职工年平均实际工资 Average Real Wage of Staff and Workers	农民年人均纯收入 Per Capita Net Income of Rural Residents	城市居民可支配收入 Per Capita Disposable Income of Urban Residents	城乡居民储蓄存款余额 Saving Deposits of Urban and Rural Residents
"六五"时期	"Sixth Five-year" Period	64.1	19.8	9.2	29.1		71.8
"七五"时期	"Seventh Five-year" Period	34.4	12.2	-2.1	21.1	16.6	48.3
"八五"时期	"Eighth Five-year"Period	36.5	23.3	10.1	18.2	25.9	52.0
"九五"时期	"Ninth Five-year"Period	14.6	13.2	10.5	15.5	10.6	18.3
1980-2001		35.7	17.3	7.8	20.9		45.3
1981-2001		35.2	16.8	7.2	20.1		45.3

1-5 主要年份国民经济主要指标比例关系

PERCENTAGE OF MAIN NATIONAL ECONOMIC INDICATORS IN MAIN YEARS

单位:% (%)

年 份 Year	以从业人员为 100 Employment=100			以国内生产总值为 100 Gross Domestic Product=100			以工农业总产值为 100 Gross Output Value of Industry and Agriculture=100		
	第一产业 Primary Industry	第二产业 Secondary Industry	第三产业 Tertiary Industry	第一产业 Primary Industry	第二产业 Secondary Industry	第三产业 Tertiary Industry	农 业 Agriculture	轻工业 Light Industry	重工业 Heavy Industry
1979				37.0	20.5	42.5	64.8	31.2	4.0
1980				28.9	26.0	45.1	61.4	33.6	5.0
1985				6.7	41.9	51.4	15.7	66.4	17.9
1990	6.1	69.8	24.1	4.1	44.8	51.1	5.1	71.4	23.5
1995	1.8	66.0	32.2	1.6	52.4	46.0	1.9	53.2	44.9
1996	1.6	64.6	33.8	1.7	50.3	48.0	1.9	55.0	43.1
1997	1.6	61.6	36.8	1.4	49.3	49.3	1.6	55.0	43.4
1998	1.6	59.8	38.6	1.3	50.0	48.7	1.5	50.9	47.6
1999	1.4	58.1	40.5	1.2	50.6	48.2	1.4	50.0	48.6
2000	1.3	57.0	41.7	1.0	52.5	46.5	1.2	44.2	54.6
2001	1.1	55.7	43.2	0.9	54.0	45.1	1.0	36.6	62.4

1-5 续表 1 continued

年 份 Year	以工业总产值为 100 Gross Output Value of Industry=100		以固定资产投资总额为 100 Total Investment in Fixed Assets=100				以基本建设投资为 100 Investment in Capital Construction=100	
	轻工业 Light Industry	重工业 Heavy Industry	基本建设 Capital Construction	更新改造 Technical Updates and Trans-formation	房地产投资 Investment in Commodity Houses	集体单位 Collective -owned Units	工 业 Industry	交通运输和邮电通信 Transportation, Post and Tele-communications
1979	88.5	11.5	84.0	1.5		14.5	31.9	5.7
1980	87.1	12.9	90.5	2.8		6.7	43.1	12.0
1985	78.7	21.3	82.9	0.6		11.7	21.4	7.9
1990	75.3	24.7	73.7	4.3	11.7	4.5	56.0	17.6
1995	54.2	45.8	50.8	2.6	37.4	6.7	23.0	22.1
1996	56.1	43.9	47.9	3.5	38.1	8.0	26.3	23.1
1997	55.9	44.1	51.3	4.2	34.8	7.1	26.4	24.4
1998	51.6	48.4	49.9	4.2	34.9	7.9	17.1	21.4
1999	50.7	49.3	47.8	4.8	37.8	7.0	22.6	12.8
2000	44.7	55.3	44.9	5.1	42.1	6.5	27.1	16.3
2001	37.0	63.0	42.2	5.0	44.9	6.4	29.1	13.4

1-5 续表 2 continued

年 份 Year	以货运量为 100 Freight Traffic=100				地方财政收入相当于国内生产总值 Local Financial Revenue as Percentage of GDP	固定资产投资总额相当于国内生产总值 Total Investment in Fixed Assets as Percentage of GDP
	铁路 Railway	公路 Highway	水运 Waterway	民航 Civil Aviation		
1979					8.8	30.2
1980					11.3	51.1
1985					16.1	85.4
1990	10.9	78.2	10.9		12.6	33.7
1995	6.2	76.8	16.9	0.1	11.1	34.7
1996	5.8	77.1	17.0	0.1	13.9	34.5
1997	7.0	76.8	16.1	0.1	12.8	34.8
1998	6.4	79.3	14.2	0.1	12.8	37.3
1999	6.0	81.5	12.3	0.1	12.9	39.7
2000	6.0	81.4	12.5	0.1	13.5	37.2
2001	5.7	82.9	11.3	0.1	13.6	34.4

1-5 续表 3 continued

年 份 Year	以地方财政支出为 100 Local Financial Expenditure=100					
	基建支出 Expenditure for Capital Construction	企业挖潜改造资金 Expenditure for Innovation Enterprises	城市维护费 Expenditure for City Maintenance	科教文卫事业费 Operating Expenses for Department of Science, Education, Culture and Public Health	行政管理费 Expenditure for Government Administration	公检法支出 Expenditure for Public Security Agency, Procuratorial Agency and Court of Justice
1979	30.0	1.1	2.8	16.9	11.5	
1980	45.3	1.1	5.5	17.5	15.1	
1985	53.4	2.1	9.9	16.2	3.6	3.1
1990	39.3	7.0	3.8	12.8	4.3	4.6
1995	32.2	4.6	4.0	18.1	5.6	9.7
1996	38.2	4.9	3.5	16.6	5.1	8.9
1997	31.6	5.0	4.3	17.3	5.3	9.7
1998	33.4	6.8	5.0	15.5	4.9	9.2
1999	34.3	4.9	4.3	14.0	4.8	8.1
2000	31.8	2.7	4.9	16.2	5.3	8.2
2001	33.3	2.1	4.6	16.8	5.3	8.1

1-6 主要年份国民经济和社会发展主要指标平均每人水平

PER CAPITA MAIN NATIONAL ECONOMIC AND SOCIAL DEVELOPMENT INDICATORS IN MAIN YEARS

单位：元 (yuan)

年 份 Year	国内生产总值 Gross Domestic Product	农业总产值 Gross Output Value of Agriculture	工业总产值 Gross Output Value of Industry	地方预算内财政收入 Local Financial Revenue	社会消费品零售总额 Retail Sales of Consumer Goods	职工年平均货币工资 Average Money Wage of Staff and Workers	城市居民可支配收入 Per Capita Disposable Income of Urban Residents	农民年均纯收入 Per Capita Net Income of Rural Residents	城乡居民储蓄存款 Saving Deposits of Urban and Rural Residents
1979	606	405	220	53	348	769		152	118
1980	835	524	329	94	606	979		209	160
1985	4 809	565	3 040	775	3 274	2 418	1 915	750	907
1990	8 724	606	11 192	1 103	3 393	4 304	4 127	1 954	2 845
1995	23 381	684	36 039	2 586	7 620	12 276	12 771	4 517	13 515
1996	27 005	777	40 583	3 745	8 443	14 507	16 296	5 415	16 242
1997	30 619	734	45 145	3 923	8 846	16 531	18 579	6 256	18 641
1998	33 282	770	50 181	4 258	10 923	18 381	19 886	7 350	21 822
1999	35 896	749	54 078	4 619	11 685	20 714	20 240	8 131	23 498
2000	39 745	743	63 775	5 370	12 843	23 039	21 626	9 270	25 007
2001	43 355	726	71 076	5 892	13 514	25 941	23 544	9 869	29 298

1-6 续表 continued

年 份 Year	特区居住面积(平方米) Living Space of Urban Areas (sq.m)	特区生活用水量(吨) Tap Water for Residential Consumption of Urban Areas(ton)	生活用电量(千瓦时) Electricity for Residential Consumption (kwh)	每百人拥有电话(部) Number of Telephone Sets Per 100 Persons (unit)	每万人拥有 Per 10 000 persons 公共交通车辆(辆) Public Vehicles of Urban Areas	每万人拥有 Per 10 000 persons 医生(人) Number of Doctors (person)	每万人拥有 Per 10 000 persons 医院病床(张) Number of Beds in Hospital (unit)	特区公共绿地面积(平方米) Urban Public Green Areas (sq.m)
1979						12		
1980	6.60					13		
1985	7.86					21	21	
1990	10.36	59.31	237	6		17	15	
1995	12.80	90.53	370	24	39	18	19	12.73
1996	14.37	91.56	431	29	38	20	20	12.81
1997	14.10	89.56	473	37	37	19	21	13.89
1998	14.40	92.46	688	46	35	18	22	13.89
1999	14.00	89.49	725	64	35	17	22	14.55
2000	14.14	84.95	796	93	34	17	23	14.17
2001	13.73	93.57	782	130	32	17	23	14.70

1-7 主要年份国民经济和社会发展主要指标平均每天水平

AVERAGE DAILY LEVEL OF MAIN NATIONAL ECONOMIC AND SOCIAL DEVELOPMENT INDICATORS IN MAIN YEARS

年 份 Year	国内生产总值(万元) Gross Domestic Product (10 000yuan)	工业总产值(万元) Gross Output Value of Industry (10 000yuan)	农业总产值(万元) Gross Output Value of Agriculture (10 000yuan)	固定资产投资总额(万元) Total Investment in Fixed Assets (10 000yuan)	地方财政收入(万元) Local Financial Revenue (10 000yuan)	货运量(万吨) Freight Traffic (10 000 tons)	客运量(万人次) Passengers Traffic (10 000 person-times)	特快专递(份) Express Mail	电报(份) Teleg-raphs	长途电话(万张) Long Distance Telephone Calls (10 000pcs)
1979	54	20	36	16	5					
1980	74	29	46	38	8					
1985	1 069	676	126	913	172					
1990	4 703	6 033	327	1 587	595	3.70	24.20	1 025	7 822	15
1995	21 800	33 602	637	7 557	2 441	9.70	22.63	4 158	6 727	117
1996	26 029	39 115	749	8 973	3 610	10.00	22.69	5 659	5 778	145
1997	30 959	45 648	742	10 769	3 966	10.56	23.33	6 123	5 173	190
1998	35 316	53 247	817	13 161	4 518	11.09	23.24	6 711	5 395	233
1999	39 343	59 271	821	15 605	5 063	11.71	23.98	7 989	5 097	276
2000	45 629	73 217	853	16 978	6 165	12.87	25.61	9 173	3 609	272
2001	53 552	87 794	896	18 449	7 278	14.01	27.00	9 573	375	343

1-7 续表 continued

年 份 Year	自来水供水量(万吨) Tap Water Supply (10 000tons)	液化石油气售气量(吨) Liquefied Petroleum Gas Sales (ton)	用电量(万千瓦时) Electricity Consump-tion (10 000kwh)	公共汽车客运人数(万人次) Bus Passengers (10 000 person-times)	住宅竣工面积(平方米) Floor Space of Residence Completed (sq.m)	社会消费品零售总额(万元) Retail Sales of Consumer Goods (10 000yuan)	出生人数(人) Births (person)	死亡人数(人) Deaths (person)	结婚(对) Marriages (couple)	离婚(对) Divorces (couple)
1979						31	22	5		
1980		0.04				54	19	5	6	
1985		25.69		14.20		728	15	4	18	
1990		97.18	985	60.13	5 020	1 829	29	5	28	1
1995	157	569.46	2 503	96.96	13 294	7 105	35	5	36	3
1996	177	831.16	2 779	97.25	15 483	8 137	36	6	33	4
1997	192	968.28	3 084	99.18	14 034	8 945	37	6	33	4
1998	218	980.94	3 546	102.05	19 986	11 497	36	6	37	4
1999	237	1 006.15	4 106	111.23	21 934	12 807	40	10	40	5
2000	252	1 472.57	5 215	117.26	20 701	14 744	49	9	39	6
2001	267	1 351.66	5 816	128.96	23 358	16 692	49	6	39	6

1-8 国内生产总值

GROSS DOMESTIC PRODUCT

(1979—2001)

单位:万元 (10 000 yuan)

年 份 Year	国内生产总值 Gross Domestic Product	第一产业 Primary Industry	第二产业 Secondary Industry	工业 Industry	建筑业 Construction	第三产业 Tertiary Industry	人均国内生产总值(元) Gross Domestic Product Per Capita(yuan)
1979	19 638	7 273	4 017	2 313	1 704	8 348	606
1980	27 012	7 803	7 036	3 726	3 310	12 173	835
1981	49 576	13 343	16 019	8 311	7 708	20 214	1 417
1982	82 573	18 960	31 439	9 540	21 899	32 174	2 023
1983	131 212	22 614	55 848	22 466	33 382	52 750	2 512
1984	234 161	25 932	106 606	51 802	54 804	101 623	3 504
1985	390 222	26 111	163 586	102 137	61 449	200 525	4 809
1986	416 451	32 907	163 185	106 606	56 579	220 359	4 584
1987	559 015	46 519	220 463	164 445	56 018	292 033	5 349
1988	869 807	57 005	359 230	274 787	84 443	453 572	6 477
1989	1 156 565	68 615	505 361	400 579	104 782	582 589	6 710
1990	1 716 665	70 220	769 319	644 947	124 372	877 126	8 724
1991	2 366 630	80 836	1 126 084	928 846	197 238	1 159 710	10 746
1992	3 173 194	105 914	1 522 432	1 176 087	346 345	1 544 848	12 707
1993	4 492 889	110 089	2 455 282	1 832 121	623 161	1 927 518	16 165
1994	6 151 933	137 817	3 365 175	2 648 856	716 319	2 648 941	19 514
1995	7 956 950	129 243	4 169 346	3 262 764	906 582	3 658 361	23 381
1996	9 500 446	157 036	4 781 274	3 823 872	957 402	4 562 136	27 005
1997	11 300 133	157 952	5 566 344	4 476 048	1 090 296	5 575 837	30 619
1998	12 890 190	164 544	6 445 832	5 174 495	1 271 337	6 279 814	33 282
1999	14 360 267	165 327	7 271 146	5 874 637	1 396 509	6 923 794	35 896
2000	16 654 652	173 374	8 740 081	7 279 529	1 460 552	7 741 197	39 745
2001	19 546 539	181 096	10 556 758	9 051 843	1 504 915	8 808 685	43 355

1-9 国内生产总值三次产业构成

COMPOSITION OF GROSS DOMESTIC PRODUCT BY THREE INDUSTRIES

(1979—2001)

单位:% (%)

年 份 Year	国内生产总值 Gross Domestic Product	第一产业 Primary Industry	第二产业 Secondary Industry	工业 Industry	建筑业 Construction	第三产业 Tertiary Industry
1979	100.0	37.0	20.5	11.8	8.7	42.5
1980	100.0	28.9	26.0	13.8	12.2	45.1
1981	100.0	26.9	32.3	16.8	15.5	40.8
1982	100.0	23.0	38.1	11.6	26.5	38.9
1983	100.0	17.2	42.6	17.1	25.5	40.2
1984	100.0	11.1	45.5	22.1	23.4	43.4
1985	100.0	6.7	41.9	26.2	15.7	51.4
1986	100.0	7.9	39.2	25.6	13.6	52.9
1987	100.0	8.3	39.4	29.4	10.0	52.3
1988	100.0	6.6	41.3	31.6	9.7	52.1
1989	100.0	5.9	43.7	34.6	9.1	50.4
1990	100.0	4.1	44.8	37.6	7.2	51.1
1991	100.0	3.4	47.6	39.2	8.4	49.0
1992	100.0	3.3	48.0	37.1	10.9	48.7
1993	100.0	2.5	54.6	40.8	13.8	42.9
1994	100.0	2.2	54.7	43.1	11.6	43.1
1995	100.0	1.6	52.4	41.0	11.4	46.0
1996	100.0	1.7	50.3	40.2	10.1	48.0
1997	100.0	1.4	49.3	39.6	9.7	49.3
1998	100.0	1.3	50.0	40.1	9.9	48.7
1999	100.0	1.2	50.6	40.9	9.7	48.2
2000	100.0	1.0	52.5	43.7	8.8	46.5
2001	100.0	0.9	54.0	46.3	7.7	45.1

1-10 国内生产总值指数

INDICES OF GROSS DOMESTIC PRODUCT

(1980—2001)

(以 1979 年为 100) (1979=100)

年 份 Year	国内生产总值 Gross Domestic Product	第一产业 Primary Industry	第二产业 Secondary Industry	工业 Industry	建筑业 Construction	第三产业 Tertiary Industry	人均国内生产总值 Gross Domestic Product Per Capita
1980	162.7	103.0	175.8	163.3	197.0	209.5	163.0
1981	250.2	132.0	445.6	406.5	512.1	307.9	231.8
1982	396.4	182.2	730.5	415.5	1 266.1	504.9	314.7
1983	627.5	192.8	1 181.7	869.2	1 713.0	873.5	389.3
1984	1 003.3	198.8	2 347.6	2 003.6	2 932.6	1 392.7	486.6
1985	1 249.4	196.8	4 011.2	4 383.4	3 378.4	1 550.9	499.1
1986	1 283.1	231.8	4 269.3	4 825.1	3 324.3	1 537.1	457.7
1987	1 609.0	242.0	5 767.9	7 226.5	3 287.7	1 882.1	499.0
1988	2 186.6	225.1	8 306.0	10 603.7	4 398.9	2 547.1	527.7
1989	2 595.5	280.0	11 472.9	15 030.4	5 423.9	2 678.4	488.0
1990	3 439.1	298.5	16 760.4	22 789.5	6 508.7	3 286.1	566.4
1991	4 677.1	312.8	23 700.4	31 743.9	10 023.4	4 358.6	688.2
1992	6 229.9	313.7	30 607.2	38 297.6	17 530.9	6 090.4	808.6
1993	8 098.9	318.1	43 079.0	52 846.0	26 471.7	7 310.3	944.3
1994	10 536.7	300.3	58 366.2	74 928.7	30 204.2	9 124.2	1 083.2
1995	12 960.1	295.8	71 248.7	92 642.5	34 871.6	11 396.1	1 234.2
1996	15 085.6	303.5	83 076.0	110 244.6	36 789.5	13 276.5	1 389.7
1997	17 499.3	305.3	96 617.4	129 316.9	40 983.5	15 387.5	1 537.0
1998	20 036.7	315.1	112 655.9	151 171.5	47 008.1	17 218.6	1 676.9
1999	22 861.9	339.4	130 680.8	176 719.5	52 414.0	19 216.0	1 853.0
2000	26 108.3	352.3	154 987.4	214 360.8	54 091.2	20 772.5	2 019.8
2001	29 554.6	377.7	175 600.7	246 514.9	56 200.7	23 514.5	2 124.8

1-11 国内生产总值指数

INDICES OF GROSS DOMESTIC PRODUCT

(1980—2001)

(以上年为 100) (Preceding Year=100)

年 份 Year	国内生产总值 Gross Domestic Product	第一产业 Primary Industry	第二产业 Secondary Industry	工业 Industry	建筑业 Construction	第三产业 Tertiary Industry	人均国内生产总值 Gross Domestic Product Per Capita
1980	162.7	103.0	175.8	163.3	197.0	209.5	163.0
1981	153.8	128.2	253.5	248.9	259.9	146.9	142.2
1982	158.4	138.0	163.9	102.2	247.2	164.0	135.8
1983	158.3	105.8	161.8	209.2	135.3	173.0	123.7
1984	159.9	103.1	198.7	230.5	171.2	159.4	125.0
1985	124.5	99.0	170.9	218.8	115.2	111.4	102.6
1986	102.7	117.8	106.4	110.1	98.4	99.1	91.7
1987	125.4	104.4	135.1	149.8	98.9	122.4	109.0
1988	135.9	93.0	144.0	146.7	133.8	135.3	105.8
1989	118.7	124.4	138.1	141.7	123.3	105.2	92.5
1990	132.5	106.6	146.1	151.6	120.0	122.7	116.1
1991	136.0	104.8	141.4	139.3	154.0	132.6	121.5
1992	133.2	100.3	129.1	120.6	174.9	139.7	117.5
1993	130.0	101.4	140.7	138.0	151.0	120.0	116.8
1994	130.1	94.4	135.5	141.8	114.1	124.8	114.7
1995	123.0	98.5	122.1	123.6	115.5	124.9	113.9
1996	116.4	102.6	116.6	119.0	105.5	116.5	112.6
1997	116.0	100.6	116.3	117.3	111.4	115.9	110.6
1998	114.5	103.2	116.6	116.9	114.7	111.9	109.1
1999	114.1	107.7	116.0	116.9	111.5	111.6	110.5
2000	114.2	103.8	118.6	121.3	103.2	108.1	109.0
2001	113.2	107.2	113.3	115.0	103.9	113.2	105.2

1-12 主要年份国内生产总值(按三次产业分)

GROSS DOMESTIC PRODUCT IN MAIN YEARS (CLASSIFIED BY THREE INDUSTRIES)

单位:万元 (10 000 yuan)

指 标 名 称	Item	1990	1995	2000	2001
国内生产总值	**Gross Domestic Product**	**1 716 665**	**7 956 950**	**16 654 652**	**19 546 539**
第一产业	Primary Industry	70 220	129 243	173 374	181 096
第二产业	Secondary Industry	769 319	4 169 346	8 740 081	10 556 758
#工 业	Industry	644 947	3 262 764	7 279 529	9 051 843
建筑业	Construction	124 372	906 582	1 460 552	1 504 915
第三产业	Tertiary Industry	877 126	3 658 361	7 741 197	8 808 685
#农林牧渔服务业	Services of Farming,Forestry,Animal Husbandry and Fishery	3 508	19 789	26 005	28 606
地质勘探、水利管理业	Geological Prospecting and Water Conservancy	5 807	33 392	45 490	52 856
交通运输、仓储、邮电通信业	Transportation, Storage, Post and Telecommunications	139 807	567 166	1 315 477	1 498 894
#交通运输业和仓储业	Transportation and Storage	102 015	344 449	546 851	618 035
邮电通信业	Post and Telecommunications	37 792	222 717	768 626	880 859
批发和零售贸易、餐饮业	Wholesale & Retail Trade and Catering Services	190 186	885 934	1 563 469	1 740 813
#商 业	Commerce	152 877	677 256	1 247 443	1 414 719
餐饮业	Catering Services	37 309	208 678	316 026	326 094
金融保险业	Banking and Insurance	240 157	874 259	2 126 009	2 284 874
#金融业	Banking	227 815	837 644	2 051 023	1 890 473
保险业	Insurance	12 342	36 615	74 986	394 401
房地产业	Real Estate Trade	91 396	587 430	961 042	1 106 884
社会服务业	Social Services	114 079	359 376	887 376	1 095 385
卫生、体育、社会福利事业	Health Care,Sports and Social Welfare	13 508	100 630	248 099	283 578
教育、文艺、广播电影电视事业	Education,Culture,Art,Radio, Film and Television	21 840	74 625	244 491	351 459
科学研究和综合技术服务业	Scientific Research and Polytechnical Services	4 736	31 454	68 943	79 036
国家机关、政党机关、社会团体	Government Agencies, Party Agencies and Social Organizations	38 681	73 651	189 989	214 688
其他行业	Others Industry	13 421	50 655	64 807	71 612

二、人口和劳动力

2001年深圳人口与就业

2001 年是世界经济由高速增长转向缓慢发展的一年，特别是美国"9.11"事件，使国际经济环境进一步恶化，给以外向型经济为主的深圳经济带来了严峻的挑战。面对复杂多变的国际经济环境和不利的外部因素，在市委、市政府的正确领导下，经过全市人民的共同努力，全市经济在逆境中保持平稳增长，全年国内生产总值比上年增长 13.2%。经济的发展创造了大量的就业岗位，吸引了大批的外来创业和务工经商人员。以人口迁移增长为主要特征的人口增长模式使全市年末人口保持较快的增长，人口结构也发生了变化。

一、人口规模与增长趋势

1. 年末常住人口总量继续增加，增幅较大

2001 年年末常住人口 468.76 万人，比上年增加 35.82 万人，增长 8.3%，这一增长速度较上年提高 1.4 个百分点，是自 1995 年以来的最高增幅。其主要原因：一是深圳仍保持较高的经济增长速度，创造了大量就业机会，良好的投资与生活环境吸引了大量的外来投资者和劳动力，且他们居住的稳定性近年明显增加。二是近两年全国先后公布了多项鼓励人口迁移流动的户籍管理制度，有利于暂住人口在深居住生活。三是公安等有关部门对暂住人口管理的加强，使在公安部门办理暂住证的人数增加，以此为依据计算的年末常住人口随之增加较大。

2. 年末新增人口以暂住人口为主，且增幅高于户籍人口

在年末常住人口中，暂住人口 336.72 万人，比上年增加 28.7 万人，增长 9.3%；而户籍人口为 132.04 万人，比上年增加 7.12 万人，增长 5.7%。表明在年末新增常住人口中，暂住人口占 80%，而户籍人口仅占 20%，新增暂住人口比新增户籍人口多 3 倍，暂住人口的增长速度比户籍人口高 3.6 个百分点（详见下表 1）。

表 1

2001年末深圳常住人口数

（单位：人）

区别＼项目	2001年			2000年			2001年比 2000 年增长（%）			人口密度（人/平方公里）
	常住人口	户籍人口	暂住人口	常住人口	户籍人口	暂住人口	常住人口	户籍人口	暂住人口	
全市合计	4687582	1320402	3367180	4329375	1249210	3080165	8.27	5.70	9.32	2405
特区内	2216795	832287	1384508	2053039	783227	1269812	7.98	6.26	9.03	5659
福田区	844264	332670	511594	784336	314654	469682	7.64	5.73	8.92	10818
罗湖区	686683	296109	390574	640852	285596	355256	7.15	3.68	9.94	8704
南山区	550731	176405	374326	504626	156624	348002	9.14	12.63	7.56	3352
盐田区	135117	27103	108014	123225	26353	96872	9.65	2.85	11.50	1917
特区外	2470787	488115	1982672	2276336	465983	1810353	8.54	4.75	9.52	1587
宝安区	1441143	275495	1165648	1317228	265804	1051424	9.41	3.65	10.86	2021
龙岗区	1029644	212620	817024	959108	200179	758929	7.35	6.21	7.65	1220

3. 户籍人口以机械增长为主，出生率和自然增长率较高

2001 年全市新增户籍人口中，自然增长人口 1.58 万人，占新增人口的 22.3%，而机械增长人口 5.54 万人，占新增人口的 77.8%，比自然增长人口所占的比重高 55.5 个百分点。

全年户籍人口出生率为 14.06‰，比上年回落 0.62 个千分点，但仍在较高的出生率水平，比全国和全省的出生率分别高 0.68 和 0.11 个千分点。人口自然增长率为 12.33‰，比上年增加 0.2 个千分点，分别比全国和全省的人口自然增长率高 5.38 和 3.5 个千分点。这是由于人口死亡率低形成的，2001 年全市户籍人口死亡率只有 1.73‰，比上年下降 0.82 个千分点，死亡率比全国和全省的死亡率分别低 4.7 和 3.39 个千分点。

二、人口结构

1. 人口性别比有所提高，但地区间和不同户籍性质人口性别比差异较大

全市年末常住人口性别比为 97.82:100（女性=100，下同），比上年提高 0.46 个百分点。其中特区内为 106.03:100，特区外只有 90.99:100，特区内外之间相差 15.04 个百分点；暂住人口为 93.08:100，而户籍人口则为 111.04:100，不同户籍性质人口间的性别比相差 17.96 个百分点。表明深圳常住人口性别比在总体上基本保持平衡，但特区内外之间和不同户籍性质人口之间的性别比差异较大，呈现户籍人口和特区内男多女少，而特区外和暂住人口为女多男少的状况。

2. 人口年龄结构以青年劳动适龄人口为主

在年末常住人口中，0-14 岁人口占 12.5%，60 岁以上人口占 4.9%，分别比上年增加 0.02 和 0.24 个百分点。15～59 岁劳动适龄人口占 82.6%，其中 20～39 岁人口占全市常住人口的 59.6%，而其中 20～29 岁青年劳动适龄人口占常住人口的 39.4%。反映出深圳常住人口以劳动适龄人口为主，而又特别集中在 20～29 岁的青年劳动适龄人口(详见下表 2)。

表 2　**2001 年末深圳常住人口年龄构成**

年龄组别	占常住人口比重（%）
0-14 岁	12.53
15-19 岁	11.02
20-29 岁	39.36
30-39 岁	20.20
40-49 岁	7.96
50-59 岁	4.02
60 岁及以上	4.91

3. 人口受教育程度稳步提高，但受过大专以上高等教育程度的人口增速放慢

以每十万人中拥有各种受教育程度人口的比例来考察全市年末常住人口文化素质的变化情况，呈现如下特征：

（1）受过大专及以上高等教育人口的比例虽仍继续增加，但增幅明显收窄。2001 年每十万人中受过大专及以上教育程度人口为 10538 人，仅比上年增加 59 人，增量比 2000 年减少 23 人。

（2）占常住人口绝大部分的高中和初中受教育程度人口均稳定增加，每十万人中受过高中、初中教育的人口达 68357 人，比上年增加 1411 人。而每十万人中只有小学及以下受教育程度的人口为 15611 人，比上年减少 2943 人(详见下表 3)。

上述情况表明深圳常住人口的整体受教育程度不断提高，且速度较快。其主要原因是大量暂住人口的迁移，一方面随着深圳产业结构的不断调整，新吸收的劳动力以受过初中以上教育程度为主；另一方面是只受过较低教育程度的劳动力不断外迁。

表 3　**2001 年深圳常住人口受教育程度**

(单位：人 / 十万人)

受教育程度	人　数
大专及以上	10538
高　中	24715
初　中	43642
小　学	14737
15 岁以上不识字或识字很少	874

三、人口地区分布

1. 特区外人口增长速度高于特区内，且人口主要集中于宝安区

2001 年特区外年末常住人口 247.08 万人，比上年增加 8.5%，而特区内年末常住人口为 221.68 万人，比上年增加 8.3%，特区外年末常住人口增长速度比特区内高 0.2 个百分点。在特区外，宝安区年末常住人口达 144.11 万人，比上年增加 9.4%，增长速度比龙岗区高 2.0 个百分点；且占特区外常住人口的比重达 58.3%，比龙岗区高 16.6 个百分点。

2. 特区内各区年末常住人口东西两翼的增长速度明显快于其他两区

特区内的南山、盐田两区的年末常住人口增长速度明显高于特区内其他各区，2001 年年末常住人

口增长速度分别为 9.1%和 9.6%；其中南山区的增长速度分别比罗湖、福田区高 1.9 和 1.5 个百分点，盐田区的增长速度也分别比罗湖、福田区高 2.5 和 2.0 个百分点。

四、劳动就业

劳动适龄人口保持较高的就业率，按劳动统计年报口径推算 2001 年末全市从业人员达 332.80 万人，比上年增加 24.26 万人，增幅达 7.9%。年末城镇登记失业率为 2.47%，比上年略为上升 0.02 个百分点，较好地完成了年初市政府制定的失业率控制计划。

五、2002 年人口发展

1. 我国加入 WTO，使以外向型经济为主的深圳面临更广阔的发展机遇，随着全市经济和社会的稳步发展对劳动力需求的增加，将使市外人口继续迁入深圳，全市常住人口规模将进一步扩大。近年来由于全国户籍制度改革的有关措施将产生效应，如取消办理暂住证收费，以及 2002 年深圳将对暂住证管理及办证制度进行改革，这些举措都将进一步促进暂住人口的增加。

2. 随着全市产业结构调整力度的加强，特别是高新技术产业的发展，各项吸引人才政策的落实以及户籍制度的改革，将进一步使新迁入户籍人口的文化素质得到提高；同时也促使暂住人口在流动过程中不断进行优化组合。

3. 由于全市人口结构年轻，特别是 20-29 岁生育年龄人口占常住人口的比重高达 39.4%，预计 2002 年全市出生率仍将维持在较高的水平。

注：2001 年末常住人口年龄构成、受教育程度数据按照 2000 年人口普查资料及 2001 年公安、计生等统计资料推算。

（撰稿：林冠荣）

2-1 户数、人口、出生、死亡及自然增长

HOUSEHOLDS, POPULATION,BIRTH, DEATH AND NATURAL GROWTH

(1979−2001)

年 份 Year	年末户籍人口户数(万户) Households with Residence Cards (year−end) (10 000 households)	农业户 Agriculture	非农业户 Non−Agriculture	年末常住人口数 (万人) Year−end Resident Population (10 000 persons)	户籍人口 Population with Residence Cards	暂住人口 Population with Temporary Residence Cards
全市 Total						
1979	7.62	6.06	1.56	31.41	31.26	0.15
1980	7.82	5.95	1.87	33.29	32.09	1.20
1981	8.20	6.16	2.04	36.69	33.39	3.30
1982	8.61	5.95	2.66	44.95	35.45	9.50
1983	9.25	5.83	3.42	59.52	40.52	19.00
1984	10.32	5.88	4.44	74.13	43.52	30.61
1985	11.27	5.84	5.43	88.15	47.86	40.29
1986	12.41	5.92	6.49	93.56	51.45	42.11
1987	13.88	6.06	7.82	115.44	55.60	59.84
1988	15.30	5.92	9.38	153.14	60.14	93.00
1989	16.51	6.12	10.39	191.60	64.82	126.78
1990	18.19	6.52	11.67	201.94	68.65	133.29
1991	19.56	6.65	12.91	238.53	73.22	165.31
1992	21.81	5.67	16.14	260.90	80.22	180.68
1993	24.32	6.43	17.89	294.99	87.69	207.30
1994	26.74	6.86	19.88	335.51	93.97	241.54
1995	28.67	7.70	20.97	345.12	99.16	245.96
1996	30.35	8.06	22.29	358.48	103.38	255.10
1997	32.15	8.16	23.98	379.64	109.46	270.18
1998	34.07	8.26	25.81	394.96	114.60	280.36
1999	36.15	8.29	27.86	405.13	119.85	285.29
2000	38.87	8.52	30.35	432.94	124.92	308.02
2001	41.14	9.16	31.98	468.76	132.04	336.72
特区 Urban						
1980	1.87	0.88	0.99	9.41	8.41	1.00
1981	2.49	1.04	1.45	13.13	9.83	3.30
1982	2.87	0.99	1.88	19.86	12.86	7.00
1983	3.41	0.98	2.43	28.50	16.50	12.00
1984	4.21	0.96	3.25	33.75	19.14	14.61
1985	5.23	0.99	4.24	46.98	23.19	23.79
1986	6.06	1.08	4.98	48.87	25.74	23.13
1987	7.16	1.13	6.03	59.96	28.69	31.27
1988	8.33	1.15	7.18	78.40	32.19	46.21
1989	9.24	1.14	8.10	102.69	36.20	66.49
1990	10.68	1.19	9.49	100.98	39.53	61.45
1991	11.77	1.25	10.52	119.80	43.21	76.59
1992	12.82		12.82	122.01	47.28	74.73
1993	14.15		14.15	118.94	52.14	66.80
1994	15.32		15.32	147.53	56.52	91.01
1995	16.35		16.35	151.18	59.96	91.22
1996	17.20		17.20	160.30	63.28	97.02
1997	18.45		18.45	175.10	68.12	106.98
1998	19.52		19.52	184.63	71.48	113.14
1999	20.71		20.71	190.18	74.81	115.38
2000	22.25		22.25	205.30	78.32	126.98
2001	23.36		23.36	221.68	83.23	138.45

年 份 Year	在年末户籍人口中 Of Population with Residence Cards				户籍户平均每户人口(人) Average Persons Per Household with Residence Cards (person)	年平均人口(万人) Average Annual Population (10 000 persons)	
	男性(万人) Male (10 000persons)	女性(万人) Female (10 000persons)	农业人口(万人) Agriculture (10 000 persons)	非农业人口(万人) Non-Agriculture (10 000 persons)		按常住人口计算 Resident Population	按户籍人口计算 Population with Residence Cards
全市 Total							
1979	14.26	17.00			4.10		
1980	14.69	17.40			4.10	32.35	31.68
1981	15.51	17.88			4.07	34.99	32.74
1982	16.67	18.78			4.12	40.82	34.42
1983	20.50	20.02			4.38	52.24	37.99
1984	22.01	21.51			4.22	66.83	42.02
1985	24.32	23.54			4.25	81.14	45.69
1986	26.13	25.32	25.00	26.45	4.15	90.86	49.66
1987	28.22	27.38	24.99	30.61	4.01	104.50	53.53
1988	30.49	29.64	25.17	34.96	3.93	134.29	57.87
1989	32.89	31.93	25.48	39.34	3.93	172.37	62.48
1990	34.92	33.73	25.65	43.00	3.77	196.77	66.74
1991	37.27	35.95	26.23	46.99	3.74	220.24	70.94
1992	41.19	39.03	22.83	57.39	3.68	249.72	76.72
1993	45.25	42.44	23.61	64.08	3.61	277.95	83.96
1994	48.62	45.35	24.41	69.56	3.51	315.25	90.83
1995	51.37	47.80	24.39	74.77	3.46	340.32	96.57
1996	53.64	49.75	24.47	78.91	3.41	351.80	101.27
1997	56.79	52.66	24.66	84.80	3.40	369.06	106.42
1998	59.73	54.87	24.69	89.91	3.36	387.30	112.03
1999	62.69	57.16	24.79	95.06	3.32	400.05	117.22
2000	65.21	59.71	24.77	100.15	3.21	419.04	122.38
2001	69.47	62.57	26.17	105.87	3.21	450.85	128.48
特区 Urban							
1980					4.49		
1981					3.95	11.27	9.12
1982					4.48	16.50	11.35
1983					4.84	24.18	14.68
1984					4.55	31.13	17.82
1985					4.43	40.37	21.17
1986	14.19	11.55	4.18	21.56	4.25	47.93	24.47
1987	15.64	13.05	4.17	24.52	4.01	54.42	27.22
1988	17.31	14.88	4.19	28.00	3.87	69.18	30.44
1989	19.36	16.84	4.34	31.86	3.92	90.54	34.19
1990	21.10	18.42	4.46	35.07	3.77	101.84	37.86
1991	22.99	20.22	4.55	38.66	3.67	110.40	41.37
1992	25.25	22.03		47.28	3.69	120.91	45.25
1993	27.90	24.24		52.14	3.69	120.48	49.71
1994	30.24	26.28		56.52	3.69	133.24	54.33
1995	32.09	27.88		59.96	3.67	149.36	58.24
1996	33.81	29.47		63.28	3.68	155.74	61.62
1997	36.26	31.86		68.12	3.69	167.70	65.70
1998	38.20	33.29		71.48	3.66	179.86	69.80
1999	40.05	34.76		74.81	3.61	187.41	73.15
2000	41.88	36.44		78.32	3.52	197.74	76.57
2001	44.86	38.37		83.23	3.56	213.49	80.78

年 份 Year	出生人口数 (人) Population of Birth (person)	出生率 (‰) Birth Rate (‰)	死亡人口数 (人) Population of Death (person)	死亡率 (‰) Death Rate (‰)	自然增长人数(人) Population of Natural Growth(person)	自然增长率 (‰) Natural Growth Rate (‰)
全市 Total						
1979	7 962	24.60	1 856	5.70	6 106	18.90
1980	6 775	21.40	1 773	5.60	5 002	15.80
1981	7 544	23.00	1 732	5.30	5 812	17.80
1982	6 974	20.30	1 707	5.00	5 267	15.30
1983	5 295	13.90	1 793	4.70	3 502	9.20
1984	5 005	11.50	1 606	3.69	3 399	8.09
1985	5 606	12.27	1 533	3.36	4 073	8.91
1986	6 143	12.37	1 794	3.61	4 349	8.76
1987	6 399	11.95	1 822	3.40	4 577	8.55
1988	8 290	14.32	1 720	2.97	6 570	11.35
1989	8 615	13.79	1 713	2.74	6 902	11.05
1990	10 755	16.11	1 859	2.79	8 896	13.33
1991	11 408	16.08	1 607	2.27	9 801	13.81
1992	11 277	14.07	1 840	2.40	9 437	11.67
1993	12 054	14.36	1 619	1.93	10 435	12.43
1994	12 509	13.77	1 590	1.75	10 919	12.02
1995	12 776	13.23	1 719	1.78	11 057	11.45
1996	13 170	13.00	2 116	2.09	11 054	10.91
1997	13 447	12.64	2 268	2.13	11 179	10.51
1998	13 049	11.65	2 341	2.09	10 708	9.56
1999	14 745	12.58	3 479	2.97	11 266	9.61
2000	17 967	14.68	3 120	2.55	14 847	12.13
2001	18 060	14.06	2 223	1.73	15 837	12.33
特区 Urban						
1980	1 561	20.10	338	4.40	1 223	15.80
1981	2 186	24.00	412	4.50	1 774	19.50
1982	2 460	21.70	412	3.60	2 048	18.00
1983	1 872	12.80	414	2.80	1 458	10.01
1984	1 937	10.12	414	2.16	1 523	8.54
1985	2 698	12.74	412	1.95	2 286	10.79
1986	3 010	12.31	584	2.39	2 426	9.92
1987	3 078	11.31	583	2.14	2 495	9.17
1988	4 669	15.34	482	1.58	4 187	13.75
1989	4 763	13.93	404	1.18	4 359	12.75
1990	6 665	17.60	479	1.21	6 186	16.33
1991	7 096	17.15	369	0.89	6 727	16.26
1992	6 417	14.18	510	1.13	5 907	13.05
1993	7 093	14.27	217	0.44	6 876	13.83
1994	7 020	12.92	183	0.34	6 837	12.58
1995	7 293	12.52	158	0.27	7 135	12.25
1996	7 214	11.71	784	1.27	6 430	10.44
1997	7 346	11.18	706	1.07	6 640	10.11
1998	7 102	10.17	731	1.05	6 371	9.13
1999	8 184	11.19	1 445	1.98	6 739	9.21
2000	11 270	14.72	1 306	1.71	9 964	13.01
2001	11 486	14.22	771	0.95	10 715	13.27

2-2 人口指数

INDICES OF POPULATION

(1980-2001)

单位:% (%)

年 份 Year	以1979年为100 1979=100			以上年为100 Preceding Year=100		
	年末常住人口 Resident Population (Year-end)	户籍人口 Population with Residence Cards	暂住人口 Population with Temporary Residence Cards	年末常住人口 Resident Population (Year-end)	户籍人口 Population with Residence Cards	暂住人口 Population with Temporary Residence Cards
1980	106.0	102.7	800.0	106.0	102.7	800.0
1981	116.8	106.8	2 200.0	110.2	104.1	275.0
1982	143.1	113.4	6 333.3	122.5	106.2	287.9
1983	189.5	129.6	12 666.7	132.4	114.3	200.0
1984	236.0	139.2	20 406.7	124.5	107.4	161.1
1985	280.6	153.1	26 860.0	118.9	110.0	131.6
1986	297.9	164.6	28 073.3	106.1	107.5	104.5
1987	367.5	177.9	39 893.3	123.4	108.1	142.1
1988	487.6	192.4	62 000.0	132.7	108.2	155.4
1989	610.0	207.4	84 520.0	125.1	107.8	136.3
1990	642.9	219.6	88 860.0	105.4	105.9	105.1
1991	759.4	234.2	110 206.7	118.1	106.7	124.0
1992	830.6	256.6	120 453.3	109.4	109.6	109.3
1993	939.2	280.5	138 200.0	113.1	109.3	114.7
1994	1 068.2	300.6	161 026.7	113.7	107.2	116.5
1995	1 098.8	317.2	163 973.3	102.9	105.5	101.8
1996	1 141.3	330.7	170 066.7	103.9	104.3	103.7
1997	1 208.7	350.2	180 120.0	105.9	105.9	105.9
1998	1 257.4	366.6	186 906.7	104.0	104.7	103.8
1999	1 289.8	383.4	190 193.3	102.6	104.6	101.8
2000	1 378.4	399.6	205 346.7	106.9	104.2	108.0
2001	1 492.4	422.4	224 480.0	108.3	105.7	109.3
年平均增长率 Average Annual Growth Rate	**13.1**	**6.8**	**42.0**			

2-3 户籍人口计划生育情况

FAMILY PLANNING OF POPULATION WITH RESIDENCE CARDS

(2001)

指标名称	Item	全市合计 Total	特区 Urban	福田区 Futian	罗湖区 Luohu	盐田区 Yantian	南山区 Nanshan	宝安区 Baoan	龙岗区 Longgang
节育率(%)	Coverage of under Contraception(%)	90.05	90.29	89.56	92.43	91.17	87.90	90.88	87.62
计划生育率(%)	Birth Control Rate(%)	98.55	98.91	98.77	99.12	99.09	98.65	98.08	98.07
一孩率(%)	One-child Rate(%)	90.03	93.61	92.82	93.95	92.12	94.70	84.92	84.43
独生子女领证人数 (人)	Number of Couples with One-child Certificate(person)	122 306	99 220	45 478	29 298	2 320	22 124	11 489	11 597
独生子女领证率(%)	Coverage of One-child Certificate(%)	37.10	44.90	52.25	36.91	30.81	47.04	17.71	26.48
已婚育龄妇女人数(人)	Married Women at Child-bearing Age(person)	329 622	220 968	87 037	79 367	7 529	47 035	64 857	43 797

2-4 社会劳动者人数

NUMBER OF EMPLOYED

(2001)

单位:人 (person)

项目	Item	年末社会劳动者合计 Total Employed (year-end)	在岗职工 Staff and Workers	私营个体劳动者 Urban Self-Employment	镇村劳动者 Laborers of Town and Village	其他劳动者 Others
总 计	**Total**	**3 327 985**	**948 793**	**974 750**	**1 396 431**	**8 011**
按隶属关系分	**By Administrative Relationship**					
1、中央属	Central Goverment	95 150	94 172			978
2、广东省属	Guangdong	24 641	24 537			104
3、深圳市属	Shenzhen	2 207 944	432 494	974 750	796 221	4 479
4、其 他	Others	1 000 250	397 590		600 210	2 450

2-5 按行业分的社会劳动者人数

NUMBER OF EMPLOYED GROUPED BY SECTOR

(2001)

单位:人 (person)

项 目	Item	年末社会劳动者合计 Total Employed (year-end)	在岗职工 Staff and Workers	私营个体劳动者 Urban Self-Employment	镇村劳动者 Laborers of Town and Village	其他劳动者 Others
按三次产业分	**Grouped by Industry**					
第一产业	Primary Industry	34 802	7 713	1 791	25 285	13
第二产业	Secondary Industry	1 855 050	517 337	104 559	1 230 665	2 489
第三产业	Tertiary Industry	1 438 133	423 743	868 400	140 481	5 509
按国民经济行业分	**Grouped by Sector**					
1、农、林、牧、渔业	Farming, Forestry, Animal Husbandry and Fishery	34 802	7 713	1 791	25 285	13
2、采掘业	Mining and Quarrying	1 453	618	302	532	1
3、制造业	Manufacturing	1 746 970	431 551	103 368	1 210 418	1 633
4、电力、煤气及水的生产和供应业	Electricity, Gas and Water Production and Supply	15 858	13 096		2 691	71
5、建筑业	Construction	90 769	72 072	889	17 024	784
6、地质勘查业、水利管理业	Geological Prospecting and Water Conservancy	1 863	1 836			27
7、交通运输、仓储及邮电通信业	Transportation, Storage,Post and Telecommunications	76 669	58 446	1 715	16 324	184
#交通运输业	Transportation	39 120	38 434	522		164
8、批发和零售贸易、餐饮业	Wholesale,Retail Sales and Catering Trade	650 905	93 397	512 466	44 273	769
#零售贸易业	Retail Sales Trade	32 600	32 079			521
餐饮业	Catering Trade	130 712	14 813	115 828		71
9、金融、保险业	Banking and Insurance	33 055	30 281		240	2 534
10、房地产业	Real Estate Trade	41 087	40 047		865	175
11、社会服务业	Social Services	147 520	68 572	69 943	8 720	285
#居民服务业	Resident Services	32 255	1 424	30 831		
12、卫生、体育和社会福利业	Health Care, Sports and Social Welfare	28 168	27 597			571
#卫 生	Health Care	24 813	24 269			544
13、教育、文化艺术和广播电影电视业	Education, Culture, Arts, Radio,Film and Television	40 123	39 651			472
#教 育	Education	33 390	32 967			423
14、科学研究和综合技术服务业	Scientific Research and Polytechnical Services	6 795	6 445			350
15、国家机关、政党机关和社会团体	Government Agencies,Party Agencies and Social Organizations	50 419	50 338			81
16、其他行业	Others	361 529	7 133	284 276	70 059	61

2-6 社会劳动者人数

NUMBER OF EMPLOYED

单位:万人 (1979—2001) (10 000 persons)

年 份 Year	年末社会劳动者合计 Total Employed (year-end)	# 在岗职工 Staff and Workers	国有单位 State-owned Units	城镇集体单位 Urban Collective-owned Units	其他单位 Other Ownership Units	# 私营个体劳动者 Urban Self-Employment	# 镇村劳动者 Laborers of Town and Village
1979	13.95	4.02	3.37	0.65		0.41	9.52
1980	14.89	4.86	4.05	0.81		0.38	9.65
1981	15.36	5.31	4.51	0.80		0.13	9.92
1982	18.49	8.28	7.00	1.28		0.11	10.17
1983	22.37	12.57	10.10	1.22	1.25	0.22	9.58
1984	27.26	18.33	14.14	2.15	2.04	0.50	8.43
1985	32.61	22.66	16.84	2.60	3.22	0.64	9.31
1986	36.04	25.88	18.97	2.68	4.23	0.93	9.23
1987	44.30	32.29	22.04	3.55	6.70	1.10	10.91
1988	54.53	41.74	28.04	4.53	9.17	1.69	11.10
1989	93.65	48.24	30.34	4.85	13.05	2.19	43.22
1990	109.22	55.41	33.85	5.25	16.31	3.36	50.43
1991	127.37	64.89	38.77	6.76	19.36	3.57	58.91
1992	148.98	71.10	38.85	7.99	24.26	9.04	68.84
1993	209.74	78.11	41.45	5.42	31.24	28.53	103.10
1994	223.05	82.29	38.71	8.28	35.30	32.77	107.64
1995	244.92	88.75	40.17	10.75	37.83	45.66	110.04
1996	255.48	89.13	41.07	9.53	38.53	49.33	116.59
1997	272.01	91.18	40.92	8.69	41.57	61.43	119.19
1998	286.37	91.93	33.75	4.25	53.93	69.65	124.50
1999	295.09	92.52	32.94	4.17	55.41	74.08	128.20
2000	308.54	93.36	31.00	3.84	58.52	84.38	129.98
2001	332.80	94.88	31.31	3.72	59.85	97.48	139.64

2-7 社会劳动者人数指数

INDICES OF NUMBER OF EMPLOYED

(1980—2001)

以上年为 100 (preceding year=100)

年 份 Year	年末社会劳动者合计 Total Employed (year-end)	# 在岗职工 Staff and Workers	国有单位 State-owned Units	城镇集体单位 Urban Collective-owned Units	其他单位 Other Ownership Units	# 私营个体劳动者 Urban Self-Employment	# 镇村劳动者 Laborers of Town and Village
1980	106.7	120.9	120.2	124.6		92.7	101.4
1981	103.2	109.3	111.4	98.8		34.2	102.8
1982	120.4	155.9	155.2	160.0		84.6	102.5
1983	121.0	151.8	144.3	95.3		200.0	94.2
1984	121.9	145.8	140.0	176.2	163.2	227.3	88.0
1985	119.6	123.6	119.1	120.9	157.8	128.0	110.4
1986	110.5	114.2	112.6	103.1	131.4	145.3	99.1
1987	122.9	124.8	116.2	132.5	158.4	118.3	118.2
1988	123.1	129.3	127.2	127.6	136.9	153.6	101.7
1989	171.7	115.6	108.2	107.1	142.3	129.6	389.4
1990	116.6	114.9	111.6	108.2	125.0	153.4	116.7
1991	116.6	117.1	114.5	128.8	118.7	106.3	116.8
1992	117.0	109.6	100.2	118.2	125.3	253.2	116.9
1993	140.8	109.9	106.7	67.8	128.8	315.6	149.8
1994	106.3	105.4	93.4	152.8	113.0	114.9	104.4
1995	109.8	107.9	103.8	129.8	107.2	139.3	102.2
1996	104.3	100.4	102.2	88.7	101.9	108.0	106.0
1997	106.5	102.3	99.6	91.2	107.9	124.5	102.2
1998	105.8	102.3	84.6	49.2	130.7	113.4	104.5
1999	103.0	100.6	97.6	98.1	102.7	106.4	103.0
2000	104.6	100.9	94.1	92.1	105.6	113.9	101.4
2001	107.9	101.6	101.0	96.9	102.3	115.5	107.4
年平均增长率(%) Average Annual Growth Rate(%)	**15.5**	**15.5**	**10.8**	**8.3**	**24.0**	**28.2**	**13.0**

三、工　业

2001年深圳工业生产回眸及2002年展望

2001年，是“十五”计划实施的第一年，也是全球经发展遭遇严重困难的一年。面对不利的国际经济环境，深圳工业在市委、市政府促进经济发展政策的引导下，继续保持稳健、快速增长态势，产业结构得到进一步调整，高新技术产业成为经济增长的亮点，为完成“十五”计划打下了良好的基础。

一、2001年工业经济回顾

深圳工业在国民经济中占据重要地位，是经济发展的“领头羊”，工业增速的高低，直接影响国民经济发展的快慢。因此，对2001年工业生产形势进行认真的回顾，意义重大。

1. 2001年工业运行的基本特点

(1) 工业在国民经济中的地位日益突出

2001年，深圳工业在2000年较高基数上继续保持快速增长。据统计，2001年全市规模以上工业企业实现现价工业总产值3090.33亿元，按可比口径计算，比上年增长17.7%。全年四个季度深圳规模以上工业逐季累计总产值分别增长12.6%、17.7%、14.9%和17.7%，总体上保持了平稳增长。

2001年深圳全部工业完成增加值905.18亿元，比上年增长15.0%，其中规模以上工业企业完成工业增加值880.68亿元，比上年增长15%。在各行业中，工业对GDP的增长贡献最大，在国内生产总值13.2%的增长中，有6.9个百分点是由工业创造的，工业对全市经济增长的贡献高达52.3%，工业增加值占国内生产总值的比重达46.3%，比上年提高0.3个百分点。可见，工业对整个国民经济起主要支撑作用。与此同时，深圳工业发展在全省仍然继续保持领先水平，2001年规模以上工业增加值总量在全省排在第一位，占全省总量的24.8%。

(2) 高新技术产业成为第一经济增长点

高新技术产业的快速发展为深圳经济注入了强大活力，加快了产业结构调整步伐，推动了国民经济持续快速健康发展。据初步统计，2001年深圳高新技术产品产值为1321.36亿元，比上年增长24.19%，高于全部规模以上工业的增长速度。占规模以上工业总产值的比重也从2000年的42.3%提高到2001年的45.9%，提高了3.6个百分点。高新技术产业已成为深圳工业第一增长点，成为深圳经济腾飞的“引擎”。

(3) 重工业的强劲增长是2001年工业稳步、快速发展的主要推动力

深圳工业结构调整始于90年代初期，从1994年起，深圳重工业的增长就开始快于轻工业的增长。近几年来，随着深圳高新技术产业加速发展，以电子通信设备为主的重工业保持了更快的发展速度，轻重工业发展的不平衡性进一步加剧。2001年深圳轻重工业之比为35.54:64:46。前三季度轻工业生产一直处于负增长之中，直至进入第四季度，对全市轻工业生产起举足轻重作用的康佳集团的生产逐月出现好转(降幅从年初的89%减缓到年末的62.3%)，全年轻工业生产才扭转负增长态势，但比上年也仅增长8.6%，比重工业低13.8个百分点。相对而言，重工业则一直保持高速增长，成为工业经济增长的“领头羊”。2001年重工业实现现价工业总产值1985亿元，按可比口径计算，比上年增长22.4%，高出全市平均增长水平4.7个百分点。全年四季度重工业累计增长速度分别为34.2%、32.1%，23.6%和22.4%。在工业增长的17.7%中，有14.76个百分点是由重工业带动的。重工业的走向成为左右深圳工业大局的中坚力量。

(4) “三资”企业继续成为工业经济增长的“火车头”

2001年外商及港澳台投资的规模以上工业企业1478家，实现现价总产值2459.08亿元，按可比口径计算，比上年增长27.4%，占全市工业总产值的比重达79.8%，比上年提高1.8个百分点。对整个工业经济增长的拉动作用最大，2001年的工业增长中，有19.13个百分点是由“三资”企业提供的。外商及港澳台投资企业的较快发展为全市工业和国

民经济的稳定发展发挥了积极作用。

（5）大中型工业企业继续发挥其主导地位的作用，支撑工业经济快速增长

2001 年大中型工业企业 216 家，占规模以上工业企业单位总数的 12.4%，其现价工业总产值为 1736.48 亿元，占全市工业总产值的 56.4%，比 2000 年提高了 14 个百分点。按可比口径计算，比上年增长 70.9%，有力地带动了全市工业的增长。大中型工业企业销售产值 1768.75 亿元，占全市销售产值的 57.4%；产品销售率达 101.9%，比上年高 1.8 个百分点。产品销售收入 1668.65 亿元，占全市工业产品销售收入的 56.2%；全市 75%的利润由大中型企业创造，达 174.3 亿元。亏损面仅 16.7%，比全市平均水平低 10.4 个百分点，比小型企业低 11.8 个百分点。

（6）工业企业产品产销关系良好，出口基本畅旺

2001 年深圳工业市场销售畅顺，产品销售率一直保持较高水平，全年四季度累计产品销售率分别为 99.2%，97.8%，98%和 100%。实现产品销售收入 2971.61 亿元，比上年增长 17.2%，工业产品销售与生产同步增长。

2001 年深圳规模以上工业完成出口产品产值 1788.44 亿元，占全市现价工业总产值的 58.1%，比上年增长 27.7%。在“三资”企业中，85%的企业分布在 34 个工业行业中，而以“三资”企业比较集中的 25 个行业，出口增长更快，增长幅度均超过全市平均水平。此外，市委、市政府各项鼓励出口措施的落实，对深圳工业产品出口的增长发挥了重要作用。

（7）电子信息产业逆流而上是 2001 年工业快速增长的又一重要因素

2001 年，与全球电子信息类产业生产逐渐收缩相比，深圳电子通信业呈稳健增长态势。2001 年全市电子及通信设备制造业实现现价工业总产值 1573.57 亿元，按可比口径计算，比上年增长 41.7%，高出全市平均增长水平 24 个百分点，占全市工业总产值的比重达 50.9%，其走势直接关乎全市工业经济发展水平。2001 年电子通信类骨干企业大都保持快速增长，从而拉动全市工业增长。其中，中兴通讯股份有限公司比上年增长 59.8%；长城国际信息产品（深圳）有限公司增幅更高达 78.8%。

2. 2001 年工业生产存在的问题

2000 年工业产销保持较快的增长速度的同时，企业经济效益却出现下滑之势。2001 年深圳规模以上工业实现利税 307.33 亿元，比上年增长 7.1 %，前三季度逐季累计增长分别为 19.9%、25.5%和 3.7%。实现利润 231.32 亿元，比上年增长 4%，与上半年增长 21.8%相比下降了 17.8 个百分点，比 2000 年的增长速度（62.8%）低 58.8 个百分点。

2001 年工业利润大幅下挫的原因：一是 2000 年的基数较高。2000 年中海石油深圳分公司在深圳重新注册后，划归深圳统计，占全市利润的比重较大。二是 2001 年国际原油价格大幅度下跌，每桶原油价格从 2000 年的 29 美元下降到 2001 年的 23.8 美元，下降了 17.9%，导致企业利润下降。三是由于市场竞争更加激烈，电子类产品价格下降速度更快，电子行业的个别大型企业从 2000 年的创利大户变为 2001 年的亏损大户，使电子及通讯设备制造业在生产保持大幅增长的情况下，利润仅仅比上年增长 0.5%。

因此，大力提高企业经济效益是 2002 年工业生产的紧迫问题。

二、2002 年工业展望

展望 2002 年，深圳工业仍将保持快速平稳的增长势头，预计全市工业增长速度保持在 18%左右。

首先，从国际经济形势看，美国经济直接影响全球经济。根据美国全国企业经济学家协会的一项调查结果，2002 年美国经济已经摆脱衰退，再次出现下滑的可能性极小，表明世界经济将开始走向缓慢复苏。市内“三资”企业的产品定单也呈明显增加态势。

其次，从国内经济形势看，2002 年是国家加入 WTO 的第一年，这给外向型特征很强的深圳工业在结构调整、利用外资、技术引进、开拓市场等方面均带来发展机会。

第三、西部大开发经济政策的落实和国家继续实施积极的财政政策，扩大内需，成为工业生产快速增长的又一有利因素。

（撰稿：彭秋兰）

3-1 限额以上工业企业单位数

NUMBER OF INDUSTRIAL ENTERPRISES OVER LEVELS

(2001)

单位:个 (unit)

项 目	Item	全 市 Total	特 区 Urban
限额以上工业企业单位数	**Industrial Enterprises over Levels**	**1 749**	**654**
一、按登记注册类型分	**Grouped by Registration**		
1. 内资企业	Domestic Investment Enterprise	271	192
国有企业	State-owned	47	38
集体企业	Collective-owned	32	8
股份合作企业	Cooperative Shares Enterprise	12	11
联营企业	Joint owned	34	28
有限责任公司	Companies Limited with Liabilities	95	76
股份有限公司	Companies Limited by Shares	32	23
私营企业	Private	17	8
其他内资企业	Others	2	
2. 港澳台投资企业	Funded by Entrepreneur from Hongkong, Macao and Taiwan	1 239	354
3. 外商投资企业	Foreign Funded	239	108
二、按轻、重工业分	**Grouped by Light and Heavy Industry**		
1. 轻工业	Light Industry	1 080	320
以农产品为原料	Using Farm Products as Raw Materials	423	175
以非农产品为原料	Using Non-Farm Products as Raw Materials	657	145
2. 重工业	Heavy Industry	669	334
采掘工业	Mining and Quarrying	3	3
原料工业	Raw Materials Industry	64	39
加工工业	Manufacturing Industry	602	292
三、按企业规模分	**Grouped by Size of Enterprises**		
1. 大型企业	Large	98	78
2. 中型企业	Medium-sized	118	87
3. 小型企业	Small	1 533	489
四、按工业行业分	**Grouped by Sector**		
煤炭采选业	Coal Mining and Dressing		
石油和天然气开采业	Petroleum and Natural Gas Extraction	1	1
黑色金属矿采选业	Ferrous Metals Mining and Dressing		
有色金属矿采选业	Nonferrous Metals Mining and Dressing		
非金属矿采选业	Nonmetal Minerals Mining and Dressing	2	2
其他矿采选业	Other Minerals Mining and Dressing		

注:限额以上工业指国有及年销售收入在 500 万元及以上的非国有独立核算工业企业。

Industrial enterprises over levels refer to state-owned enterprises and other enterprises with independent accounting system and whose sales revenue is above 5 000 000 yuan.

3-1 续表 continued

项 目 Item		全 市 Total	特 区 Urban
木材及竹材采运业	Logging and Transport of Wood and Bamboo		
食品加工业	Food Processing	22	14
食品制造业	Food Manufacturing	28	12
饮料制造业	Beverage Manufacturing	17	12
烟草加工业	Tobacco Processing	1	1
纺织业	Textile Industry	48	23
服装及其他纤维制品制造业	Garments and Other Fiber Products	107	56
皮革、毛皮、羽绒及其制品业	Leather,Furs,Down and Related Products	65	13
木材加工及竹、藤、棕、草制品业	Timber Processing, Bamboo, Cane, Palm Fiber and Straw Products	8	5
家具制造业	Furniture Manufacturing	41	6
造纸及纸制品业	Papermaking and Paper Products	40	9
印刷业、记录媒介的复制	Printing and Record Medium Reproduction	41	17
文教体育用品制造业	Cultural, Educational and Sports Goods	73	11
石油加工及炼焦业	Petroleum Processing and Coking	4	4
化学原料及化学制品制造业	Raw Chemical Materials and Chemical Products	66	23
医药制造业	Medical and Pharmaceutical Products	22	19
化学纤维制造业	Chemical Fiber	2	
橡胶制品业	Rubber Products	18	4
塑料制品业	Plastic Products	172	38
非金属矿物制品业	Nonmetal Mineral Products	44	29
黑色金属冶炼及压延加工业	Smelting and Pressing of Ferrous Metals	6	4
有色金属冶炼及压延加工业	Smelting and Pressing of Nonferrous Metals	6	4
金属制品业	Metal Products	140	35
普通机械制造业	Ordinary Machinery	23	11
专用设备制造业	Special Purpose Equipment	33	21
交通运输设备制造业	Transport Equipment	46	13
电气机械及器材制造业	Electric Equipment and Machinery	149	44
电子及通信设备制造业	Electronic and Telecommunications Equipment	330	168
仪器仪表文化办公用机械	Instruments,Meters,Cultural and Office Machinery	78	29
其他制造业	Other Manufacturing	80	12
电力蒸气热水生产供应业	Electric Power, Steam and Hot Water Production and Supply	16	10
煤气的生产和供应业	Gas Production and Supply	1	1
自来水的生产和供应业	Tap Water Production! and Supply	19	3

3-2 限额以上工业企业职工平均人数

AVERAGE ANNUAL NUMBER OF STAFF AND WORKERS IN INDUSTRIAL ENTERPRISES OVER LEVELS(2001)

单位:人 (person)

项 目	Item	全 市 Total	特 区 Urban
总 计	**Total**	**902 559**	**279 610**
一、按登记注册类型分	**Grouped by Registration**		
1. 内资企业	Domestic Investment Enterprise	164 738	84 438
国有企业	State-owned	15 082	8 001
集体企业	Collective-owned	49 951	2 998
股份合作企业	Cooperative Shares Enterprise	9 905	9 756
联营企业	Joint owned	7 099	4 146
有限责任公司	Companies Limited with Liabilities	46 352	31 655
股份有限公司	Companies Limited by Shares	32 540	26 968
私营企业	Private	3 405	914
其他内资企业	Others	404	
2. 港澳台投资企业	Funded by Entrepreneur from Hongkong, Macao and Taiwan	571 156	131 983
3. 外商投资企业	Foreign Funded	166 665	63 189
二、按轻、重工业分	**Grouped by Light and Heavy Industry**		
1. 轻工业	Light Industry	553 609	129 713
以农产品为原料	Using Farm Products as Raw Materials	206 064	63 910
以非农产品为原料	Using Non-Farm Products as Raw Materials	347 545	65 803
2. 重工业	Heavy Industry	348 950	149 897
采掘工业	Mining and Quarrying	273	273
原料工业	Raw Materials Industry	13 395	7 922
加工工业	Manufacturing Industry	335 282	141 702
三、按企业规模分	**Grouped by Size of Enterprises**		
1. 大型企业	Large	150 287	115 943
2. 中型企业	Medium-sized	68 252	45 557
3. 小型企业	Small	684 020	118 110
四、按工业行业分	**Grouped by Sector**		
煤炭采选业	Coal Mining and Dressing		
石油和天然气开采业	Petroleum and Natural Gas Extraction	133	133
黑色金属矿采选业	Ferrous Metals Mining and Dressing		
有色金属矿采选业	Nonferrous Metals Mining and Dressing		
非金属矿采选业	Nonmetal Minerals Mining and Dressing	140	140
其他矿采选业	Other Minerals Mining and Dressing		

项目	Item	全市 Total	特区 Urban
木材及竹材采运业	Logging and Transport of Wood and Bamboo		
食品加工业	Food Processing	3 932	2 448
食品制造业	Food Manufacturing	6 611	1 572
饮料制造业	Beverage Manufacturing	4 658	3 107
烟草加工业	Tobacco Processing	450	450
纺织业	Textile Industry	20 371	8 793
服装及其他纤维制品制造业	Garments and Other Fiber Products	63 236	22 071
皮革、毛皮、羽绒及其制品业	Leather,Furs,Down and Related Products	50 975	10 391
木材加工及竹、藤、棕、草制品业	Timber Processing, Bamboo, Cane, Palm Fiber and Straw Products	2 581	2 070
家具制造业	Furniture Manufacturing	16 238	3 079
造纸及纸制品业	Papermaking and Paper Products	17 640	1 933
印刷业、记录媒介的复制	Printing and Record Medium Reproduction	19 180	2 985
文教体育用品制造业	Cultural, Educational and Sports Goods	57 221	6 352
石油加工及炼焦业	Petroleum Processing and Coking	202	202
化学原料及化学制品制造业	Raw Chemical Materials and Chemical Products	14 722	2 745
医药制造业	Medical and Pharmaceutical Products	8 582	8 111
化学纤维制造业	Chemical Fiber	358	
橡胶制品业	Rubber Products	3 262	696
塑料制品业	Plastic Products	77 096	9 216
非金属矿物制品业	Nonmetal Mineral Products	11 664	5 894
黑色金属冶炼及压延加工业	Smelting and Pressing of Ferrous Metals	830	529
有色金属冶炼及压延加工业	Smelting and Pressing of Nonferrous Metals	2 742	907
金属制品业	Metal Products	47 295	9 183
普通机械制造业	Ordinary Machinery	4 550	1 397
专用设备制造业	Special Purpose Equipment	9 006	3 983
交通运输设备制造业	Transport Equipment	22 395	2 931
电气机械及器材制造业	Electric Equipment and Machinery	82 672	10 691
电子及通信设备制造业	Electronic and Telecommunications Equipment	268 927	130 812
仪器仪表文化办公用机械	Instruments,Meters,Cultural and Office Machinery	46 153	18 648
其他制造业	Other Manufacturing	30 115	2 849
电力蒸气热水生产供应业	Electric Power, Steam and Hot Water Production and Supply	5 317	3 716
煤气的生产和供应业	Gas Production and Supply	30	30
自来水的生产和供应业	Tap Water Production! and Supply	3 275	1 546

3-3 工业总产值(按当年价格计算)

GROSS OUTPUT VALUE OF INDUSTRY (AT CURRENT PRICES)

(2001)

单位:万元　　　　(10 000 yuan)

项　目	Item	全　市 Total	特　区 Urban
一、限额以下工业总产值	**Enterprises below Levels**	**1 141 374**	**152 319**
二、限额以上工业总产值	**Enterprises over Levels**	**30 903 312**	**18 783 148**
(一)按登记注册类型分	**Grouped by Registration**		
1. 内资企业	Domestic Investment Enterprise	6 312 536	5 658 634
国有企业	State-owned	554 664	481 877
集体企业	Collective-owned	162 578	20 670
股份合作企业	Cooperative Shares Enterprise	33 934	26 334
联营企业	Joint owned	231 013	188 599
有限责任公司	Companies Limited with Liabilities	2 359 200	2 172 227
股份有限公司	Companies Limited by Shares	2 885 141	2 734 491
私营企业	Private	78 218	34 436
其他内资企业	Others	7 788	
2. 港澳台投资企业	Funded by Entrepreneur from Hongkong, Macao and Taiwan	14 272 657	7 049 613
3. 外商投资企业	Foreign Funded	10 318 119	6 074 901
(二)按轻、重工业分	**Grouped by Light and Heavy Industry**		
1. 轻工业	Light Industry	11 053 251	5 131 681
以农产品为原料	Using Farm Products as Raw Materials	3 283 049	1 661 684
以非农产品为原料	Using Non-Farm Products as Raw Materials	7 770 202	3 469 997
2. 重工业	Heavy Industry	19 850 061	13 651 467
采掘工业	Mining and Quarrying	1 512 981	1 512 981
原料工业	Raw Materials Industry	2 032 683	1 099 008
加工工业	Manufacturing Industry	16 304 397	11 039 478
(三)按企业规模分	**Grouped by Size of Enterprises**		
1. 大型企业	Large	13 991 938	12 314 004
2. 中型企业	Medium-sized	3 479 904	2 830 335
3. 小型企业	Small	13 431 470	3 638 810
(四)按工业行业分	**Grouped by Sector**		
煤炭采选业	Coal Mining and Dressing		
石油和天然气开采业	Petroleum and Natural Gas Extraction	1 509 949	1 509 949
黑色金属矿采选业	Ferrous Metals Mining and Dressing		
有色金属矿采选业	Nonferrous Metals Mining and Dressing		
非金属矿采选业	Nonmetal Minerals Mining and Dressing	3 032	3 032
其他矿采选业	Other Minerals Mining and Dressing		

3-3 续表 continued

项 目	Item	全 市 Total	特 区 Urban
木材及竹材采运业	Logging and Transport of Wood and Bamboo		
食品加工业	Food Processing	434 603	361 108
食品制造业	Food Manufacturing	134 004	21 925
饮料制造业	Beverage Manufacturing	245 668	153 073
烟草加工业	Tobacco Processing	118 903	118 903
纺织业	Textile Industry	436 558	192 841
服装及其他纤维制品制造业	Garments and Other Fiber Products	421 780	169 006
皮革、毛皮、羽绒及其制品业	Leather,Furs,Down and Related Products	313 668	59 231
木材加工及竹、藤、棕、草制品业	Timber Processing, Bamboo, Cane, Palm Fiber and Straw Products	51 568	44 259
家具制造业	Furniture Manufacturing	245 744	34 596
造纸及纸制品业	Papermaking and Paper Products	272 854	73 516
印刷业、记录媒介的复制	Printing and Record Medium Reproduction	342 631	76 288
文教体育用品制造业	Cultural, Educational and Sports Goods	414 877	91 537
石油加工及炼焦业	Petroleum Processing and Coking	31 698	31 698
化学原料及化学制品制造业	Raw Chemical Materials and Chemical Products	507 702	190 211
医药制造业	Medical and Pharmaceutical Products	525 938	514 585
化学纤维制造业	Chemical Fiber	3 915	
橡胶制品业	Rubber Products	34 286	4 054
塑料制品业	Plastic Products	1 005 458	216 223
非金属矿物制品业	Nonmetal Mineral Products	421 025	260 331
黑色金属冶炼及压延加工业	Smelting and Pressing of Ferrous Metals	151 047	95 124
有色金属冶炼及压延加工业	Smelting and Pressing of Nonferrous Metals	43 128	32 961
金属制品业	Metal Products	920 776	357 993
普通机械制造业	Ordinary Machinery	103 472	61 489
专用设备制造业	Special Purpose Equipment	247 500	165 441
交通运输设备制造业	Transport Equipment	404 962	43 112
电气机械及器材制造业	Electric Equipment and Machinery	1 868 104	286 481
电子及通信设备制造业	Electronic and Telecommunications Equipment	15 735 695	11 425 723
仪器仪表文化办公用机械	Instruments,Meters,Cultural and Office Machinery	1 694 308	1 107 846
其他制造业	Other Manufacturing	431 421	157 716
电力蒸气热水生产供应业	Electric Power, Steam and Hot Water Production and Supply	1 660 867	846 800
煤气的生产和供应业	Gas Production and Supply	1 403	1 403
自来水的生产和供应业	Tap Water Production! and Supply	164 768	74 694

3-4 限额以上工业总产值(按1990年不变价格计算)

GROSS OUTPUT VALUE OF INDUSTRY OVER LEVELS (AT 1990 CONSTANT PRICES)

(2001)

单位:万元 (10 000 yuan)

项目	Item	全市 Total	特区 Urban
总计	**Total**	**33 994 383**	**23 800 939**
#出口产品产值	Output Value of Products for Export	18 852 850	10 272 637
一、按登记注册类型分	Grouped by Registration		
1. 内资企业	Domestic Investment Enterprise	8 307 062	7 717 358
国有企业	State-owned	355 229	308 019
集体企业	Collective-owned	121 838	17 290
股份合作企业	Cooperative Shares Enterprise	29 231	23 151
联营企业	Joint owned	188 341	135 550
有限责任公司	Companies Limited with Liabilities	3 243 515	3 032 917
股份有限公司	Companies Limited by Shares	4 286 559	4 168 271
私营企业	Private	74 882	32 160
其他内资企业	Others	7 467	
2. 港澳台投资企业	Funded by Entrepreneur from Hongkong, Macao and Taiwan	12 023 048	6 323 193
3. 外商投资企业	Foreign Funded	13 664 273	9 760 388
二、按轻、重工业分	Grouped by Light and Heavy Industry		
1. 轻工业	Light Industry	10 689 151	5 776 324
以农产品为原料	Using Farm Products as Raw Materials	2 600 445	1 374 721
以非农产品为原料	Using Non-Farm Products as Raw Materials	8 088 706	4 401 603
2. 重工业	Heavy Industry	23 305 232	18 024 615
采掘工业	Mining and Quarrying	282 070	282 070
原料工业	Raw Materials Industry	648 336	409 918
加工工业	Manufacturing Industry	22 374 826	17 332 627
三、按企业规模分	Grouped by Size of Enterprises		
1. 大型企业	Large	17 749 665	16 600 279
2. 中型企业	Medium-sized	4 091 218	3 551 436
3. 小型企业	Small	12 153 500	3 649 224
四、按工业行业分	Grouped by Sector		
煤炭采选业	Coal Mining and Dressing		
石油和天然气开采业	Petroleum and Natural Gas Extraction	279 083	279 083
黑色金属矿采选业	Ferrous Metals Mining and Dressing		
有色金属矿采选业	Nonferrous Metals Mining and Dressing		
非金属矿采选业	Nonmetal Minerals Mining and Dressing	2 987	2 987
其他矿采选业	Other Minerals Mining and Dressing		

3-4 续表 continued

项　目	Item	全 市 Total	特 区 Urban
木材及竹材采运业	Logging and Transport of Wood and Bamboo		
食品加工业	Food Processing	346 924	301 759
食品制造业	Food Manufacturing	96 583	15 709
饮料制造业	Beverage Manufacturing	184 708	128 961
烟草加工业	Tobacco Processing	66 437	66 437
纺织业	Textile Industry	259 685	119 106
服装及其他纤维制品制造业	Garments and Other Fiber Products	368 019	148 101
皮革、毛皮、羽绒及其制品业	Leather,Furs,Down and Related Products	272 722	47 850
木材加工及竹、藤、棕、草制品业	Timber Processing, Bamboo, Cane, Palm Fiber and Straw Products	49 111	43 393
家具制造业	Furniture Manufacturing	200 424	22 741
造纸及纸制品业	Papermaking and Paper Products	203 807	54 672
印刷业、记录媒介的复制	Printing and Record Medium Reproduction	313 984	104 202
文教体育用品制造业	Cultural, Educational and Sports Goods	335 287	77 058
石油加工及炼焦业	Petroleum Processing and Coking	26 517	26 517
化学原料及化学制品制造业	Raw Chemical Materials and Chemical Products	614 882	307 325
医药制造业	Medical and Pharmaceutical Products	562 193	552 967
化学纤维制造业	Chemical Fiber	3 319	
橡胶制品业	Rubber Products	29 690	3 864
塑料制品业	Plastic Products	851 558	196 274
非金属矿物制品业	Nonmetal Mineral Products	387 035	236 040
黑色金属冶炼及压延加工业	Smelting and Pressing of Ferrous Metals	128 521	86 869
有色金属冶炼及压延加工业	Smelting and Pressing of Nonferrous Metals	40 920	31 448
金属制品业	Metal Products	842 072	350 495
普通机械制造业	Ordinary Machinery	96 594	62 742
专用设备制造业	Special Purpose Equipment	176 422	118 665
交通运输设备制造业	Transport Equipment	366 176	48 370
电气机械及器材制造业	Electric Equipment and Machinery	1 720 533	289 690
电子及通信设备制造业	Electronic and Telecommunications Equipment	22 823 108	18 612 587
仪器仪表文化办公用机械	Instruments,Meters,Cultural and Office Machinery	1 590 210	1 108 983
其他制造业	Other Manufacturing	389 903	164 798
电力蒸气热水生产供应业	Electric Power, Steam and Hot Water Production and Supply	313 641	174 289
煤气的生产和供应业	Gas Production and Supply	1 403	1 403
自来水的生产和供应业	Tap Water Production! and Supply	49 927	15 556

3-5 限额以上工业总产值构成

COMPOSITION OF GROSS OUTPUT VALUE OF INDUSTRY OVER LEVELS

(2001)

单位:% (%)

项目	Item	全市 Total	特区 Urban
总计	**Total**	**100**	**100**
一、按登记注册类型分	Grouped by Registration		
1. 内资企业	Domestic Investment Enterprise	20.4	30.1
国有企业	State-owned	1.8	2.6
集体企业	Collective-owned	0.5	0.1
股份合作企业	Cooperative Shares Enterprise	0.1	0.1
联营企业	Joint owned	0.7	1.0
有限责任公司	Companies Limited with Liabilities	7.6	11.6
股份有限公司	Companies Limited by Shares	9.4	14.5
私营企业	Private	0.3	0.2
其他内资企业	Others		
2. 港澳台投资企业	Funded by Entrepreneur from Hongkong, Macao and Taiwan	46.2	37.5
3. 外商投资企业	Foreign Funded	33.4	32.4
二、按轻、重工业分	Grouped by Light and Heavy Industry		
1. 轻工业	Light Industry	35.8	27.3
以农产品为原料	Using Farm Products as Raw Materials	10.6	8.8
以非农产品为原料	Using Non-Farm Products as Raw Materials	25.2	18.5
2. 重工业	Heavy Industry	64.2	72.7
采掘工业	Mining and Quarrying	4.9	8.1
原料工业	Raw Materials Industry	6.6	5.9
加工工业	Manufacturing Industry	52.7	58.7
三、按企业规模分	Grouped by Size of Enterprises		
1. 大型企业	Large	45.3	65.6
2. 中型企业	Medium-sized	11.3	15.1
3. 小型企业	Small	43.4	19.3
四、按工业行业分	Grouped by Sector		
煤炭采选业	Coal Mining and Dressing		
石油和天然气开采业	Petroleum and Natural Gas Extraction	4.9	8.0
黑色金属矿采选业	Ferrous Metals Mining and Dressing		
有色金属矿采选业	Nonferrous Metals Mining and Dressing		
非金属矿采选业	Nonmetal Minerals Mining and Dressing		
其他矿采选业	Other Minerals Mining and Dressing		

3-5 续表　continued

项　目	Item	全市 Total	特区 Urban
木材及竹材采运业	Logging and Transport of Wood and Bamboo		
食品加工业	Food Processing	1.4	1.9
食品制造业	Food Manufacturing	0.4	0.1
饮料制造业	Beverage Manufacturing	0.8	0.8
烟草加工业	Tobacco Processing	0.4	0.6
纺织业	Textile Industry	1.4	1.0
服装及其他纤维制品制造业	Garments and Other Fiber Products	1.4	0.9
皮革、毛皮、羽绒及其制品业	Leather,Furs,Down and Related Products	1.0	0.3
木材加工及竹、藤、棕、草制品业	Timber Processing, Bamboo, Cane, Palm Fiber and Straw Products	0.2	0.2
家具制造业	Furniture Manufacturing	0.8	0.2
造纸及纸制品业	Papermaking and Paper Products	0.9	0.4
印刷业、记录媒介的复制	Printing and Record Medium Reproduction	1.1	0.4
文教体育用品制造业	Cultural, Educational and Sports Goods	1.3	0.5
石油加工及炼焦业	Petroleum Processing and Coking	0.1	0.2
化学原料及化学制品制造业	Raw Chemical Materials and Chemical Products	1.6	1.0
医药制造业	Medical and Pharmaceutical Products	1.7	2.7
化学纤维制造业	Chemical Fiber		
橡胶制品业	Rubber Products	0.1	
塑料制品业	Plastic Products	3.3	1.2
非金属矿物制品业	Nonmetal Mineral Products	1.4	1.4
黑色金属冶炼及压延加工业	Smelting and Pressing of Ferrous Metals	0.5	0.5
有色金属冶炼及压延加工业	Smelting and Pressing of Nonferrous Metals	0.1	0.2
金属制品业	Metal Products	3.0	1.9
普通机械制造业	Ordinary Machinery	0.3	0.3
专用设备制造业	Special Purpose Equipment	0.8	0.9
交通运输设备制造业	Transport Equipment	1.3	0.2
电气机械及器材制造业	Electric Equipment and Machinery	6.0	1.5
电子及通信设备制造业	Electronic and Telecommunications Equipment	50.9	60.8
仪器仪表文化办公用机械	Instruments,Meters,Cultural and Office Machinery	5.5	5.9
其他制造业	Other Manufacturing	1.4	0.8
电力蒸气热水生产供应业	Electric Power, Steam and Hot Water Production and Supply	5.4	4.5
煤气的生产和供应业	Gas Production and Supply		
自来水的生产和供应业	Tap Water Production! and Supply	0.5	0.4

3-6 工业总产值

GROSS OUTPUT VALUE OF INDUSTRY

单位:万元　　(1979—2001)　　(10 000 yuan)

年份 Year	按当年价格计算 At Current Prices			按1990年不变价格计算 At 1990 Constant Prices		
	总计 Total	轻工业 Light Industry	重工业 Heavy Industry	总计 Total	轻工业 Light Industry	重工业 Heavy Industry
1979	7 128	6 307	821	8 340	7 379	961
1980	10 632	9 265	1 367	12 439	10 840	1 599
1981	26 692	25 172	1 520	31 230	29 451	1 779
1982	38 833	34 453	4 380	45 435	40 310	5 125
1983	75 993	61 513	14 480	88 912	71 970	16 942
1984	172 132	137 698	34 434	201 395	161 107	40 288
1985	246 662	194 108	52 554	318 832	261 673	57 159
1986	340 227	266 318	73 909	427 658	347 488	80 170
1987	558 311	433 738	124 573	686 604	547 786	138 818
1988	1 012 739	779 258	233 481	1 061 274	817 717	243 557
1989	1 477 470	1 080 785	396 685	1 565 899	1 129 343	436 556
1990	2 202 180	1 657 859	544 321	2 181 298	1 576 658	604 640
1991	3 153 966	2 233 705	920 261	2 966 566	2 060 031	906 535
1992	4 347 007	2 971 348	1 375 659	4 150 227	2 712 118	1 438 109
1993	6 778 008	4 575 096	2 202 912	5 785 416	3 818 374	1 967 042
1994	10 637 396	6 134 019	4 503 377	8 012 802	4 859 275	3 153 527
1995	12 264 893	6 651 811	5 613 082	10 472 223	5 483 887	4 988 336
1996	14 276 969	8 003 206	6 273 763	12 303 185	6 461 208	5 841 977
1997	16 661 359	9 305 416	7 355 943	14 566 747	7 748 306	6 818 441
1998	19 435 244	10 037 199	9 398 045	17 459 605	8 015 532	9 444 073
1999	21 633 873	10 962 134	10 671 739	22 084 302	10 339 439	11 744 863
2000	26 724 181	11 947 124	14 777 057	26 892 090	12 090 963	14 801 127
2001	32 044 685	11 852 213	20 192 472	35 075 258	11 445 763	23 629 495

3-7 限额以上工业总产值

GROSS OUTPUT VALUE OF INDUSTRY OVER LEVELS

(1979—2001)

单位：万元 (10 000 yuan)

年份 Year	按当年价格计算 At Current Prices			按1990年不变价格计算 At 1990 Constant Prices		
	总计 Total	轻工业 Light Industry	重工业 Heavy Industry	总计 Total	轻工业 Light Industry	重工业 Heavy Industry
1979	6 061	5 240	821	7 092	6 131	961
1980	8 444	7 077	1 367	9 879	8 280	1 599
1981	24 282	22 762	1 520	28 410	26 631	1 779
1982	36 212	31 832	4 380	42 368	37 243	5 125
1983	72 041	57 561	14 480	84 288	67 346	16 942
1984	166 803	132 369	34 434	195 160	154 872	40 288
1985	241 213	188 659	52 554	311 789	254 630	57 159
1986	330 454	256 545	73 909	415 374	335 204	80 170
1987	547 722	423 150	124 572	673 582	534 764	138 818
1988	993 775	760 294	233 481	1 041 403	797 846	243 557
1989	1 440 533	1 044 386	396 147	1 526 751	1 090 201	436 550
1990	2 104 696	1 570 896	533 800	2 091 218	1 541 965	549 253
1991	3 077 749	2 156 668	921 081	2 887 972	1 980 792	907 130
1992	4 198 920	2 824 688	1 374 232	4 040 272	2 616 368	1 423 904
1993	6 437 074	4 261 986	2 175 088	5 519 012	3 598 959	1 920 053
1994	9 599 206	5 087 069	4 512 137	7 229 906	4 072 929	3 156 977
1995	10 542 103	5 298 872	5 243 231	9 001 241	4 328 698	4 672 543
1996	12 118 793	5 982 524	6 136 269	10 683 961	4 948 519	5 735 442
1997	13 911 454	6 708 186	7 203 268	12 562 772	5 863 548	6 699 224
1998	18 485 426	9 135 036	9 350 390	16 606 669	7 205 243	9 401 426
1999	20 368 294	9 887 732	10 480 562	20 792 146	9 242 399	11 549 747
2000	25 669 281	11 475 528	14 193 753	25 862 590	11 628 089	14 234 501
2001	30 903 312	11 053 251	19 850 061	33 994 383	10 689 151	23 305 232

注：1979—1997年为镇及镇以上工业总产值，1998—2001年为限额以上工业总产值。

Data in 1979-1997 are gross output value of industry of town level and above. Data in 1998-2000 are gross output value of industry over levels.

3-8 工业总产值指数

INDICES OF GROSS OUTPUT VALUE OF INDUSTRY

(1980—2001)

单位:% (%)

年 份 Year	以 1979 年为 100 1979=100			以上年为 100 Preceding Year=100		
	总 计 Total	轻工业 Light Industry	重工业 Heavy Industry	总 计 Total	轻工业 Light Industry	重工业 Heavy Industry
1980	149.1	146.9	166.4	149.1	146.9	166.4
1981	374.5	399.1	185.1	251.1	271.7	111.3
1982	544.8	546.3	533.3	145.5	136.9	288.1
1983	1 066.1	975.3	1 763.0	195.7	178.5	330.6
1984	2 414.8	2 183.3	4 192.3	226.5	223.9	237.8
1985	3 822.9	3 546.2	5 947.9	158.3	162.4	141.9
1986	5 127.8	4 709.1	8 342.4	134.1	132.8	140.3
1987	8 232.7	7 423.6	14 445.2	160.5	157.6	173.2
1988	12 725.1	11 081.7	25 344.1	154.6	149.3	175.5
1989	18 775.8	15 304.8	45 427.3	147.6	138.1	179.2
1990	26 154.7	21 366.8	62 917.8	139.3	139.6	138.5
1991	35 570.3	27 917.5	94 332.5	136.0	130.7	149.9
1992	49 762.9	36 754.6	149 647.1	139.9	131.6	158.6
1993	69 369.5	51 746.5	204 686.9	139.4	140.8	136.8
1994	96 076.8	65 852.8	328 150.6	138.5	127.3	160.3
1995	125 566.2	74 317.5	519 077.6	130.7	112.9	158.2
1996	147 520.2	87 562.1	607 906.0	117.5	117.8	117.1
1997	174 661.2	105 004.8	709 515.2	118.4	119.9	116.7
1998	209 347.8	108 626.3	982 733.9	119.9	103.4	138.5
1999	264 799.8	140 119.8	1 222 150.2	126.5	129.0	124.4
2000	322 447.1	163 856.4	1 540 179.8	121.8	116.9	126.0
2001	379 520.2	177 948.1	1 885 180.1	117.7	108.6	122.4
年平均增长率 Average Annual Growth Rate	**45.4**	**40.5**	**56.4**			

3-9 按行业分的限额以上工业企业全员劳动生产率

OVERALL LABOR PRODUCTIVITY OF INDUSTRIAL ENTERPRISES OVER LEVELS BY SECTOR (2001)

单位:元/人 (yuan/person)

行业	Sector	全部限额以上工业 Industrial Enterprises over Levels	国有经济工业 State-Owned	集体经济工业 Collective-Owned	外商投资工业 Foreign Funded Enterprises	港澳台投资工业 Enterprises Funded by Entrepreneur From HongKong, Macao and Taiwan
总计	**Total**	**107 336**	**151 115**	**13 477**	**186 624**	**63 234**
煤炭采选业	Coal Mining and Dressing					
石油和天然气开采业	Petroleum and Natural Gas Extraction	8 256 160				8 256 160
黑色金属矿采选业	Ferrous Metals Mining and Dressing					
有色金属矿采选业	Nonferrous Metals Mining and Dressing					
非金属矿采选业	Nonmetal Minerals Mining and Dressing	119 071	88 289			
其他矿采选业	Other Minerals Mining and Dressing					
木材及竹材采运业	Logging and Transport of Wood and Bamboo					
食品加工业	Food Processing	185 808	13 385		304 339	247 576
食品制造业	Food Manufacturing	40 601	67 849		50 918	35 588
饮料制造业	Beverage Manufacturing	133 855	57 156		256 923	75 695
烟草加工业	Tobacco Processing	855 743				
纺织业	Textile Industry	63 158	30 349	20 906	44 783	71 684
服装及其他纤维制品制造业	Garments and Other Fiber Products	21 612	2 553	16 070	46 867	22 171
皮革、毛皮、羽绒及其制品业	Leather, Furs,Down and Related Products	14 689	16 640	11 581	5 571	14 933
木材加工及竹藤棕草制品业	Timber Processing, Bamboo, Cane, Palm Fiber and Straw Products	22 200			−4 975	58 044
家具制造业	Furniture Manufacturing	34 142		1 967	30 268	36 728
造纸及纸制品业	Papermaking and Paper Products	35 366	59 897	5 843	16 360	54 157
印刷业、记录媒介的复制	Printing and Record Medium Reproduction	61 813	179 825		50 947	56 310
文教体育用品制造业	Cultural, Educational and Sports Goods	19 306		3 648	36 069	21 990
石油加工及炼焦业	Petroleum Processing and Coking	949 813			1 849 781	242 613
化学原料及化学制品制造业	Raw Chemical Materials and Chemical Products	121 474	49 315		191 967	109 399
医药制造业	Medical and Pharmaceutical Products	331 523	303 343		112 263	316 164
化学纤维制造业	Chemical Fiber	31 147				31 147
橡胶制品业	Rubber Products	30 561			5 404	31 063
塑料制品业	Plastic Products	31 171	73 460	10 957	32 705	33 312
非金属矿物制品业	Nonmetal Mineral Products	146 970	59 543	12 421	96 570	166 982
黑色金属冶炼及压延加工业	Smelting and Pressing of Ferrous Metals	312 244			593 347	204 671
有色金属冶炼及压延加工业	Smelting and Pressing of Nonferrous Metals	36 752			10 264	95 850
金属制品业	Metal Products	57 817	59 186	54 430	55 408	62 347
普通机械制造业	Ordinary Machinery	89 186			238 828	42 023
专用设备制造业	Special Purpose Equipment	101 714		214 022	220 553	40 990
交通运输设备制造业	Transport Equipment	39 895	46 755		15 745	39 630
电气机械及器材制造业	Electric Equipment and Machinery	55 433	74 566		78 634	47 626
电子及通信设备制造业	Electronic and Telecommunications Equipment	187 348	119 714	24 155	250 648	73 315
仪器仪表文化办公用机械	Instruments, Meters, Cultural and Office Machinery	69 522	9 181		94 657	61 862
其他制造业	Other Manufacturing	30 403			21 349	23 564
电力蒸汽热水生产供应业	Electric Power, Steam and Hot Water Production and Supply	368 786	260 542		203 310	385 815
煤气的生产和供应业	Gas Production and Supply	150 933	150 933			
自来水的生产和供应业	Tap Water Production and Supply	59 031	15 641	106 899		

3-10 限额以上工业企业主要指标

单位:万元

(2001)

类别	Item	企业单位数(个) Number of Enterprises (unit)	从业人数(人) Employment (person)	工业总产值(现价) Gross Industrial Output Value (at current prices)
总计	**Total**	**1 749**	**902 559**	**30 903 312**
一、按登记注册类型分	**Grouped by Registration**			
内资企业	Domestic Investment Enterprise	271	164 738	6 312 536
国有企业	State-owned	47	15 082	554 664
集体企业	Collective-owned	32	49 951	162 578
股份合作企业	Cooperative Shares Enterprise	12	9 905	33 934
联营企业	Joint owned	34	7 099	231 013
有限责任公司	Companies Limited with Liabilities	95	46 352	2 359 200
股份有限公司	Companies Limited by Shares	32	32 540	2 885 141
私营企业	Private	17	3 405	78 218
其他	Others	2	404	7 789
港澳台投资企业	Funded by Entrepreneur from Hongkong, Macao and Taiwan	1 239	571 156	14 272 657
外商投资企业	Foreign Funded	239	166 665	10 318 119
二、按轻、重工业分	**Grouped by Light and Heavy Industry**			
轻工业	Light Industry	1 080	553 609	11 053 251
以农产品为原料	Using Farm Products as Raw Materials	423	206 064	3 283 049
以非农产品为原料	Using Non-Farm Products as Raw Materials	657	347 545	7 770 202
重工业	Heavy Industry	669	348 950	19 850 061
采掘工业	Mining and Quarrying	3	273	1 512 981
原料工业	Raw Materials Industry	64	13 395	2 032 683
加工工业	Manufacturing Industry	602	335 282	16 304 397
三、按企业规模分	**Grouped by Size of Enterprises**			
1、大型企业	Large	98	150 287	13 991 938
2、中型企业	Medium-sized	118	68 252	3 479 904
3、小型企业	Small	1 533	684 020	13 431 470
四、按工业行业分	**Grouped by Sector**			
煤炭采选业	Coal Mining and Dressing			
石油和天然气开采业	Petroleum and Natural Gas Extraction	1	133	1 509 949
黑色金属矿采选业	Ferrous Metals Mining and Dressing			
有色金属矿采选业	Nonferrous Metals Mining and Dressing			
非金属矿采选业	Nonmetal Minerals Mining and Dressing	2	140	3 032
其他矿采选业	Other Minerals Mining and Dressing			
木材及竹材采运业	Logging and Transport of Timber and Bamboo			
食品加工业	Food Processing	22	3 932	434 603
食品制造业	Food Manufacturing	28	6 611	134 004
饮料制造业	Beverage Manufacturing	17	4 658	245 668

MAIN INDICATORS OF INDUSTRIAL ENTERPRISES OVER LEVELS

(2001)

(10 000 yuan)

工业销售产值 Sales Value of Industry	工业增加值 Value Added of Industry	实收资本 Effective Capital	#外商资本 Foreign Capital	资产总计 Total Assets	流动资产合计 Circulating Funds	流动资产年平均余额 Annual Average Balance of Circulating Funds
30 812 634	**8 806 776**	**7 147 798**	**1 334 350**	**30 699 322**	**16 638 545**	**16 222 402**
6 781 630	2 170 641	1 655 087	25 275	10 659 949	6 208 739	6 136 586
543 392	355 868	187 754		1 813 083	839 339	886 066
156 539	89 827	54 211		342 456	114 809	115 013
32 922	13 319	52 450		117 885	37 123	33 876
222 627	100 304	58 147		483 538	201 595	188 984
2 332 237	758 604	643 247		3 422 801	1 857 609	1 733 707
3 417 398	826 836	637 415	22 155	4 389 920	3 101 190	3 127 213
68 698	23 325	17 942		80 333	52 844	46 749
7 817	2 558	3 921	3 120	9 933	4 230	4 978
13 835 770	4 287 449	3 971 292	335 870	13 652 131	6 762 036	6 711 139
10 195 234	2 348 686	1 521 419	973 205	6 387 242	3 667 770	3 374 677
11 132 351	2 995 714	3 356 334	530 643	12 072 302	6 939 375	6 948 925
3 049 969	1 202 000	1 228 440	158 214	4 700 235	2 336 065	2 214 723
8 082 382	1 793 714	2 127 894	372 429	7 372 067	4 603 310	4 734 202
19 680 283	5 811 062	3 791 464	803 707	18 627 020	9 699 170	9 273 477
1 510 821	595 790	195 884		218 866	22 849	19 527
2 063 526	1 129 977	835 692	96 391	5 332 793	1 481 762	1 534 503
16 105 936	4 085 295	2 759 888	707 316	13 075 361	8 194 559	7 719 447
14 358 405	4 143 393	2 854 841	493 845	15 649 076	7 978 689	7 935 800
3 329 090	994 804	765 553	212 030	3 820 096	2 174 420	2 004 126
13 125 139	3 668 579	3 527 404	628 475	11 230 150	6 485 436	6 282 476
1 507 931	594 098	194 654		213 997	21 011	18 427
2 890	1 692	1 230		4 869	1 838	1 099
370 679	91 524	55 897	8 529	267 316	153 274	152 823
130 193	37 240	33 371	11 599	135 456	69 605	67 377
234 704	82 927	167 442	39 817	401 395	113 468	118 725

单位:万元

3-10 续表 1 continued

类　　别	Item	企业单位数(个) Number of Enterprises (unit)	从业人数(人) Employment (person)	工业总产值(现价) Gross Industrial Output Value (at current prices)
烟草加工业	Tobacco Processing	1	450	118 903
纺织业	Textile Industry	48	20 371	436 558
服装及其他纤维制品制造业	Garments and Other Fiber Products	107	63 236	421 780
皮革毛皮羽绒及其制品业	Leather, Furs, Down and Related Products	65	50 975	313 668
木材加工及竹藤棕草制品业	Timber Processing,Bamboo,Cane,Palm Fiber and Straw Products	8	2 581	51 568
家具制造业	Furniture Manufacturing	41	16 238	245 744
造纸及纸制品业	Papermaking and Paper Products	40	17 640	272 854
印刷业、记录媒介的复制	Printing and Record Medium Reproduction	41	19 180	342 631
文教体育用品制造业	Cultural, Educational and Sports Goods	73	57 221	414 877
石油加工及炼焦业	Petroleum Processing and Coking	4	202	31 698
化学原料及制品制造业	Raw Chemical Materials and Chemical Products	66	14 722	507 702
医药制造业	Medical and Pharmaceutical Products	22	8 582	525 938
化学纤维制造业	Chemical Fiber	2	358	3 915
橡胶制品业	Rubber Products	18	3 262	34 286
塑料制品业	Plastic Products	172	77 096	1 005 458
非金属矿物制品业	Nonmetal Mineral Products	44	11 664	421 025
黑色金属冶炼及压延加工业	Smelting and Pressing of Ferrous Metals	6	830	151 047
有色金属冶炼及压延加工业	Smelting and Pressing of Nonferrous Metals	6	2 742	43 128
金属制品业	Metal Products	140	47 295	920 776
普通机械制造业	Ordinary Machinery	23	4 550	103 472
专用设备制造业	Special Purpose Equipment	33	9 006	247 500
交通运输设备制造业	Transport Equipment	46	22 395	404 962
电气机械及器材制造业	Electric Equipment and Machinery	149	82 672	1 868 104
电子及通信设备制造业	Electronic and Telecommunications Equipment	330	268 927	15 735 695
仪器仪表文化办公用机械	Instruments,Meters,Cultural and Office Machinery	78	46 153	1 694 308
其他制造业	Other Manufacturing	80	30 115	431421
电力蒸汽热水生产供应业	Electric Power, Steam and Hot Water Production and Supply	16	5 317	1 660 867
煤气的生产和供应业	Gas Production and Supply	1	30	1 403
自来水的生产和供应业	Tap Water Production and Supply	19	3 275	164 768

(10 000 yuan)

工业销售产值 Sales Value of Industry	工业增加值 Value Added of Industry	实收资本 Effective Capital	# 外商资本 Foreign Capital	资产总计 Total Assets	流动资产合计 Circulating Funds	流动资产年平均余额 Annual Average Balance of Circulating Funds
117 271	68 919	20 500		107 979	81 101	71 903
339 767	216 291	169 257	25 280	491 887	244 241	238 477
419 414	156 632	223 438	9 771	455 012	216 865	196 529
318 998	86 117	97 758	2 838	263 673	171 299	176 972
62 029	6 016	45 083	36 131	117 799	49 764	53 038
238 780	67 977	58 627	19 159	224 905	135 288	128 404
269 436	83 521	91 243	4 192	258 005	127 371	122 079
339 719	129 374	161 414	37 231	1 021 826	308 968	299 795
407 367	136 692	163 795	13 852	549 406	341 970	332 859
31 627	22 935	13 466	6 585	37 838	24 016	24 101
472 659	147 661	136 412	26 637	565 783	392 923	352 803
448 475	266 166	218 055	11 550	1 344 986	864 821	777 473
3 915	1 315	2 699		4 320	3 311	3 241
31 953	11 512	17 062	735	43 509	27 001	25 216
970 316	283 744	453 430	75 519	1 092 922	612 335	602 857
401 306	186 480	154 041	10 494	662 324	302 518	288 605
175 538	30 459	37 642	15 346	96 907	72 956	72 338
42 189	10 621	22 860	6 923	50 374	25 918	25 897
903 917	299 003	319 521	23 397	1 046 921	537 326	463 529
100 336	43 469	47 898	16 478	164 979	71 680	61 667
245 727	128 510	128 844	36 329	296 282	190 092	158 604
408 368	98 808	207 900	15 567	758 443	493 672	491 661
1 835 401	497 580	438 973	132 503	1 298 624	811 790	894 835
16 058 196	3 473 711	2 196 929	611 470	12 110 010	8 010 915	7 838 890
1 687 614	341 869	266 688	102 753	852 729	579 927	527 994
422 146	101 309	176 160	10 369	380 160	219 756	224 316
1 655 751	1 038 348	696 350	23 299	4 926 682	1 232 792	1 281 089
1 403	453	202		1 217	1 027	1 444
156 619	63 802	128 958		450 788	127 705	127 337

单位:万元　　　　3-10 续表 2 continued

类　别	Item	固定资产合　计 Fixed Assets	固定资产原　价 Original Value of Fixed Assets	固定资产净值年平均余额 Annual Average Balance of Net Value of Fixed Assets
总　计	**Total**	**10 736 704**	**15 503 490**	**9 060 144**
一、按登记注册类型分	**Grouped by Registration**			
内资企业	Domestic Investment Enterprise	2 946 285	3 490 879	2 206 857
国有企业	State-owned	925 786	912 823	649 524
集体企业	Collective-owned	160 288	190 098	141 114
股份合作企业	Cooperative Shares Enterprise	76 823	92 248	68 376
联营企业	Joint owned	71626	121 245	63 540
有限责任公司	Companies Limited with Liabilities	972 445	1 217 166	753 023
股份有限公司	Companies Limited by Shares	711 437	925 986	509 437
私营企业	Private	22 449	23 117	15 905
其他	Others	5 431	8 196	5 938
港澳台投资企业	Funded by Entrepreneur from Hongkong, Macao and Taiwan	5 473 250	8 707 909	5 101 398
外商投资企业	Foreign Funded	2 317 169	3 304 702	1 751 889
二、按轻重工业分	**Grouped by Light and Heavy Industry**			
轻工业	Light Industry	3 925 314	5 586 187	3 080 239
以农产品为原料	Using Farm Products as Raw Materials	1 746 615	2 299 054	1 205 856
以非农产品为原料	Using Non-Farm Products as Raw Materials	2 178 699	3 287 133	1 874 383
重工业	Heavy Industry	6 811 390	9 917 303	5 979 905
采掘工业	Mining and Quarrying	2 709	2 958	2 382
原料工业	Raw Materials Industry	3 582 363	5 360 989	3 255 756
加工工业	Manufacturing Industry	3 226 318	4 553 356	2 721 767
三、按企业规模分	**Grouped by Size of Enterprises**			
大型企业	Large	6 053 076	8 690 750	5 328 040
中型企业	Medium-sized	960 982	1 320 435	754 957
小型企业	Small	3 722 648	5 492 305	2 977 147
四、按工业行业分	**Grouped by Sector**			
煤炭采选业	Coal Mining and Dressing			
石油和天然气开采业	Petroleum and Natural Gas Extraction	225	314	188
黑色金属矿采选业	Ferrous Metals Mining and Dressing			
有色金属矿采选业	Nonferrous Metals Mining and Dressing			
非金属矿采选业	Nonmetal Minerals Mining and Dressing	2 484	2 644	2 194
其他矿采选业	Other Minerals Mining and Dressing			
木材及竹材采运业	Logging and Transport of Timber and Bamboo			
食品加工业	Food Processing	104 146	171 908	85 357
食品制造业	Food Manufacturing	48 233	78 574	44 895
饮料制造业	Beverage Manufacturing	226 054	231 609	249 368

(10 000 yuan)

年末负债总计 Total Liabilities (year-end)	流动负债合计 Liquid Liabilities	长期负债合计 Long-Term Liabilities	所有者权益 Creditors' Equity	产品销售收入 Sales Revenue	利润总额 Total Profits	利税总额 Total Pre-tax Profits
15 654 687	**13 331 756**	**2 322 931**	**15 044 636**	**29 716 081**	**2 313 219**	**3 073 304**
4 743 136	3 913 014	830 122	5 916 813	7 078 901	708 273	1 114 321
722 751	643 697	79 054	1 090 332	1 297 393	116 412	161 121
182 469	138 775	43 694	159 987	156 802	14 755	18 715
42 629	34 775	7 854	75 256	39 280	4 263	5 367
142 486	136 099	6 387	341 053	226 053	31 064	90 409
1 659 245	1 342 057	317 187	1 763 556	2 357 853	368 680	569 071
1 937 599	1 562 924	374 675	2 452 321	2 933 742	170 451	265 258
51 048	49 778	1 270	29 286	59 831	2 341	3 984
4 909	4 909		5 022	7 947	307	396
7 035 795	5 821 459	1 214 336	6 616 336	12 461 939	1 096 688	1 335 276
3 875 756	3 597 283	278 473	2 511 487	10 175 241	508 258	623 707
6 100 471	5 653 124	447 347	5 971 831	10 843 713	478 180	717 289
2 358 086	2 131 666	226 420	2 342 149	3 060 347	197 478	341 917
3 742 385	3 521 458	220 927	3 629 682	7 783 366	280 702	375 372
9 554 216	7 678 632	1 875 584	9 072 805	18 872 368	1 835 039	2 356 015
21 097	21 085	12	197 769	605 788	266 744	353 607
2 507 932	1 538 978	968 954	2 824 860	2 784 885	584 257	675 159
7 025 187	6 118 569	906 618	6 050 176	15 481 695	984 038	1 327 249
7 625 708	5 833 142	1 792 566	8 023 369	13 665 747	1 647 429	2 179 451
2 090 464	1 966 115	124 349	1 729 632	3 020 684	201 271	323 673
5 938 515	5 532 499	406 016	5 291 635	13 029 650	464 519	570 180
19 343	19 331	12	194 654	603 348	265 987	352 761
1 755	1 755		3 114	2 440	757	846
157 205	146 135	11 070	110 112	418 304	15 852	24 290
80 116	74 676	5 440	55 340	124 549	8 546	10 525
191 950	117 105	74 845	209 446	233 912	19 055	36 785

单位:万元

3-10 续表 3 continued

类别	Item	固定资产合计 Fixed Assets	固定资产原价 Original Value of Fixed Assets	固定资产净值年平均余额 Annual Average Balance of Net Value of Fixed Assets
烟草加工业	Tobacco Processing	25 699	45 517	28 929
纺织业	Textile Industry	203 024	317 354	194 115
服装及其他纤维制品制造业	Garments and Other Fiber Products	115 946	189 617	113 029
皮革毛皮羽绒及其制品业	Leather, Furs, Down and Related Products	77 931	133 447	75 555
木材加工及竹藤棕草制品业	Timber Processing,Bamboo,Cane,Palm Fiber and Straw Products	57 371	65 709	31 541
家具制造业	Furniture Manufacturing	63 817	95 146	57 771
造纸及纸制品业	Papermaking and Paper Products	113 593	164 701	107 317
印刷业、记录媒介的复制	Printing and Record Medium Reproduction	680 041	782 074	174 137
文教体育用品制造业	Cultural, Educational and Sports Goods	173 122	271 247	159 445
石油加工及炼焦业	Petroleum Processing and Coking	10 650	17 604	10 732
化学原料及制品制造业	Raw Chemical Materials and Chemical Products	104 354	192 979	97 544
医药制造业	Medical and Pharmaceutical Products	185 923	208 873	148 199
化学纤维制造业	Chemical Fiber	949	2 168	965
橡胶制品业	Rubber Products	14 627	24 828	11 131
塑料制品业	Plastic Products	393 945	670 433	378 199
非金属矿物制品业	Nonmetal Mineral Products	302 238	290 329	152 331
黑色金属冶炼及压延加工业	Smelting and Pressing of Ferrous Metals	22 595	47 595	22 706
有色金属冶炼及压延加工业	Smelting and Pressing of Nonferrous Metals	19 475	29 578	18 570
金属制品业	Metal Products	315 406	498 444	291 541
普通机械制造业	Ordinary Machinery	44 703	62 739	35 407
专用设备制造业	Special Purpose Equipment	79 921	128 254	58 328
交通运输设备制造业	Transport Equipment	189 700	300 150	181 367
电气机械及器材制造业	Electric Equipment and Machinery	402 042	644 063	377 134
电子及通信设备制造业	Electronic and Telecommunications Equipment	2 660 139	3 682 112	2 245 266
仪器仪表文化办公用机械	Instruments,Meters,Cultural and Office Machinery	217 971	366 211	180 313
其他制造业	Other Manufacturing	142 317	214 535	131 123
电力蒸汽热水生产供应业	Electric Power, Steam and Hot Water Production and Supply	3 448 015	5 156 543	3 150 571
煤气的生产和供应业	Gas Production and Supply	190	459	199
自来水的生产和供应业	Tap Water Production and Supply	289 860	415 732	244 676

(10 000 yuan)

年末负债总计 Total Liabilities (year-end)	流动负债合计 Liquid Liabilities	长期负债合计 Long-Term Liabilities	所有者权益 Creditors' Equity	产品销售收入 Sales Revenue	利润总额 Total Profits	利税总额 Total Pre-tax Profits
37 489	37 449	40	70 490	124 619	14 198	69 630
260 264	211 632	48 632	231 623	329 644	6 831	10 350
177 951	164 165	13 786	277 061	431 864	12 521	15 315
126 140	125 157	983	137 534	321 114	7 539	11 659
68 448	63 031	5 417	49 351	52 977	−187	1 240
143 741	133 493	10 248	81 163	242 248	1 887	4 531
137 288	110 358	26 930	120 717	264 364	10 342	17 028
733 157	727 145	6 012	288 670	334 663	36 400	54 061
249 898	245 003	4 895	299 508	412 329	21 548	22 223
21 897	21 897		15 941	29 419	1 920	2 243
200 908	199 559	1 349	364 875	494 285	61 038	77 185
448 069	410 274	37 795	896 917	412 786	78 916	110 971
2 029	2 029		2 291	3 813	−22	−8
22 305	22 305		21 204	31 892	1 697	2 918
491 116	464 429	26 687	601 806	1 002 623	40 546	18 825
319 108	269 697	49 411	343 216	386 332	29 466	37 451
60 092	54 856	5 236	36 815	176 837	5 182	5 480
26 041	25 840	201	24 332	39 423	844	1 799
594 251	555 003	39 248	452 671	814 820	52 140	81 011
65 656	63 454	2 202	99 323	96 803	11 504	14 538
135 320	124 213	11 107	160 962	245 147	11 812	19 377
478 595	429 767	48 828	279 848	447 249	9 550	18 861
597 369	568 622	28 747	701 255	1 795 712	108 892	125 433
6 839 138	6 027 993	811 145	5 270 872	15 083 489	804 980	1 145 650
416 996	350 807	66 189	435 733	1 791 869	79 110	87 102
140 709	137 579	3 130	239 452	415 609	10 902	15 945
2 294 821	1 337 444	957 377	2 631 862	2 387 699	563 108	649 256
453	453		765	1 596	387	481
115 072	89 101	25 971	335 716	162 301	19 971	27 544

3-11 限额以上工业企业主要经济效益指标

MAIN INDICATORS ON ECONOMIC BENEFIT OF INDUSTRIAL ENTERPRISES OVER LEVELS

(2001)

指标名称	Item	产品销售率(%) Sales Rate of Products (%)	成本费用利润率(%) After-Tax Profits/Cost(%)	流动资产周转率(次) Turnover Times of Circulating Funds(time)	全员劳动生产率(元/人) Overall Industrial Labor Productivity (yuan/person)	资产负债率(%) Rate of Liabilities to Capital (%)
总计	**Total**	**99.7**	**8.3**	**1.8**	**107 335**	**51.0**
一、按登记注册类型分	**Grouped by Registration**					
内资企业	Domestic Investment Enterprise	107.43	10.86	1.15	173 395	44.49
国有企业	State-owned	97.97	10.48	1.46	151 115	39.86
集体企业	Collective-owned	96.29	10.05	1.36	13 477	53.28
股份合作企业	Cooperative Shares Enterprise	97.02	11.23	1.16	11 583	36.16
联营企业	Joint owned	96.37	18.48	1.20	115 195	29.47
有限责任公司	Companies Limited with Liabilities	98.86	17.19	1.36	225 008	48.48
股份有限公司	Companies Limited by Shares	118.45	5.99	0.94	377 523	44.14
私营企业	Private	87.83	4.01	1.28	65 581	63.55
其他	Others	100.38	3.99	1.60	60 685	49.43
港澳台投资企业	Funded by Entrepreneur from Hongkong, Macao and Taiwan	96.94	9.56	1.86	63 234	51.54
外商投资企业	Foreign Funded	98.81	5.20	3.02	186 624	60.68
二、按轻重工业分	**Grouped by Light and Heavy Industry**					
轻工业	Light Industry	100.72	4.59	1.56	52 330	50.53
以农产品为原料	Using Farm Products as Raw Materials	92.90	6.96	1.38	46 203	50.17
以非农产品为原料	Using Non-Farm Products as Raw Materials	104.02	3.70	1.64	53 727	50.76
重工业	Heavy Industry	99.14	10.59	2.04	195 517	51.29
采掘工业	Mining and Quarrying	99.86	89.96	31.02	4 068 692	9.64
原料工业	Raw Materials Industry	101.52	26.97	1.81	269 065	47.03
加工工业	Manufacturing Industry	98.78	6.62	2.01	167 212	53.73
三、按企业规模分	**Grouped by Size of Enterprises**					
大型企业	Large	102.62	13.51	1.72	349 741	48.73
中型企业	Medium-sized	95.67	7.11	1.51	171 359	54.72
小型企业	Small	97.72	3.65	2.07	48 530	52.88
四、按工业行业分	**Grouped by Sector**					
煤炭采选业	Coal Mining and Dressing					
石油和天然气开采业	Petroleum and Natural Gas Extraction	99.87	90.21	32.74	8 256 160	9.04
黑色金属矿采选业	Ferrous Metals Mining and Dressing					
有色金属矿采选业	Nonferrous Metals Mining and Dressing					
非金属矿采选业	Nonmetal Minerals Mining and Dressing	95.30	45.02	2.22	119 071	36.04
其他矿采选业	Other Minerals Mining and Dressing					
木材及竹材采运业	Logging and Transport of Timber and Bamboo					
食品加工业	Food Processing	85.29	3.90	2.74	185 808	58.81
食品制造业	Food Manufacturing	97.16	7.39	1.85	40 601	59.15
饮料制造业	Beverage Manufacturing	95.54	8.81	1.97	133 855	47.82

3-11 续表 continued

指 标 名 称	Item	产品销售率(%) Sales Rate of Products (%)	成本费用利润率(%) After-Tax Profits/ Cost(%)	流动资产周转率(次) Turnover Times of Circulating Funds(time)	全员劳动生产率(元/人) Overall Industrial Labor Productivity (yuan/ person)	资产负债率(%) Rate of Liabilities to Capital (%)
烟草加工业	Tobacco Processing	98.63	21.38	1.73	855 743	34.72
纺织业	Textile Industry	77.83	2.20	1.38	63 158	52.91
服装及其他纤维制品制造业	Garments and Other Fiber Products	99.44	2.94	2.20	21 612	39.11
皮革毛皮羽绒及其制品业	Leather, Furs, Down and Related Products	101.70	2.41	1.81	14 689	47.84
木材加工及竹藤棕草制品业	Timber Processing,Bamboo,Cane,Palm Fiber and Straw Products	120.29	−0.32	1.00	22 200	58.11
家具制造业	Furniture Manufacturing	97.17	0.78	1.89	34 142	63.91
造纸及纸制品业	Papermaking and Paper Products	98.75	4.03	2.17	35 366	53.21
印刷业、记录媒介的复制	Printing and Record Medium Reproduction	99.15	11.90	1.12	61 813	71.75
文教体育用品制造业	Cultural, Educational and Sports Goods	98.19	5.47	1.24	19 306	45.49
石油加工及炼焦业	Petroleum Processing and Coking	99.78	6.15	1.22	949 813	57.87
化学原料及制品制造业	Raw Chemical Materials and Chemical Products	93.10	13.53	1.40	121 474	35.51
医药制造业	Medical and Pharmaceutical Products	85.27	22.88	0.53	331 523	33.31
化学纤维制造业	Chemical Fiber	100.00	−0.58	1.18	31 147	46.97
橡胶制品业	Rubber Products	93.19	5.53	1.26	30 561	51.27
塑料制品业	Plastic Products	96.50	4.20	1.66	31 171	44.94
非金属矿物制品业	Nonmetal Mineral Products	95.32	8.69	1.34	146 970	48.18
黑色金属冶炼及压延加工业	Smelting and Pressing of Ferrous Metals	116.21	2.99	2.44	312 244	62.01
有色金属冶炼及压延加工业	Smelting and Pressing of Nonferrous Metals	97.82	2.19	1.52	36 752	51.70
金属制品业	Metal Products	98.17	6.50	1.76	57 817	56.76
普通机械制造业	Ordinary Machinery	96.97	12.93	1.57	89 186	39.80
专用设备制造业	Special Purpose Equipment	99.28	5.13	1.55	101 714	45.67
交通运输设备制造业	Transport Equipment	100.84	2.17	0.91	39 895	63.10
电气机械及器材制造业	Electric Equipment and Machinery	98.25	6.24	2.01	55 433	46.00
电子及通信设备制造业	Electronic and Telecommunications Equipment	102.05	5.51	1.92	187 348	56.48
仪器仪表文化办公用机械	Instruments,Meters,Cultural and Office Machinery	99.60	4.61	3.39	69 522	48.90
其他制造业	Other Manufacturing	97.85	2.68	1.85	30 403	37.01
电力蒸汽热水生产供应业	Electric Power, Steam and Hot Water Production and Supply	99.69	31.74	1.86	368 786	46.58
煤气的生产和供应业	Gas Production and Supply	100.00	30.37	1.11	150 933	37.18
自来水的生产和供应业	Tap Water Production and Supply	95.05	12.50	1.27	59 031	25.53

3-12 主要工业产品产量

PRODUCTION OF MAIN INDUSTRIAL PRODUCTS

(1979—2001)

年份 Year	自来水生产量 (万吨) Tap Water (10 000 ton)	发电量 (万千瓦小时) Electricity (10 000 kwh)	小麦粉 (吨) Flour (ton)	啤酒 (吨) Beer (ton)	卷烟 (箱) Cigarettes (case)	化学纤维 (吨) Chemical Fiber (ton)	布 (万米) Cloth (10 000m)
1979		609					
1980		437					
1981		608					
1982		1 152					
1983		1 322					
1984		1 261			5 514		
1985		1 012			9 100		
1986	7 051	3 130			10 445		
1987	8 617	4 408			15 000	3 731	280
1988	13 060	2 508	16 794		50 451	4 190	925
1989	19 962	1 124	17 285		60 765	4 451	380
1990	19 736	31 065	21 155		76 164	5 050	631
1991	24 446	107 727	35 151		86 000	7 694	1 872
1992	23 785	195 007	44 302	57 256	88 500	7 637	30 484
1993	30 335	416 568	72 252	76 715	94 515	14 194	3 907
1994	43 425	1 739 463	75 536	82 128	94 583	19 768	2 674
1995	50 151	1 652 038	92 977	101 425	104 560	22 348	4 413
1996	53 691	1 873 881	219 700	125 302	118 824	17 576	106
1997	60 408	1 960 433	273 300	131 346	125 841	20 243	2 375
1998	62 585	2 150 147	250 000	152 279	151 219	13 271	1 716
1999	66 816	2 380 518	287 400	150 880	188 720	14 543	3 200
2000	75 547	2 618 545	229 000	250 417	208 898	14 368	2 356
2001	93 047	2 737 802	360 000	275 180	229 093	13 805	1 940

3-12 续表 1　continued

年　份 Year	印染布 (万米) Printed and Dyed Fabric (10 000m)	服　装 (万件) Garments (10 000)	磁　带 (亿米) Tapes (100 000 000m)	塑料制品 (吨) Plastic Products (ton)	水　泥 (万吨) Cement (10 000 ton)	水泥制品 (万吨) Cement Products (10 000 ton)	成品钢材 (吨) Steel Products (ton)
1979					2.15		
1980					1.96		
1981					0.94		
1982					2.46		
1983					3.59		
1984	4 321	649			6.82		
1985	5 271	1 004			10.35		
1986	5 731	7 988	45.46	16 419	18.71	4.33	47 556
1987	6 655	8 008	181.03	28 572	24.22	12.01	35 400
1988	6 708	12 828	71.09	44 359	26.25	10.27	10 020
1989	8 344	9 931	71.47	73 945	25.23	7.20	41 667
1990	9 212	29 333	16.61	103 779	22.28	6.14	56 481
1991	14 869	16 437	32 551.00	233 094	28.17	13.14	65 073
1992	16 161	18 857	…	244 000	29.53	12.88	61 300
1993	22 918	27 026	0.09	290 508	31.40	9.89	60 599
1994	7 627	36 314	16.27	375 757	37.53	3.20	86 538
1995	20 991	25 938	13.76	449 183	30.09	3.49	93 090
1996	22 543	38 196	8.33	411 132	25.17	2.33	100 000
1997	18 522	32 089	0.98	387 692	17.48	6.82	73 501
1998	20 191	32 119	0.32	256 327	16.17	9.95	81 635
1999	16 670	25 667		378 099	10.02		194 138
2000	13 614	24 242		464 617	2.95		218 925
2001	13 338	14 509	2.19	722 024	3.18		265 434

3-12 续表 2 continued

年 份 Year	平板玻璃 (万重量箱) Plate Glass (10 000 wt.cases)	铝材 (吨) Aluminium (ton)	自行车 (万辆) Bicycles (10 000)	表 (万只) Watches (10 000)	照相机 (万架) Cameras (10 000)	电风扇 (万台) Electric Fans (10 000)	电话机 (万部) Telephone Sets (10 000)
1979							
1980							
1981							
1982							
1983							
1984			2.03	339.68		0.57	9.77
1985			4.31	3 447.58		40.87	123.22
1986		5 566	14.13	11 020.66	160.15	66.60	144.75
1987	58	6 805	41.29	11 688.16	44.24	248.01	498.94
1988	186	6 808	60.39	11 014.49	348.25	368.60	815.76
1989	230	7 399	82.01	8 318.00	159.96	323.31	926.10
1990	207	10 799	128.20	10 060.00	519.95	379.30	1 019.21
1991	238	14 361	257.78	9 646.00	423.12	407.58	1 360.80
1992	269	18 985	272.08	17 593.65	813.76	152.73	1 461.59
1993	265	21 540	288.41	22 875.39	1 247.89	433.59	2 292.50
1994	259	19 618	238.94	27 344.89	1 277.61	1 132.43	2 592.38
1995	272	19 633	215.56	24 542.05	252.57	907.35	3 902.49
1996	272	25 356	140.52	28 667.91	1 636.74	818.76	4 080.80
1997	385	23 874	123.38	16 629.66	1 531.48	845.18	4 506.65
1998	238	19 632	156.96	12 665.44	2 346.95	650.48	2 741.97
1999	273	24 408	210.99	11 593.89	1 551.80	544.74	2 711.82
2000	288	27 271	239.60	9 126.00	942.83	901.04	2 809.58
2001	217	29 379	172.66	7 908.37	642.03	753.09	2 965.67

3-12 续表 3　continued

年　份 Year	微型计算机 (台) Micro Computers	打印机 (万部) Printer	电视机 (万台) TV Sets (10 000)	#彩　电 Color TV Sets	玻壳 (万只) Bulb (10 000)	录放音机 (万台) Radio Cassette Players (10 000)	电子计算器 (万台) Calculators (10 000)
1979							
1980							2.06
1981			6.59	0.70		31.95	0.48
1982			3.40	0.62		41.44	3.73
1983	71		3.23	1.23		54.22	3.73
1984	4 357		18.98	18.25		219.92	162.81
1985	1 575		48.10	48.10		324.02	196.60
1986	6 617		75.80	61.39		451.17	189.90
1987	2 728		128.09	101.64		1 707.40	581.58
1988	2 788		182.06	155.90		1 303.73	1 505.22
1989	15 955		157.22	137.38		2 361.00	2 014.00
1990	17 622		259.06	228.67		3 135.00	1 791.00
1991	62 440		308.90	288.08		3 260.00	2 520.00
1992	31 357		301.06	272.12		2 934.00	2 226.81
1993	27 836		317.48	269.33		4 083.47	2 906.56
1994	51 877		274.53	251.42		4 828.24	3 214.58
1995	194 131	194.84	418.12	373.50	413.60	2 270.12	2 313.90
1996	312 687	193.06	587.69	540.62	1 122.82	3 195.43	1 546.18
1997	568 681	433.50	549.29	519.63	754.76	2 568.46	1 703.52
1998	464 614	584.76	515.86	491.85	438.48	1 310.19	1 080.08
1999	834 476	315.68	972.54	834.13	1 306.27	1 066.56	351.17
2000	1 074 486	507.62	914.10	753.97	933.78	1 076.07	439.52
2001	1 642 151	695.00	876.81	659.50	877.54	773.55	729.34

3-12 续表 4 continued

年 份 Year	电子元件 (万只) Electronic Units (10 000)	硬盘机 (万部) Hard Drives (10 000)	软磁盘 (万片) Floppy Disks (10 000)	集成电路 (万块) Semiconductor Integrated Circuit(10 000)	程控交换机 (万门) Telephone Exchanges (10 000 lines)	通讯电缆 (万公里) Cable (10 000 km)	微电机 (万台) Microcurrent Motor
1979							
1980							
1981							
1982							
1983							
1984							
1985							
1986	15 584						
1987	7 823						
1988	73 316						
1989	112 921			512.70			
1990	309 649		5 633.00	997.58			
1991	332 657		10 286.54	1 356.74		0.03	
1992	522 291		13 714.29	1 164.34		1.16	201.18
1993	708 147		15 808.68	1 519.53	105.30	75.21	874.43
1994	1 561 900		23 434.29	2 262.77	209.70	68.83	187.42
1995	9 681 839	199.47	29 629.50	14 558.13	269.13	42.10	4 707.04
1996	1 403 557	440.86	24 000.00	22 471.16	331.74	49.00	356.60
1997	1 491 620	841.39	17 130.30	14 346.26	647.35	39.76	438.62
1998	1 390 107	770.54	12 221.54	23 975.80	1 515.69	18.96	290.70
1999	262 057	699.36	12 766.37	64 231.50	1 962.38	21.50	523.60
2000	527 216	867.07	12 754.00	87 598.00	3 535.33	25.74	511.40
2001	746 630	1 116.60	11 616.19	96 121.96	2 994.30	5.02	6 071.11

四、运输、邮电、能源

2001年深圳交通邮电生产回顾与2002年展望

2001年，深圳交通邮电通信事业，励精图治、深化改革、积极探索和开拓进取，"海陆空"运输稳步发展，呈现出交通运输生产上新台阶，邮电通信业创新高，港口"货箱"吞吐迅猛发展的良好发展态势。

一、交通、邮电生产运行情况回顾

1. 基础设施建设情况

2001年，深圳交通基础设施建设投入资金38.57亿元，其中地铁一期工程投入23.1亿元，使深圳的交通邮电基础建设的投资不断完善和扩大。到2001年末，深圳等级公路里程拥有量达1361公里，其中高速公路186公里，占全市等级公路总里程的13.7%；一级公路里程525公里，占全市等级公路总里程的38.6%。全市等级公路平均密度为67.4公里/百平方公里，其中高等公路平均密度为36.5公里/百平方公里，深圳这二项指标高于全省及珠江三角洲的平均密度。已建成投入使用的广深、梅观、深惠、深汕和机荷、盐坝A段等高速公路将深圳周边各市、地区相连接，构成了一个完整畅顺，高效的高等公路网络。

2001年，一批重点交通基础建设项目已建成和工程建设有了新的进展。

——省、市"九五"重点项目，盐坝高速公路的建成通车，对进一步改善东部地区的投资环境起到了积极作用。

——深圳地铁建设驶入快车道、全年投入23.1亿元。

——坪西高等公路开工至今，由于计划资金完成良好，使工程建设顺利进行，已完成总体工程建设95%以上。

——西部通道工程已浮出水面，前期工作已经全面展开，其中填海工程、口岸设计、大桥设计等根据要求正在修证之中。

——科技园、上梅林、南山等公交场站的建设顺利进行可望提前投入使用。

——华南国际物流中心项目已基本完成场平工程。

——深圳机场快件海关监管中心已投入运作，新货站目前已在规划中。

——深圳铁路客运站选址敲定，前期工作已全面展开。

2. 客货运输持续增长

2001年，深圳国民经济保持了快速发展，有力促进了社会对交通运输的需求，全市客、货运输市场呈现出淡季不淡、旺季更旺的良好势头。

（1）全社会客货运输稳步发展

2001年深圳各种运输方式完成全社会客运量为9868.57万人，完成全社会客运周转量为111.75亿人公里，分别比上年增长5.6%和 12.4% 。其中公路旅客运输仍是全社会客运市场的主力军，全年完成客运量8260万人，完成客运周转量48.62 亿人公里，分别增长 5.0% 和 6.2% 。全社会旅客平均运距113.2公里/人，比去年平均运距延长7公里/人。但由于行业内部各运输方式对市场的竞争日趋激烈，使公路客运完成量所占全社会客运总量的比重由2000年84.2%下降到2001年的83.7%。

全年完成货运总量5147.29万吨，增长9.6%。其中，铁路完成货物发送量295.39万吨，增长5.1%；公路货运完成货运4267万吨，增长11.6%；水路完成580万吨，其中远洋货运量348.4万吨，略有下降。主要是由于全球经济发展放缓、引致全市远洋货运有所萎缩。在陆、铁、水、空四种运输方式中，公路货运完成量占全社会货运总量82.9%，仍占主导地位，其次是水路货运占11.3%。

（2）快速客运成为铁路、公路客运新亮点

随着运输方式在客运市场的开放，集团化规模经营为特色的快速客运应运而生。从宝路华集团合并重组为代表的客运企业，到"金骏马"四公司结盟探新路，这些重组和结盟客运企业，一方面用雄厚的资金作后盾，购置更新型的豪华运输设备；另一方面不断开辟跨省、跨地区客运市场，而且进行集约式管理，统一调度、多线路、多班次、中途不停靠等方式，在速度和服务质量上与短途铁路客运和民航客运展开良性激烈竞争，高速公路客运在2001年得到长足发展，已成为深圳公路客运新亮点和行业经济新的增长点。以广深高速线为例，旅客发量和到达量逐年增长，2001年该线完成客运发送到达量在400万人以上，增长1.7%，发送班次以罗湖客运站为例，每天发送班次多达在270个班次以上，发送班次平均密度每4分钟一班。高速公路客运的快速发展，从而增加了公路客运的竞争能力，同时使得公路客运在各种客运运输方式中继续保持主导地位。

2001年，深圳地区铁路完成旅客发送量1142万人，完成旅客周转量20.47亿人公里，分别比上年增长6.9 %和11.3%。其中深圳铁路高速客运比去年增加发送100万人，增长17%。

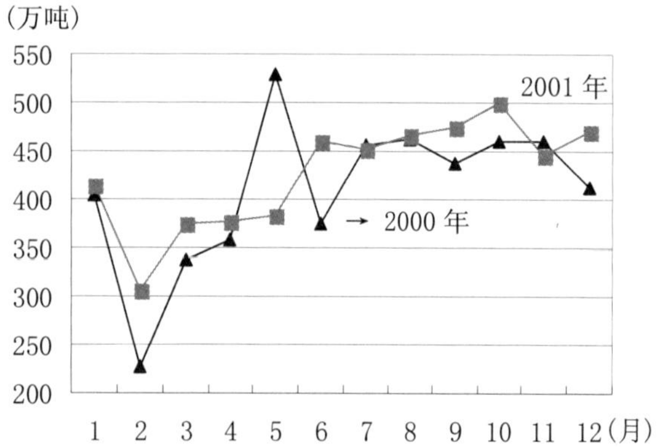

图1 深圳市全市货运量图示

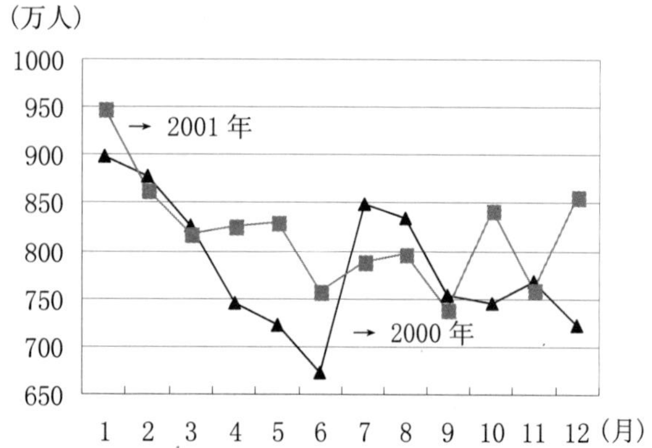

图2 深圳市全市客运量图示

（3）水上客货运输继续处于萎缩状态

随着四通八达的铁路、公路网络的形成，以及“重公轻水”的投入观念影响加上航运企业面临的船龄日渐老化，营运资金短缺，运输成本过高等棘手问题。水上运输的客源和货源再度下降。致使水上运输的运力以及航线、航班越来越少。2001年全市水上运输业完成客运125万人，完成货运580万吨，分别下降2.3%和1.0%，呈逐年下降趋势。

水上运输市场多年不景，原因是多方面的：在货运方面，主要原因是深圳是口岸城市，在全球经济增速放缓，特别受美国“9.11”事件之后，全市远洋货物运输回落，2001年全市远洋货物运输量下降近1个百分点。客运方面，主要受快捷、便利的珠江三角洲陆路交通影响。深圳陆路口岸出入境费用低于水上口岸，分流了部分港客。

3. 深圳机场客货吞吐量持续高增长

2001年深圳机场旅客吞吐量再创历史新高，完成旅客吞吐量777.5万人，比上年增长21.1%，在全国143个民航机场中排名第四位，货邮行吞吐量比去年增长21.9%，为全国同行平均水平的2.3倍。两项指标的吞吐量连续两年保持在年增长20%以上。

深圳机场能保持高速增长，首先是近年来，深圳以及珠江三角洲地区的经济稳定发展造就了巨大的航空运输商机。旅游业、会展活动和高新技术的高速发展为航空运输业拓宽了客货源。第二是深圳机场强化服务意识、注意安全管理、连续8年实现安全年目标，吸引了周边地区的客货源，良好的市场环境使各航空公司纷纷看好深圳市场。

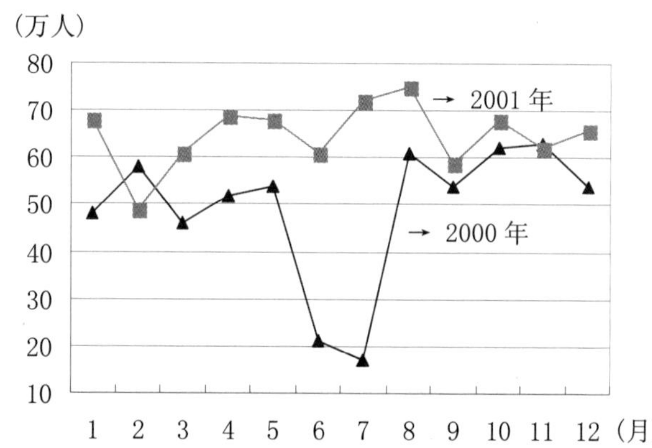

图3 深圳市机场旅客吞吐量图示

4. 深圳港口“货箱”吞吐迅猛发展

到2001年底，深圳港已形成有盐田、蛇口、赤湾、妈湾、东头角、福永、下洞、沙鱼涌和内河港九个商业港区，从事港口业务企业已发展到40多家，先后建设开发港口生产海岸线20多公里和建成500吨以上的泊位128个，其中万吨级以上经营性深水泊位39个。自1990年以来深圳港连续12年进入全国沿海十大港行列。2001年深圳港口货物吞吐量完成6642.54万吨，完成集装箱吞吐量507.60万标箱，分别比上年增长 16.6%和27.1%，双双创下历史新高。2001年深圳港跻身世界集装箱大港前八强。

深圳港口货物，集装箱吞吐量的迅猛发展，究其原因是多方面，其一，近年来深圳国民经济保持稳定增长，适箱货物不断增加，为集装箱运输提供了充足的箱源。其二，深圳港口不断开辟新航线，增加航班密度，目前共有35家中外著名公司在深圳港口开通71条国际集装箱班轮航线，平均每月靠泊深圳港近300艘次；其三，积极开展国际中转业务，走深港两地互相促进，共同发展之路；其四，新建的集装箱码头泊位和后方堆场投入使用，缓解设计能力不足与实际吞吐量增长的矛盾；其五，政府有关部门增强服务意识，改进口岸通关环境，简化报关手续，提高通关速度，为港口发展创造有利条件。

2001年深圳内河港口旅客吞吐量也止跌回升，全年完成256万人次，同比增长0.5%。

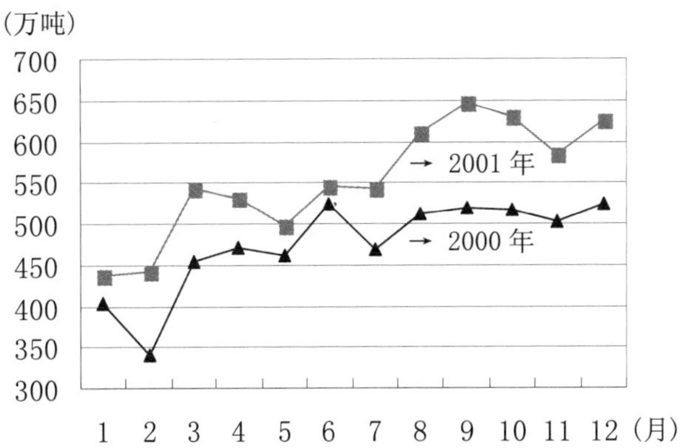

图4 深圳市全港货物吞吐量图示

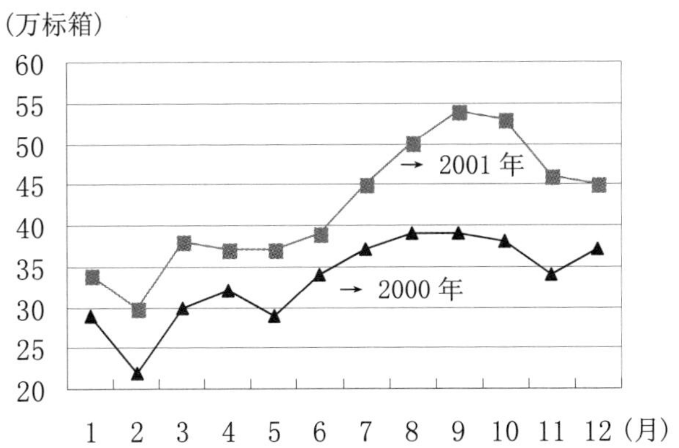

图5 深圳市全港集装箱吞吐量图示

5. 深圳邮政、电信业务快速发展

2001年深圳邮政、电信全行业完成业务量182.37亿元（1990年不变价），比上年增长36.5%。其中，邮政业务量完成6.64亿元（1990不变价），增长2.1%。全市有邮政局、所717处，比去年增加64处，全市邮路95条，增加3条，总长度为23762公里，增长2.5%，通邮普及率98%以上，用户满意率达85%以上。电信、移动通信完成业务量175.73亿元（不含邮政业务量）（1990年不变价），增长36.4%，固定电话系统容量350.9万门，增长31.2%，年末固定电话用户219.38门，增长26.4%，互联网用户已达到106.15万户，增长76.9%。全市移动电话容量549万门，增长45.2%，年末移动电话用户数为387.69万户，增长67.9%。

6. 城市公交快捷、舒适、服务质量上台阶

至2001年底，深圳拥有经营城市公共交通客运企业125家，其中营运大巴企业20家，公共中小巴企业35家，出租小汽车70家。拥有公共交通营运线路290条，其中：营运大巴线路137条，中小巴线路153条，拥有各种营运车辆1.5万余台，其中：营运大巴超过3000台、中小巴3400台、出租小汽车8600台。据统计资料显示：在深圳公共交通完成城市客流量8.87亿人次，比上年增长6.5%，其中城市公共大巴完成客流量4.7亿人次，增长10.0%，占去年全市公共交通客流总量的半壁江山。公共中小巴完成客流量2.43亿人次，增长0.4%，出租小汽车完成客流量1.73亿人次，增长6.2%。

二、交通运输生产中存在的问题

1. 货运市场竞争机制不完善、运价偏低使系统内运输企业经营艰难

改革开放以来，深圳社会生活中各种价格呈上升态势，唯独货物运输运价逐年下降。深圳货运市场首先受约于一万多辆异地营运货车和军企车辆低运价的冲击；第二，近年来货运成本（燃料费）不断上升，加上手中的货源越来越少，货运企业普遍吃不饱，在沉重运营压力下，不少系统内货运企业不得不缩小经营规模，减少亏损面来维持和保存部分运力，以待货运市场竞争机制的完善、谋求再发展。

2. 运输市场欠规范

异地车辆“游击队”式的经营不仅扰乱了正常运输秩序，给运输市场带来了冲击，更重要是给运输企业服务质量和安全留下隐患。

3. 城区内停车场地日趋紧张

由于城市发展远远突破原有规划，随着民用车辆的迅速增长，目前深圳部分地方已出现停车难的紧张现象，其中白天城市中心区、商业区、晚上在住宅区的停车问题尤其突出，乱停乱放现象十分严重。

4. 航道港口收费偏高、航运企业资金不足、缺乏发展后劲

在航运市道积弱太久，航运市场尚未明显好转

的环境下，应适当下调或减免航道收费。

因此建议：

第一，提倡规模经营，鼓励强强联合、增强运输企业抗风险能力。随着全球经济一体化的发展，加入 WTO 后，全市物流业的竞争也将迈向国际化，散兵游勇的经营方式将不能适应来自境内外激烈竞争环境，更不适应将来高效社会对交通运输的需求。因此，必须有自己的“集团军”形成规模经营，树立品牌意识，提供品牌服务、产生品牌效益。建议有关部门在制定交通运输政策时，提倡规模经营、鼓励走联合经营之路、以迎接入世后行业的挑战。

第二，继续加大执法力度、规范运输市场。据统计，到 2001 年底在深圳办理注册、驻点货物运输车辆超过 0.8 万辆，加上未注册部分总计约 1.1 万辆。对于异地出租小汽车、蓝牌车存在非法营运，应加大执法力度。

第三，协调发展各种运输方式，促进互相之间合理分工。建议加强调研工作，在配置动力方面统筹考虑合适运输方式之间的协调发展，如公共大巴、城镇大巴、公共中小巴、的士之间的平衡关系，达到既要保护投资者的利益，又能促进各方式之间的合理分工，充分利用运输资源。

三、2002 年深圳运输生产展望

1. 生产运行预测

2002 年除水路客运外，其他运输方式的客货运量仍将保持平稳增长的发展态势，但由于全球经济增速放慢和“9.11”事件的影响，部份指标增速有所减慢。

在长途客运方面，由于受铁路新开线路、再次提速后的影响和航空支线的不断发展，必将展开新一轮客运市场争夺战，但公路客运的主导地位是难以取代。

货运方面，由于受腹地的珠江三角洲地区经济发展的加快，和公路网络的日趋完善，货物往来将更加频繁，各种运输方式之间的分工，在市场导向下将逐步趋向合理，公路和水运集装箱货物运输比重逐步增大。

航空货运方面，随着深圳——澳门—— 台北和其他专线货运航线的开通，货运量也将进一步增加。

港口“货箱”吞吐量方面、货物将轻松突破吞吐 7000 万吨大关，集装箱吞吐量向 600 万标箱靠拢，确保全球十强地位。

公共交通方面，随着不断开辟公交快车道路来抢占客流量，城市客流量会保持一定的增幅。

2. 行业展望

深圳是全国唯一具有“海陆空”口岸的城市，并具备了立体交通网络，全国两条纵向公路国道干线和两条铁路复线都在这里与国际金融中心——香港连接，所以，我国入世后对深圳交通运输业无疑是一个重大利好。首先，入世后有利于对外贸易发展，对外贸易业进一步发展，必然会增加客流、物流和信息流，给交通运输业带来新的发展机遇。其次，入世后，更多的外资涌入国内市场，为交通运输带来新活力。在与国外运输同行业的竞争中，给交通管理和营运体系带来新的理念，从而加快交通运输业与国外同行的接轨。

另一方面，加入 WTO 后，对深圳交通运输业也存在不利因素。首先，深圳交通运输业相对于国外发达国家、地区而言，无论是资金、技术、还是管理水平都处于劣势。其次，随着我国客货运输业和服务业的全面放开，深圳作为外资抢摊中国市场的前沿阵地，交通运输领域的竞争更激烈，短期内会有部份经营企业因不适应新规则而被淘汰。

（撰稿：黄培添　审稿：叶志林）

4-1 主要年份全社会客货运输(吞吐)量

PASSENGER AND FREIGHT TRAFFIC IN MAIN YEARS

项　　目	Item	1990	1995	2000	2001
一、货运量（万吨）	**Freight Traffic (10 000 tons)**	**1 349**	**3 541.6**	**4 696.7**	**5 147.3**
1. 铁路	Railway	147	220	280.6	295.4
2. 公路	Highway	1 055	2 720	3 825	4 267
3. 水运	Waterway	147	598	586	580
4. 民航	Civil Aviation		3.6	5.1	4.9
二、机场货物吞吐量（万吨）	**Cargo Handled at Airport (10 000 tons)**		**7.9**	**20.3**	**24.7**
三、货物周转量(万吨公里)	**Turnover Volume of Freight Traffic (10 000 ton-km)**	**257 545**	**2 228 384**	**2 059 400**	**2 044 300**
1. 铁路	Railway	1 175	26 635	24 500	22 700
2. 公路	Highway	35 085	207 260	281 000	305 600
3. 水运	Waterway	221 285	1 989 338	1 746 000	1 708 200
4. 民航	Civil Aviation		5 151	7 900	7 800
四、客运量(万人)	**Passenger Traffic (10 000 persons)**	**8 833**	**8 261**	**9 346**	**9 868**
1. 铁路	Railway	803	963	1 068	1 142
2. 公路	Highway	7 845	6 890	7 866	8 260
3. 水运	Waterway	185	198	159	155
4. 民航	Civil Aviation		209	253	311
五、机场旅客吞吐量(万人)	**Passenger Departing at Airport (10 000 persons)**		**412**	**642**	**778**
六、旅客周转量(万人公里)	**Turnover Volume of Passenger Traffic (10 000 person-km)**	**267 865**	**820 721**	**993 800**	**1 117 500**
1. 铁路	Railway	6 424	140 382	184 000	204 700
2. 公路	Highway	252 167	404 860	457 800	486 200
3. 水运	Waterway	9 274	9 080	7 500	7 300
4. 民航	Civil Aviation		266 399	344 500	419 300
七、港口	**Harbor**				
1. 泊位数(个)	Berths (unit)	24	113	127	128
# 万吨级	10 000 Ton Class	10	26	38	39
2. 货物吞吐量(万吨)	Cargo Handled at Seaports(10 000 tons)	1 292	3 080	5 697	6 643
# 蛇口港	Shekou Seaport	180	1 001	1 653	1 821
赤湾港	Chiwan Seaport	358	777	1 077	1 368
妈湾港	Mawan Seaport	8	149	926	998
盐田港	Yantian Seaport	6	58	1 143	1 545

4-2　全社会客货运输和邮电业务量

PASSENGER AND FREIGHT TRAFFIC, REVENUE FROM POSTAL AND TELECOMMUNICATIONS SERVICES　(1979−2001)

年　份 Year	货运量 (万吨) Freight Traffic (10 000 tons)	货物周转量 (万吨公里) Turnover Volume of Freight Traffic (10 000 ton−km)	客运量 (万人) Passenger Traffic (10 000 persons)	旅客周转量 (万人公里) Turnover Volume of Passenger Traffic (10 000 person−km)	港口货物吞吐量 (万吨) Cargo Handled at Seaports (10 000 tons)	邮电业务总量 (万元) Revenue from Postal and Communications Services (10 000 yuan)
1979					10	138
1980					30	190
1981					70	340
1982					91	420
1983					141	567
1984					210	923
1985					327	1 761
1986	1 521	150 321	3 973	85 129	302	2 633
1987	1 627	141 355	4 268	140 598	485	4 880
1988	1 704	217 165	5 858	188 199	734	14 826
1989	1 383	357 633	6 349	217 832	956	21 293
1990	1 349	257 545	8 833	267 865	1 292	55 356
1991	1 486	435 662	6 400	186 682	1 563	84 927
1992	1 801	545 857	8 153	409 660	1 956	114 492
1993	2 050	743 878	10 218	477 794	2 541	174 045
1994	2 603.7	779 791	8 531	790 097	3 002	259 432
1995	3 541.6	2 228 384	8 261	820 721	3 080	368 945
1996	3 646.9	2 328 753	8 281	827 693	3 021	462 261
1997	3 852.7	2 317 664	8 515	828 352	3 357	610 111
1998	4 047.9	2 127 605	8 484	822 420	3 444	764 658
1999	4 273.6	1 974 500	8 754	865 400	4 663	982 686
2000	4 696.7	2 059 400	9 346	993 800	5 697	1 336 000
2001	5 147.3	2 044 300	9 868	1 117 500	6 643	1 823 700

4-3 全社会客货运输和邮电业务量指数

INDICES OF PASSENGER AND FREIGHT TRAFFIC, REVENUE FROM POSTAL AND TELECOMMUNICATIONS SERVICES (1980-2001)

(以上年为 100) (preceding year=100)

年份 Year	货运量 Freight Traffic	货物周转量 Turnover Volume of Freight Traffic	客运量 Passenger Traffic	旅客周转量 Turnover Volume of Passenger Traffic	港口货物吞吐量 Cargo Handled at Seaports	邮电业务总量 Revenue from Postal and Communications Services
1980					300.0	137.7
1981					233.3	178.9
1982					130.0	123.5
1983					154.9	135.0
1984					148.9	162.8
1985					155.7	190.8
1986					92.4	149.5
1987	107.0	94.0	93.1	165.2	160.6	185.3
1988	104.7	153.6	137.3	133.9	151.3	303.8
1989	81.2	164.7	108.4	115.7	130.2	143.6
1990	97.5	72.0	139.1	123.0	135.1	151.7
1991	110.2	169.2	72.5	69.7	121.0	153.4
1992	121.2	125.3	127.1	219.4	125.1	134.8
1993	113.8	136.3	125.6	116.6	129.9	152.0
1994	127.0	104.8	81.5	161.2	118.1	149.1
1995	136.0	285.8	96.8	103.9	102.6	142.2
1996	103.0	104.5	100.2	100.8	98.1	125.3
1997	105.6	99.5	102.8	100.1	111.1	132.0
1998	105.1	91.8	99.6	99.3	102.6	125.3
1999	105.6	92.8	103.2	105.2	135.4	128.5
2000	109.9	104.3	106.8	114.8	122.2	136.0
2001	109.6	99.3	105.6	112.4	116.6	136.5

4-4 全社会民用车辆和运输船舶拥有量

NUMBER OF CIVIL MOTOR VEHICLES AND TRANSPORT VESSELS OWNED

(1999—2001)

项　目	Item	1999	2000	2001
民用车辆总计(辆)	**Total Civil Motor Vehicles (unit)**	**308 931**	**353 885**	**415 078**
一、民用汽车(辆)	Civil Automobile (unit)	254 049	299 508	360 668
1. 载客汽车(辆)	Buses and Cars (unit)	149 171	176 028	225 086
载客量(客位)	Number of seats in Buses and Cars(seat)	1 412 755	1 607 136	1 852 268
# 大型(辆)	Large Scales (unit)	17 402	12 156	14 516
载客量(客位)	Number of Seats(seat)	625 590	457 066	526 525
2. 普通载货汽车(辆)	Ordinary Trucks (unit)	95 356	113 845	124 654
载重量(吨位)	Capacity(ton)	466 291	549 441	599 586
# 大型(辆)	Heavy (unit)	32 572	41 857	44 285
载重量(吨位)	Capacity (ton) =	245 891	326 066	347 423
3. 专用载货汽车(辆)	Special Freight Trucks(unit)	2 006	2 018	2 128
载重量(吨位)	Capacity (ton)	20 662	23 864	25 387
4. 其他专用汽车(辆)	Other Special Motor Vehicles (unit)	4 737	6 159	7 296
5. 特种汽车(辆)	Particular Motor Vehicles	2 779	1 458	1 504
二、摩托车(辆)	Motorcycle(unit)	54 855	54 168	54 199
三、货挂车(辆)	Trailer Trucks(unit)	22	205	207
四、其他(辆)	Other (unit)	5	4	4
民用运输船舶总计(艘)	**Total Civil Transport Vessels (unit)**	**109**	**98**	**83**
一、机动船艘数(艘)	Motor Vessels (unit)	88	83	68
载客量(客位)	Number of Seats (seat)	2 509	2 871	3 368
净载重量(吨位)	Dead Weight Tonnage (ton)	445 128	361 891	272 560
总功率(千瓦)	Total Power (kw)	216 283	208 449	192 413
1. 客船艘数(艘)	Passenger Transport Vessels (unit)	12	15	17
载客量(客位)	Number of Seats (seat)	2 509	2 871	3 368
2. 货船艘数(艘)	Freight Transport Vessels (unit)	59	53	42
净载重量(吨位)	Dead Weight Tonnage (ton)	445 128	361 891	266 209
3. 拖船艘数(艘)	Tugboats (unit)	17	15	9
二、驳船艘数(艘)	Barges (unit)	21	15	15
净载重量(吨位)	Dead Weight Tonnage(ton)	12 362	26 602	26 602

4-5 主要年份邮电业务量

POSTAL AND TELECOMMUNICATIONS SERVICES IN MAIN YEARS

项　目	Item	1990	1995	2000	2001
邮电业务总量(90年不变价)(万元)	Business Volume of Post and Telecommunications (10 000 yuan)	55 356	368 945	1 336 000	1 823 700
函件(万件)	Mail (10 000 pcs)	8 927	20 059	12 194	11 116
特快专递(万件)	Express Mail (10 000 pcs)	37.42	151.78	334.80	349.40
包件(万件)	Parcels (10 000 pcs)	131.12	193.46	225.60	293.70
订销报纸期发数(万份)	Number of Newspapers Circulation (10 000pcs)	30.25	62.12	74.40	74.30
订销报纸累计份数(万份)	Total Copy of Newspapers (10 000 pcs)	6 743	15 563	14 416	15 382
订销杂志期发数(万份)	Number of Magazines Circulation (10 000 pcs)	25.98	44.72	71.56	65.08
订销杂志累计份数(万份)	Total Copy of Magazines (10 000 pcs)	327.51	658.81	1 153.10	1 027.06
电报(万份)	Telegrams (10 000 pcs)	285.52	245.52	131.72	13.70
长途电话(万张)	Number of Long Distance Telephone Calls (10 000 sheets)	5 587	42 739	99 174	125 172
市话年末到达数(户)	Number of Urban Telephone Subscribers (year-end) (subscribers)	97 471	485 374	1 156 978	1 440 717
# 住宅电话(户)	Residential (subscribers)	66 842	315 004	708 672	756 542
农话年末到达数(户)	Number of Rural Telephone Subscribers (year-end)(subscribers)	25 337	207 717	578 074	753 123
长话直拨有权用户(户)	Number of Direct Dialling Subscribers (subscribers)	59 254	451 738	981 871	1 259 459
# 直拨国际港澳的(户)	International Direct Dialling Subscribers to Foreign Countries as Well as to Hongkong and Macao (subscribers)	55 725	376 136	500 001	583 823
移动电话用户(户)	Number of Mobile Telephones Subscribers (subscribers)	2 647	148 069	2 309 100	3 876 900
传真用户(户)	Number of Subscribers of Faxes(subscribers)	2 876	13 654	21 733	
互联网用户(户)	Number of Internet Subscribers			597 729	1 061 595
邮政储蓄年末收储余额(万元)	Postal Saving Deposit Balance (10 000 yuan)	3 860	108 318	249 941	328 647
集邮业务(万枚)	Philately (10 000pcs)	377	1 383	3 177	3 073

4-6 主要年份邮电通讯设施

FACILITIES OF POST AND TELECOMMUNICATIONS IN MAIN YEARS

项 目	Item	1990	1995	2000	2001
邮政局、所(处)	Number of Post and Telecommunications Offices	84	375	652	717
邮路长度(单程)(公里)	Length of Postal Routes (km)	1 707	22 319	23 188	23 762
农村投递线路(单程)(公里)	Length of Rural Delivery Routes (km)	1 391		6 094	8 357
邮运汽车(辆)	Number of Postal Automobiles	26	79	113	115
长话电路(路)	Long Distance Telephone Circuits (line)	3 526	25 240	121 571	302 427
# 国际及港澳(路)	International, Hongkong and Macao (line)	999	3 630	4 705	6 889
全市固定电话交换机总容量(门)	Total Capacity of Telephone Exchanges (line)	252 352	1 409 192	2 675 186	3 508 898
# 市话交换机总容量(门)	Capacity of Urban Telephone Exchanges (line)	197 721	898 648	1 749 610	2 126 839
# 邮电局交换机容量(门)	Capacity of Post and Telecommunications Offices Telephone Exchanges (line)	129 000	1 267 178	2 488 135	3 323 541
全市移动电话交换机容量(门)	Total Capacity of Mobile Telephone Exchanges (line)			3 780 000	5 490 000
全市电话机总数(部)	Number of Telephone Sets	190 077	812 974	1 883 316	2 305 880
# 市话话机总数(部)	Number of Urban Telephone Sets	161 566	587 891	1 274 903	1 475 421

4-7 独立核算运输企业财务状况

MAIN FINANCIAL INDICATORS OF TRANSPORT ENTERPRISES WITH INDEPENDENT ACCOUNTING SYSTEM (2001)

单位:万元 (10 000 yuan)

指 标 名 称	Item	总 计 Total	1、国有经济 State-owned	2、集体经济 Collective-owned	3、其 他 经济类型 Others
企业个数(个)	Number of Enterprises	84	49	9	26
#亏损企业(个)	Number of Loss-making Enterprises	14	12		2
资本金合计	Total Capital	622 874	81 811	2 142	538 921
流动资产合计	Circulating Funds	513 457	159 625	3 186	350 646
固定资产合计	Total Fixed Assets	877 609	158 689	4 913	714 007
固定资产原值合计	Total Original Value of Fixed Assets	1 190 956	238 233	9 865	942 858
累计折旧	Accumulated Depreciation of Fixed Assets	341 820	96 427	4 976	240 417
资产合计	Total Assets	1 811 098	393 543	10 289	1 407 266
流动负债合计	Liquid Liabilities	424 181	177 494	2 352	244 335
长期负债合计	Long-Term Liabilities	448 627	37 497	591	410 539
所有者权益合计	Creditors´ Equity	944 135	178 868	7 599	757 668
营运业务收入	Business Revenue	647 959	260 203	10 801	376 955
营运业务成本	Business Cost	341 311	211 644	5 673	123 994
营运费用	Business Expenses	13 449	8 416	1 578	3 455
营运税金及附加	Business Taxes and Extra Charges	31 074	4 875	361	25 838
营运业务利润	Business Profits	256 223	34 935	3 187	218 101
管理费用	Management Expenses	84 964	26 456	1 365	57 143
#税金	Taxes	2 068	373	19	1 676
利润总额	Total Profits	173 045	14 463	889	157 693

4-8 独立核算邮电企业财务状况

MAIN FINANCIAL INDICATORS OF POSTAL AND TELECOMMUNICATIONS ENTERPRISES WITH INDEPENDENT ACCOUNTING SYSTEM (1998—2001)

单位：万元 (10 000 yuan)

指标名称	Item	1998	1999	2000	2001
企业个数(个)	Number of Enterprises	5	6	6	6
资本金合计	Total Capital	103 709	157 046	412 792	422 016
流动资产合计	Circulating Funds	369 590	507 977	641 609	600 263
固定资产合计	Total Fixed Assets	933 949	1 281 586	1 193 493	1 599 500
固定资产原值合计	Total Original Value of Fixed Assets	1 024 943	1 705 812	1 839 193	2 221 183
累计折旧	Accumulated Depreciation of Fixed Assets	333 523	424 226	645 700	799 938
资产合计	Total Assets	1 288 639	1 844 448	2 359 924	2 268 170
流动负债合计	Liquid Liabilities	229 000	263 861	406 761	317 796
长期负债合计	Long-Term Liabilities	68 158	67 553	51 965	130 088
所有者权益合计	Creditors' Equity	931 480	1 513 034	1 891 202	1 897 404
营运业务收入	Business Revenue	719 497	1 082 778	1 301 947	1 453 468
营运业务成本	Business Cost	219 798	370 299	414 058	499 573
营运费用	Business Expenses	73 632	102 468	132 601	148 011
营运税金及附加	Business Taxes and Extra Charges	22 485	33 417	40 186	41 264
营运业务利润	Business Profits	371 570	576 594	715 100	793 726
管理费用	Management Expenses	59 683	81 839	105 519	114 752
# 税金	Taxes	1 331	2 459	23 488	29 377
利润总额	Total Profits	315 420	506 439	637 828	605 526

4-9 主要能源按工业行业分组消费量

CONSUMPTION OF MAIN ENERGY BY SECTOR

(2001)

单位：吨 (ton)

项目	Item	原煤 Coal	原油 Crude Oil	汽油 Gasoline	煤油 Kerosene
总计	**Total**	**2 615 013**	**88 242**	**19 688**	**2 586**
# 石油和天然气开采业	Petroleum and Natural Gas Extraction		73 683		
非金属矿采选业	Nonmetal Minerals Mining and Dressing			3	
食品加工业	Food Processing			349	701
食品制造业	Food Manufacturing	383		178	9
饮料制造业	Beverage Manufacturing	20 195		605	203
烟草加工业	Tobacco Processing			46	
纺织业	Textile Industry			554	7
服装及其他纤维制品制造业	Garments and Other Fiber Products		10	867	31
皮革毛皮羽绒及其制品业	Leather, Furs,Down and Related Products	24	190	404	130
木材加工及竹藤棕草制品业	Timber Processing, Bamboo, Cane, Palm Fiber and Straw Products			218	
家具制造业	Furniture Manufacturing			360	
造纸及纸制品业	Papermaking and Paper Products			313	65
印刷业	Printing		2 689	539	16
文教体育用品制造业	Cultural, Educational and Sports Goods			285	163
石油加工及炼焦业	Petroleum Processing and Coking			14	
化学原料及化学制品制造业	Raw Chemical Materials and Chemical Products			646	104
医药制造业	Medical and Pharmaceutical Products			553	
化学纤维制造业	Chemical Fiber			21	4
橡胶制品业	Rubber Products	1 309		123	
塑料制品业	Plastic Products	3 782		1 439	109
非金属矿物制品业	Nonmetal Mineral Products	3 471	18	291	31
黑色金属冶炼及压延加工业	Smelting and Pressing of Ferrous Metals		11 467	65	
有色金属冶炼及压延加工业	Smelting and Pressing of Nonferrous Metals			76	
金属制品业	Metal Products		9	1 098	26
普通机械制造业	Ordinary Machinery			360	27
专用设备制造业	Special Purpose Equipment			271	
交通运输设备制造业	Transport Equipment			313	5
电气机械及器材制造业	Electric Equipment and Machinery		176	1 833	652
电子及通信设备制造业	Electronic and Telecommunications Equipment	142		5 043	87
仪器仪表文化办公用机械	Instruments, Meters, Cultural and Office Machinery			610	28
其他制造业	Other Manufacturing	26		420	35
电力蒸气热水生产供应业	Electric Power, Steam and Hot Water Production and Supply	2 585 681		1 401	153
自来水的生产和供应业	Tap Water Production and Supply			390	

4-9 续表 continued

项　目	Item	柴　油 Diesel	燃料油 Fuel Oil	液化石油气 Liquefied Petroleum Gas	电　力 (万千瓦时) Electricity (10 000 kwh)
总　计	**Total**	**1 002 717**	**846 220**	**36 826**	**689 146**
# 石油和天然气开采业	Petroleum and Natural Gas Extraction	45 603	11 506		23 416
非金属矿采选业	Nonmetal Minerals Mining and Dressing	865			319
食品加工业	Food Processing	5 082	8 530	1	7 572
食品制造业	Food Manufacturing	7 091	10 222	13	6 278
饮料制造业	Beverage Manufacturing	6 288	11 329	29	7 718
烟草加工业	Tobacco Processing	841			932
纺织业	Textile Industry	13 403	91 487	6 283	18 948
服装及其他纤维制品制造业	Garments and Other Fiber Products	14 094	10 404	75	18 695
皮革毛皮羽绒及其制品业	Leather, Furs,Down and Related Products	11 177	50	95	11 223
木材加工及竹藤棕草制品业	Timber Processing, Bamboo, Cane, Palm Fiber and Straw Products	223			3 080
家具制造业	Furniture Manufacturing	8 355		2 431	6 147
造纸及纸制品业	Papermaking and Paper Products	12 073	15 901	198	9 570
印刷业	Printing	10 007	22	236	10 908
文教体育用品制造业	Cultural, Educational and Sports Goods	13 787	1 057	516	22 397
石油加工及炼焦业	Petroleum Processing and Coking	3 136			1 368
化学原料及化学制品制造业	Raw Chemical Materials and Chemical Products	18 206	993	175	14 913
医药制造业	Medical and Pharmaceutical Products	2 829	276		3 957
化学纤维制造业	Chemical Fiber			4	143
橡胶制品业	Rubber Products	2 984			2 471
塑料制品业	Plastic Products	92 321	8 116	1 995	60 585
非金属矿物制品业	Nonmetal Mineral Products	11 736	38 800	318	13 044
黑色金属冶炼及压延加工业	Smelting and Pressing of Ferrous Metals	202		129	2 273
有色金属冶炼及压延加工业	Smelting and Pressing of Nonferrous Metals	2 781		35	2 349
金属制品业	Metal Products	43 504	741	2 213	29 397
普通机械制造业	Ordinary Machinery	2 107		90	3 032
专用设备制造业	Special Purpose Equipment	3 146	14	132	4 991
交通运输设备制造业	Transport Equipment	11 124	5 334	1 262	12 485
电气机械及器材制造业	Electric Equipment and Machinery	54 950		1 778	38 433
电子及通信设备制造业	Electronic and Telecommunications Equipment	71 995	31 524	17 645	159 927
仪器仪表文化办公用机械	Instruments, Meters, Cultural and Office Machinery	12 179	12	501	16 796
其他制造业	Other Manufacturing	13 182	1 494	672	25 503
电力蒸气热水生产供应业	Electric Power, Steam and Hot Water Production and Supply	507 180	598 408		116 627
自来水的生产和供应业	Tap Water Production and Supply	266			33 649

五、农　　业

2001年深圳农业持续健康发展

2001年，深圳市继续深化农村经济改革，加快农业现代化建设步伐，加强农村经济工作指导，推动农村股份合作制的改革和完善。农业持续健康发展，农村经济稳定，农产品市场繁荣。

一、2001年农业生产基本情况

1. 主要经济指标

2001年农业总产值32.71亿元，比上年增长3.7%。

鲜活产品出口总额12.72亿港元，比上年同期增长13.6%。

农村经济总收入125.11亿元，增长5.6%。农民人均收入9869元，增长6.5%。

2. 主要鲜活产品生产情况

（1）种植业

种植业总产值10.52亿元，增长4.7%。

蔬菜播种面积16.81万亩，增长0.7%；蔬菜总产量19.48万吨，下降7.4%。蔬菜品种以叶菜为主，无土栽培、设施栽培的高档蔬菜品种不断增加。

水果总面积和总产量因种植品种结构调整而减少，但是荔枝产量和产值均增加。水果种植面积20.92万亩，比上年减少6.9%，总产量2.48万吨，减少9.7%。其中荔枝产量0.53万吨，增长16.3%。

花卉生产呈现出强劲的增长势头，面积和产值双增，成为全市农业新的经济增长点。种植面积1.1万亩，增长29.4%；总产值2.8亿元，增长27.3%。

粮食生产保持稳定。粮食播种面积0.8万亩，总产量0.40万吨，比上年增长7.2%。

（2）畜牧业

2001年畜牧业总产值12.76亿元，比上年增长3.8%。出口创汇7.41亿港元，增长1.5%。全年生猪饲养量92.23万头，比上年减少0.8%，出栏量65.15万头，减少1.5%，出口量18.99万头，增长20.0%；活鸡饲养量2100.15万只，减少4.8%，出栏量1780.75万只，减少3.8%，出口量1894万只，增加8.2%；鸽饲养量917.1万只，增加24%，出栏量665.32万只，增长9.7%，出口量85.2万只，减少36.6%；鲜蛋产量922吨，减少40.4%；肉类总产量7.35万吨，减少8.0%；奶牛存栏量8883头，奶产量2.22万吨，分别减少2.3%、10.8%。

家禽生产与去年相比，除乳鸽增加外，其余品种都减少。其主要原因：一是根据环保的需要，特区内不准饲养畜禽，并加强了对特区外水源保护区违章畜禽场的清理整顿；二是受香港禽流感事件影响家禽产品价格低下，生产者缺乏积极性；三是部分奶牛迁移到惠州、东莞。

（3）水产业

2001年水产品养殖面积10.84万亩，比上年减少5.0%，总产量6.58万吨，增长9.9%。其中海洋捕捞产量为2.37万吨，增长23.3%；海水养殖产量3.28万吨，减少2.1%；淡水养殖产量0.92万吨，增长6.1%。

二、2001年农业发展的主要因素

1. 各级政府高度重视农业生产工作

市委市政府召开了全市农业农村工作会议，贯彻落实中央和省的农村工作会议精神，对深圳农业和农村经济发展提出了切实可行的目标。一是加强农村财务管理，提高财务公开质量，继续推进农村财务活动日制度，财务管理电算化工作全面展开。全市217个行政村、988个自然村已全面实现了农村财务管理电算化，分别占行政村和自然村数的100%和94%。二是加快农村股份制规范发展步伐。印发了《龙岗区横岗镇荷坳村深化农村股份合作制改革的基本做法》，总结推广荷坳村在农村股份制改革方面的成功经验。宝安区委、区政府出台了《深圳市宝安区农村股份合作制暂行规定》，已选择公明镇的东坑村、观澜镇的下围村作为股份合作制改革的试点。三是切实抓好减轻农民负担的工作。开展了农民负担执法检查，把政策交给群众。针对农民直接负担少而集体负担较重的实际，专项治理农村集体经济组织和企业的乱集资、乱收费、乱罚款和

各种摊派。四是加大对农业的扶持力度。2001年市政府投入的农业综合开发资金达到7000万元,共安排农业综合开发项目100多个。各区对农业的投入有不同程度的增加。五是抓好农业重点项目建设。至2001年底,农业现代化示范区建设累积投资1亿元,完成2000亩菜地和1750亩荔枝、龙眼示范园的道路、排灌系统建设,建成51亩现代化温室、411亩遮雨网、1400亩自动化灌溉设施(喷灌、微喷灌、滴灌)、长乐亭中心区、公明水果烘干加工厂及水果保鲜冷库、晨光酸奶加工厂、光明大宝鸽场改造等项目。现代化奶牛示范场、荔枝品种园、龙眼示范园、蔬菜保鲜冷库及加工厂等项目正在建设之中。

2. 采取有力措施,克服不利因素影响,抓好农业生产

2001年深圳农业遭遇了开春干旱、4－6月份的连降暴雨、春季频频发生的赤潮以及5月份再次发生的禽流感事件影响。市、区政府和各级农业管理部门积极采取各种措施,努力减少不利因素的影响,积极抓好农业生产。一是抓好生产管理。由于寒流、干旱等灾害性气候影响,种植业生产形势严峻,为减少损失,及时落实生产技术措施,做好抗灾减灾工作。二是减轻香港禽流感事件的不利影响。2001年香港发生了高致病性禽流感疫情,全港扑杀了120万只活禽,并停止从内地进口活禽。深圳及时召集有关专家研究应对措施,同时加强管理,防止香港禽流感传入,对全市养禽场进行地毯式检查,肉菜市场进行彻底消毒。

3. 加强行政执法,确保菜篮子质量

2001年,深圳市进一步加强行政执法工作,确保市民吃上放心菜、放心肉。种植业方面,重点抓好农药经营许可证审批和年审工作,加强农药经营使用管理执法检查,有效地制止了销售假冒伪劣农药、化肥的行为,加强农业植物有害生物的普及及疫情的扑灭工作。畜牧业方面,市、区防疫部门大力加强打击私宰生猪力度,有效地遏制了私宰行为,保证了市民的肉食安全。同时加强了售药经营企业的管理,组织了多次兽药执法检查,净化了兽药市场。水产业方面,认真贯彻新《渔业法》,结合城市环境建设,特别对后海湾这一重点地区,开展了对非法围网的清理整顿。

三、2002年农业农村经济发展思路

2002年全市农业发展的思路是:以创新优势,更上一层楼,率先基本实现社会主义现代化为总目标,以市场需求为导向,以科技进步为动力,认真研究中国加入WTO后深圳农业面临的挑战和机遇,继续调整农业产业结构和产品结构,引导农业企业拓展发展空间,大力发展科技含量高、品质优良、质量安全的农产品。适应中国加入WTO国际市场竞争环境。同时,根据市委提出的2005年、2010年、2030年三个阶段的目标任务,按照深圳农业现代化发展规划有步骤、分阶段地抓好落实,稳步推进农业现代化。

(撰稿:孙虹　审稿:郑小康)

5-1 主要年份农村基本情况

BASIC CONDITIONS IN RURAL AREAS IN MAIN YEARS

项　　目	Item	1990	1995	2000	2001
一、农村基层组织	**Rural Grass-roots Units**				
镇人民政府(个)	Town Government (unit)	18	18	20	19
村民委员会(个)	Village Committees (unit)	250	204	217	218
二、乡镇户数、人口	**Rural Households and population**				
总户数(户)	Total Households (household)	90 143	123 173	119 899	123 937
#农业户数	Agriculture Households	65 185	66 630	73 817	75 494
总人口(人)	Total Population (person)	342 015	392 002	363 216	402 555
#农业人口	Agriculture Population	252 760	243 881	242 413	248 947
三、农业生产条件	**Conditions of Agricultural Production**				
农业机械总动力(万瓦特)	Total Power of Farm Machinery(10 000 w)	13 456	4 034	6 235	5 097
农村用电量(万千瓦小时)	Electricity Consumption in Rural Areas (10 000 kwh)	24 997	113 348	427 824	472 793
四、乡镇从业人员(人)	**Total Rural Employed Persons (person)**	**120 381**	**129 359**	**167 901**	**192 926**
1、按性别分	Grouped by Sex				
男劳动力	Male	53 568	61 080	82 769	94 141
女劳动力	Female	66 813	68 279	85 132	98 785
2、按行业分	Grouped by Sector				
农　业	Agriculture	50 038	26 950	21 202	19 902
工　业	Industry	36 503	48 032	53 897	64 842
建筑业	Construction	1 605	1 865	3 256	2 891
交通运输和邮电通信业	Transportation, Post and Telecommunications	3 991	5 963	7 446	11 772
商饮业和物资供销仓储业	Commerce,Catering Services,Materials Supply,Marketing and Storage	6 759	8 374	16 491	28 622
其他劳动力	Others	21 485	38 175	65 609	64 897
#外出劳动力	Labor Force Leaving	16 488	8 444	14 874	21 307
五、外来劳动力(人)	**Labor Force from the Outside(person)**		**1 263 040**	**1 884 868**	**2 287 460**

5-2 农业总产值(按当年价格计算)

GROSS OUTPUT VALUE OF AGRICULTURE (AT CURRENT PRICES)

(1979—2001)

单位:万元 (10 000 yuan)

年份 Year	农业总产值 Gross Output Value of Agriculture	种植业 Planting	林业 Forestry	牧业 Animal Husbandry	副业 Sideline	渔业 Fishery
全市 Total						
1979	13 106	6 494	85	1 598	4 496	433
1980	16 938	6 913	69	2 186	6 686	1 084
1981	24 181	8 515	153	5 677	7 967	1 869
1982	26 929	9 402	281	7 540	6 962	2 744
1983	29 083	10 930	207	7 832	6 714	3 400
1984	40 416	13 931	912	10 346	7 332	7 895
1985	45 821	15 641	1 371	14 444	6 490	7 875
1986	49 552	18 947	1 259	17 132	1 258	10 956
1987	73 772	26 631	1 678	28 869	2 255	14 339
1988	99 404	32 296	1 315	42 202	3 739	19 852
1989	108 015	31 412	1 253	54 389	1 951	19 010
1990	119 205	37 622	1 716	52 550	3 274	24 043
1991	143 063	40 697	4 097	63 117	4 127	31 025
1992	185 297	57 458	5 637	81 532	4 335	36 334
1993	192 880	49 977	3 519	94 969	5 909	38 506
1994	224 776	54 363	2 334	110 150	5 607	52 322
1995	232 653	58 407	2 207	125 623	3 243	43 173
1996	273 246	70 642	2 989	141 464	6 071	52 080
1997	270 889	73 030	3 792	124 140	5 250	64 676
1998	298 174	79 738	6 773	139 244	6 452	65 967
1999	299 662	91 560	5 312	126 799	7 590	68 401
2000	311 359	95 289	5 560	128 417	9 571	72 522
2001	327 111	105 153	5 060	127 565	13 120	76 213

5-3 农业总产值构成

COMPOSITION OF GROSS OUTPUT VALUE OF AGRICULTURE

(1979—2001)

单位:% (%)

年份 Year	总计 Total	种植业 Planting	林业 Forestry	牧业 Animal Husbandry	副业 Sideline	渔业 Fishery
全市 Total						
1979	100.0	49.6	0.6	12.2	34.3	3.3
1980	100.0	40.8	0.4	12.9	39.5	6.4
1981	100.0	35.2	0.6.	23.5	33.0	7.7
1982	100.0	34.9	1.0	28.0	25.9	10.2
1983	100.0	37.6	0.7	26.9	23.1	11.7
1984	100.0	34.5	2.3	25.6	18.1	19.5
1985	100.0	34.1	3.0	31.5	14.2	17.2
1986	100.0	38.2	2.6	34.6	2.5	22.1
1987	100.0	36.1	2.3	39.1	3.1	19.4
1988	100.0	32.5	1.3	42.5	3.7	20.0
1989	100.0	29.1	1.2	50.3	1.8	17.6
1990	100.0	31.6	1.4	44.1	2.7	20.2
1991	100.0	28.4	2.9	44.1	2.9	21.7
1992	100.0	31.0	3.0	44.0	2.4	19.6.
1993	100.0	25.9	1.8	49.2	3.1	20.0
1994	100.0	24.2	1.0	49.0	2.5	23.3
1995	100.0	25.1	0.9	54.0	1.4	18.6
1996	100.0	25.9	1.1	51.8	2.2	19.0
1997	100.0	27.0	1.4	45.8	1.9	23.9
1998	100.0	26.7	2.3	46.7	2.2	22.1
1999	100.0	30.6	1.8	42.3	2.5	22.8
2000	100.0	30.6	1.8	41.2	3.1	23.3
2001	100.0	32.1	1.6	39.0	4.0	23.3

5-4　农业总产值及其指数

GROSS OUTPUT VALUE OF AGRICULTURE AND ITS INDICES

(1979—2001)

年　份 Year	农业总产值(万元) Gross Output Value of Agriculture (10 000yuan)		指　数(%) Index (%)	
	当年价格 At Current Prices	1990年不变价格 At 1990 Constant Prices	以1979年为100 1979=100	以上年为100 Preceding Year=100
1979	13 106	34 815	100.0	
1980	16 938	29 742	85.4	85.4
1981	24 181	35 434	101.7	119.1
1982	26 929	38 287	110.0	108.1
1983	29 083	37 662	108.2	98.4
1984	40 416	38 518	110.7	102.3
1985	45 821	45 912	131.9	119.2
1986	49 552	53 484	153.7	116.5
1987	73 772	59 791	171.8	111.8
1988	99 404	71 363	205.2	119.4
1989	108 015	79 998	230.0	112.1
1990	119 205	92 121	265.0	115.2
1991	143 063	100 703	289.6	109.3
1992	185 297	99 895	287.3	99.2
1993	192 880	92 772	266.9	92.9
1994	224 776	89 172	256.1	96.1
1995	232 653	90 081	258.7	101.0
1996	273 246	102 873	295.5	114.2
1997	270 889	104 617	300.5	101.7
1998	298 174	109 158	313.5	104.3
1999	299 662	117 754	338.2	107.9
2000	311 359	120 589	346.4	102.4
2001	327 111	125 034	359.2	103.7
年平均增长率 Average Annual Growth Rate			**6.0**	

5-5　农业总产值(按1990年不变价格计算)

GROSS OUTPUT VALUE OF AGRICULTURE(AT 1990 CONSTANT PRICES)(2000—2001)

项　目	Item	2000	2001
农业总产值(万元)	**Gross output Value of Agriculture(10 000 yuan)**	**120 589**	**125 034**
种植业	Planting	33 541	35 112
林　业	Forestry	886	794
牧　业	Animal Husbandry	46 309	48 082
副　业	Sideline	5 405	5 021
渔　业	Fishery	34 448	36 025

5-6 耕地面积及其变动情况

INCREASE AND DECREASE OF AREAS UNDER CULTIVATION

(1979—2001)

单位:万亩 (10 000 mu)

年份 Year	年末实有耕地面积 Year-end Areas under Cultivation	水旱田 Paddy Fields	旱地 Dry Fields	平均每个农业人口有耕地(亩) Cultivated Areas per Agricultural Person (mu)	平均每个农业劳动力有耕地(亩) Cultivated Areas per Agricultural Labor(mu)	当年增加的耕地面积 Newly Increased Cultivated Areas	当年减少的耕地面积 Newly Decreased Cultivated Areas
1979	53.21	41.01	12.20				1.19
1980	49.01	37.56	11.45				4.20
1981	45.98	35.08	10.90				2.83
1982	43.91	33.67	10.24				2.69
1983	42.99	32.87	10.12				1.30
1984	40.14	30.66	9.48				2.97
1985	33.94	25.40	8.54				6.30
1986	32.91	24.90	8.01	1.38	5.83	1.41	2.43
1987	30.98	23.48	7.50	1.24	5.50	0.27	2.21
1988	29.46	22.76	6.70	1.17	5.37	0.11	1.62
1989	28.25	21.80	6.45	1.12	5.69	0.16	1.37
1990	28.01	21.75	6.26	1.11	5.60	0.12	0.36
1991	22.67	16.95	5.72	0.84	4.86	0.03	4.93
1992	15.50	10.26	5.24	0.41	1.21	0.03	7.26
1993	9.05	6.06	2.99	0.38	0.77	0.06	6.61
1994	6.86	4.96	1.90	0.28	2.56	0.23	2.42
1995	6.58	4.86	1.72	0.27	2.44	0.13	0.41
1996	7.66	5.46	2.20	0.32	2.82	1.38	0.30
1997	6.36	4.17	2.19	0.27	2.23	0.20	1.49
1998	6.20	4.70	1.50	0.25	2.25	0.21	0.36
1999	6.03	4.63	1.40	0.24	2.38		0.17
2000	6.03	4.73	1.30	0.25	2.84	0.09	0.09
2001	5.65	4.04	1.61	0.23	2.84	0.04	0.42

5-7 耕地面积指数

INDICES OF AREAS UNDER CULTIVATION

(1980—2001)

单位:% (%)

年 份 Year	以 1979 年为 100 1979=100			以上年为 100 Preceding Year=100		
	耕地面积 Areas Under Cultivation	水旱田 Paddy Fields	旱 地 Dry Fields	耕地面积 Areas Under Cultivation	水旱田 Paddy Fields	旱 地 Dry Fields
1980	92.1	91.6	93.9	92.1	91.6	93.9
1981	86.4	85.5	89.3	93.8	93.4	95.2
1982	82.5	82.1	83.9	95.5	96.0	93.9
1983	80.8	80.2	83.0	97.9	97.6	98.8
1984	75.4	74.8	77.7	93.4	93.3	93.7
1985	63.8	61.9	70.0	84.6	82.8	90.1
1986	61.8	60.7	65.7	97.0	98.0	93.8
1987	58.2	57.3	61.5	94.1	94.5	93.6
1988	55.4	55.5	54.9	95.1	96.9	89.3
1989	53.1	53.2	52.9	95.9	95.8	96.3
1990	52.6	53.0	51.3	99.2	99.8	97.1
1991	42.6	41.3	46.9	80.9	77.9	91.4
1992	29.1	25.0	43.0	68.4	60.5	91.6
1993	17.0	14.8	24.5	58.4	59.1	57.1
1994	12.9	12.1	15.6	75.8	81.8	63.5
1995	12.4	11.9	14.1	95.9	98.0	90.5
1996	14.4	13.3	18.0	116.4	112.3	127.9
1997	12.0	10.2	18.0	83.0	76.4	99.5
1998	11.7	11.5	12.3	97.5	112.7	68.5
1999	11.3	11.3	11.5	97.3	98.5	93.3
2000	11.3	11.5	10.7	100.0	102.2	92.9
2001	10.6	9.8	13.2	93.7	85.4	123.8
年平均增长率 Average Annual Growth Rate	**-9.7**	**-10.0**	**-8.8**			

5-8 农作物播种面积

TOTAL SOWN AREAS OF FARM CROPS

(1979—2001)

单位:亩 (mu)

年 份 Year	一、农作物总播种面积 Total Sown Areas	1、粮食作物合 计 Grain Crops	#稻 谷 Rice	#薯 类 Tubers	2、经济作物合 计 Cash Crops	#花 生 Peanuts
1979	953 300	758 100	683 701	55 095	165 800	107 148
1980	808 500	646 000	601 200	38 663	125 500	100 186
1981	728 400	576 000	546 383	27 457	119 200	96 606
1982	739 500	536 000	506 264	27 219	125 200	97 152
1983	711 300	536 400	505 800	27 700	95 103	65 700
1984	705 078	507 255	476 623	28 036	91 147	68 523
1985	625 716	379 247	352 631	22 690	85 356	61 095
1986	632 747	363 895	337 810	22 755	89 810	60 765
1987	617 290	331 531	303 047	24 911	84 466	57 508
1988	607 146	284 545	261 966	19 370	77 678	51 331
1989	591 309	280 930	260 163	18 897	71 134	51 120
1990	573 090	261 454	240 736	18 177	67 306	52 035
1991	523 174	194 055	170 960	19 529	63 530	49 146
1992	355 244	103 946	87 880	13 348	31 910	30 545
1993	191 711	21 361	12 131	6 711	12 118	9 579
1994	163 838	16 136	5 265	6 029	5 022	4 544
1995	164 870	16 970	6 513	6 814	5 031	3 965
1996	205 078	19 448	5 886	9 444	6 151	4 675
1997	175 250	14 907	3 705	7 183	5 386	3 854
1998	180 525	11 742	3 123	5 946	6 770	3 224
1999	177 372	10 354	2 228	5 381	5 616	2 680
2000	187 401	9 714	1 284	5 559	5 138	2 842
2001	184 038	8 023	740	5 194	4 098	2 568

5-8 续表 continued

年 份 Year	3、其它作物合 计 Other Crops	# 蔬 菜 Vegetable	二、茶园面积 Area of Tea Plantations (year-end)	三、果园面积 Area of Orchards (year-end)	# 柑桔橙 Citrus	# 荔 枝 Litcji
1979	22 813	14 798		55 604	6 248	18 600
1980	28 802	15 712		56 701	8 169	19 760
1981	24 327	17 935		55 353	7 476	21 021
1982	68 296	44 020		56 040	6 331	25 399
1983	72 219	66 048		85 897	15 154	4 687
1984	98 843	86 037		85 567	11 204	39 384
1985	154 494	139 353		108 418	16 889	44 979
1986	172 688	160 467		168 790	38 698	70 782
1987	196 065	185 202		218 396	59 358	91 744
1988	240 104	223 191		236 876	69 972	100 912
1989	235 349	217 929		245 516	71 429	107 979
1990	240 865	231 308		256 110	72 632	109 477
1991	261 772	244 591		254 021	73 350	111 324
1992	217 456	201 422		227 207	60 844	104 390
1993	157 909	144 468		191 838	50 147	92 227
1994	142 640	133 284	460	188 411	44 124	97 613
1995	142 849	135 212	3 003	185 285	36 267	98 358
1996	179 479	167 063	2 976	195 926	32 532	111 332
1997	154 957	145 591	2 968	216 996	26 733	136 123
1998	162 013	153 026	2 440	215 058	26 240	136 006
1999	161 402	152 890	2 435	218 811	22 013	144 201
2000	172 549	166 916	2 355	224 820	19 551	152 804
2001	171 917	168 147	353	209 232	16 406	142 580

5-9 主要农业产品产量

YIELD OF MAJOR FARM CROPS

(1979—2001)

单位:吨 (ton)

年份 Year	粮食 Grain	#稻谷 Rice	#薯类 Tubers	花生 Peanuts	蔬菜 Vegetable	茶叶 Tea	水果 Fruits	#柑桔橙 Citrus	#荔枝 Litcji
1979	132 584	127 559	4 285	6 877	8 639		2 401	157	742
1980	126 461	123 022	3 003	7 323	14 593		2 280	388	1 127
1981	116 489	114 070	2 310	8 641	22 772		3 245	284	1 534
1982	124 189	121 026	3 046	9 276	34 484		2 866	571	798
1983	126 977	122 936	3 906	5 761	74 251		3 575	1 105	839
1984	126 960	123 205	3 595	6 060	107 820		5 752	1 579	1 829
1985	94 465	90 106	4 026	5 208	162 898		6 420	1 726	1 559
1986	92 495	88 369	3 787	5 894	151 629		13 249	3 467	3 522
1987	85 534	80 110	5 081	5 634	159 937		18 180	5 368	1 336
1988	76 263	72 114	3 850	5 275	182 190		21 324	7 931	2 366
1989	82 215	77 928	3 974	5 777	193 367		23 928	10 910	1 293
1990	81 018	75 380	5 161	6 107	227 346		39 986	23 769	4 184
1991	59 138	52 847	5 418	6 284	238 716		52 392	35 195	2 855
1992	32 906	27 924	4 211	3 874	201 517		59 505	36 082	8 230
1993	6 950	3 838	2 077	1 315	151 421		45 807	31 968	2 791
1994	5 166	1 660	1 676	652	141 899	2	42 744	26 949	4 886
1995	4 887	1 848	1 700	613	147 171	4	40 914	22 973	5 674
1996	6 586	1 801	2 557	735	193 966	4	36 961	21 148	5 944
1997	4 990	954	1 793	595	169 683	5	39 775	21 509	7 546
1998	3 781	743	1 367	496	185 747	8	34 310	22 042	2 055
1999	3 412	555	1 235	444	183 517	9	43 183	19 662	13 516
2000	3 700	429	1 579	556	210 479	14	27 498	14 114	4 513
2001	3 966	248	2 331	548	194 849	11	24 835	10 571	5 250

5-10 农作物亩产量

OUTPUT OF FARM CROPS PER MU

(1979—2001)

单位:千克 (kg)

年 份 Year	粮 食 Grain	稻 谷 Rice	薯 类 Tubers	花 生 Peanuts	蔬 菜 Vegetable	茶 叶 Tea	水 果 Fruits	柑桔橙 Citrus
1979	175	187	78	64	584			
1980	196	205	78	73	929			
1981	202	209	84	89	1 269			
1982	232	239	112	95	783			
1983	237	243	141	87	1 124			
1984	251	259	128	88	1 253			
1985	249	256	178	85	1 169			
1986	254	261	166	97	945			
1987	258	264	204	98	864			
1988	268	275	199	103	816			
1989	293	300	210	113	887			
1990	310	313	284	117	983			
1991	305	309	277	128	976			
1992	317	318	315	127	1 000			
1993	325	316	309	137	1 048			
1994	340	324	302	107	1 064	4.76	467	786
1995	288	284	249	155	1 088	6.45	414	765
1996	339	305	271	157	1 161	6.06	345	799
1997	335	257	257	154	1 165	6.30	307	897
1998	322	238	230	154	1 214	3.40	456	840
1999	330	249	230	166	1 200	3.70	322	958
2000	381	334	284	196	1 261	5.94	122	722
2001	494	335	449	213	1 266	31.16	119	644

5-11 畜牧业、林业、渔业

ANIMAL HUSBANDRY, FORESTRY AND FISHERY

(1979—2001)

年 份 Year	畜 牧 业 Animal Husbandry					
	牛年末头数(头) Number of Cattle (Year-end)	# 奶 牛 Milk Cows	山羊年末头数(头) Goats (Year-end)	牛奶产量(吨) Milk Output (ton)	生猪饲养量(万头) Raised Hogs (the whole year) (10 000)	生猪年末存栏量(万头) Raised Hogs (Year-end) (10 000)
1979	25 633	465		1 622	22.90	11.69
1980	24 451	2 365		2 876	15.58	8.42
1981	28 917	3 066		5 214	10.69	6.06
1982	31 301	3 233		6 852	15.61	8.51
1983	31 200	3 642		7 411	17.60	9.40
1984	30 716	4 506		9 830	18.59	8.89
1985	28 474	5 352		10 815	20.34	9.58
1986	27 685	6 204	302	12 837	25.41	12.29
1987	26 587	6 460	278	14 237	36.02	16.94
1988	24 759	6 764	164	13 720	52.20	21.90
1989	24 618	7 384	305	16 729	65.28	24.45
1990	24 105	7 715	109	18 887	59.37	22.58
1991	20 660	7 380	30	20 566	64.23	22.07
1992	16 451	7 059		20 592	61.36	20.89
1993	11 460	7 107		20 255	62.39	20.77
1994	9 780	7 235		20 080	64.49	23.38
1995	9 960	7 955		19 475	68.09	25.76
1996	9 509	8 152		20 420	75.61	27.35
1997	8 900	7 478		18 857	80.26	30.52
1998	8 625	7 575		19 851	89.36	30.09
1999	8 881	7 990	86	22 480	85.98	28.16
2000	9 808	9 094	560	24 926	93.02	26.88
2001	9 661	8 883	460	22 176	92.23	27.08

5-11 续表 1 continued

年 份 Year	畜 牧 业 Animal Husbandry					造林面积 (万亩) Areas of Forestation (10 000 mu)
	肉猪全年出栏量(万头) Slaughtered Fattened Hogs (10 000)	三鸟饲养量 (万只) Raised Poultry (10 000)	# 上市量 On Market	鲜蛋(吨) Fresh eggs (ton)	当年出售肉类总产量(吨) Total Output of Meat Sold (ton)	
1979	11.21	99.59	69.71	57	6 726	1.84
1980	7.16	160.90	112.63	88	4 296	1.65
1981	4.63	321.84	257.42	119	2 778	1.38
1982	7.10	578.61	506.31	265	4 260	2.62
1983	8.20	786.79	586.40	1 352	4 920	2.37
1984	9.70	857.31	686.27	1 137	12 648	1.78
1985	10.76	1 305.20	944.32	1 085	22 932	16.85
1986	13.12	1 548.94	1 115.77	1 169	25 323	4.01
1987	19.08	1 955.78	1 371.76	805	33 935	15.38
1988	30.30	2 634.80	1 892.70	1 335	47 449	13.32
1989	40.83	3 101.80	2 291.00	1 212	65 300	5.33
1990	36.79	3 330.80	2 445.20	1 895	62 513	5.92
1991	42.16	3 522.27	2 964.39	3 462	79 022	13.10
1992	40.47	4 063.21	2 911.96	4 172	74 081	0.62
1993	41.62	3 534.32	2 668.70	2 472	77 254	0.15
1994	41.11	2 988.07	2 280.63	2 100	67 043	1.10
1995	42.33	2 635.46	2 015.59	2 120	70 277	1.85
1996	48.26	2 111.72	1 633.59	1 351	64 280	3.74
1997	49.74	2 142.36	2 142.36	1 333	65 911	6.27
1998	59.27	2 900.24	2 462.97	1 421	82 947	4.93
1999	57.82	3 090.74	2 616.25	1 130	77 608	3.44
2000	66.14	2 340.20	1 953.85	1 546	79 893	3.30
2001	65.15	2 503.53	1 871.64	922	73 495	2.63

5-11 续表 2 continued

年 份 Year	渔 业 Fishery							
	水产品生产总量(吨) Total Output of Aquatic Products(ton)	1、海水产品 Seawater Aquatic Products	#鱼 类 Fish	2、淡水产品 Freshwater Aquatic Products	#鱼 类 Fish	养殖面积(万亩) Cultured Areas of Aquatic (10 000 mu)	1、海水面积 Seawater	2、淡水面积 Freshwater
1979	7 039	6 068		971				1.13
1980	7 667	5 315		2 352				3.27
1981	7 410	5 048		2 362				3.54
1982	10 406	6 128		4 278				4.24
1983	12 303							
1984	16 086							4.68
1985	16 762	4 485		12 277				8.84
1986	23 654	5 595	3 716	18 059		19.33	7.88	11.45
1987	26 889	17 363		9 526		21.16	13.40	7.76
1988	31 535	20 923	16 515	10 612	6 860	20.92	7.53	13.39
1989	32 148	20 153	16 454	11 995	11 995	21.36	14.18	7.18
1990	38 587	24 239	18 420	14 348	13 793	21.88	14.73	7.15
1991	41 740	12 076	8 402	29 664	29 664	16.91	7.81	9.10
1992	44 349	27 558	18 488	16 791	15 836	18.77	13.64	5.13
1993	31 104	11 527	8 423	19 577	19 577	11.77	5.90	5.87
1994	28 196	10 661	6 733	17 535	17 535			
1995	37 394	30 041	26 438	7 353	7 353			
1996	41 183	21 957	17 718	19 226	19 188	16.00	13.60	2.40
1997	55 569	47 687	32 229	7 882	7 773	13.47	10.82	2.65
1998	58 315	50 352	32 371	7 963	7 962	13.61	10.52	3.09
1999	59 764	52 410	34 888	7 354	7 334	11.19	8.16	3.03
2000	59 881	51 191	31 649	8 690	8 690	11.41	8.50	2.91
2001	65 784	56 566	32 850	9 218	9 218	10.84	7.20	3.64

5-12 农村经济收益及其指数

ANNUAL INCOME AND ITS INDICES IN RURAL AREA

(1979—2001)

年份 Year	农村经济总收入(万元) Total Income of Rural Area (10 000 yuan)	农民纯收入总额(万元) Total Net Income of Rural Residents (10 000 yuan)	农民人均纯收入(元) Per Capita Net Income of Rural Residents (yuan)	劳平纯收入(元) Net Income Per Rural Laborer (yuan)	以上年为100 Preceding Year=100 农村经济总收入(%) Total Income of Rural Area (%)	农民纯收入总额(%) Total Net Income of Rural Residents (%)	农民人均纯收入(%) Per Capita Net Income of Rural Residents (%)	劳平纯收入(%) Net Income Per Rural Laborer (%)
1979	8 617	3 469	152	350				
1980	11 196	4 650	208	482	129.9	134.0	136.8	137.7
1981	17 753	5 196	230	524	158.6	111.7	110.6	108.7
1982	22 121	8 964	393	882	124.6	172.5	170.9	168.3
1983	31 572	10 982	469	1 146	142.7	122.5	119.3	129.9
1984	55 913	15 370	656	1 573	177.1	140.0	139.9	137.3
1985	87 188	17 648	750	1 777	155.9	114.8	114.3	113.0
1986	102 522	20 786	894	2 110	117.6	117.8	119.2	118.7
1987	141 944	25 565	1 097	2 552	138.5	123.0	122.7	120.9
1988	193 185	31 016	1 317	3 040	136.1	121.3	120.1	119.1
1989	247 496	38 394	1 622	3 678	128.1	123.8	123.2	121.0
1990	297 194	46 124	1 954	4 335	120.1	120.1	120.5	117.7
1991	376 185	54 342	2 270	4 934	126.6	117.8	116.2	113.8
1992	513 527	69 252	2 833	6 041	136.5	127.4	124.8	122.4
1993	604 519	63 047	3 050	6 287	117.7	91.0	107.7	104.1
1994	689 319	81 861	3 692	7 025	114.0	129.8	121.0	111.7
1995	813 398	101 777	4 517	7 868	118.0	124.3	122.3	112.0
1996	904 268	124 269	5 415	10 761	111.2	122.1	119.9	136.8
1997	1 005 883	138 898	6 256	9 129	111.2	111.8	115.5	84.8
1998	1 107 365	162 450	7 350	10 494	110.1	117.0	117.5	115.0
1999	1 189 015	176 456	8 131	14 116	107.4	108.6	110.6	98.2
2000	1 184 526	199 281	9 270	16 334	108.0	112.9	114.0	115.1
2001	1 251 050	211 203	9 869	17 312	105.6	106.0	106.5	106.0
年平均增长率 Average Annual Growth Rate					**25.9**	**20.5**	**20.9**	**19.4**

5-13 农村经济收益分配情况

DISTRIBUTION OF ANNUAL INCOME IN RURAL AREA

(2001)

单位:万元 (10 000 yuan)

指标	Item	合计 Total	宝安 Baoan	龙岗 Longgang
一、镇村经济总收入	**Total Income of Rural Area**	**1 251 050**	**570 316**	**680 734**
#农业	Agriculture	31 050	11 151	19 899
工业	Industry	777 887	338 641	439 246
建筑业	Construction	34 002	13 059	20 943
交通运输业	Transportation	37 368	23 304	14 064
商业、饮食业	Commerce and Catering Trade	62 396	27 532	34 864
服务业	Services	31 230	16 228	15 002
其他	Others	218 901	113 961	104 940
二、镇村经济总费用	**Total Expenditure of Rural Area**	**773 389**	**352 739**	**420 650**
#生产费	Productive Expenditure	402 260	153 791	248 469
管理费	Management Expenditure	162 957	78 904	84 053
三、镇村可分配净收入总额	**Net Income of Rural Area Available for Distribution**	**467 661**	**217 577**	**250 084**
#国家税金	Taxes	40 325	15 799	24 526
企业各项留利	Profits	89 481	27 018	62 463
乡村集体所得	Collective Income	149 332	98 643	50 689
农民经营所得	Income from Household Business Operation	166 548	86 418	80 130
四、农民从集体再分配收入	**Income of Rural Residents from Collective Redistribution**	**44 655**	**32 099**	**12 556**
五、农民纯收入总额	**Total Net Income of Rural Residents**	**211 203**	**118 517**	**92 686**
六、农民人均纯收入(元)	**Per Capita Net Income of Rural Residents(yuan)**	**9 869**	**10 677**	**8 991**
七、劳平纯收入(元)	**Net Income per Rural Laborer(yuan)**	**17 312**	**17 176**	**17 488**
八、户平纯收入(元)	**Net Income per Rural Household (yuan)**	**29 747**	**30 389**	**28 964**

六、固定资产投资

2001年固定资产投资及2002年展望

2001年深圳市国民经济持续健康发展，经济效益和投资环境进一步改善。全社会固定资产投资保持平稳的增长趋势，投资结构合理，投资方向符合"推进产业结构优化升级"的发展目标。

一、2001年固定资产投资运行概况

1. 投资规模保持平稳增长

2001年，深圳市完成全社会固定资产投资总额673.37亿元，比上年增长8.7%。其中：基本建设完成284.40亿元，占42.2%，比上年增长2.3%；更新改造完成33.89亿元，占5.0%，比上年增长7.2%；房地产开发完成投资302.64亿元，占44.9%，比上年增长16.0%；集体投资完成43.12亿元，占6.4%，比上年增长6.5%；个体私人完成6.92亿元，占1.0%，比上年增长8.8%。从全年来看，投资增幅呈逐月稳步攀升的趋势。从以上分类来看，房地产开发投资增速稳健，支撑了全社会固定资产投资增长的局面。

2. 投资结构进一步优化

2001年，继续加大对工业、城市基础设施等方面的投资力度。基本建设中工业完成投资82.71亿元，比上年增长9.6%。工业投资向高新技术产业倾斜，重点投向超大规模集成电路、网络与通讯设备、数字视听产品和软件产业，上了一批对科技进步和经济发展具有重大影响的项目。如超大规模集成电路生产基地、华为公司的CDMA基站系统开发项目、中国科健公司的三星科健移动通讯CDMA项目（一期）、中国科健公司的科健光通讯系列产品项目、特发信息公司的IP over SDH高速网络设备等。全社会高新技术产业完成投资49.38亿元，比上年增长3.9%。

基本建设在基础设施方面完成投资147.69亿元，比上年增长3.1%。城市基础设施的建设主要表现在城市公共交通设施、城市道路、桥梁、给排水、电力及邮电通讯等方面。如深圳地铁一期工程的建设，成为重中之重。

3. 资金到位率提高

2001年，已到位的资金高于完成投资的13.1%，比上年高出1.6个百分点。资金来源方面，企业自筹占39.7%，比重上升3.7个百分点；政府投资占40.6%，比重下降27.5个百分点；银行贷款占13.0 %，比重上升7.0个百分点；利用外资占4.8%，比重下降2.0个百分点。从资金的投向上，企业自筹资金主要投向高新工业产品的建设项目上，政府投资（市区财政、国土基金）主要在城市基础设施上。这些资金的及时到位，保证了各项目的顺利进行。特别是政府投资资金，在引导作用方面发挥了积极的效应。

4. 更新改造投资中技术含量高

更新改造完成33.89亿元，比上年增长7.2%。用高新技术对工业生产线进行改造的投资10.31亿元，占30.4%。从投资用途角度观察，为了增产而进行的投资16.14亿元，占47.6%；为增加品种完成的投资11.79亿元，占34.8%；为节约能源完成的投资3.89亿元，占11.5%；为提高产品质量完成投资1.72亿元，占5.1%；其他0.35亿元。用高新技术改造工业企业是未来深圳市更新改造投资热点。

从深圳市成立以来的投资发展状况看，2001年，全市固定资产投资增长乏力，比国内生产总值的增幅低4.5个百分点，比"九五"时期的平均增长速度低了8.9%。更新改造投资比重依然偏低。

二、对2002年固定资产投资的展望

预计2002年全社会固定资产投资增长11%以上。展望2002年的固定资产投资运行情况，必须进一步做好以下三个方面的工作：

1. 要加大政府投资力度，确保政府投资项目的完成

市、区两级政府将拿出200亿元，重点投向高新技术产业、物流园区、地铁、会展中心、文化教育、环保等公共基础设施领域，同时进一步加大政策扶持力度、积极启动民间投资、加快为民营企业提供

融资服务的机构的发展，疏通民间投资的融资渠道。

2. 要加快重大项目建设

政府初步确定2002年安排重大建设项目96个,年度投资214.45亿元。必须切实抓紧重大项目前期工作,加快重大项目的引进和建设,及时解决重大项目建设过程中出现的问题和困难,确保固定资产投资较快增长。树立抓大事、抓大项目的观念，加大关系到产业发展全局的重大项目的培育力度，逐步形成以大项目支撑投资形势的格局。

3. 要以新一轮“同富裕工程”为契机,加大农村集体投资力度

2002年深圳会连续实施新一轮“同富裕工程”,要在确保完成“同富裕工程”政府投资前提下,努力发挥镇、村集体及私人的投资积极性,加大集体、个体投资力度。

(撰稿:甘腾芳 程海伟　审稿:郑小康)

2001年深圳房地产市场回顾及2002年预测

继"九五"时期房地产业发展的良好态势，2001年深圳房地产市场在众多利好消息的影响下，呈现出积极的发展态势。房地产开发投资持续高速增长，市场规模稳步放大，结构继续改善；市场供需基本平衡，在激烈的竞争中，市场份额逐渐向具有资金实力和诚信度好的企业集中。

一、2001年房地产市场基本情况

1. 房地产开发投资高速增长，市场规模稳步放大

2001年全市房地产开发投资突破300亿大关，全年完成房地产开发投资302.64亿元，比上年增长16.0%，高出全社会固定资产投资增幅7.3个百分点，推动固定资产投资增长6.8个百分点，成为全社会固定资产投资增长的重要推动力。同时，房地产开发投资额首次高于基本建设投资额，占全社会固定资产投资的比重由"九五"时期的37.8%上升为44.9%，上升了7.1个百分点。商品房施工面积2392.77万平方米，比上年增长12.1%。企业投资热情高涨，2001年全市房地产企业土地购置面积347.81万平方米，比上年增长71.9%，土地购置费71亿元，比上年增长92.6%，表明房地产企业正在积极进行土地储备，房地产市场整体向好。

2. 房地产开发资金状况良好

2001年统计数据显示，贷款、自筹资金、其他资金（主要是定金及预收款）是房地产开发投资的主要资金来源，尤其自筹资金和其他资金占2001年房地产开发投资资金来源的71.5%，说明房地产业的高速增长，是建立在行业健康发展基础上的，也凸显了房地产开发企业的实力。

3. 商品房价格稳中略升，供需基本平衡

2001年全市商品房平均价格5880元/平方米，比上年增长2.8%，其中住宅5517元/平方米，增长4.6%；办公楼16120元/平方米，增长47.2%；商业用房12627元/平方米，增长22.5%，其他4135元/平方米，增长29.8%。商品房价格上升与供需结构密切相关。

2001年商品房供应稳步增长。全年竣工商品房727.97万平方米，比上年增长15.2%。按用途分住宅573.21万平方米，增长9.3%；写字楼27.74万平方米，增长1.4倍；商业用房53.84万平方米，与上年基本持平；其他73.18万平方米，增长80.1%。

从需求方面看，2001年全市商品房需求呈现销售与出租并举，一、二、三级市场全面繁荣的局面。虽然商品房销售面积比上年略有下降，但现楼销售面积高于楼花预售面积，出租面积也呈较大幅度的增长。全年商品房现楼销售面积380.86万平方米，比上年下降0.4%，楼花预售面积272.99万平方米，下降13.8%；商品房出租面积189.53万平方米，增长28.9%。表明2001年全市商品房供需基本平衡。

4. 产品结构和市场结构调整逐渐深入

深圳房地产市场是我国最早进行市场化运作的市场，政府行为更为规范，市场主体的投资和消费行为也更为理性，在市场的作用下，产品结构和市场结构调整逐渐深入。体现在三个方面：一是形成了以住宅为龙头的房地产市场，2001年这一趋势更为明显。全年住宅施工面积1790.49万平方米，增长13.5%，高于全市商品房施工面积增幅1.4个百分点。住宅新开工面积792.23万平方米，比上年增长62.5%，高于新开工面积增幅7.7个百分点；二是个人购房已成为推动房地产市场发展的主要动力。近几年个人购房比重不断提高，2001年个人购买现楼336.58万平方米，比上年增长12.2%，个人购房比重比上年提高了9.9个百分点；个人购买楼花面积219.4万平方米，比上年增长3.2%，个人购房比重比上年提高13.2个百分点；三是房地产市场在区域之间进行有效的调整，在不同的时期分别形成了罗湖→福田→南山开发热点，目前房地产开发热点有进一步向龙岗区发展的趋势。1996－2001年各区商品房施工面积、销售面积占全市商品房施工面积、销售面积的比重见下表。

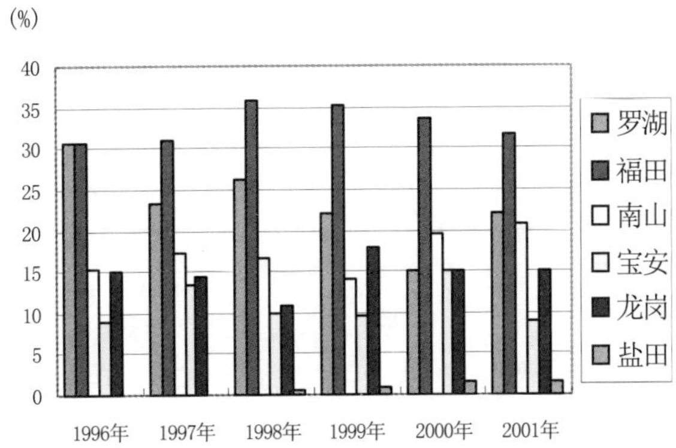

图 1　各区商品房销售面积比重变化图示

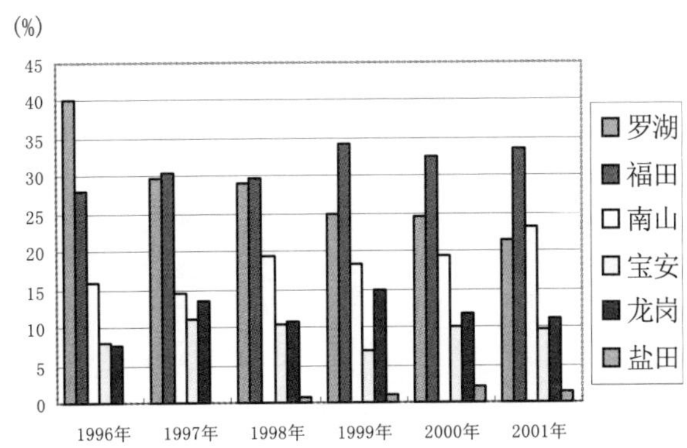

图 2　各区商品房施工面积比重变化图示

5. 在激烈的竞争中,市场份额逐渐集中

近几年，深圳市相继出台了一系列政策性强、社会影响大的房地产政策,尤其是提高了开发商的准入门槛,形成了更为公开、透明、有序的竞争环境,使深圳房地产市场份额向具有资金实力和诚信度高的企业集中。2001 年统计调查数据显示,施工规模在 20 万平方米以上的房地产企业 21 家,占调查数的 6%, 但其施工面积占全市施工面积的 36%, 利润总额占全市的 42.6%， 销售收入占全市的 31.8%,销售面积占全市的 27.3%。

二、影响深圳房地产市场的几个因素

1. 宏观经济形势

2001 年在西方主要国家经济不景气的情况下, 中国经济仍保持了 7%的增长， 预计 2002 年我国经济仍将保持高速增长。从国际经济环境分析,2002 年 2 月份统计数据显示美国经济指数已连续 4 个月回升,失业率下降,表明美国经济加快复苏,必将对我国经济增长产生良好影响。

2. 政策环境

2001 年是国家出台相关产业发展政策最多的一年,2002 年初又出台了多项有利于房地产业发展的政策。如:人民币存货款利率再次下降;国家计委、国家建设部近日大幅度降低住房交易手续费标准;广东省政府批准调整涉及房地产市场的十五项行政收费；酝酿多年的投资体制改革进入倒计时,大规模启动民间资本指日可待。国家仍将实施积极的财政政策,立足于扩大内需来推动中国经济的增长。房地产开发投资对固定资产投资增长起着重要的推动作用,房地产业面临空前的发展机遇。

3. 城市综合竞争力不断增强

随着深圳综合实力的增强，投资环境不断改善,将吸引更多的海内外资金、企业和人才进入深圳，有利于深圳房地产投资和消费的进一步扩张。2001 年深圳实现国内生产总值 1954.17 亿元,仅次于上海、北京、广州,居全国大中城市的第四;人均国内生产总值 5237 美元,居全国第一。深圳是移民城市,消费及投资观念均具有超前性,支持了深圳房地产企业的进一步扩张。

4. 地缘优势

香港与深圳一河之隔，但两地楼价差距很大,随着粤港经济一体化进程的加快,以及深港全天候通关预期的强烈化，港人到深圳置业的欲望强烈,构成深圳乃至珠江三角洲楼市的重要购买力。

5. 中国加入 WTO 将为深圳房地产市场的持续发展注入新的动力和活力。

三、2002 年深圳房地产市场预测

2001 年深圳房地产市场投资与销售高位运行,但增长趋势已明显放缓。考虑到深圳房地产市场所处的政治,经济和社会背景,未来发展将由三股合力推动。第一是房地产产品数量的扩张和质量的提高所产生的合力;第二是房地产市场的增量房屋交易和存量房屋交易所形成的合力;第三是住房消费和住房投资对房地产业发展所产生的合力。预计 2002 年乃至较长时期，深圳房地产市场将持续、健康、平稳发展。2002 年房地产开发投资将保持高速增长,增幅可达 15%左右,市场规模进一步扩大;增量商品房将保持 2001 年的销售规模，存量商品房销售会有较大幅度的增长,形成二级市场和三级市场的良性互动,住宅仍是消费的主体,个人购房比重将进一步提高,商品房价格波动幅度不会太大。

（撰稿:朱　青　审稿:郑小康）

6-1 全社会固定资产投资额

TOTAL INVESTMENT IN FIXED ASSETS

(1979-2001)

单位:万元 (10 000 yuan)

年　份 Year	全社会固定资产投资额 Total Investment in Fixed Assets	基本建设 Capital Construction	更新改造 Technical Updates and Transformation	房地产开发 Investment in Commodity Houses	集体经济单位 Collective-owened Units	城乡私人建房 Buildings Construction by Individuals	其他 Others
1979	5 938	4 988	90		860		
1980	13 801	12 487	390		924		
"六五"时期 The Sixth Five-year Plan Period	**739 561**						
1981	29 684	27 039			1 137	1 508	
1982	73 750	63 265	515		2 709	7 261	
1983	108 320	88 593	2 450		8 474	8 803	
1984	194 572	155 466	700		23 696	14 710	
1985	333 235	276 125	2 105		39 015	15 990	
"七五"时期 TheSeventhFive-year Plan Period	**2 049 076**						
1986	248 551	191 490	10 140		32 840	12 311	1 770
1987	285 193	215 701	3 009		47 277	15 078	4 128
1988	436 191	347 307	2 572		49 678	32 840	3 794
1989	499 919	435 438	9 140		30 465	15 405	9 471
1990	579 222	427 134	24 661	67 842	25 914	20 943	12 728
"八五"时期 The Eighth Five-year Plan Period	**9 222 065**						
1991	793 620	528 725	36 949	136 896	59 741	31 309	
1992	1 410 128	741 573	44 678	342 706	223 405	57 766	
1993	1 950 507	1 222 146	20 794	500 332	151 916	55 319	
1994	2 309 567	1 281 065	66 191	794 754	119 369	48 188	
1995	2 758 243	1 401 235	70 484	1 030 368	185 967	70 189	
"九五"时期 The Ninth Five-year Plan Period	**23 902 699**						
1996	3 275 270	1 569 208	113 836	1 248 251	262 762	81 213	
1997	3 930 657	2 015 620	167 033	1 366 545	279 365	98 459	3 635
1998	4 803 901	2 395 732	201 514	1 674 854	381 675	131 038	19 088
1999	5 695 878	2 724 871	274 707	2 152 541	397 505	106 857	23 380
2000	6 196 993	2 779 690	316 008	2 609 694	404 647	63 574	24 000
"十五"时期 The Tenth Five-year Plan Period							
2001	6 733 749	2 844 010	338 886	3 026 364	431 227	69 176	24 086
累计　Total	42 666 889	21 748 908	1 706 852	14 951 147	3 160 568	957 937	141 477

6-2 全社会固定资产投资额指数

INDICES OF TOTAL INVESTMENT IN FIXED ASSETS

(1980-2001)

(以上年为 100) (preceding year=100)

年 份 Year	全社会固定资产投资额 Total Investment in Fixed Assets	基本建设 Capital Construction	更新改造 Technical Updates and Transformation	房地产开发 Investment in Commodity Houses	集体经济单位 Collective-owened Units	城乡私人建房 Buildings Construction by Individuals	其他 Others
1980	232.4	250.3	433.3		107.4		
1981	215.1	216.5			123.1		
1982	248.5	234.0			238.3	481.5	
1983	146.9	140.0	475.7		312.8	121.2	
1984	179.6	175.5	28.6		279.6	167.1	
1985	171.3	177.6	300.7		164.6	108.7	
1986	74.6	69.3	481.7		84.2	77.0	
1987	114.7	112.6	29.7		144.0	122.5	233.2
1988	152.9	161.0	85.5		105.1	217.8	91.9
1989	114.6	125.4	355.4		61.3	46.9	249.6
1990	115.9	98.1	269.8		85.1	135.9	134.3
1991	137.0	123.8	149.8	201.8	230.5	149.5	
1992	177.7	140.3	120.9	250.3	374.0	184.5	
1993	138.3	164.8	46.5	146.0	68.0	95.8	
1994	118.4	104.8	318.3	158.8	78.6	87.1	
1995	119.4	109.4	106.5	129.6	155.8	145.7	
1996	118.7	112.0	161.5	121.1	141.3	115.7	
1997	120.0	128.4	146.7	109.5	106.3	121.2	
1998	122.2	118.9	120.6	122.6	136.6	133.1	525.1
1999	118.6	113.7	136.3	128.5	104.1	81.5	122.4
2000	108.8	102.0	115.0	121.2	101.8	59.5	102.7
2001	108.7	102.3	107.2	116.0	106.6	108.8	100.4

6-3 全社会新增固定资产

NEWLY INCREASED FIXED ASSETS

(1979-2001)

单位:万元 (10 000 yuan)

年 份 Year	合 计 Total	基本建设 Capital Construction	更新改造 Technical Updates and Transformation	房地产开发 Investment in Commodity Houses	集体经济单位 Collective-owened Units	城乡私人建房 Buildings Construction by Individuals	其他 Others
1979	3 201	2 243	98		860		
1980	7 753	6 654	175		924		
"六五"时期 The Sixth Five-year Plan Period	**482 682**						
1981	19 032	16 387			1 137	1 508	
1982	42 369	31 756	643		2 709	7 261	
1983	81 902	62 576	2 049		8 474	8 803	
1984	149 020	110 087	527		23 696	14 710	
1985	190 359	134 696	658		39 015	15 990	
"七五"时期 TheSeventhFive-year Plan Period	**1 410 599**						
1986	192 016	151 486	5 359		22 860	12 311	
1987	185 758	133 910	2 602		33 745	15 078	423
1988	269 475	191 734	1 752		44 083	31 906	
1989	384 183	332 699	5 350		29 876	15 405	853
1990	379 167	260 718	10 749	68 252	15 949	20 943	2 556
"八五"时期 The Eighth Five-year Plan Period	**5 443 591**						
1991	573 793	387 315	31 324	83 594	40 251	31 309	
1992	682 768	332 281	22 055	126 174	144 492	57 766	
1993	1 010 590	633 055	2 711	212 568	106 937	55 319	
1994	1 542 090	937 960	84 681	342 361	117 441	59 647	
1995	1 634 350	729 913	36 725	652 570	144 953	70 189	
"九五"时期 The Ninth Five-year Plan Period	**19 443 242**						
1996	2 549 663	939 154	107 401	1 246 877	175 018	81 213	
1997	2 997 015	1 458 695	174 104	1 044 707	219 911	98 459	1 139
1998	3 865 634	1 600 634	153 238	1 676 557	289 173	131 038	14 994
1999	4 556 303	1 930 945	227 149	1 894 736	378 444	106 857	18 172
2000	5 474 627	2 254 230	302 154	2 493 228	338 280	63 574	23 161
"十五"时期 The Tenth Five-year Plan Period							
2001	5 378 592	1 786 965	243 273	2 727 522	504 670	69 176	46 986
累计 Total	**32 169 660**	**14 426 093**	**1 414 777**	**12 569 146**	**2 682 898**	**968 462**	**108 284**

6-4 全社会房屋施工建筑面积

FLOOR SPACE OF BUILDINGS UNDER CONSTRUCTION

(1979-2001)

单位:万平方米 (10 000 sq.m)

年份 Year	合计 Total	基本建设 Capital Construction	更新改造 Technical Updates and Transformation	房地产开发 Investment in Commodity Houses	集体经济单位 Collective-owened Units	城乡私人建房 Buildings Construction by Individuals	其他 Others
1979		29.26					
1980		52.36					
1981		96.88					
1982		250.71					
1983		368.40					
1984		644.59					
1985		1 030.94					
1986	940.39	771.29	7.00		93.21	68.89	
1987	887.21	642.48	2.10		152.09	90.54	
1988	1 161.77	888.29	1.51		174.69	97.28	
1989	1 088.02	926.36	9.83		103.68	48.15	
1990	772.42	408.71	22.29	228.39	57.20	55.83	
1991	1 128.70	533.66	14.96	339.33	139.96	100.79	
1992	1 494.09	532.45	0.93	630.35	183.91	146.45	
1993	1 848.31	566.70	0.34	925.35	248.91	107.01	
1994	1 998.73	704.15	0.93	932.71	267.84	93.10	
1995	2 733.57	951.68	47.07	1 371.04	260.04	103.74	
1996	2 878.53	965.41	9.66	1 495.27	301.92	106.27	
1997	2 775.82	847.14	9.25	1 454.17	336.10	129.16	
1998	3 218.81	862.96	6.64	1 656.65	508.69	170.47	13.40
1999	3 369.43	829.19	2.05	1 834.13	530.03	149.03	25.00
2000	3 591.22	790.57	5.75	2 134.95	573.76	77.43	8.76
2001	4 137.47	977.07	12.39	2 392.77	644.29	82.20	28.75

6-5 全社会房屋竣工建筑面积

FLOOR SPACE OF BUILDINGS COMPLETED

(1979-2001)

单位:万平方米 (10 000 sq.m)

年 份 Year	合 计 Total	基本建设 Capital Construction	更新改造 Technical Updates and Transformation	房地产开发 Investment in Commodity Houses	集体经济单位 Collective-owened Units	城乡私人建房 Buildings Construction by Individuals	其他 Others
1979		13.01					
1980		34.63					
1981		54.59					
1982		92.67					
1983		146.86					
1984		266.63					
1985		320.94					
1986	453.07	297.27	4.17		82.74	68.89	
1987	464.69	240.58	0.63		132.94	90.54	
1988	567.38	321.99			148.11	97.28	
1989	563.01	419.52	3.32		92.02	48.15	
1990	347.33	142.90	2.99	97.32	45.29	58.83	
1991	504.81	166.58	4.60	116.05	116.79	100.79	
1992	635.21	189.92	0.53	151.32	146.99	146.45	
1993	672.89	212.91	0.34	173.28	179.35	107.01	
1994	676.84	222.06	0.16	204.32	157.20	93.10	
1995	838.46	262.02	19.55	311.55	141.60	103.74	
1996	964.52	294.65	3.77	394.32	165.51	106.27	
1997	942.91	303.29	1.89	327.04	181.53	128.91	0.25
1998	1 211.89	266.63	4.96	463.31	302.02	170.47	4.50
1999	1 267.00	307.22	1.28	502.15	302.16	149.03	5.16
2000	1 287.21	243.74	3.06	632.05	324.23	77.43	6.70
2001	1 526.90	297.60	7.41	727.97	389.82	82.20	21.90

6-6 全社会竣工房屋价值

VALUE OF BUILDINGS COMPLETED

(1979—2001)

单位:万元 (10 000 yuan)

年份 Year	合计 Total	基本建设 Capital Construction	更新改造 Technical Updates and Transformation	房地产开发 Investment in Commodity Houses	集体经济单位 Collective-owened Units	城乡私人建房 Buildings Construction by Individuals	其他 Others
1979		1 207					
1980		4 607					
1981		9 189					
1982		20 865					
1983		37 164					
1984		79 318					
1985		103 970					
1986	157 701	112 918	1 557		30 915	12 311	
1987	151 670	92 746	214		43 632	15 078	
1988	348 453	263 936			51 677	32 840	
1989	276 535	229 764	1 450		29 916	15 405	
1990	210 323	97 015	2 455	66 676	23 234	20 943	
1991	308 940	108 924	13 586	99 649	55 472	31 309	
1992	601 150	169 894	267	160 027	213 196	57 766	
1993	640 545	228 558	490	237 913	118 265	55 319	
1994	784 100	287 106	299	333 945	114 562	48 188	
1995	1 343 491	359 878	20 502	753 927	138 995	70 189	
1996	1 825 063	409 095	9 607	1 135 867	189 281	81 213	
1997	1 745 964	552 222	3 353	914 166	177 407	98 459	357
1998	2 416 223	544 777	8 700	1 465 010	257 198	131 038	9 500
1999	2 670 993	524 501	2 536	1 474 413	277 717	105 809	286 017
2000	2 955 291	536 982	12 980	2 059 424	273 324	62 844	9 737
2001	2 795 702	552 557	12 386	1 766 694	374 104	69 176	20 785

6-7 全社会住宅投资

INVESTMENT IN RESIDENTIAL HOUSING

(1979-2001)

单位:万元 (10 000 yuan)

年份 Year	合计 Total	基本建设 Capital Construction	更新改造 Technical Updates and Transformation	房地产开发 Investment in Commodity Houses	集体经济单位 Collective-owened Units	城乡私人建房 Buildings Construction by Individuals	其他 Others
1979		914					
1980		2 838					
1981		6 428					
1982		19 021					
1983		27 640					
1984		38 372	34				
1985		64 827	36				
1986	46 940	32 656	15		2 918	11 351	
1987	54 629	36 269	88		4 228	14 044	
1988	114 993	78 522			4 745	31 726	
1989	123 617	101 466	189		7 478	14 484	
1990	164 518	92 429	20	50 554	1 663	19 852	
1991	315 480	173 346	425	100 094	11 704	29 911	
1992	703 879	342 331	519	268 007	40 464	52 558	
1993	582 283	161 494	100	337 090	33 836	49 763	
1994	616 790	177 141		359 373	38 907	41 369	
1995	795 949	187 993	2 296	487 022	53 108	65 530	
1996	859 803	153 068	6 220	544 541	85 575	70 399	1 000
1997	1 135 054	146 509	1 766	855 049	47 015	84 715	
1998	1 500 548	261 719	4 800	998 850	107 458	116 617	11 104
1999	1 874 853	259 989	1 065	1 413 106	84 424	101 817	14 452
2000	2 185 195	217 496	3 346	1 786 789	115 320	61 344	900
2001	2 341 654	220 698	6 316	1 967 062	69 616	67 631	10 331

6-8 全社会住宅施工建筑面积

FLOOR SPACE OF RESIDENTIAL HOUSING UNDER CONSTRUCTION

(1979-2001)

单位:万平方米 (10 000 sq.m)

年 份 Year	合 计 Total	# 基本建设 Capital Construction	# 更新改造 Technical Updates and Transformation	# 房地产开发 Investment in Commodity Houses	# 集体经济单位 Collective-owened Units	# 城乡私人建房 Buildings Construction by Individuals
1979		13.41				
1980		27.81				
1981		43.34				
1982		128.30				
1983		155.68				
1984		258.52				
1985		362.70				
1986	366.59	284.92	0.37		12.46	68.84
1987	339.69	228.10	0.15		24.30	87.14
1988	447.03	342.03			18.04	86.96
1989	434.43	364.58	0.99		23.78	45.08
1990	359.73	133.49	0.03	158.86	10.13	57.22
1991	604.58	190.63	8.77	252.61	54.70	97.87
1992	920.04	200.16	0.79	480.23	105.72	133.14
1993	1 032.92	231.73	0.20	640.19	65.82	94.98
1994	1 090.32	324.46		614.40	64.72	86.74
1995	1 443.72	406.46	8.33	844.17	86.94	98.72
1996	1 474.14	325.21	2.33	940.61	107.50	98.49
1997	1 465.45	285.19	1.29	966.19	102.35	110.43
1998	1 866.76	400.22	0.65	1 146.97	149.25	159.73
1999	1 944.88	274.59	0.10	1 355.62	157.23	143.95
2000	2 059.39	247.72	0.31	1 576.89	159.26	73.43
2001	2 261.63	248.35	3.40	1 790.49	120.41	81.38

6-9 全社会住宅竣工建筑面积

FLOOR SPACE OF RESIDENTIAL HOUSING COMPLETED

(1979-2001)

单位:万平方米 (10 000 sq.m)

年 份 Year	合 计 Total	# 基本建设 Capital Construction	# 更新改造 Technical Updates and Transformation	# 房地产开发 Investment in Commodity Houses	# 集体经济单位 Collective-owened Units	# 城乡私人建房 Buildings Construction by Individuals
1979		5.26				
1980		17.85				
1981		23.41				
1982		45.57				
1983		62.42				
1984		123.76				
1985		139.31				
1986	197.15	116.73	0.21		11.37	68.84
1987	199.09	89.58	0.15		22.22	87.14
1988	245.10	143.83			14.31	86.96
1989	236.98	169.86	0.99		21.05	45.08
1990	183.24	55.77	0.03	62.87	7.35	57.22
1991	301.08	64.25	4.60	87.13	47.23	97.87
1992	405.75	65.27	0.39	120.34	86.61	133.14
1993	371.75	110.50	0.20	128.14	37.93	94.98
1994	373.77	112.48		141.44	33.11	86.74
1995	485.23	116.87	4.43	216.38	49.73	97.82
1996	565.86	156.14	2.33	250.51	58.39	98.49
1997	512.24	102.00	0.40	243.19	56.22	110.43
1998	729.48	120.01	0.65	356.30	89.09	159.73
1999	800.60	140.18		412.46	103.64	143.95
2000	755.59	68.73		524.55	88.48	73.45
2001	852.58	120.57	0.93	573.21	61.74	81.39

6-10 全社会住宅竣工价值

VALUE OF RESIDENTIAL HOUSING COMPLETED

(1979-2001)

单位:万元 (10 000 yuan)

年份 Year	合计 Total	# 基本建设 Capital Construction	# 更新改造 Technical Updates and Transformation	# 房地产开发 Investment in Commodity Houses	# 集体经济单位 Collective-owened Units	# 城乡私人建房 Buildings Construction by Individuals
1979		449				
1980		2 440				
1981		4 322				
1982		9 873				
1983		15 043				
1984		37 418				
1985		38 341				
1986	54 880	40 169	44		3 316	11 351
1987	46 707	26 261	83		6 319	14 044
1988	88 625	52 663			4 236	31 726
1989	109 242	87 117	317		7 324	14 484
1990	105 056	31 272	15	50 915	3 002	19 852
1991	180 594	34 811	13 586	83 039	19 247	29 911
1992	256 111	37 275	159	130 010	36 109	52 558
1993	351 941	104 136	140	168 939	28 963	49 763
1994	432 365	121 501		234 568	34 927	41 369
1995	754 577	137 462	3 810	498 207	49 568	65 530
1996	918 088	180 532	6 291	597 390	63 476	70 399
1997	879 347	132 583	600	598 621	62 828	84 715
1998	1 426 708	165 262	1 900	1 044 859	90 590	116 617
1999	1 604 378	208 863		1 191 097	102 501	101 817
2000	2 023 916	139 532		1 728 371	94 669	61 344
2001	1 768 793	209 663	1 100	1 408 325	65 424	67 631

6-11 按国民经济行业分的基本建设投资

(1979-2001)

单位:万元

年　份 Year	合　计 Total	农、林、牧渔业 Farming, Forestry,Animal Husbandry and Fishery	采掘业 Mining and Quarrying	制造业 Manufacturing	电力、煤气及水的生产和供应业 Electric Power, Gas and Water Production and Supply	建筑业 Construction	地质勘查业水利管理业 Geological Prospecting and Water Conservancy
1979	4 988	976		824	768	125	451
1980	12 487	657		5 112	267	248	
1981	27 039	717		6 270	311	107	
1982	63 265	2 006		6 464	327	373	170
1983	88 593	642		10 271	520	1 261	287
1984	155 466	1 666		18 319	10 937	3 979	61
1985	276 125	3 740	1 350	42 003	15 702	9 682	146
1986	191 490	2 361	381	43 535	4 423	2 962	273
1987	215 701	3 153	1 140	48 257	7 568	1 827	10 655
1988	347 307	3 956	1 472	107 970	16 243	3 771	125
1989	435 438	3 507		107 977	16 081	27 549	918
1990	427 134	2 406		150 215	89 188	8 907	4 300
1991	528 725	3 441		106 253	92 008	3 334	3 657
1992	741 573	6 797		170 753	113 037	8 758	8 651
1993	1 222 146	10 015	1 218	164 678	173 144	41 103	4 990
1994	1 281 065	9 807	750	144 517	139 951	76 569	9 449
1995	1 401 235	5 853	400	150 054	172 412	41 884	23 106
1996	1 569 208	9 780		187 407	225 157	11 608	27 241
1997	2 015 620	13 981		332 142	199 653	23 626	46 149
1998	2 395 732	16 010		313 269	97 153	49 719	110 285
1999	2 724 871	27 308		552 816	62 005	59 999	124 673
2000	2 779 690	46 000		666 087	88 508	60 416	124 500
2001	2 844 010	18 961	18 232	583 101	225 730	1 860	99 234
累计　Total	**21 748 908**	**193 740**	**24 943**	**3 918 294**	**1 751 093**	**439 667**	**599 321**

INVESTMENT IN CAPITAL CONSTRUCTION OF STATE-OWNED UNITS BY SECTOR

(1979-2001)

(10 000 yuan)

交通运输仓储和邮电通信业 Transportation, Storage, Post and Telecom-munications	批发零售贸易和餐饮业 Wholesale & Retail Trade and Catering Services	金融、保险业 Banking and Insurance	房地产业 Real Estate Trade	社会服务业 Social Services	卫生体育和社会福利业 Health Care, Sports and Social Welfare	教育、文化艺术和广播电影电视业 Education, Culture, Arts, Radio, Film and Television	科学研究和综合技术服务事业 Scientific Research and Polyte-chnical Services	国家机关、政党机关和社会团体 Government Agencies, Party Agencies and Social Organizations	其他行业 Others
286	489	36					15		1 018
1 500	1 176	77		989	192	296	40	1 331	602
587	2 191	142	2 331	10 816	226	576	35	1 496	1 234
2 795	7 563	263	4 201	19 490	544	1 482	173	3 476	13 938
6 931	11 526	492	6 006	27 864	1 151	1 333	232	6 032	14 045
10 021	24 201	1 728	30 344	18 006	2 336	10 917	611	11 358	10 982
21 838	41 200	4 955	56 781	33 693	6 500	10 794	620	12 842	14 279
15 317	19 578	7 178	25 700	20 673	3 038	14 029	994	11 417	19 631
17 084	11 480	5 205	59 009	11 053	2 688	7 592	1 210	12 061	15 719
32 798	22 418	245	72 845	33 854	3 889	7 766	95	28 995	10 865
63 069	16 240	3 824	73 884	24 975	4 742	17 502	95	10 821	64 254
75 331	8 260	227	12 380	19 758	3 769	12 140	296	6 145	33 812
115 710	14 301	602	14 014	77 257	6 497	17 296		18 207	56 148
190 132	22 706	510	19 650	75 044	14 145	19 238	313	7 880	83 959
230 905	16 528	7 228	114 582	353 058	9 355	18 607	265	16 248	60 222
369 072	23 262	8 335	76 900	280 180	9 875	25 315	9 486	42 191	55 406
309 199	74 717	18 831	86 193	295 644	19 453	42 366	6 585	78 328	76 210
362 857	108 689	25 269	91 997	251 501	33 664	60 704	14 605	88 310	70 419
491 385	52 870	5 521	120 121	418 091	43 321	116 075	1 696	109 640	41 349
513 641	58 976	2 700	249 892	625 062	37 230	121 344	2 101	146 819	51 531
347 448	58 224	4 300	196 445	866 929	37 602	133 467	8 316	126 093	119 246
453 221	105 754		134 025	613 535	35 441	135 494	15 356	226 726	74 627
380 507	81 227		123 370	767 883	143 815	144 914	42 027	167 512	45 637
4 011 634	**783 576**	**97 668**	**1 570 670**	**4 845 355**	**419 473**	**919 247**	**105 166**	**1 133 928**	**935 133**

6-12 基本建设投资构成

COMPOSITION OF INVESTMENT IN CAPITAL CONSTRUCTION BY USE OF FUNDS

(1990-2001)

单位:万元 (10 000 yuan)

年份 Year	一、投资额 Total	按构成分 By Use of Funds 建筑安装工程 Construction and Installation	设备、工器具购置 Purchase of Equipment and Instruments	其他费用 Others	二、新增固定资产 Newly Increased Fixed Assets
1990	427 134	244 356	133 757	49 021	260 718
1991	528 725	362 110	118 015	48 600	387 315
1992	741 573	506 693	160 723	74 157	332 281
1993	1 222 146	912 874	225 947	83 325	633 055
1994	1 281 065	946 734	220 847	113 484	937 960
1995	1 401 235	1 008 297	195 853	197 085	729 913
1996	1 569 208	1 131 817	295 631	141 760	939 154
1997	2 015 620	1 416 486	437 057	162 077	1 458 695
1998	2 395 732	1 718 382	403 771	273 579	1 600 634
1999	2 724 871	2 010 298	411 764	302 809	1 930 945
2000	2 779 690	1 905 312	673 609	200 769	2 254 230
2001	2 844 010	1 953 150	640 497	250 363	1 786 965

6-13 基本建设投资财务拨款额

FINANCIAL APPROPRIATION OF INVESTMENT IN CAPITAL CONSTRUCTION

(1990-2001)

单位:万元 (10 000 yuan)

年份 Year	财务拨款额 Financial Appropriation	# 国家预算内资金 State Budgetary Appropriations	# 国内贷款 Domestic Loans	# 债券 Securities	# 利用外资 Foreign Investment	# 自筹资金 Fund-Raising	# 其他投资 Others
1990	499 843	2 635	115 044		164 068	181 413	36 683
1991	586 178	2 000	192 603		123 358	211 958	56 259
1992	768 887	500	230 860		87 252	370 673	79 602
1993	1 239 162		246 153	21 049	156 054	673 895	142 011
1994	1 326 714		175 767	10 339	174 809	830 151	135 648
1995	1 390 619		167 510		230 560	909 593	82 956
1996	1 524 924		190 060		324 436	931 551	78 877
1997	2 029 449		157 498		522 576	1 287 817	61 558
1998	2 144 748	4 730	192 894		128 538	1 737 315	81 271
1999	2 543 350	48 750	294 627		224 075	1 847 630	128 268
2000	2 673 582	23 649	212 704		182 471	2 137 226	117 532
2001	2 792 446	65 777	361 639	1 003	133 277	2 176 172	54 578

6-14 基建投资主要经济效益指标

MAIN ECONOMIC EFFICIENCY INDEXES OF INVESTMENT IN CAPITAL CONSTRUCTION (1990-2001)

年份 Year	一、建设项目投产率(%) Rate of Construction Projects Completed and Put into Use (%)	施工建设项目数(个) Number of Projects Under Construction (unit)	建成投产项目数(个) Number of Projects Completed and Put into Use (unit)	二、建设项目平均建设周期(年) Average Time Taken by Construction Projects (year)	施工项目计划总投资(万元) Investment Planning of Construction Projects (10 000 yuan)	完成投资额(万元) Investment in Construction Projects (10 000 yuan)
1990	41.76	352	147	3.20	1 368 562	427 134
1991	41.76	376	157	3.18	1 679 975	528 725
1992	34.70	415	144	2.88	2 135 561	741 573
1993	36.44	365	133	2.84	3 469 534	1 222 146
1994	39.03	433	169	3.53	4 519 880	1 281 065
1995	27.86	384	107	4.59	6 437 126	1 401 235
1996	38.58	394	152	4.72	7 403 125	1 569 208
1997	39.42	449	177	4.03	8 131 400	2 015 620
1998	39.52	463	183	4.39	10 528 602	2 395 732
1999	44.16	428	189	3.90	10 635 512	2 724 871
2000	41.42	466	193	4.64	12 910 845	2 779 690
2001	30.32	465	141	5.37	15 265 997	2 844 010

6-14 续表 continued

年份 Year	三、固定资产交付使用率(%) Rate of Fixed Assets Put into Use (%)	完成投资额(万元) Investment in Fixed Assets (10 000 yuan)	新增固定资产(万元) Newly Increased Fixed Assets (10 000 yuan)	房屋建筑面积竣工率(%) Rate of Floor Space of Buildings Completed (%)	施工房屋面积(万平方米) Floor Space of Buildings Under Construction (10 000 sq.m)	竣工房屋面积(万平方米) Floor Space of Buildings Completed (10 000 sq.m)
1990	61.04	427 134	260 718	34.96	408.71	142.90
1991	73.25	528 725	387 315	31.21	533.66	166.58
1992	44.81	741 573	332 281	35.67	532.45	189.92
1993	51.80	1 222 146	633 055	37.57	566.70	212.91
1994	73.21	1 281 065	937 960	31.54	704.15	222.06
1995	52.09	1 401 235	729 913	27.53	951.68	262.02
1996	59.85	1 569 208	939 154	30.52	965.41	294.65
1997	72.37	2 015 620	1 458 695	35.80	847.14	303.29
1998	66.81	2 395 732	1 600 634	30.90	862.96	266.63
1999	70.86	2 724 871	1 930 945	37.05	829.19	307.22
2000	81.10	2 779 690	2 254 230	30.83	790.57	243.74
2001	62.83	2 844 010	1 786 965	30.46	977.07	297.60

6-15 房地产开发投资

INVESTMENT IN REAL ESTATE DEVELOPMENT

(1990-2001)

单位:万元 (10 000 yuan)

年份 Year	一、合计 Total	# 住宅 Residential Housing	按构成分 By Use of Funds 建筑安装工程 Construction and Installation	设备、工器具购置 Purchase of Equipment and Instruments	其他费用 Others	二、新增固定资产 Newly Increased Fixed Assets
1990	67 842	50 554	61 822	3 515	2 505	68 252
1991	136 896	100 094	118 855	4 116	13 925	83 594
1992	342 706	268 007	248 303	14 136	80 267	126 174
1993	500 332	337 090	453 047	23 207	24 078	212 568
1994	794 754	359 373	634 953	53 323	106 478	342 361
1995	1 030 368	487 022	793 170	67 516	169 682	652 570
1996	1 248 251	544 541	922 172	123 803	202 276	1 246 877
1997	1 366 545	855 049	984 052	63 593	318 900	1 044 707
1998	1 674 854	998 850	1 157 899	73 471	443 484	1 676 557
1999	2 152 541	1 413 106	1 502 564	104 667	545 310	1 894 736
2000	2 609 694	1 786 789	1 879 042	95 904	634 748	2 493 228
2001	3 026 364	1 967 062	2 046 850	63 937	915 577	2 727 522

6-16 房地产开发投资财务拨款额

FINANCIAL APPROPRIATION OF INVESTMENT IN REAL ESTATE DEVELOPMENT

(1990-2001)

单位:万元 (10 000 yuan)

年份 Year	财务拨款额 Financial Appropriation	国内贷款 Domestic Loans	利用外资 Foreign Investment	自筹资金 Fund-Raising	其他投资 Others
1990	89 493	16 165	34 398	23 604	15 326
1991	185 497	34 199	54 700	74 049	22 549
1992	407 607	124 784	49 374	152 201	81 248
1993	674 001	130 387	66 859	321 156	155 599
1994	774 549	141 764	159 588	368 531	104 666
1995	1 478 346	314 292	281 422	494 117	388 515
1996	1 491 019	294 547	283 050	454 877	458 545
1997	1 681 137	309 060	201 470	611 982	558 625
1998	2 230 372	550 266	93 078	803 217	783 811
1999	2 528 811	595 875	46 407	833 132	1 053 397
2000	3 333 643	890 609	66 816	961 060	1 415 158
2001	3 914 725	1 026 355	89 342	1 313 799	1 485 229

6-17 房地产开发房屋建筑面积、价值、造价

FLOOR SPACE, VALUE AND COST OF COMMERCIAL HOUSES

(2001)

项 目	Item	合 计 Total	住宅 Residential Housing	# 别墅 Villas	办公楼 Office Building	商业营业用房 Commerce	其 他 Others
施工房屋建筑面积(万平方米)	Floor Space of Buildings Under Construction (10 000 sq.m)	2 392.77	1 790.49	10.13	115.20	255.38	231.70
竣工房屋建筑面积(万平方米)	Floor Space of Buildings Completed (10 000 sq.m)	727.97	573.21	7.15	27.74	53.84	73.18
竣工房屋价值(万元)	Value of Buildings Completed(10 000 yuan)	1 766 694	1 408 325	22 618	64 156	133 286	160 927
竣工房屋造价(元/平方米)	Cost of Buildings Completed(yuan/sq.m)	2 426.88	2 456.91	3 163.36	2 312.76	2 475.59	2 199.06

6-18 房地产开发房屋实际销售面积、销售额、平均价格

FLOOR SPACE,SALES AND AVERAE PRICES OF COMMERCIAL HOUSES SOLD

(2001)

项 目	Item	合 计 Total	住宅 Residential Housing	# 别墅 Villas	办公楼 Office Building	商业营业用房 Commerce	其 他 Others
实际销售面积(万平方米)	Floor Space (10 000 sq.m)	380.86	343.01	4.82	6.95	12.61	18.29
实际销售额(万元)	Total Sales (10 000 yuan)	2 239 419	1 892 499	64 245	112 061	159 236	75 623
实际销售平均价格(元/平方米)	Average Prices (yuan/sq.m)	5 879.90	5 517.33	13 328.84	16 123.88	12 627.76	4 134.66

6-19 更新改造投资

INVESTMENT IN INNOVATION

(1986—2001)

单位:万元　　(10 000 yuan)

年 份 Year	合计 Total	一、按国民经济行业分 Grouped by Main Sectors						
		1、农业 Farming	2、工业 Industry	3、交通运输 Transportion	4、商业 Commerce	5、文化教育和卫生事业 Culture, Education and Health	6、房地产业、社会服务业 Real Estate Management and Social Services	7、其他行业 Others
1986	10 140		10 140					
1987	3 009		3 004			5		
1988	2 572		1 819	655	98			
1989	9 140		6 806	1 295			289	750
1990	24 661		4 313	14 903	17			5 428
1991	36 949	1 029	5 110	29 802		30	794	184
1992	44 678		11 605	6 338			24 563	2 172
1993	20 794		2 607	14 520			3 317	350
1994	66 191		13 435	52 756				
1995	70 484		36 741	13 704			20 039	
1996	113 836		78 350	26 318	2 000	1 326	5 842	
1997	167 033		128 191	20 141	6 411	4 808	3 233	4 249
1998	201 514		160 362	10 513	4 903	365	23 413	1 958
1999	274 707	10 490	198 359	30 435	7 074	5 515	18 629	4 205
2000	316 008	2 389	215 537	46 324	3 173	12 475	25 268	10 842
2001	338 886		254 587	42 512	3 800	14 355	7 044	16 588

6-19 续表　continued

二、按构成分 Grouped by Use of Funds			三、按工程用途分 Grouped by Use of Projects					新增固定资产 Newly Increased Fixed Assets
建筑安装工程 Construction and Installation	设备、工器具购置 Purchases of Equipment and Instruments	其他费用 Others	农林牧渔业用 Farming,Forestry, Animal Husbandary and Fishery	工业、建筑业用 Industry and Construction	商业、运输邮电业用 Commerce,Tran-sportation, Post and Telecommunications	住宅 Residential Housing	其他 Others	
2 786	7 277	77						5 359
513	2 261	235						2 602
1 038	1 406	128						1 752
3 251	5 481	408						8 350
14 960	9 448	253						10 749
23 038	13 023	888						31 324
42 640	881	1 157						22 055
16 233	2 033	2 528						2 711
52 376	12 351	1 464		13 349	52 756		86	84 681
36 092	30 232	4 160		35 941	19 560	2 296	12 687	36 725
43 489	57 289	13 058	9 522	69 599	26 818	6 220	1 677	107 401
47 243	116 611	3 179		133 618	21 178	1 766	10 471	174 104
62 541	122 179	16 794	4 000	151 446	23 607	4 800	17 661	153 238
88 322	157 619	28 766	6 378	209 472	36 004	1 065	21 788	227 149
107 652	195 142	13 214	2 389	215 537	46 324	3 346	48 412	302 154
101 215	203 641	34 030		254 587	46 312	6 316	31 671	243 273

6-20 更新改造投资财务拨款额

FINANCIAL APPROPRIATION OF INVESTMENT IN INNOVATION

(1986—2001)

单位:万元 (10 000 yuan)

年 份 Year	财务拨款额 Financial Appropriation	国家预算内资金 State Budgetary Appropriations	国内贷款 Domestic Loans	利用外资 Foreign Investment	自筹资金 Fund-Raising	其他投资 Others
1986	10 140	773	6 931	716	1 446	274
1987	3 009	250	1 613	92	1 054	
1988	2 572		156		2 416	
1989	9 140		4 296	1 577	3 267	
1990	24 661		2 955	4 699	13 383	3 624
1991	38 380	70	7 119		31 191	
1992	42 817		11 295	65	19 651	11 806
1993	11 090		5 434		5 656	
1994	66 417		50 674		12 243	3 500
1995	70 309		9 501	2 908	51 815	6 085
1996	109 989		16 995	38 553	41 855	12 586
1997	146 263		40 736	22 712	79 715	3 100
1998	199 432	58	48 406	24 120	121 968	4 880
1999	260 557	680	23 266	27 037	206 874	2 700
2000	305 952		19 507	38 805	246 522	1 118
2001	349 279		8 077	51 232	289 968	2

七、商业、物价

2001年深圳贸易业呈现快速发展势头

2001 年，深圳批发零售贸易、餐饮业企业进一步加强管理，开展多元化经营，增设营业网点，扩宽商品流通渠道，丰富经营品种，商品购销呈现两旺趋势。批发、零售市场活跃，销售额同步增长。商品零售价格平稳，社会消费品零售总额达 609 亿元，比上年增长 13.2%；贸易企业商品销售总额 1254.5 亿元，增长 19.9%。全市贸易业步入稳定快速发展轨道。

一、零售市场的主要特点

零售市场保持稳定、快速增长。市场淡旺季不明显，出现淡季销售不淡、旺季销售较好的势头，假日消费、文体消费正在兴起，并逐步打破传统的淡旺季消费习惯。

1. 文化、娱乐性、体育性消费成为消费品零售的热点

随着人民生活水平的提高，消费结构以及消费质量发生较大变化，休闲消费、娱乐消费以及体育消费的人数大量增加，购买力不断增强，2001 年该类商品零售额 6.75 亿元，比上年增长 41.7%。经济发展对各类从业人员的知识、素质要求迅速提高，更新知识，提高水平，适应需要成为各种学习和培训的动力，读书热潮方兴未艾，书报杂志类销量明显增加，该类商品零售额达 5.9 亿元，增长 51%。

2. 家庭装饰消费大幅提高

居民家庭装修，装饰质量与要求不断提高，所需的建筑及装潢材料类商品大幅度增加，该类商品零售额 21.3 亿元，在上年增长 5.6%基础上再增长 74.9%，显示家居装饰强劲的购买力。

3. 食品饮料烟酒类始终占据零售市场的主要地位，但其所占比重逐步下降

多年来，食品饮料烟酒类商品一直是居民的基本消费，其零售额占据零售市场较大份额，2001 年该类商品零售额 122.9 亿元（不含餐饮业），增长 8.8%。随着经济的快速发展，居民消费结构不断发生变化，消费质量不断提高，享乐型消费增加，而食品类消费正呈现逐年下降趋势，该类商品所占比重由上年的 21.0%降至 2001 年的 20.2%。

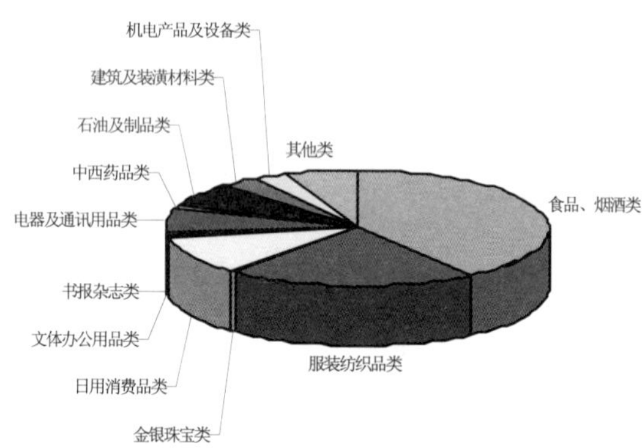

2001年消费品零售分类图示

4. 连锁零售业快速发展

深圳连锁零售商业（含餐饮业）经过近年来的不断发展，已日趋成熟，迈进快速发展时期。2001 年限额以上连锁零售商业 38 家，营业门店由上年 958 个增至 1298 个，营业面积达 138 万平方米，从业人员 4.85 万人，商品零售额 160 亿元，占全市消费品零售总额 26%。目前，全市连锁业已发展成为具有一定规模，商品物流畅通，自主配送程度较高，规范化经营效果较好，自动化结算与监控融为一体的进程较快，营造高质服务为宗旨的比较先进的零售商业市场，发展前景较好。

5. 个体户发挥重要的补充作用

个体零售商业由于其规模较小，成本费用较低，经营灵活，网点遍布全市各个地方，目前依然是方便居民日常生活不可替代的零售网点。个体户数量迅速增加，零售额快速增长，全年消费品零售额 244 亿元，增长 16%，占全市消费品零售总额的 40.1%，显示其强劲的发展趋向。

6. 特区内消费品零售占绝大比重

2001 年，全市消费品零售总额中，特区零售达

488.5亿元，占消费品零售总额的80.2%，增长13%；宝安、龙岗两区随着经济的不断发展，人口增多，消费结构不断改变，消费水平日渐提高，居民消费品购买力加强，消费品零售额呈现较高的增长趋势，2001年这两区零售额120.8亿元，增长14.1%，增长速度快于特区。

二、餐饮业快速发展

随着居民收入的增加，居民生活进一步得到改善，饮食结构、消费习惯近几年不断发生变化，旅游和休闲消费及外出就餐的人数不断增多；近年来职业竞争性加强，工作节奏加快，形成对工作快餐的需求量加大，中西快餐发展迅速。此外，深圳旅游业处于上升时期，来深观光、游览、商务、公务的国内外游客逐年增加，2001年深圳接待国内外游客达1456万人，增长9.9%。以上多种因素带动全市高、中、底餐饮消费明显增加，餐饮业营业收入上升，2001年餐饮业收入120.4亿元，增长13.3%。

三、商品交易市场蓬勃发展

1. 农产品批发市场发展迅速

目前深圳已建成1个国家级农产品批发市场和规模较大的市、区级农产品批发市场，营业面积40万平方米，其中布吉农产品批发市场量246万吨，成交额128亿元，连续10年成为全国同类市场第一名。兴建和改造肉菜市场233个，总面积110万平方米；全市农产品市场成交额达283.7亿元。各类农产品批发市场通过自身加强管理，积累市场经营经验，不断完善制度，提高市场经营档次，改善市场服务质量，招徕客商，扩大销售，迅速发展壮大，成为全市农产品货源主要补给地，对保障供应，稳定市场物价，起到重要作用。

2. 专业市场全面发展

各类工业品专业市场在2001年得到实质性的发展，工业品交易市场已经成为聚集厂商、客商、消费者于一体的重要场所。在交易市场里，商品选择范围较大，商品质量与价格的对比方便，洽谈、交易简便，是深圳商业旺区的主要特点之一。目前已建成营业的钟表市场、电子产品市场、服装市场、汽车市场、数码电子产品市场等共71个，总成交额达82.3亿元，比上年增长12%。形成门类比较齐全，品种比较丰富，经营手段比较先进，管理水平比较高，适应能力比较强，企业经济效益和社会效益比较好的专业市场，近期发展前景较好。

四、批发贸易业规模进一步扩大

深圳批发业经过2000年缓慢发展后，2001年跨入快速增长期。批发企业增多，进货渠道比较畅通，购销比较活跃，发展了一批具有一定规模和影响的贸易骨干企业，2001年规模以上贸易企业600家，年销售额超过700亿元，占贸易企业销售总额60%。批发企业经营规模不断扩大，在促进批发、零售、餐饮业的发展，满足市场需要，保障供给，确保居民生活需求等方面起到重要作用。据统计，全年贸易企业商品销售总额1254.5亿元，同比增长19.9%。

五、存在问题及建议

1. 国有零售企业发展不大理想

由于国有零售企业管理体制未能适应市场经济发展变化的需要，经营方式、管理水平以及经营理念比较落后，工作效率比较低，以致在零售业中竞争能力较差，甚至是没有任何的优势。全市最大的10名零售企业中，只有2家国有企业（国有免税集团公司，具有特殊经营条件），如果没有特殊因素，前10名零售企业只有一家国有企业，这与其他大中城市相比，深圳国有零售业的发展远远落后于市场经济的发展。

2. 零售商业总体规划跟不上市场经济发展的需要

零售网点的规划缺乏前瞻性，滞后于市场经济的发展，分布不尽合理，造成交通流量、顾客流量、安全、环境卫生、购物环境等诸多问题的发生。从全市已发展的具有一定规模的商业旺区可以看到，现在不少的商业区原来的规划并不是做商业用途的，由于这些地区规划与实际用途的差异，所引发的多种问题陆续发生，弊端呈现。因此，在进行城市总体规划和行业长远规划中，需要制定一套与经济迅速发展相适应的批发与零售、餐饮业发展规划，以及一些相配套设施，如供电、供水、交通、通讯、绿化、文化、旅游、服务等，增加商业区功能，改善购物环境，提高服务水平，提升贸易业在国民经济中的地位。

3. 经营管理、从业人员素质有待提高

贸易餐饮从业人员来自全国各地，人员素质良莠不齐，部分人员短期行为明显，由此引发的假冒伪劣商品、欺行霸市行为严重影响贸易餐饮业的信誉，危害该行业的发展。

4. 缺乏特色经营

深圳作为一个旅游城市，如何充分利用地理位置的优势和具有特色的旅游资源，抓住我国加入WTO后经济发展所带来的国内外游客大量增加的机遇，大力发展有深圳特色的贸易业、餐饮业，吸引更多游客游览和消费，提高消费水平，这是我市贸易餐饮业面临新的挑战。

5. 加强物流业发展研究，促进批发零售贸易

业的发展

物流业作为一个新兴产业，其发展将对贸易餐饮业带来深远的影响，加强物流发展的研究，加快物流业规划与建设、管理，抢占物流发展的先机，有利于贸易的迅速发展。

6. 大力发展多种商业形式，繁荣商品销售市场

尽管这几年的零售商业在规模经营上取得一定成效，大型百货商店由于规范经营，商品质量有保障，信誉好，名气大，因此，大型百货商店人流量大，购物额高，显示零售商规模经营的发展潜力和趋势。但从另一侧面可以看到，大中型百货商店依然缺乏，满足不了居民消费的需要，个体商业作为补充发挥着越来越重要的作用。

7. 各类市场的建设和管理存在问题

少数经营者为了获取高额利润，不惜违法经营，假冒伪劣商品由此不断出现，强买强卖现象屡有发生，个别市场成为少数违法者藏身之地，是个藏污纳垢的场所，一些市场因此被停业整顿，因此，提高市场经营者的管理水平和管理人员的综合素质，防范违法经营，这是工业品交易市场长远发展的有效途径，不然的话，工业品交易市场将难有更大作为，甚至被淘汰、退出贸易行业的局面。

（撰稿：钟根柔）

2001年深圳物价走势及2002年展望

2001年，深圳市社会经济稳步发展，居民收入继续提高，市场繁荣、购销两旺。但由于受各种因素的影响，居民消费价格指数在2000年上涨2.8%之后，2001年下降2.2%，降幅稍大，两年平均上涨0.3%。总的来看，居民消费价格总水平仍处于小幅波动之中，趋势下移。

一、物价总体走势

2001年，全市各月物价变动除1月上升0.5%外，其余各月都呈缓慢下降走势（见图）。分季度看，一季下降1.6%、二季下降2.0%、三季下降2.4%、四季下降2.9%。从走势上看，呈阶梯式下降趋势；从影响总指数的构成上分析，新涨价因素为-1.5个百分点，滞后影响因素为-0.7个百分点。可见2001年消费价格总指数的下降主要是新降价因素的影响，2000年滞后因素的影响不大。总的来看，2001年居民消费价格总水平略有下降。

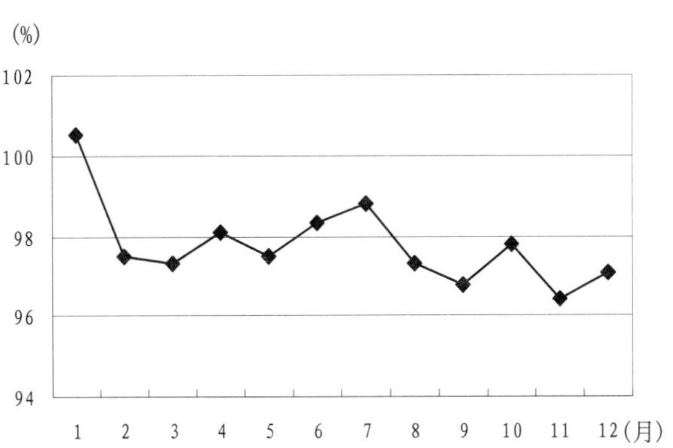

2001年深圳市居民消费价格指数月度走势图示

二、各大类商品及服务项目价格均呈下降走势

居民消费价格调查的八大类商品和服务项目中，全部呈下降趋势：食品价格下降2.5%；烟酒及用品价格下降2.9%；衣着类价格下降1. 3%；家庭设备用品及维修服务下降1.3%；医疗保健和个人用品价格下降1.8%；交通和通讯类价格下降2.4%；娱乐教育文化用品及服务下降4.0%，居住类价格下降0.9%。各类商品及服务项目价格变动的主要特点如下：

1. 食品价格降幅较大

食品价格一直是影响物价总水平的主要因素，2001年也不例外。

从调查的情况看，各类食品价格处于下降之中。（1）粮油价格下降幅度大。粮食价格下降了9.4%，其中大米价格下降11.2%，这主要是进口泰国米价格大幅下降的影响，如金轮米由去年6.055元/公斤下降到5.066元/公斤，下降16.3%，国产大米价格降幅较少；油脂类价格下降10.3%，主要是花生油价格下降幅度较大。（2）肉禽及其制品价格下降2.1%，其中猪上肉价格下降2.1%，羊肉价格下降0.8%，活鸡价格下降0.4%，由于肉禽供应均衡，价格仍相对平稳。（3）水产品类价格下降幅度达7.2%，其中鱼类价格下降2.1%，其它水产品价格下降15.1%，主要是随着水产养殖业的发展，淡水鱼及养殖的虾蟹等大量上市，价格下降幅度较大。如九节虾价格降幅达16.8%；（4）鲜菜类价格上涨4.4%，从品种看，叶菜价格涨幅较大，瓜豆类价格有所下降。（5）鲜果价格下降4.2%，主要是进口水果以及国产水果大量供应市场，形成水果价格下降的走势。

总的来看，食品价格的下降是消费价格总水平下降的主要影响因素之一。

2. 工业消费品价格持续下降

近年来，深圳工业消费品价格一直呈稳中略降的走势，2001年跌幅稍大。（1）服装价格下降2.5%，其中男式服装价格下降3.1%，女式服装价格下降2.6%，儿童服装价格下降0.5%。服装价格的下降主要是各商场竞争激烈，普遍采用打折促销的办法，令价格走低。（2）耐用消费品价格下降3.4%，其中家庭设备价格下降5.0%，主要是家用电器，如空调器价格下降 5.8%、洗衣机价格下降 7.3%、电冰箱价格下降 4.2%等的影响。(3)中药材及中成药价格微降 0.1%,西药则由于部分抗菌素药品价格下调而下降 4.8%。(4)2001 年,由于受我国加入 WTO 的影响,汽车价格亦提前作出反映,下降 10.5%,车用燃料价格下降 1.4%,主要是汽、柴油价格随国际油价的下滑而下降,下半年出现连续调低的走势。(5)通信类价格下降 1.0%,其中通信工具价格下降 11.5%,主要是移动电话机、BP 机价格各下降 19%和 10.4%的影响。(6)文娱用耐用消费品及服务价格下降 5.9%,其中电视机、影碟机价格各下降 1.7%和 10.2%。(7)建房及装修材料价格下降 2.8%,水、电燃料类价格略降 0.8%,主要影响因素是液化石油气、管道燃气价格各下降 4.8%和 3.0%。

3. 服务项目价格下降 0.7%

近年深圳服务价格一直处于上升态势,2001 年出现略降走势,主要是 2001 年出台调价项目少,而部分服务项目价格又出现下降。如 2001 年下半年,调升了托幼费价格,虽然升幅较大,但对总指数的影响有限,而年内因驾驶证费下降 15.8%,机票价格下降 3.7%,旅行社收费下降 19.1%等因素影响,形成服务项目价格下降的走势。

三、影响物价变动的原因

2001 年物价走低受到各种因素的影响,归纳起来主要有如下几方面:

1. 从供求关系上看,供大于求是主要影响因素

随着我国经济的发展,商品供求关系发生了质的变化,从近年的商品供求基本平衡发展到大部分商品供过于求,出现了买方市场,这就使得卖方为出售商品、占领市场而使用降价手段,这是在市场经济条件下影响物价的最基本因素。

2. 市场竞争是物价下降的动力

深圳市场是汇集全国各地商品的市场,竞争激烈。随着商品流通的发达,各类大型商场纷纷开业,价格成为竞争的主要手段。从深圳市 2001 年各大商场采用的价格竞争手段看,主要是让利销售、商品打折(包括季节性打折),以及特价商品等,种类繁多,但终归是各大商场价格的比拼,以低价吸引顾客。

3. 商品降价面广,幅度比较大

2001 年居民消费价格总水平降幅比较大,与各商品的降价面广及幅度较大有关,从调查的情况看,在计算居民消费价格的八大类商品和服务项目中,全部呈下降趋势,尤其食品、耐用品降价幅度比较大,如一些原来价格较稳的商品如空调、冰箱等耐用品也加入降价行列,这是近年来少见的。

4. 加入 WTO 的影响

虽然我国在 12 月才正式加入 WTO,但这一因素的影响已提前作出反映,如汽车价格、信息产品价格、部分农产品价格如水果价格都呈下降走势。

5. 商品更新换代速度加快

这种影响因素主要体现在耐用消费品方面,如家用电器、电脑、手机以及服装家具等,由于新技术的不断采用以及厂家的产品更新,价格也处于不断的下降之中。许多产品都表现为新产品的批量上市就意味着其价格下降的开始,因此,价格下降的趋势在这些耐用消费品上表现突出。

四、对 2002 年居民消费价格走势的展望

2002 年,从国际经济形势来看,由于美国、日本等经济发达国家经济持续低迷,仍将影响世界经济的增长,从而对我国的外贸出口将产生不利影响。从国内看,预计经济增长仍将保持 7%左右的水平,国家继续采取积极的财政政策和稳健的货币政策以及鼓励消费的措施,这是有利于物价稳定的。2002 年,是我国加入 WTO 的第一年,它的影响在 2001 年已初步体现,但真正的影响可能在 2002 年,主要体现在商品关税的减少及进口商品的竞争上,涉及的商品主要是汽车、燃油、农产品等。将造成这些进口商品零售价格的下降,从而连带影响国产商品价格的下降,因此,加入 WTO 是价格下降的一个重要影响因素。但是我们也要看到,由于 2001 年价格下降幅度较大,许多商品价格已降到低位,尤其是一些食品价格,因此,这些商品价格可能会出现一定幅度的反弹或走稳。据此预测,2002 年居民消费价格总水平将保持稳中略升的走势。

(撰稿:陈少勇)

7-1 批发零售贸易业商品分类销售

TOTAL SALES IN WHOLESALE AND RETAIL SALE TRADES GROUPED BY CATEGORY OF COMMODITIES (2001)

单位:万元 (10 000 yuan)

项　目	Item	批发额 Value in Wholesale Trade	零售额 Value in Retail Sale Trade
总　计	**Total**	**7 739 113.9**	**4 805 689.0**
食品、饮料、烟酒类	Food,Beverage,Tobacco and Liquor	2 199 440.7	1 079 807.2
针、纺织品类	Knitted Goods and Textiles	157 203.2	55 164.1
服装、鞋帽类	Garments,Shoes and hats	205 666.1	663 731.8
化妆品类	Cosmetics	6 181.5	65 998.6
日用品类	Articles for Daily Use	165 294.3	326 296.2
五金、电工器具类	Hardwares,Electric Appliances	25 761.3	25 144.2
生活电器及音像器材类	Household Electric Appliances and Sound and Photo Appliances	136 305.4	712 994.9
体育、娱乐用品类	Sports and Recreational Articles	8 011.6	35 883.7
文化、办公用品类	Articles For Culture and Office Use	146 913.9	60 138.1
金银珠宝类	Jewelry	54 888.9	69 412.0
家具类	Furnitures	31 935.8	52 301.3
中西药品类	Medicines	412 621.3	204 900.4
书报杂志类	Books and Newspapers	4 002.7	71 820.9
建筑材料类	Building Materials	39 790.1	5 062.7
木材类	Timber	17 006.8	302.3
化工材料及制品类	Chemical Materials and Products	239 637.9	7 116.8
金属材料类	Metal Matterials	200 991.7	
机电设备及零件类	Mechanical and Electrical Products and Accessories	711 613.4	244 252.1
煤炭及制品类	Coal and Coal Products	8 431.6	393.1
石油及制品类	Petroleum and Petroleum Products	1 900 263.5	566 731.6
种子饲料类	Seeds and Forage	25 363.7	
棉麻、土畜产品类	Cotton, Fiber,Local and Livesstock Products	5 112.3	164.0
其他类	Others	1 036 676.2	558 073.0

7-2 限额以上批发零售贸易业商品分类销售

TOTAL SALES OF ENTERPRISES OVER LEVELS IN WHOLESALE AND RETAIL SALE TRADES GROUPED BY CATEGORY OF COMMODITIES (2001)

单位:万元 (10 000 yuan)

项 目	Item	批发额 Value in Wholesale Trade	零售额 Value in Retail Sale Trade
总 计	**Total**	**5 801 641.9**	**2 208 962.1**
食品、饮料、烟酒类	Food,Beverage,Tobacco and Liquor	1 649 198.7	431 623.0
针、纺织品类	Knitted Goods and Textiles	118 453.6	24 240.9
服装、鞋帽类	Garments,Shoes and hats	133 041.7	292 653.3
化妆品类	Cosmetics	5 570.2	33 830.6
日用品类	Articles for Daily Use	94 294.7	143 568.1
五金、电工器具类	Hardwares,Electric Appliances	19 367.6	11 088.2
生活电器及音像器材类	Household Electric Appliances and Sound and Photo Appliances	102 205.9	313 804.4
电子出版类及音像制品类	Electronic Publications and Sound and Photo Products	654.0	19 849.8
体育、娱乐用品类	Sports and Recreational Articles	3 798.2	16 205.3
文化、办公用品类	Articles For Culture and Office Use	110 102.0	26 403.7
金银珠宝类	Jewelry	33 651.6	30 055.2
家具类	Furnitures	23 992.2	23 064.8
中西药品类	Medicines	384 748.1	89 641.2
书报杂志类	Books and Newspapers	2 967.1	31 620.8
通讯器材类	Telecommunications Appliances	723 729.0	16 282.6
建筑材料类	Building Materials	29 909.0	2 411.0
木材类	Timber	12 891.4	
化工材料及制品类	Chemical Materials and Products	179 576.3	6 648.9
金属材料类	Metal Matterials	200 991.7	
机电设备及零件类	Mechanical and Electrical Products and Accessories	703 529.0	170 205.8
煤炭及制品类	Coal and Coal Products	7 350.0	360.0
石油及制品类	Petroleum and Petroleum Products	1 108 411.5	402 270.4
种子饲料类	Seeds and Forage	24 974.8	
棉麻、土畜产品类	Cotton, Fiber,Local and Livesstock Products	3 116.8	164.0
其他类	Others	125 116.8	122 970.1

7-3 限额以上国有批发零售贸易业商品分类销售

TOTAL SALES OF STATE-OWNED ENTERPRISES OVER LEVELS IN WHOLESALE AND RETAIL SALE TRADES GROUPED BY CATEGORY OF COMMODITIES (2001)

单位:万元 (10 000 yuan)

项 目	Item	批发额 Value in Wholesale Trade	零售额 Value in Retail Sale Trade
总 计	**Total**	**2 728 107.3**	**429 514.9**
食品、饮料、烟酒类	Food,Beverage,Tobacco and Liquor	750 431.8	57 498.7
针、纺织品类	Knitted Goods and Textiles	55 284.3	2 446.6
服装、鞋帽类	Garments,Shoes and hats	84 837.9	44 384.7
化妆品类	Cosmetics	1 406.0	1 402.0
日用品类	Articles for Daily Use	66 989.6	4 094.7
五金、电工器具类	Hardwares,Electric Appliances	17 757.5	2 172.3
生活电器及音像器材类	Household Electric Appliances and Sound and Photo Appliances	25 547.8	3 194.0
电子出版类及音像制品类	Electronic Publications and Sound and Photo Products	341.0	2 987.0
体育、娱乐用品类	Sports and Recreational Articles	2 750.4	2 464.0
文化、办公用品类	Articles For Culture and Office Use	82 327.1	2 921.3
金银珠宝类	Jewelry	33 100.1	12 218.1
家具类	Furnitures	18 259.2	
中西药品类	Medicines	196 254.2	48 925.5
书报杂志类	Books and Newspapers	2 967.1	26 033.6
通讯器材类	Telecommunications Appliances	624 325.9	31.0
建筑材料类	Building Materials	8 209.4	
木材类	Timber	11 004.8	
化工材料及制品类	Chemical Materials and Products	46 069.8	6 049.9
金属材料类	Metal Matterials	154 024.2	
机电设备及零件类	Mechanical and Electrical Products and Accessories	258 236.4	40 634.0
煤炭及制品类	Coal and Coal Products	6 915.0	
石油及制品类	Petroleum and Petroleum Products	167 947.2	161 026.0
种子饲料类	Seeds and Forage	8 666.8	
棉麻、土畜产品类	Cotton, Fiber,Local and Livesstock Products	433.0	
其他类	Others	104 020.8	11 031.5

7-4 限额以上批发零售贸易企业主要商品销售及库存数量

TOTAL SALES AND INVENTORY OF PRINCIPAL GOODS OF ENTERPRISES OVER LEVELS IN WHOLESALE AND RETAIL SALE TRADES (2001)

项目	Item	批发额 Value in Wholesale Trade	零售额 Value in Retail Sale Trade	年末库存 Inventory (year-end)
粮 食(吨)	Grain (ton)	554 557	34 741	73 306
食用植物油(吨)	Edible Vegetable Oil(ton)	40 984	6 553	395
食 糖(吨)	Sugar (ton)	638	5 550	183
卷烟(箱)	Cigarettes (case)	787 744	163 663	113 474
酒(吨)	Liquor (ton)	166 396	1 814	1 915
服装(千元)	Garments (1 000 yuan)	1 133 054	2 024 735	20 372
摩托车(辆)	Motorcycle	2	701	145
汽车(辆)	Automobiles	6 471	13 084	1 238
寻呼机(部)	Pager	1 950	113	24
移动电话机(部)	Mobile Telephone Sets	6 017 943	46 369	474 486
电话机(部)	Telephone Sets	1 566 959	177 365	9 127
影碟机(台)	Video-CD Players	136 641	81 264	5 941
摄像机(台)	Pickup Camera	52	5 721	334
电视机(台)	TV Sets	243 305	117 478	9 369
微型计算机(台)	Microcomputers	5 261	555	34
录相机(台)	Video Recorders		994	375
组合音响(台)	Hi-Fi Stereo Component Players	10 700	24 132	2 549
热水器(台)	Water Heater	5 012	98 484	6 697
房间空调器(台)	Household Air Conditioners	99 067	140 704	9 840
家用洗衣机(台)	Household Washing Machines	236	79 675	13 217
家用电冰箱(台)	Household Refrigerators	860	91 341	8 743
微波炉(台)	Microwave Ovens	111 076	46 688	4 434
煤 炭(吨)	Coal (ton)	95 205	5 115	3 423
汽 油(吨)	Petrol (ton)	482 363	430 369	17 890
柴 油(吨)	Diesel Oil (ton)	1 957 272	517 588	75 249
化学肥料(吨)	Chemical Fertilizers(ton)	145 126	126	2 370
化学农药(吨)	Chemical Pesticide (ton)	67 585		324
木材(立方米)	Timber (cu.m)	85 059		955
铜(吨)	Copper (ton)	8 234		480
铝(吨)	Aluminium (ton)	47		
钢 材(吨)	Steel (ton)	821 986	3 329	44 671
水 泥(吨)	Cement (ton)	58 834	511	53 475

7-5 限额以上国有批发零售贸易企业主要商品销售及库存数量

TOTAL SALES AND INVENTORY OF PRINCIPAL GOODS OF STATE-OWNED ENTERPRISES OVER LEVELS IN WHOLESALE AND RETAIL SALE TRADES (2001)

项　目	Item	批发额 Value in Wholesale Trade	零售额 Value in Retail Sale Trade	年末库存 Inventory (year-end)
粮　食(吨)	Grain (ton)	171 928	5 196	782
食用植物油(吨)	Edible Vegetable Oil(ton)	89	1 180	25
食　糖(吨)	Sugar (ton)	4	25	33
卷烟(箱)	Cigarettes (case)	404 324	7 995	10 092
酒(吨)	Liquor (ton)	164 004	94	237
服装(千元)	Garments (1 000 yuan)	470 704	162 251	12 406
摩托车(辆)	Motorcycle	2		
汽车(辆)	Automobiles	2 925	2 141	653
移动电话机(部)	Mobile Telephone Sets	3 618 634	243	461 472
电话机(部)	Telephone Sets	1 559 325	2 826	111
影碟机(台)	Video-CD Players	134 006	5 943	13
摄像机(台)	Pickup Camera		1 170	55
电视机(台)	TV Sets	242 816	4 321	5
录相机(台)	Video Recorders		101	
组合音响(台)	Hi-Fi Stereo Component Players	10 700	15	407
热水器(台)	Water Heater		6 108	29
房间空调器(台)	Household Air Conditioners	920	6 131	34
家用洗衣机(台)	Household Washing Machines		5 017	
家用电冰箱(台)	Household Refrigerators		4 225	
微波炉(台)	Microwave Ovens	110 909	62	54
煤　炭(吨)	Coal (ton)	85 000		
汽　油(吨)	Petrol (ton)	147 808	8 367	1 026
柴　油(吨)	Diesel Oil (ton)	283 909	6 019	807
化学肥料(吨)	Chemical Fertilizers(ton)	91 151		
化学农药(吨)	Chemical Pesticide (ton)	45 295		
木材(立方米)	Timber (cu.m)	57 597		
铜(吨)	Copper (ton)	6 132		
铝(吨)	Aluminium (ton)	47		
钢　材(吨)	Steel (ton)	453 452		31 968
水　泥(吨)	Cement (ton)	58 692		53 446

7-6 社会消费品零售总额

TOTAL RETAIL SALES OF CONSUMER GOODS

(1979—2001)

单位:万元 (10 000 yuan)

年份 Year	社会消费品零售总额 Total Retail Sales of Consumer Goods	按行业分 By Sector				
		批发零售贸易业 Wholesale and Retail Sale Trades	餐饮业 Catering Trade	制造业 Manufacturing	其他行业 Others	# 农民对非农业居民零售额 Farmer to Non-Agriculture Household
全市 Total						
1979	11 259	9 912	833	30	484	174
1980	19 615	16 067	2 221	106	1 221	1 002
1981	34 229	29 013	2 410	609	2 197	1 913
1982	54 185	46 547	4 877	656	2 105	1 501
1983	123 794	102 693	6 909	1 802	12 390	3 401
1984	201 107	153 129	13 579	6 306	28 093	11 437
1985	265 642	208 702	20 014	4 406	32 520	13 166
1986	273 712	204 076	22 145	4 901	42 590	20 215
1987	324 364	253 039	32 773	7 462	31 090	31 090
1988	502 430	407 426	45 476	6 519	43 009	43 009
1989	545 741	411 647	59 489	6 817	67 788	67 788
1990	667 580	477 206	74 720	6 330	109 324	109 324
1991	828 341	560 044	100 147	10 999	157 151	157 151
1992	1 148 908	724 861	145 209	15 827	263 011	263 011
1993	1 605 130	1 004 775	195 970	17 351	387 034	387 034
1994	2 211 404	1 239 285	283 581	17 804	670 734	611 485
1995	2 593 269	1 376 569	312 059	22 787	881 854	759 349
1996	2 970 159	1 589 765	405 002	35 620	939 772	856 157
1997	3 264 806	1 793 106	512 675	36 058	922 967	893 731
1998	4 196 424	2 382 672	800 301	39 535	973 916	940 753
1999	4 674 483	2 762 217	922 934	44 105	945 227	883 765
2000	5 381 652	4 224 455	1 063 244	35 996	57 957	4 333
2001	6 092 629	4 805 689	1 204 228	22 982	59 730	6 352
特区 Urban						
1980	11 762	8 813	2 065	106	778	559
1981	23 433	19 015	2 244	609	1 565	1 281
1982	44 086	37 220	4 682	656	1 528	924
1983	107 887	92 380	6 909	1 802	6 796	2 381
1984	170 973	138 168	13 579	6 306	12 920	7 090
1985	217 273	179 393	19 217	4 361	14 302	8 105
1986	220 426	164 745	20 323	4 901	30 457	12 445
1987	267 843	209 980	30 124	7 462	20 277	20 277
1988	426 630	353 690	41 099	6 519	25 322	25 322
1989	452 166	346 595	52 419	6 817	46 335	46 335
1990	552 311	395 434	66 881	6 330	83 666	83 666
1991	692 703	471 756	89 497	10 999	120 451	120 451
1992	956 606	593 630	131 012	15 805	216 159	216 159
1993	1 285 330	793 182	162 383	16 575	313 190	313 190
1994	1 808 564	1 001 057	266 760	17 404	523 343	473 517
1995	2 078 803	1 113 478	282 768	20 043	662 514	533 511
1996	2 481 130	1 303 607	336 117	31 026	810 380	680 680
1997	2 683 531	1 441 451	463 583	31 942	746 555	737 203
1998	3 311 322	1 811 425	659 455	34 462	805 980	767 345
1999	3 658 839	2 099 974	760 506	38 446	759 913	723 486
2000	4 323 483	3 369 325	876 123	31 377	46 658	3 547
2001	4 894 664	3 832 903	992 295	20 033	49 433	5 199

注:1998 年社会消费品零售总额采用新口径统计数,不能与上年直接对比。

Total retail sales of consumer goods in 1998 is estimated by new method and can not be compared with preceding year directly.

7-7 社会消费品零售总额指数

INDICES OF TOTAL RETAIL SALES OF CONSUMER GOODS

(1979—2001)

年份 Year	社会消费品零售总额(万元) Total Retail Sales of Consumer Goods (10 000 yuan)	社会消费品零售总额指数(%) Retail Sales Indices(%)	
		以1979年为100 (1979=100)	以上年为100 (Preceding year=100)
1979	11 259	100.0	
1980	19 615	174.2	174.2
1981	34 229	304.0	174.5
1982	54 185	481.3	158.3
1983	123 794	1 099.5	228.5
1984	201 107	1 786.2	162.5
1985	265 642	2 359.4	132.1
1986	273 712	2 431.1	103.0
1987	324 364	2 880.9	118.5
1988	502 430	4 462.5	154.9
1989	545 741	4 847.2	108.6
1990	667 580	5 929.3	122.3
1991	828 341	7 357.1	124.1
1992	1 148 908	10 204.4	138.7
1993	1 605 130	14 256.4	139.7
1994	2 211 404	19 641.2	137.8
1995	2 593 269	23 032.9	117.3
1996	2 970 159	26 380.3	114.5
1997	3 264 806	28 997.3	109.9
1998	4 196 424	30 940.1	106.7
1999	4 674 483	34 467.3	111.4
2000	5 381 652	39 671.9	115.1
2001	6 092 629	44 908.6	113.2
年平均增长率 Average Annual Growth Rate		**32.0**	

7-8 批发零售贸易业商品购销存总额

TOTAL PURCHASES,SALES AND INVENTORY IN WHOLESALE AND RETAIL SALE TRADES (2001)

单位:万元 (10 000 yuan)

项目	Item	总计 Total	# 国有批发零售贸易业 State-Owned	# 限额以上批发零售贸易业 Enterprise over Levels
一、商品购进总额	**Total Goods Purchase**	**11 503 080.3**	**2 913 157.8**	**7 228 209.5**
二、商品销售总额	**Total Sales**	**12 544 802.9**	**3 157 622.2**	**8 010 604.0**
1、批发合计	Total Wholesale	7 739 113.9	2 728 107.3	5 801 641.9
2、对居民和社会集团消费品零售	Total Retail Sales	4 805 689.0	429 514.9	2 208 962.1
三、年末库存额	**Inventory (year-end)**	**812 139.4**	**207 122.9**	**572 664.6**

7-9 限额以上批发零售贸易业主要财务指标

MAIN FINANCIAL INDICATORS OF ENTERPRISES OVER LEVELS IN WHOLESALE AND RETAIL SALE TRADES (1998—2001)

单位:万元 (10 000 yuan)

项 目	Item	1998	1999	2000	2001
实收资本	Called up Capital	783 382		814 078	1 189 075
流动资产年末合计	Total Circulating Funds (year-end)	2 382 600	2 435 021	2 775 849	3 119 133
#存货	Inventory	500 511	462 622	576 429	725 582
流动资产年平均余额	Annual Average Balance of Circulating Funds	2 234 205			
固定资产合计	Total Fixed Assets	939 068	1 007 855	980 654	1 177 539
固定资产原价合计	Original Value of Fixed Assets	982 287	1 146 591	1 203 097	1 396 234
累计折旧	Depreciation of Fixed Assets	247 102	289 737	359 530	374 763
无形及递延资产合计	Intangible and Deferred Assets	125 086	229 816	203 572	140 643
资产总计	Total Assets	4 053 546	4 400 829	4 576 787	5 203 553
流动负债	Liquid Liabilities	2 488 896	2 524 706	2 608 832	3 084 574
长期负债	Long-Term Liabilities	276 837	367 168	406 799	282 089
负债合计	Total Liabilities	2 769 885	2 892 410	3 129 070	3 485 564
所有者权益	Creditors´ Equity	1 283 661	1 508 419	1 447 717	1 717 989
商品销售收入	Sales Revenue	3 711 310	5 326 005	6 396 227	7 616 650
商品销售成本	Cost of Sales	3 193 980	4 744 442	5 763 206	6 849 082
商品销售税金及附加费	Sales Tax and Extra Charges	7 912	9 262	12 273	12 266
商品销售利润	Sales Profits	237 832	318 642	320 156	387 839
管理费用	Management Expenses	231 220	261 771	326 524	291 370
#税金	Taxes	5 615	6 817	6 287	5 672
利润总额	Total Profits	65 283	113 417	182 232	210 335
本年应付工资	Total Wages Payable in the Year	92 451	111 950	125 414	130 158
本年应付福利费	Welfare Expenses payable in the Year	10 272	11 205	13 465	13`635
本年应交增值税	Value Added Tax Payable in the Year	65 034	56 963	100 023	274 444

7-10 限额以上国有批发零售贸易业主要财务指标

MAIN FINANCIAL INDICATORS OF STATE-OWNED ENTERPRISES OVER LEVELS IN WHOLESALE AND RETAIL SALE TRADES (1998—2001)

单位:万元 (10 000 yuan)

项 目	Item	1998	1999	2000	2001
实收资本	Called up Capital	666 847		385 126	335 091
流动资产年末合计	Total Circulating Funds (year-end)	2 078 161	1 220 260	1 496 558	1 329 858
#存货	Inventory	402 443	230 716	336 575	302 243
流动资产年平均余额	Annual Average Balance of Circulating Funds	1 788 787			
固定资产合计	Total Fixed Assets	810 581	450 579	431 246	366 813
固定资产原价合计	Original Value of Fixed Assets	835 266	486 221	502 465	434 655
累计折旧	Depreciation of Fixed Assets	211 690	129 940	141 990	137 021
无形及递延资产合计	Intangible and Deferred Assets	90 666	115 927	91 026	30 747
资产总计	Total Assets	3 523 036	2 161 809	2 362 148	2 065 197
流动负债	Liquid Liabilities	2 141 232	1 291 798	1 438 548	1 271 845
长期负债	Long-Term Liabilities	233 103	143 943	236 432	90 703
负债合计	Total Liabilities	2 374 887	1 435 763	1 674 981	1 363 130
所有者权益	Creditors' Equity	1 148 149	726 047	687 167	702 067
商品销售收入	Sales Revenue	2 978 433	2 838 310	3 551 301	2 753 625
商品销售成本	Cost of Sales	2 553 300	2 601 649	3 273 395	2 528 544
商品销售税金及附加费	Sales Tax and Extra Charges	6 616	3 296	4 620	3 978
商品销售利润	Sales Profits	197 821	137 267	131 330	110 004
管理费用	Management Expenses	176 095	124 190	173 573	88 984
#税金	Taxes	4 083	3 391	3 560	2 130
利润总额	Total Profits	64 603	51 776	110 690	73 952
本年应付工资	Total Wages Payable in the Year	70 731	48 128	56 924	47 427
本年应付福利费	Welfare Expenses payable in the Year	8 391	6 035	5 770	5 107
本年应交增值税	Value Added Tax Payable in the Year	54 447	22 764	39 973	35 232

7-11 物价指数

PRICE INDICES

(1979—2001)

年份 Year	以上年价格为100 Preceding Year=100			以1979年价格为100 1979=100		
	居民消费价格总指数 General Consumer Price Index	# 食品类 Food	# 服务项目 Services	居民消费价格总指数 General Consumer Price Index	# 食品类 Food	# 服务项目 Services
1979	100.0	100.0	100.0	100.0	100.0	100.0
1980	105.0	108.3	100.7	105.0	108.3	100.7
1981	110.7	117.9	101.6	116.2	127.7	102.3
1982	107.8	116.6	108.7	125.3	148.9	111.2
1983	102.0	105.9	100.9	127.8	157.7	112.2
1984	106.8	106.6	119.3	136.5	168.1	133.9
1985	122.5	128.5	117.2	167.2	216.0	156.9
1986	106.1	108.1	106.9	177.4	233.5	167.7
1987	114.4	118.7	107.4	203.0	277.1	180.1
1988	128.1	133.7	112.2	260.0	370.5	202.1
1989	125.4	126.6	125.7	326.0	469.1	254.1
1990	101.6	95.4	127.7	331.2	447.5	324.4
1991	103.0	99.2	115.4	341.2	443.9	374.4
1992	107.3	109.2	109.4	366.1	484.8	409.6
1993	120.1	122.6	120.9	439.7	594.3	495.2
1994	118.2	120.2	118.1	519.7	714.4	584.8
1995	112.4	116.7	118.1	584.1	833.7	690.6
1996	107.7	105.2	110.7	629.1	877.1	764.5
1997	103.3	100.2	118.2	649.9	878.9	903.6
1998	99.3	97.2	105.3	645.4	854.3	951.5
1999	99.3	94.5	107.7	640.9	807.3	1 024.8
2000	102.8	100.2	114.0	658.8	808.9	1 168.3
2001	97.8	97.5	99.3	644.3	788.7	1 160.1

7-12 居民消费价格总指数

GENERAL CONSUMER PRICE INDEX

(2001)

以上年价格为 100 (preceding year=100)

项 目	Item	指 数 Index
居民消费价格总指数	**General Consumer Price Index**	**97.8**
一、食品	**Food**	**97.5**
1、粮食	Grain	90.6
2、淀粉及薯类	Starch and Potato	100.1
3、干豆类及豆制品	Dried Beans and Their Products	95.2
4、油脂	Oil or Fat	89.7
5、肉禽及其制品	Meal, Poultry and Their Products	97.9
6、蛋	Eggs	99.6
7、水产品	Aquatic Products	92.8
8、菜	Vegetable	103.4
9、调味品	Flavoring	98.8
10、糖	Carbohydrate	97.5
11、茶及饮料	Tea and Beverages	98.5
12、干鲜瓜果	Dried and Fresh Melons and Fruits	95.0
13、糕点饼干面包	Cake,Biscuit and Bread	98.1
14、奶及奶制品	Milk and Its Products	93.7
15、在外用膳食品	Dining Out	99.7
16、其他食品及食品加工服务	Other Food and Food Processing Services	88.2
二、烟酒及用品	**Tobacco, Liquor and Articles**	**97.1**
1、烟草	Tobacco	97.8
2、酒	Liquor	94.7
3、吸烟饮酒用品	Articles	101.0
三、衣着	**Clothing**	**98.7**
1、服装	Garments	97.5
2、衣着材料	Clothing Materials	100.7
3、鞋袜帽	Shoes, Socks and Hats	102.4
4、衣着加工服务	Clothing Processing Services	100.5

项 目	Item	指 数 Index
四、家庭设备用品及维修服务	**Household Facilities Articles and Repair Services**	**98.7**
1、耐用消费品	Durable Consumer Goods	96.6
2、室内装饰品	Interior Decorations	100.6
3、床上用品	Bed Articles	97.0
4、家庭日用杂品	Daily Use Household Articles	100.5
5、家庭服务及加工维修服务	Household Services and Processing and Repair Services	106.1
五、医疗保健和个人用品	**Medicine, Medical and Personal Articles**	**98.2**
1、医疗保健	Medicine and Medical	98.2
2、个人用品及服务	Personal Articles and Services	98.2
六、交通和通讯	**Transportation and Communication**	97.6
1、交通	Transportation	96.4
2、通信	Communication	99.0
七、娱乐教育文化用品及服务	**Recreation, Education and Culture Articles and Services**	**96.0**
1、文娱用耐用消费品及服务	Durable consumer Goods and Services for Recreational Use	94.1
2、教育	Education	104.5
3、文化娱乐用品	Recreation and Culture Articles	100.4
4、旅游及外出	Tourism	85.6
八、居住	**Residence**	**99.1**
1、建房及装修材料	Buildings Construction and Decoration Materials	97.2
2、租房	Rent	100.0
3、自有住房	Self Owned	100.9
4、水、电、燃料	Water, Electricity and Fuels	99.2

7-13 集市贸易价格指数

PRICE INDICES OF FREE MARKETS

(1980—2001)

以上年价格为 100 (preceding year=100)

年份 Year	总指数 General Index	1、粮食 Grain	2、食油 Edible Oil	3、鲜菜 Fresh Vegetable	4、干菜 Dried Vegetable	5、肉禽蛋 Meal,Poultry and Eggs	6、水产品 Aquatic Products	7、鲜果 Fresh Fruits
1980	108.8							
1981	121.0	122.2		134.8		113.6	123.5	104.2
1982	111.6			133.3		110.0	115.5	110.8
1983	101.6			96.1	114.8	104.0	104.6	95.2
1984	90.0	173.6		75.2		99.3	86.9	108.4
1985	114.4	100.4	109.2	124.1	102.2	109.9	113.6	124.1
1986	104.1	122.8	101.3	112.2	115.7	101.2	101.6	102.6
1987	120.1	122.2	98.5	143.9	119.3	116.4	119.4	117.0
1988	135.6	150.2	118.2	129.6	134.9	137.2	140.4	130.2
1989	122.7	143.9	128.7	124.8	116.4	104.3	113.3	127.0
1990	92.7	75.0	94.4	95.6	106.5	92.8	90.2	95.3
1991	98.3	92.6	102.4	109.0	102.0	93.6	101.8	103.1
1992	110.3	99.9	99.5	127.7	104.4	107.0	111.3	105.9
1993	123.7	118.5	134.7	133.0	122.9	113.6	143.5	130.2
1994	110.7	138.8	143.1	99.3	104.7	116.9	114.6	106.2
1995	113.8	119.9	110.0	112.1	104.8	113.8	111.1	116.7
1996	102.7	104.7	107.3	99.7	107.4	104.8	104.5	97.4
1997	96.6	97.3	106.2	103.2	98.8	96.4	93.4	92.4
1998	91.2	93.7	99.7	91.5	93.8	90.4	90.3	92.8
1999	91.1	94.2	97.1	92.2	100.7	89.3	97.3	89.2
2000	98.6	101.5	93.4	104.6	102.1	96.6	104.6	93.0
2001	95.1	88.7	88.8	103.4	93.1	98.6	92.1	94.0

7-14 房地产销售价格指数

PRICE INDICES OF REAL ESTATE SALES

(1998—2001)

以上年价格为 100 (preceding year=100)

类别	Item	1998	1999	2000	2001
总指数	General Index	99.4	97.8	99.2	101.1
商品房	Commodity Housing	99.9	98.5	101.0	102.3
其中：住宅	Residential Housing	101.6	98.4	101.4	102.2
# 普通住宅	Ordinary Housing	101.6	98.7	101.3	102.2
# 多层住宅	Below 10 Stories	103.0	100.0	102.6	103.9
高层住宅	10 Stories and Over	100.7	97.8	100.8	102.1
豪华住宅	Magnifivent Housing	96.7	95.7	102.2	101.8
# 别墅	Villas	106.5	92.0	103.1	101.7
高档公寓	Flats	96.1	96.5	101.3	101.4
非住宅	Non-residence	97.3	98.8	99.1	102.9
# 写字楼	Office Building	98.4	94.4	95.2	100.4
商业用房	Commercial Housing	96.7	98.6	100.5	104.8
其他	Others	94.7	101.2	100.9	104.2
公房	Public Housing	103.6	100.0	100.0	101.9
其中:住宅	Residential Housing	103.6	100.0	100.0	101.9
私房	Private Housing	94.6	93.9	89.7	95.7
其中：住宅	Residential Housing	95.0	94.7	89.7	95.8
非住宅	Non-residence	94.4	80.1	—	89.4

7-15 房地产租赁价格指数

PRICE INDICES OF REAL ESTATE HIRING

(1998—2001)

以上年价格为 100 (preceding year=100)

类别	Item	1998	1999	2000	2001
总指数	General Index	94.7	91.3	95.7	99.6
住宅	Residential Housing	91.4	90.4	89.5	97.7
# 公有住房	Public Housing	103.3	97.5	98.6	98.4
私房	Private Housing	90.3	89.7	86.4	97.5
办公用房	Office	97.1	96.8	97.3	99.7
# 高标准写字楼	High Standard Office	96.9	96.2	97.6	99.8
普通用房	Ordinary	97.3	97.4	96.8	99.6
商业用房	Commercial Housing	95.5	93.1	96.2	100.2
厂房仓库房	Workshop and Storehouse	99.7	92.0	97.3	101.1
# 工业用房	Industrial	99.8	91.1	97.1	102.3
仓库	Storehouse	98.8	97.7	99.4	94.2

八、财政、金融

2001年深圳财政运行状况综述

2001年是"十五计划"的第一年，在全球经济增速趋缓的国际环境中，全市国民经济依然保持了平稳增长的态势。全年实现国内生产总值1954.65亿元，比上年增长13.2%，实现了"十五"计划开门红。经济的稳定增长带来了财政收入的快速增长。财政以推动社会有效需求为政策着力点，充分发挥财政职能作用，支持了深圳经济的稳定发展。

一、2001年基本态势

2001年，地方预算内财政收入稳定增长，全市累计完成地方预算内财政收入265.65亿元，完成年度预算的102.7%，比上年增长18.1%，高出GDP增幅4.9个百分点，剔除证券交易印花税因素比上年增长30.4%。从各月完成财政收入进度看，1-2月份财政收入增速高于GDP的增速，3-5月份又低于GDP增速，6月份以后财政收入一直保持稳定、略高于经济发展的增长速度。（见下图）

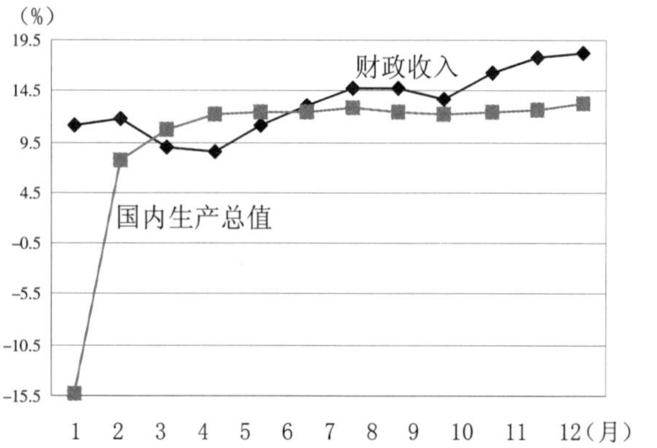

2001年财政收入、国内生产总值月度增长速度图示

在各项税收中，增长最快的是企业所得税，比上年增长48.8%，高于上年增幅7个百分点；其次是增值税，比上年增长38.6%；营业税比上年增长19.0%，高于上年增幅14.1个百分点；另外在税收收入中比重较小收入项目，如个人所得税、城市维护建设税和房产税都比上年有20%以上的增长。由于政策性减收，证券交易印花税比上年少征收近20亿元，减幅高达74.0%。

2001年全市地方预算内财政支出有较大幅度的增长，全市累计完成地方预算内支出260.06亿元，完成年度预算的106.0%，比上年增长13.5%。在全部财政支出中，增长较快的项目主要有：基建支出、科技三项费用，教育事业费等，分别比上年增长17.4%、23.1%和25.1%。全年预算内地方财政收入与财政支出相抵，收支平衡，持续21年实现财政收支略有结余，进一步充实了财政实力。

二、运行特点

1. 主体税种收入占各项税收总计比例大幅上扬，有力促进了财政收入的稳定增长

在2001年财政收入中，各项税收完成237.54亿元，比上年增长17.1%。按可比口径计算增长30.9%。其中增值税、营业税、企业所得税和个人所得税四项合计占各项税收总计的比例达到91.5%，比上年四项合计占各项税收总计的比例高出21.3个百分点，四大主体税种对财政收入的增收贡献率达86.1%，弥补了因证券交易印花税减收近20亿元的空缺，保证了财政收入的稳定增长。主体税各项税收比例的快速增长，主要依赖于经济的稳定增长和高新技术产业经济的地方税收大幅增长。

从分行业看，主要是高新技术产业、交通运输业、房地产业、商业和涉外经济税收的大幅增长。主体税比例的提高，也使各项税收占财政收入的比重维持在89.4%，略低于上年，但高于"九五"时期的平均水平。2001年财政收入与GDP之比达到13.6%，高于上年0.1个百分点，全市财政收入在全国大中城市排名仅次于上海、北京两市，继续位居第三位。

2. 基建支出创新高，推动全社会固定资产投资的增长

2001年，全市完成基本建设支出86.48亿元，创下深圳财政基本建设支出的历史新高，比上年增支13.7亿元，增幅为17.1%，高于上年增幅16.7个

百分点。在财政支出全部增量中，基本建设支出增量占有48.1%的比重，保证了市政重点建设工程如深圳地铁、市民广场、供水管道、环境保护等年度财政投资计划的完成，同时还落实国债转贷资金3.19亿元，采用财政贴息等多种手段，带动全社会投资的增长。全年完成全社会固定资产投资673.37亿元，比上年增长8.7%，其中基本建设投资284.40亿元，增长2.3%，支持了国民经济的稳定增长。

3. 继续优化财政支出结构，推动了社会经济的全面发展

2001年财政支出，集中体现了积极财政政策和率先基本实现社会主义现代化的要求。一是向带动经济发展的项目倾斜，二是向公共财政方向调整支出项目。全年累计完成科技三项费用和企业挖潜改造支出14.13亿元，比上年增长4.7%，有力支持了企业科技创新和传统产业的技术改造，支持高新技术产业，促进了产业结构的优化升级；在全市经济受世界经济增速趋缓影响，外贸出口困难重重情况下，全年支付外贸出口财政贴息等各类资金5.5亿元，出口退税42.83亿元，比上年增长108.9%，有力地促进了进出口贸易的增长。

在全年的财政支出增量中，投向文化、教育、科学、卫生方面的支出增量占全部增量的29.9%，使得其在财政支出中比重由上年的15.8%增加到16.4%。这些增支支持培育了大批文化精品项目，推动了社会主义精神文明建设的发展。

三、2002年展望

2001年，全市财政收入增幅高于经济增长，但增幅出现回落。2002年，随着国家所得税分成政策的实施和证券交易印花税留成比例的递减，全市的财政收入将出现较大的政策性减收，如何保证财政收入的持续增长，以保证全市经济建设和社会发展所必要的资金支持，是摆在我们面前的一个问题。从深圳经济与财政收入的长期发展趋势看，1996-2001年深圳GDP平均增长速度为14.4%，财政收入的平均增长速度为15.1%，财政收入的增长速度一直是略高于经济的发展速度，因而预计财政收入2002年仍将保持增长。根据1991-2001年深圳GDP与财政收入的相关分析，GDP每增加1元，财政收入将增加0.134元，结合深圳2002年经济增长目标推算，2002年全市财政收入可望达到285亿元，实际增长速度将低于经济增长速度。而财政支出，将在继续调整支出结构，保证“九五”建设项目的续建和收尾、“十五”重点建设项目所需资金，带动社会投资的增长，扶持高新技术企业与外贸出口基础上，保持稳定快速的增长。

（撰稿：陈蓉）

2001年深圳金融保险运行状况综述

2001年，深圳金融运行继续保持了健康平稳的发展态势，为国民经济持续、健康、快速发展创造了良好的金融环境。深圳金融机构存贷款继续快速增长，在全国大中城市的存款与贷款排名中稳居第四位，全市金融保险业实现增加值228.49亿元，比上年增长9.0%。

一、运行态势与特点

1. 信贷资金快速增长，支持了深圳经济的增长

2001年末，深圳市国内金融机构人民币各项存款余额为4092.57亿元，比年初增长29.1%，高于上年增幅5.2个百分点。其中企业存款余额2082.40亿元，比年初增长21.7%，低于上年增幅4.6个百分点；储蓄存款余额1373.39亿元，比年初增长26.9%，高于上年增幅13.2个百分点。年末人民币存款增量达923.65亿元，连续第三年刷新纪录，创存款增量历史新高，其中企业存款增量371.23亿元，占全部新增存款的40.2%，低于上年比例18.1个百分点，储蓄存款增量290.75亿元，占全部新增存款的31.5%，高于上年比例10.1个百分点。从全年存款逐月增长走势看，呈波动性增长态势，当股市行情大起时，存款增量较小，而当股市大幅下调时，存款增长较快，此种状况以储蓄存款为最，充分反映了存款与资本市场联动性越来越强。

2001年末，深圳市国内金融机构人民币贷款余额为2860.75亿元，比年初增长24.8%，增幅回落，低于上年增幅5.8个百分点。其中短期贷款余额为1564.97亿元，比年初增长15.2%；中长期贷款余额为909.47亿元，比年初增长33.1%，其中基本建设贷款比年初增长31.2%；中长期流动资金贷款余额为125.73亿元，比年初增长7.5%；票据融资较年初增长了137.2%。在年末人民币新增贷款中，中长期贷款和票据融资两项增量占全部新增贷款的比例为63.5%，尤其是中长期贷款中的消费贷款增量，其占全部贷款增量的比重达31.1%，高于上年同类比例2.6个百分点，2001年末中长期消费贷款余额为552.78亿元，比年初增长47.2%，占全市贷款总量的19.3%，高于上年同类比例。

2001年深圳金融机构现金收支继续保持了增长势头，全年累计现金支出6422.11亿元，同比增长15.6%，累计现金收入5964.70亿元，同比增长10.9%；累计净投放457.41亿元，同比增长156.2%。储蓄现金支出、行政企事业单位管理费支出和工资支出等三项支出，在现金累计支出中的比例大（90%以上）、增幅大，导致现金净投放剧增，增量为全市历史新高。

2001年末，深圳市国内金融机构外币存款余额为97.98亿美元，比年初增长8.33亿美元，增幅为9.4%，低于上年增幅7.9个百分点。其中，单位存款比年初增长10.3%。深圳市国内金融机构外币贷款继续下降，2001年末外币贷款余额47.62亿美元，比年初减少10.65亿美元，降幅为18.3%。其中减幅最大的是境外筹资贷款，减幅达36.2%，中长期贷款比年初下降25.9%，进出口贸易融资比年初下降23.5%。

2. 货币市场增长趋缓，再贴现交易负增长

2001年，深圳货币市场受证券市场的暂停新股在深发行的影响，交易量增幅锐减，再贴现业务出现负增长。深圳市国内金融机构人民币同业拆借累计成交4573.19亿元，比上年增加1765.17亿元，增长62.9%，其中拆出资金3759.41亿元，比上年增长58.9%，拆入资金813.78亿元，比上年增长84.0%，增幅均低于上年。截止到年末，全市银行累计办理再贴现62.96亿元，比年初增加13.40亿元，余额仅为4.58亿元，比上年下降一半以上。年内各商业银行累计办理票据贴现业务1098.46亿元，比上年增长92.4%，累计办理票据承兑业务774.61亿元，比上年增长89.8%。

3. 外汇交易持续增长，结售汇顺差大幅扩大

2001年，深圳外汇交易量继续保持增势，全年

累计成交 34.54 亿美元，比上年增长 14.1%，其中卖出交易额增长 1.2 倍，买入交易额却减少了 69.5%。全年银行结汇收入 126.34 亿美元，比上年增长 44.8%，高于上年增幅 15.7 个百分点，银行售汇支出 85.73 亿美元，比上年增长 4.8%，低于上年增幅 24 个百分点，实现结售汇顺差 40.61 亿美元，比上年增长 6.4 倍。

4. 证券市场交易“增”少“减”多，发展趋滞

截止到 2001 年末，深圳证券交易所上市公司达 508 家，上市股票 550 只，比上年减少 7 只，全部股票市价总值 15931.64 亿元，比上年减少 24.7%，流通市值 6081.05 亿元，比上年减少 20.1%；深市上市基金 25 只，共计 353.00 亿基金单位，比上年增长 27.6%。

全年深圳证券交易总成交 17432.48 亿元，比上年下降 47.4%。尽管 B 股因年内对国内投资者开放而成交额比上年增长了 9.9 倍，但全部股票成交额仍比上年下降了 46.9%；国债成交 577.20 亿元，比上年下降 72.3%；基金成交 1212.96 亿元，比上年下降 17.4%。年末深圳综合指数报收 474.7 点，比上年末降低 161 个百分点。

年内深圳证券市场没有增发新股，仅通过增发和配股为企业筹集资金 471.26 亿元，比上年下降 25.1%。深圳交易所 2001 年新增股票投资者 640.87 万户，其中个人投资者 637.66 万户，机构投资者 3.2 万户，使深交所 A 股投资总户达到 2830.39 万户，比上年增长 29.3%，仅深圳本地投资开户者就达 246.17 万户，比上年增长 7.1%。全年深圳证券市场上缴股票交易印花税 115.50 亿元，比上年减少 43.8%。

5. 保险市场快速增长，业务收入再创新高

2001 年，随着太平保险股份有限公司和中银保险公司加盟深圳保险市场，深圳已经拥有包括 3 家外资保险公司在内的 12 家经营性保险公司，其中产险公司 7 家，寿险公司 4 家，专业性再保险公司 1 家。全年保险市场保险承保金额达 17314.71 亿元，比上年增长 51.4%；保费收入 54.22 亿元，比上年增长 32.9%，高于上年增幅 16.5 个百分点；保险赔付金额支出 14.03 亿元，比上年增长 16.2%。2001 年，深圳保险市场业务随着保险市场的扩大，业务量猛增，全年保费收入比上年增加 13.41 亿元，是深圳保险业有史以来最大的增量，使得全市保险深度达 2.8%，比上年增加 0.3 个百分点，保险密度达 1146.64 元，比上年增加 204.62 元，两项指标均高于同期全国平均水平。从 2001 年保险业务结构看，寿险业务大幅增长，尽管比重仍低于产险业务，但其在全部保费收入中的比重已大大提高，几乎与产险业务持平。寿险保费收入 26.61 亿元，比上年增长 47.1%，高于产险业务增幅 27.6 个百分点，占全部保险保费收入的 49.1%，比上年增加 4.8 个百分点。产险业务在 2001 年汽车销售热潮的带动下继续增长，比上年增长 19.5%，增幅较上年下降 8.1 个百分点。

二、2002 年展望

2001 年深圳的金融保险业仍然保持了总体的稳定增长，支持深圳经济的增长，但增幅回落，还存在一些结构性问题。一是银行业人民币存差进一步扩大，贷款增幅出现大幅回落，银行中间业务收入在全部业务收入中比重过小，银行资产质量未得到根本好转，银行业的收益增幅下降；二是证券行业因部分政策性因素，交易量骤减，效益下滑，证券业增加值出现负增长，仅为上年的一半不到，影响了整个行业的增长，同时也波及其他金融业。2002 年，深圳宽松的宏观经济政策环境，将继续为深圳金融保险业提供了平稳发展的机会。深圳金融保险业将在我国加入 WTO 后的第一年中，继续贯彻稳健货币，以配合积极财政政策的实施，支持深圳经济的快速发展。深圳的银行业要在增强风险意识、加强金融创新、积极增加对高新技术企业和中小企业的支持，支持经济结构调整，努力降低不良贷款，积极发展银行中间业务，增强国际竞争力，培养新的利润增长点。深圳的证券业要努力克服困难，在国家证监委的指导下，加强自我约束，规范运作，加强证券市场创新，积极创造条件争取创业板市场的上市。深圳的保险业则要在 2001 年快速发展的基础上，增强国际竞争力，加强保险产品的创新，加强诚信服务，提高管理水平，建立新的业务增长点，确保深圳保险业的持续、健康快速的发展。

（撰稿：陈蓉）

8-1 地方预算内财政收支

LOCAL FINANCIAL REVENUE AND EXPENDITURE IN BUDGET

(2000—2001)

单位:万元 (10 000 yuan)

项 目	Item	2000	2001
地方预算内财政收入	**Local Financial Revenue in Budget**	**2 250 212**	**2 656 532**
#一般预算收入	General Revenue	2 219 184	2 624 944
#各项税收	Taxes	2 028 606	2 375 357
行政性收费收入	Collect Fee	27 069	35 213
罚没收入	Penalty	84 350	97 755
专项收入	Special Revenue	36 623	43 734
基金预算收入	Funds Revenue	31 028	31 588
地方预算内财政支出	**Local Financial Expenditure in Budget**	**2 292 096**	**2 600 790**
#一般预算支出	General Expenditure	2 250 441	2 537 019
#基本建设支出	Expenditure for Capital Construction	729 025	864 816
企业挖潜改造资金	Expenditure for Innovation Enterprises	61 194	55 846
科技三项费用	Expenditure for Science and Technology Promotion	69 470	85 500
教育事业费	Expenditure for Education	204 694	273 612
科学事业费	Expenditure for Science	12 030	13 190
卫生事业费	Expenditure for Public Health	83 995	100 016
行政事业单位离退休经费	Pension for Retires of Administrative Units and Institutions	40 544	35 439
行政管理费	Expenditure for Government Administration	122 344	137 592
公检法支出	Expenditure for public Security Agency, Procuratorial Agency and Court of Justice	187 014	209 439
城市维护费	Expenditure for City Maintenance	112 292	118 564
专项支出	Special Expenditure	38 630	40 858
基金预算支出	Funds Expenditure	41 655	63 771

8-2 地方预算内财政收支指数

INDICES OF LOCAL FINANCIAL REVENUE AND EXPENDITURE IN BUDGET

(1979—2001)

年份 Year	收入(万元) Financial Revenue (10 000 yuan)	指数(%) Index(%)		支出(万元) Expenditure (10 000 yuan)	指数(%) Index(%)	
		以1979年为100 1979=100	以上年为100 Preceding Year=100		以1979年为100 1979=100	以上年为100 Preceding Year=100
1979	1 721	100.0		2 971	100.0	
1980	3 043	176.8	176.8	4 003	134.7	134.7
1981	8 787	510.6	288.8	8 411	283.1	210.1
1982	9 163	532.4	104.3	8 815	296.7	104.8
1983	15 605	906.7	170.3	15 025	505.7	170.4
1984	29 435	1 710.3	188.6	27 954	940.9	186.0
1985	62 894	3 654.5	213.7	58 651	1 974.1	209.8
1986	74 160	4 309.1	117.9	68 073	2 291.2	116.1
1987	87 521	5 085.5	118.0	69 688	2 345.6	102.4
1988	146 521	8 513.7	167.4	110 992	3 735.8	159.3
1989	228 668	13 286.9	156.1	173 007	5 823.2	155.9
1990	217 037	12 611.1	94.9	198 073	6 666.9	114.5
1991	273 291	15 879.8	125.9	243 012	8 179.5	122.7
1992	429 599	24 962.2	157.2	420 035	14 137.8	172.8
1993	672 507	39 076.5	156.5	593 327	19 970.6	141.3
1994	743 992	43 230.2	110.6	746 181	25 115.5	125.8
1995	880 174	51 143.2	118.3	934 041	31 438.6	125.2
1996	1 317 490	76 553.7	149.7	1 380 376	46 461.7	147.8
1997	1 447 709	84 119.7	109.9	1 426 983	48 030.4	103.4
1998	1 649 067	95 820.3	113.9	1 770 007	59 576.1	124.0
1999	1 847 908	107 374.1	112.1	2 117 164	71 261.0	119.6
2000	2 250 212	130 750.3	121.8	2 292 096	77 149.0	108.3
2001	2 656 532	154 359.8	118.1	2 600 790	87 539.2	113.5
年平均增长率 Average Annual Growth Rate		**39.6**			**36.1**	

8-3 银行现金收支、信贷情况

CASH INCOME AND EXPENDITURE AND CREDIT FUNDS OF BANKS

(1979—2001)

单位：万元 (10 000 yuan)

年 份 Year	现金收入 Cash Income	现金支出 Cash Expenditure	现金净投放、回笼(-) Currency Issuance and Cash Withdrawn(-)	各项存款余额 Deposits	# 企业存款 Depoits of Enterprises	# 城乡居民储蓄 Saving Deposits of Urban and Rural Residents
金融机构 Banking System						
1979	24 252	33 793	9 541	10 125	2 756	3 713
1980	32 700	39 685	6 985	20 284	7 033	5 338
1981	50 125	53 313	3 188	43 713	20 040	10 294
1982	60 275	67 995	7 720	63 707	31 403	15 149
1983	84 654	116 047	31 393	112 554	64 283	23 993
1984	160 574	244 273	83 699	349 763	243 853	54 176
1985	272 742	315 403	42 661	302 567	183 833	79 989
1986	313 736	343 439	29 703	551 112	349 895	121 122
1987	544 866	561 471	16 605	808 545	492 704	188 403
1988	1 200 579	1 118 715	-81 864	1 317 381	770 617	300 003
1989	1 637 542	1 639 552	2 010	1 376 310	685 986	391 787
1990	2 945 381	2 831 142	-114 239	1 946 923	951 490	574 474
1991	4 243 982	3 917 119	-326 863	3 009 164	1 633 636	885 995
1992	10 755 638	10 492 935	-262 703	5 504 616	2 957 816	1 539 518
1993	14 414 432	14 412 911	-1 522	6 573 461	3 664 320	1 751 290
1994	15 638 047	15 377 602	-260 445	9 333 699	5 582 300	2 903 733
1995	22 162 733	21 446 876	-715 857	12 029 322	6 379 138	4 664 222
1996	34 870 719	34 313 589	-557 130	15 334 600	8 416 900	5 822 300
1997	40 537 482	40 230 805	-306 677	18 227 000	10 011 600	7 076 700
1998	40 618 223	40 640 124	21 901	22 383 700	12 060 900	8 618 800
1999	45 116 712	46 152 181	1 035 469	25 589 900	13 538 300	9 519 900
2000	53 763 834	55 549 495	1 785 661	31 690 000	17 098 000	10 826 400
2001	59 646 988	64 221 078	4 574 090	40 925 700	20 824 000	13 733 900
国家银行 State Banks						
1980				19 966	7 033	1 901
1981				42 583	20 040	3 563
1982				61 851	31 403	5 707
1983				108 659	64 283	10 901
1984				333 141	243 853	28 667
1985				275 003	183 833	47 598
1986				505 702	349 895	74 602
1987				690 881	478 457	122 262
1988				1 061 106	716 885	205 716
1989				1 105 386	631 638	282 460
1990				1 507 176	864 835	426 561
1991				2 502 907	1 436 818	676 974
1992				4 487 424	2 637 735	1 197 599
1993				4 944 444	2 852 245	1 303 110
1994				6 425 486	3 972 846	2 194 776
1995				8 188 465	4 292 692	3 507 298
1996				10 167 500	5 539 300	4 214 300
1997				12 437 200	6 578 500	5 154 600
1998				13 619 400	6 846 900	6 100 400
1999				15 573 100	7 928 500	6 754 000
2000				18 745 400	9 978 100	7 504 700
2001				22 833 400	11 185 600	9 123 300

年 份 Year	各 项 贷款余额 Loans	# 短期贷款 Short-Term Loans	# 工业贷款 Loans to Industrial Enterprises	# 商业贷款 Loans to Commercial Enterprises	# 农业贷款 Agricultural Loans	# 中长期贷款 Medium-Term & Long-Term Loans
金融机构 Banking System						
1979	7 523	5 791	498	5 037	892	73
1980	13 452	7 934	653	6 927	1 189	1 532
1981	23 944	12 643	1 725	10 156	1 472	909
1982	63 013	36 341	3 987	29 277	3 121	19 634
1983	119 471	67 102	9 808	49 377	5 745	41 816
1984	451 034	260 024	33 469	182 795	15 165	120 253
1985	537 014	296 576	70 433	183 211	17 220	159 084
1986	730 855	381 567	86 937	248 711	19 793	174 208
1987	1 065 176	683 521	201 257	408 106	26 067	189 612
1988	1 536 202	1 023 309	288 212	575 205	34 303	228 242
1989	1 789 834	1 225 462	455 387	641 693	39 139	230 507
1990	2 386 157	1 609 682	657 037	815 850	48 054	273 450
1991	2 797 500	2 064 682	846 623	992 634	52 804	306 051
1992	3 707 067	2 741 451	1 120 337	1 232 889	58 475	344 234
1993	5 015 868	3 513 610	1 432 355	1 585 883	48 482	393 662
1994	6 421 390	4 388 553	1 761 125	1 344 986	35 428	560 216
1995	7 863 364	5 530 853	2 075 856	1 627 228	40 344	926 411
1996	9 652 000	6 424 600	2 343 300	1 921 200	47 500	1 164 100
1997	12 025 800	9 735 700	2 772 400	2 324 600	48 200	1 394 300
1998	15 503 700	11 621 900	2 976 800	2 965 400	59 500	1 980 300
1999	18 481 600	13 451 700	2 683 700	3 171 800	58 300	2 312 000
2000	22 921 800	16 826 900	2 562 200	3 248 400	52 400	3 092 700
2001	28 607 500	15 649 700	2 997 200	4 238 000	43 500	9 094 700
国家银行 State Banks						
1980	12 921	7 815	653	6 927	777	1 532
1981	22 868	12 297	1 725	10 156	742	909
1982	60 527	35 558	3 987	29 277	1 418	19 634
1983	114 780	65 364	9 808	49 377	2 792	41 816
1984	432 952	249 271	33 469	182 795	7 836	120 253
1985	479 998	280 909	70 433	183 211	8 322	159 084
1986	634 543	361 574	86 937	248 711	10 054	174 208
1987	883 864	599 713	183 644	373 807	15 208	184 854
1988	1 212 622	892 117	247 840	527 985	24 774	201 857
1989	1 404 266	1 065 658	415 409	572 291	28 164	206 348
1990	1 790 938	1 375 207	591 455	706 225	31 945	255 347
1991	2 180 306	1 713 068	736 740	838 919	32 145	290 722
1992	2 822 180	2 241 049	1 023 854	1 001 913	35 098	329 043
1993	3 516 287	2 554 486	1 217 336	1 157 861	24 806	380 168
1994	4 228 382	2 997 502	1 410 066	813 394	29 927	543 609
1995	4 989 605	3 780 767	1 683 029	1 038 359	35 918	725 706
1996	5 888 000	4 429 200	1 938 300	1 240 900	36 700	806 500
1997	7 887 300	6 843 600	2 448 100	1 637 300	33 700	866 000
1998	8 974 800	7 335 200	2 520 800	2 043 200	29 700	1 113 900
1999	10 860 300	8 492 800	2 213 800	2 316 800	32 300	1 684 100
2000	12 803 400	9 754 300	2 053 800	2 032 600	33 200	2 310 400
2001	15 012 800	7 158 300	2 048 500	2 117 100	21 400	6 557 800

九、对外经济贸易和旅游

2001年深圳利用外资情况分析

2001 年，受到世界经济发展放缓的影响，深圳外经贸工作遇到自亚洲金融危机以来最为严重的困难。在市委，市政府的正确领导下，在全市各有关部门配合支持下，招商引资工作取得良好的成果。全年实际利用外资达到了 36.03 亿美元，创历史最高水平，比上年增长 21.4%，其中外商直接投资 25.91 亿美元，增长 32.1%。

一、2001 年利用外资新特点

1. 合同利用外资与实际利用外资首次实现同步增长

2001 年全市合同利用外资金额达 40.04 亿美元，比上年增长 51.7%。在合同利用外资中，一批如 IC、光纤等重大项目签约；利用外资的领域进一步拓宽，一批创业投资、商业、物流等项目成功签约；此外大项目增加，2001 年新批直接投资项目合同利用外资平均金额为 181.42 万美元，比上年增加 17.9%，其中投资总额在 1000 万美元以上的有 49 个，500 万美元以上的有 97 个，合同外资金额比上年均有较大的提高。

2. 利用外资中工业占主导地位

2001 年全市工业协议利用外资额为 34.38 亿美元，比上年增长 58.6%，实际利用外资额为 29.38 亿美元，比上年增长 31.9%，所占比重分别为 85.9% 和 81.5%。其中能源和水生产供应业合同利用外资额与实际利用外资额增幅高达 2.1 倍和 95.2%。与工业相比，第三产业的增幅较为平缓，其中作为中国加入 WTO 后承诺率先开放的一部分，电信业和保险业合同利用外资额大幅度增长，但批发零售餐饮业和社会服务业合同利用外资则有所下降。

3. 香港是利用外资的主要来源地

2001 年香港在深圳的实际利用外资额为 19.41 亿美元，所占比重为 53.9%，比上年有所下降；欧盟和美国对深投资有不同程度的下降，其中美国降幅为 57%；日本、新加坡、台湾省等国家和地区的实际利用外资额则出现大幅度增长，其中日本增幅高达 60%。

4. 世界知名大企业、跨国公司投资踊跃

到 2001 年底，名列世界 500 强的企业已有 82 家来深投资，外方累计实际投资已达 22.57 亿美元，其投资企业数仅占全市外商直接投资企业 0.6%，但累计实际利用外资已占全市 11.83%。这 82 家企业投资项目涉及的行业有计算机、电子、办公设备、化工、食品饮料、电力、商贸、房地产、金融、旅游等。其中有 56 家兴办实业，14 家金融机构设立分行，保险公司和办事处，另有 12 家在深设立办事机构。随着中国加入 WTO 及加大对外开放的力度，跨国公司在深投资也将不断增加。2001 年新设立的企业有安圣电气有限公司、深圳航空标准件有限公司、住友电工光纤光缆深圳有限公司、深圳科键三星移动公司等，投资额均在 1000 万美元以上。全球排名 323 位的艾默生电气公司出资 7.5 亿美元收购华为控股的安圣电气有限公司，开创了通过并购方式对深圳直接投资的先河。

二、当前利用外资存在的主要问题

1. 来自兄弟省市的竞争压力

创建特区之初，深圳采取了“三来一补”的形式吸引外资，这符合当时的现状。但随着特区的发展，租金、劳力、水电管理等各种成本的上涨，不少“三来一补”企业大量外迁，在九十年代初已经出现。而目前吸引外资，不仅面临来自北京、上海、广州等大城市的竞争，也受到一些中等城市如东莞、昆山等地区的压力，这些地区不仅成本较深圳低廉，政策也更加优惠。同时一些大城市采取积极措施和优惠政策吸引人才，深圳已不再是各地人才的首选地，对吸引外资将产生不利的影响。

2. 引进外资质量有待提高

从近几年来看，深圳直接投资项目合同金额的平均水平始终处在 100-200 万美元之间，这一水平与北京、上海相比较，大项目过少。此外加工装配仍占有较大的比重。

三、加快利用外资工作的对策建议

积极引进外资，不仅促进全市经济发展，增加就业，也是外贸出口保持增长的重要保证。对优化产业结构，引进国外先进技术和管理经验也将起到积极的作用。对此，进一步加大招商引资力度，当前应突出做好以下几项工作。

1. 继续对外资企业实行国民待遇的原则，同时制定导向性的优惠政策

加入世贸组织后应对一般外资企业实行国民待遇，但对某些领域应实行带倾斜性的优惠政策，如高新技术产业，基础设施，替代进口产业等。

2. 适应加入WTO的要求，深化经济体制和科技体制改革

应进一步转变政府职能，规范政府行为，提高办事效率，改善投资软环境，为企业参与国际竞争和国际合作创造良好条件，要适应新经济和高新技术产业的要求，提高创新和开拓意识，为跨国公司在我国进行高新技术研究，发展高新技术产业创造条件。

3. 加快国有企业改革

按照建立社会主义市场经济的要求，加快国有企业建立现代企业制度的步伐。鼓励有实力、有优势的国有大中型企业积极开展对外合资合作，更多地加入全球化生产链条中去，增强吸收外资和加工贸易产业升级的外溢效应，提高技术和管理能力，逐步改变全球化分工中的被动地位。

4. 加大对欧美、日本、韩国等发达国家的招商引资力度

目前，日本、台湾、韩国等国外商，出于对外发展战略和抢占中国加入WTO商机的需要，正在掀起对华投资的热潮，其投资主体为IT产业，不仅符合世界潮流，也符合深圳产业结构调整的需要，是深圳招商引资的重点地区。而发达的欧美国家如美国、法国、德国、英国来深投资还不足20%，也是需要迫切加强的所在。

5. 不断提高利用外资的质量和水平

做好投资导向工作，优化产业结构，积极引进大型项目，鼓励外商投资高科技产业和物流业，建立一批外商投资采购中心。

（撰稿：梁达军）

2001年深圳外贸出口结构分析

2001年随着世界经济的放缓及“9•11”突发事件带来的影响，深圳外贸出口出现重重困难和压力，各项指标的增幅均比2000年有较大幅度的下降。据深圳海关统计，2001年全市出口374.80亿美元，比上年增长8.4%，连续九年居全国大中城市第一位，增幅比全国高出1.5个百分点，占全国总额的14.1%。现就外贸出口结构分析如下。

一、2001年外贸业运行特点

1. 一般贸易出口快速增长，“三来一补”出口下降

2001年全市一般贸易出口40.87亿美元，取得了31.2%的高幅增长；进料加工贸易203.09亿美元，比上年增长14.2%，占出口总额的比重达54.2%，比上年提高了2.8个百分点，而由于受政策影响，“三来一补”贸易出口下降2.7%，占比重29.0%。

从企业性质来看，外商投资企业出口220.18亿美元，增长12.8%，占出口总额比重达58.7%，是拉动外贸出口的主要力量，而市属、中央省属企业外贸出口仅增长2.7%。

2. 对传统市场出口增幅全面回落，开拓新市场有起色

2001年对香港、日本出口增长缓慢，增幅分别为17.4%和13.9%，占出口总额的36.4%和9.4%；对美国、欧盟及新加坡、韩国、中国台湾省等国家和地区出口下降，其中对美国和欧盟出口下降2.5%和1.1%，由于美国和欧盟在全市出口市场中占第一和第四的位置，对其出口下降将对全市外贸形势产生重大影响；除了新加坡，对东盟各国出口取得了较大的增幅，其中对马来西亚、菲律宾、泰国等国出口升幅为2.7倍、40.1%和35.7%。在开拓新市场方面也取得了较好的成果，其中对俄罗斯出口增长20.7%，非洲地区增长31.8%，对拉美出口增长18.5%。

3. 高新技术产品出口和远洋贸易出口依然保持强劲增长

2001年全市高新技术出口110.21亿美元，比上年增长32.2%，占出口总额的29.4%，比上年提高了5.3个百分点，是带动出口增长的主要力量。远洋贸易出口和机电产品出口也保持了19.7%和11.8%增长，分别占全市出口20.9%和63.9%，各提高了1.9个百分点。但与近几年的迅猛发展相比，增幅已有所回落。与机电产品依然保持较大增幅相比，一些初级产品如鲜活产品、鞋帽伞、钢铁、陶瓷、烟酒、艺术收藏品等均出现不同程度的下降。

二、影响外贸出口的因素分析

1. 国际贸易形势的影响

2001年世界经济，由于受美国欧盟经济增长减速及日本经济衰退的影响，发展速度明显下降，使深圳外贸出口面临较大的压力。世界经济和贸易的增速均较上年有较大的下降。特别是在遭受“9•11”恐怖袭击后及随后对阿富汗的战争，不仅在一定程度上削弱了世界经济的发展和全球投资者及消费者的信心，也直接导致深圳对美出口的大幅下降，这也是深圳多年以来首次出现对美出口下降。从今后发展趋势来看，尽管世界贸易形势有太多不确定因素，但从发达国家一系列刺激经济增长，增加公共开支等政策措施看，2002年经济放缓的势头得到初步遏制。据专家预计，从2002年下半年开始，美国经济和世界经济将逐步回升，世界贸易可望达到5%，如果这一预测能实现的话，对深圳经济和外贸出口总体上还是有利的。

2. 中国加入WTO后面临贸易平衡的压力

2002年是中国加入WTO的第一年，中国开始履行有关承诺，逐渐降低汽车、化工、农产品，通讯产品等产品的进口关税，有可能出现进口增长过快的情况。而相应地从出口方面来看，对出口影响最大的是国际市场的需求水平，在短期内出口并未因加入WTO而大幅度增长，这类产品占深圳出口总额较大比重，因而将可能出现贸易顺差大幅度减少，对

外贸易平衡压力增大的情况。

3. 整体经济持续发展将有力地促进外贸出口

2001年世界经济的低迷和调整在一定程度对深圳经济产生了一定的冲击，但在国内良好的经济环境带动下，投资和消费需求稳步增长，经济保持可持续发展的良好趋势。2001年全市国内生产总值增长达 13.2%，这对于进一步完善投资环境，吸引更多的外资和消费，对外贸出口将起到促进作用。

4. 国际贸易保护主义抬头，对华反倾销案增多

近年来，在全球国际化背景下，面对日益激烈的国际竞争，各国政府为保护本国产业，开始滥用反倾销程序，扩大反倾销调查范围。而与此同时，我国外贸产品由于其物美价廉，在国际市场竞争中占有优势，不断占领新的市场，扩大份额，因而越来越多成为国外反倾销关注目标，目前我国已有60%的商品遭受不同程度的反倾销调查，直接损失超过100亿美元，而对于对外开放较早，外贸出口额较大，加上特殊的关税优惠政策的特区企业，更容易成为反倾销的被告，受到的损害尤为巨大。

5. 出口退税工作进展缓慢也对外贸企业产生影响

近两年，随着国家陆续提高了出口产品退税率，一般贸易出口大增，相应退税额越来越多，尽管国家外经贸部门和国税部门做了很大的努力，但由于退税指标不足，企业户数多、任务繁重等各种原因，企业应收退税额仍然较为巨大，占用资金过多已严重影响到企业本身的经营发展，对出口也造成较大的影响。

三、发展对外贸易的对策和建议

1. 积极迎接加入WTO所面临的挑战，进一步完善外贸体制

随着中国成功加入WTO，意味着中国的改革开放进入一个新的历史阶段，我国将在更大的范围内和更深的程度上参与经济全球化进程，它将对社会主义经济体制建立和完善发挥积极的作用，为深圳外经贸提供更大的发展空间和机遇，但同时由于外经贸环境的变化，对深圳的经济贸易体制产生较大的冲击。

为了迎接挑战，应对冲击，在中国成功加入WTO后，深圳应积极调整和完善投资环境。首先是要加快转变政府职能，强化服务意识，提高行政效率。其次是改进外贸体制，加快建立符合WTO规则和国际通行作法的经贸政策、法规。第三是加快电子商务的推广和运用，建立面向企业的信息服务体系。

2. 改善出口结构、努力扩大一般贸易出口

充分利用深圳自身的优势，用好政策，抓住中国加入WTO的机遇，利用跨国公司在深圳设立采购中心和庞大的国际营销网络，大力拓展一般贸易出口。

3. 推行市场多元化战略，开拓东欧、拉美、东南亚、非洲等地区的市场

长期以来，深圳对美国、欧洲、日本等发达国家和地区出口占有绝对的比重，但从2002年的形势来看，对这些地区保持大幅度的增长难度较大，因此迫切要求开辟新市场，扩大出口渠道，重点是开拓俄罗斯等独联体国家的市场。

4. 提高出口产品竞争力，大力发展高新技术产业

深圳经济经过多年发展，由于土地、劳动力等成本提高，“三来一补”企业大量外迁，已是不可避免。只有在企业布局上进行科学的规划，在特区内以发展高附加值的高新技术和机电产品为主，在特区外偏远地区发展“三来一补”企业。在发展高科技同时要注重创造自身的核心技术和名牌战略，这样才能在国际市场上长盛不衰，不受制于人。

5. 积极应对外国的反倾销

面对国际上日益扩大的反倾销趋势，应该积极开展应对工作，一是组织企业积极应诉，尽量减少损失，同时对外国产品的倾销行为进行反倾销申请。二是要加强对企业的培训工作，提高企业应对反倾销意识。第三要引导企业尽量避免在国外市场低价竞争。此外，在不违反WTO规则的前提下，对外贸发展继续实行扶持政策。

（撰稿：梁达军）

2001年深圳旅游业发展状况

2001年，随着国家积极推行扩大内需，促进消费的政策，有力地推动了第三产业的发展，作为深圳第三产业重要支柱的旅游业，也在这一形势下保持了快速增长，旅游业多项经济指标创历史最好水平。2001年全市接待过夜游客1455 .57万人次，比2000年增长9.9%，初步走出近10年来旅游业徘徊不前的局面。

一、旅游业的发展特点

1. 旅游行业保持稳步发展趋势

2001年全市共接待海内外过夜游客1455.57万人，比上年增长9.9%。其中过夜海外游客423.87万人次，增长6.7%；过夜外国游客67.95万人次，增长11.2%。旅游外汇收入15.11亿美元，增长6.7%。宾馆酒店开房率64.3%，增加1.8个百分点。

经过几年的市场调整和分化，旅游企业开始逐步走出低谷，进入稳步发展的轨道，大旅游格局初步形成。目前深圳已发展成为全国重要的旅游城市和旅游创汇基地，2001年深圳接待过夜海外游客在全国主要旅游城市中排列第二位，仅次于广州。

2. 假日经济和会展经济对旅游业促进作用明显

国家积极推行“黄金周”假日经济的政策，对于拉动内需，刺激消费发挥了积极的作用，也极大地推动了旅游业的发展。在2001年春节、“五一”、“十一” 三个黄金周期间，全市共接待来深游客817.35万次，比上年增长6.7%，其中海外游客170.7万人次；2001年三个“黄金周”共实现旅游外汇收入2.06亿美元。另一方面，假日经济对旅游相关部门如商业、交通运输、电信的发展起到积极的作用。

到目前为止，深圳已成功地举办了三届“高交会”，不仅扩大了深圳在国内外的知名度和整体形象，也产生了较高社会效益和经济效益。此外“家具展”、“住交会”等一系列会展活动，对于旅游业的发展，拉动经济增长将起到积极的作用。

3. 出境游增长迅速

2001年全市旅行社共组织出境旅游人数达25.48万人次，比上年增长9.1%，其中出国游11.85万人次，增长32.8%。从出境游线路来看，泰港澳为3.35万人次，比上年增长58%；新马泰港游为4.04万人次，比上年增长29.1%；菲律宾游和澳新线呈火爆之势，人数达0.68万人次和1.48万人次，分别比上年增长2.7倍和87.8%。从今后发展趋势来看，居民出境游依然是旅游消费热点。

4. 旅游业经济效益大幅度提高

2001年旅游业营业收入达78.88亿元，比上年增长11.5%，利润总额4.34亿元，增长109.3 %，利润率为5.5%，增长2.6 个百分点。宾馆酒店实现扭亏为盈，全年利润总额达7542.7万元，扭转了几年来“增产不增收”的状况。旅行社、旅游景点经济效益提高尤为显著，实现利润总额分别比上年增长40.5%和48%。

二、当前旅游业存在的主要问题

1. 行业管理有待进一步加强

2001年尽管有关部门加大了行业管理力度，多次对旅游市场进行检查和整顿，并查处了一些违法和违规行为，但问题依然突出。集中表现在“出境游”旅游市场、“一日游”市场以及宾馆酒店间的拉客行为，特别是一些不良导游勾结商贩欺诈游客的行为，损害了深圳旅游业的形象。

2. 旅游企业经济效益依然不理想

目前全市宾馆酒店虽然实现了扭亏为盈，但利润率仅1.7%，与其他第三产业行业相比存在不少的差距。宾馆酒店的营业收入在全行业占有一半以上的比重，对整个旅游业影响较大。

3. 与国际上和国内一些发达的旅游城市还有一定的差距

深圳与香港、新加坡等一些世界旅游名城相比，差距依然十分明显，即使是和国内一些发达的旅游城市相比，也有很多不足。随着中国加入WTO、迪斯尼乐园落户香港，以及国内各省市将开发旅游业作为新的经济增长点而推出的一系列政策和措施，都将使深圳旅游业面临国际、国内市场更加激烈的竞争和挑战。

三、发展旅游业的对策和建议

深圳旅游业经过多年的发展，逐步迈入全面快速发展的成熟期。到2001年底，全市已拥有12万多人的从业人员队伍，固定资产已达到200多亿元，宾馆、酒店近300多家，招待所、旅店400多家，拥有46家旅行社，各类景点50多处，为发展深圳旅游经济奠定了良好的基础。旅游行业部门只有抓住机遇，积极进取，才能进一步开拓全市旅游业新局面，使旅游业真正成为经济新的增长点。为此，建议如下：

1. 进一步加强旅游市场管理，规范旅游市场秩序

加强旅游市场的管理，规范旅游市场秩序是维护良好的旅游形象，促进旅游健康、可持续发展的关键，要本着“依法治旅”的原则，确立保障旅游者的合法权益。重点解决“一日游”的市场管理问题，建立和完善投诉制度。进一步加强执法力度，健全管理机构，同时要对从业人员加强教育培训，提高行业素质。

2. 拓展投资渠道、增强旅游业发展动力

随着中国加入WTO，大批外资将不断涌入，应利用这一机遇，加快旅游业对外开放，积极探索多渠道利用外资的方式，争取开办中外合资旅行社，进一步放开和旅游相关产业的业务经营权。

3. 深化旅游管理体制改革，构造大旅游发展的管理机制

要想全面实施大旅游发展战略，必须强化政府主导机制，由政府出面扶持，调动社会各方面的力量和积极性，加强政府对旅游业的统一规划、统一协调和管理，开创大旅游发展的新局面。

4. 加大全市整体形象的宣传促销、推行多层次的市场网络。

（撰稿：梁达军）

9-1 利用外资签订协议(合同)项目

NUMBER OF THE SIGNED AGREEMENTS AND CONTRACTS FOR UTILIZATION OF FOREIGN CAPITAL

(1979-2001)

单位:项 (unit)

年份 Year	总计 Total	一、按投资方式分 Grouped by Investment Mode					
		对外借款 Foreign Loans	外商直接投资 Direct Foreign Investments	# 合资经营 Joint Ventures	# 合作经营 Cooperative Operation	# 外商独资 Solo-Foreign Enterprises	外商其他投资 Other Foreign Investments
1979	169		37	7	30		132
1980	303		33	4	24	5	270
1981	578		70	13	39	18	508
1982	577		66	11	47	8	511
1983	878		253	92	149	12	625
1984	988	5	334	188	134	12	649
1985	1 203	40	282	192	73	17	881
1986	454	31	224	152	64	8	199
1987	334	13	310	231	62	17	11
1988	694	4	591	443	93	55	99
1989	711	5	647	473	94	80	59
1990	796	6	757	434	100	223	33
1991	986	6	951	534	122	295	29
1992	1 561	1	1 553	822	227	504	7
1993	3 257	2	3 255	1 735	358	1 162	
1994	2 223	2	2 221	1 049	208	964	
1995	1 638	5	1 633	764	109	760	
1996	999		999	491	38	470	
1997	1 786		957	454	30	471	829
1998	1 915		1 391	513	31	844	524
1999	1 558		797	321	15	461	761
2000	1 835		1 130	339	24	766	705
2001	1 860		1 501	396	18	1 087	359
累计 Total	**27 303**	**120**	**19 992**	**9 658**	**2 089**	**8 239**	**7 191**

年　份 Year	二、按国民经济行业分 Grouped by Sector						
	农、林、牧、渔水利业 Farming,Forestry, Animal Husbandry and Fishery	工　业 Industry	地质勘查业 Geological Prospecting	建筑业 Construction	交通运输、邮电通讯业 Transportation, Postal and Telecommunications Services	商业、饮食业、物资供销仓储业 Commerce,Catering Services,Materials Supply,Marketing and Storage	房地产业、社会服务业 Real Estate Management and Social Services
1979	6	112			3	5	3
1980	8	243			4	10	14
1981	9	321			5	5	28
1982	3	457			1	25	8
1983	19	714			15	87	21
1984	14	148			15	117	31
1985	10	164			8	84	15
1986	6	172		3	1	20	14
1987	7	303				1	10
1988	5	646		4	5	12	11
1989	5	666			3	12	10
1990	3	766		2	3	6	3
1991	5	908		3	6	22	30
1992	6	1 464		2	8	20	51
1993	10	2 836	4	18	23	115	205
1994	6	1 815	1	20	16	168	135
1995	5	1 377		10	15	104	59
1996	10	858		7	8	53	30
1997	8	1 526		4	13	89	138
1998	5	1 401		3	12	65	286
1999	3	1 351		3	7	28	157
2000	4	1 450		1	23	34	307
2001	3	1 397		1	22	43	315
累计　Total	**160**	**21 095**	**5**	**81**	**216**	**1 125**	**1 881**

年　份 Year	二、按国民经济行业分 Grouped by Sector					
	卫生、体育和社会福利事业 Health Care, Sports and Social Welfare	教育、文艺和广播、电影、电视事业 Education,Culture and Arts,Radio, Film and Television	科研和综合技术服务业 Scientific Research and Polytechnical Services	金融、保险业 Banking and Insurance	国家机关、政党机关、社会团体 Government Agencies, Party Agencies and Social Organizations	其他行业 Others
1979						40
1980						24
1981						210
1982						83
1983						22
1984						663
1985						922
1986	1	2	1	1		233
1987				7		6
1988				4		7
1989		4	4			7
1990	1		5			7
1991		2	2	6		2
1992		4	4	1		1
1993	6	1	5	1		33
1994	5	8	33	1		15
1995	19	4	31	1		13
1996	8	3	11	2		9
1997	1		7			
1998	1	1	138			3
1999			9			
2000	1	2	13			
2001		1	77			1
累计　Total	**43**	**32**	**340**	**24**		**2 301**

9-1 续表 3　continued

年　份 Year	三、按国别(地区)分 Grouped by Country (Territory)							
	香港、澳门 HongKong and Macao	台湾 Taiwan	新加坡 Singapore	韩国 Korea Rep.	日本 Japan	泰国 Thailand	澳大利亚 Australia	马来西亚 Malaysia
1986	387		6		28	1	1	
1987	284		8		25	2	2	
1988	610	8	10		24			3
1989	630	25	2		16	1	2	
1990	699	45	5		12	2	2	1
1991	885	36	8	3	17	3	1	
1992	1 330	88	20	5	16	8	6	3
1993	2 834	154	24	8	27	15	14	5
1994	1 885	124	29	8	25	8	7	3
1995	1 288	100	26	14	36	11	9	6
1996	760	85	15	11	15	4	6	6
1997	1 576	85	14	9	13	3	5	5
1998	1 614	119	19	7	12	1	4	2
1999	1 355	45	14	7	8		2	
2000	1 474	67	19	12	9	1	7	2
2001	1 288	179	28	22	25	3	10	6

9-1 续表 4　continued

年　份 Year	三、按国别(地区)分 Grouped by Country (Territory)							
	美国 United States	加拿大 Canada	德国 Germany	法国 France	英国 United Kingdom	瑞士 Switzerland	荷兰 Netherlands	其他 Others
1986	12	2	1	5	5	1	2	3
1987	10			1	1			1
1988	31	1	2	1	2			2
1989	16	2	1	9			1	6
1990	16	2		1	2	3		6
1991	18	2	2	3	2	1	1	4
1992	57	8	1	2	5		1	11
1993	104	22	2	4	16	2	3	23
1994	74	10	5	3	19		1	22
1995	71	9	3	1	18	2	4	40
1996	42	7	3	4	14	1	2	24
1997	35	8	2	3	5	3		20
1998	58	4	5	1	4	1	3	61
1999	37	12	3		4		1	70
2000	52	17	4	1	3		2	165
2001	72	14	2	2	2	2	2	203

9-2 协议利用外资额

AMOUNT OF FOREIGN CAPITAL TO BE UTILIZED IN THE SIGNED AGREEMENTS AND CONTRACTS

(1979-2001)

单位:万美元 (USD 10 000)

年份 Year	总计 Total	一、按投资方式分 Grouped by Investment Mode					
		对外借款 Foreign Loans	外商直接投资 Direct Foreign Investments	# 合资经营 Joint Ventures	# 合作经营 Cooperative Operation	# 外商独资 Solo-Foreign Enterprises	外商其他投资 Other Foreign Investments
1979	2 984		1 790	851	939		1 194
1980	27 122		23 966	1 021	13 966	8 979	3 156
1981	86 360		86 360	442	72 636	13 282	
1982	18 028		17 546	643	14 498	2 405	482
1983	33 451		29 355	8 052	17 605	3 698	4 096
1984	64 564	1 962	53 342	21 240	31 704	398	9 260
1985	102 647	19 320	79 323	18 544	58 046	2 733	4 004
1986	51 360	22 474	24 396	9 776	13 189	1 431	4 490
1987	64 893	7 812	56 675	10 993	7 370	38 312	406
1988	48 739	4 500	43 021	25 163	9 310	8 548	1 218
1989	48 904	576	46 945	25 120	11 501	10 324	1 383
1990	69 344	1 062	67 899	18 869	16 099	32 931	383
1991	115 158	5 038	108 611	35 419	23 072	50 120	1 509
1992	251 774	1 188	249 496	75 010	65 597	108 889	1 090
1993	497 737	800	496 937	211 828	71 588	213 521	
1994	298 649	15 521	283 128	92 731	47 632	142 765	
1995	359 654	13 347	346 307	125 589	63 561	157 157	
1996	168 000		168 000	99 879	26 192	41 929	
1997	176 896		135 387	63 177	10 224	59 657	41 509
1998	274 571	42 093	203 475	78 016	8 484	115 293	29 003
1999	223 018	64 077	121 017	16 345	7 242	96 585	37 924
2000	263 996	43 671	173 813	28 374	11 926	128 739	46 512
2001	400 393	50 527	272 318	43 530	82 902	145 184	77 548
累计 Total	**3 648 242**	**293 968**	**3 089 107**	**1 010 612**	**685 283**	**1 382 880**	**265 167**

年　份 Year	二、按国民经济行业分 Grouped by Sector						
	农、林、牧、渔水利业 Farming,Forestry, Animal Husbandry and Fishery	工　业 Industry	地质勘查业 Geological Prospecting	建筑业 Construction	交通运输、邮电通讯业 Transportation, Postal and Telecommuni-cations Services	商业、饮食业、物资供销仓储业 Commerce,Catering Services,Materials Supply,Marketing and Storage	房地产业、社会服务业 Real Estate Management and Social Services
1979	119	1 163			537	179	538
1980	1 085	10 577			4 883	1 628	4 883
1981	3 454	33 680			15 545	5 182	15 675
1982	213	6 269			3 245	1 082	3 245
1983	1 345	13 145			5 978	2 085	6 042
1984	214	16 936			1 933	27 152	6 349
1985	439	56 558			3 935	13 510	4 928
1986	187	12 197		3 849	102	3 773	4 075
1987	359	54 644				13	2 065
1988	273	36 686		149	899	2 403	3 568
1989	120	37 885			643	3 499	4 939
1990	99	55 931		138	378	5 197	3 802
1991	888	77 756		3 839	1 665	5 742	17 197
1992	2 878	176 536		1 180	8 321	4 724	51 153
1993	378	292 842	293	3 646	37 086	48 641	77 660
1994	263	177 967	7	1 264	1 585	37 774	59 615
1995	438	243 725		4 468	21 376	21 903	51 630
1996	763	123 973		11 905	1 827	12 443	9 200
1997	481	129 826		2 671	4 864	7 977	29 839
1998	1 417	184 011		3 678	16 008	11 323	44 075
1999	89	207 778		225	−2 439	2 359	16 108
2000	94	216 845		−913	2 990	7 795	36 672
2001	−202	343 834		445	6 299	5 936	38 853
累计　Total	**15 394**	**2 510 764**	**300**	**36 544**	**137 660**	**232 320**	**492 111**

9-2 续表 2 continued

年 份 Year	二、按国民经济行业分 Grouped by Sector					
	卫生、体育和社会福利事业 Health Care, Sports and Social Welfare	教育、文艺和广播、电影、电视事业 Education, Culture and Arts, Radio, Film and Television	科研和综合技术服务业 Scientific Research and Polytechnical Services	金融、保险业 Banking and Insurance	国家机关、政党机关、社会团体 Government Agencies, Party Agencies and Social Organizations	其他行业 Others
1979						448
1980						4 066
1981						12 824
1982						3 974
1983						4 856
1984						11 980
1985						23 277
1986	19	16	4	129		27 009
1987				6 000		1 812
1988				4 500		261
1989		300	108			1 410
1990	2 574		123			1 102
1991		669	240	5 038		2 124
1992		3 239	97	1 188		2 458
1993	991	2 900	94	2 100		31 106
1994	628	6 552	1 393	29		11 572
1995	625	1 250	1 103	2 170		2 966
1996	2 664	1 750	487	2 301		687
1997	161		426			651
1998	1 584	36	8 043	4 911		−515
1999	−5 037		579			3 356
2000	−460	158	486	27		302
2001	120	793	5 886	1 000		−2 571
累计 Total	**11 869**	**17 663**	**19 069**	**29 393**		**145 155**

9-2 续表 3 continued

年份 Year	三、按国别(地区)分 Grouped by Country (Territory)							
	香港、澳门 HongKong and Macao	台湾 Taiwan	新加坡 Singapore	韩国 Korea Rep.	日本 Japan	泰国 Thailand	澳大利亚 Australia	马来西亚 Malaysia
1986	23 953		5 014		8 790	59	1 285	
1987	16 431		427		10 336	112	85	
1988	33 363	1 407	1 735		6 762			41
1989	40 214	986	328		1 131	2 585	48	
1990	54 729	4 839	3 134		1 058	1 092	550	17
1991	98 476	2 652	693	264	7 987	67	480	
1992	206 231	10 814	2 151	1 174	5 843	416	3 198	1 679
1993	411 673	21 908	2 132	665	7 491	5 284	7 934	392
1994	260 535	12 075	6 996	384	2 692	1 421	184	114
1995	274 815	7 344	7 940	1 926	20 914	978	227	2 024
1996	80 115	3 376	1 847	50 895	1 120	347	340	210
1997	98 839	4 951	1 874		2 517	59		293
1998	153 002	6 375	10 002	343	15 184	1 030		
1999	111 587	2 965	6 569	7	15 842		32	−154
2000	141 259	3 976	5 359	628	1 677	7	511	300
2001	180 030	19 328	6 371	888	8 379	115	920	56

9-2 续表 4 continued

年份 Year	三、按国别(地区)分 Grouped by Country (Territory)							
	美国 United States	加拿大 Canada	德国 Germany	法国 France	英国 United Kingdom	瑞士 Switzerland	荷兰 Netherlands	其他 Others
1986	1 049	1 202	134	3 364	3 649	2 500	11	350
1987	779			300	23			36 400
1988	3 441	100	1 162	22	603			103
1989	2 290	63	48	249			562	400
1990	1 253	115		8	772	809		968
1991	981	34	210	392	1 700	83	819	320
1992	4 764	4 067	31	111	5 373		5	5 917
1993	18 289	7 245	368	534	7 352	500	175	5 795
1994	8 010	921	222	78	2 421		25	2 571
1995	17 020	426	1 995	3 900	3 641	6	6 315	10 183
1996	3 876	368	357	227	2 493	15	2 659	19 755
1997	2 177	553	1 365	182		128	1 061	62 897
1998	10 759	215	3 077	21 270	7 489		4 142	41 683
1999	22 954	144	2 367	23 561	8 543	−17	2 853	25 765
2000	11 611	987	3 214	26 698	11 894		1 388	54 487
2001	5 239	997	1 224	33 920	5 987	683	−1 383	137 639

9-3 实际利用外资额

AMOUNT OF FOREIGN CAPITAL ACTUALLY USED

(1979-2001)

单位:万美元 (USD 10 000)

年份 Year	总计 Total	一、按投资方式分 Grouped by Investment Mode					
		对外借款 Foreign Loans	外商直接投资 Direct Foreign Investments	# 合资经营 Joint Ventures	# 合作经营 Cooperative Operation	# 外商独资 Solo-Foreign Enterprises	外商其他投资 Other Foreign Investments
1979	1 537		548	192	356		989
1980	3 264		2 755	252	1 891	612	509
1981	11 282		8 618	1 073	5 427	2 118	2 664
1982	7 379		5 771	1 114	3 823	834	1 608
1983	14 394		11 316	1 906	6 077	3 333	3 078
1984	23 013	1 962	18 640	8 008	5 990	4 642	2 411
1985	32 925	13 585	17 989	6 993	10 316	680	1 351
1986	48 933	10 860	36 450	5 124	30 241	1 085	1 623
1987	40 449	12 436	27 379	8 489	17 826	1 064	634
1988	44 429	14 430	28 716	9 644	10 085	8 987	1 283
1989	45 809	15 563	29 252	16 852	7 182	5 218	994
1990	51 857	12 360	38 994	26 849	4 917	7 228	503
1991	57 988	17 184	39 875	27 330	5 185	7 360	929
1992	71 539	25 808	44 879	20 554	8 716	15 609	852
1993	143 217	43 762	98 900	48 165	15 097	35 638	555
1994	172 959	47 367	125 046	49 312	21 388	54 346	546
1995	173 545	42 556	130 989	33 120	28 003	69 866	
1996	242 242	37 177	205 065	89 228	26 776	89 061	
1997	287 168	57 095	166 112	53 271	20 771	92 070	63 961
1998	255 222	55 717	166 357	73 762	22 354	67 561	33 148
1999	275 422	64 077	177 839	74 848	18 954	82 556	33 506
2000	296 839	43 671	196 145	71 789	19 102	103 061	57 023
2001	360 277	44 527	259 080	59 076	56 621	139 157	56 670
累计 Total	**2 661 689**	**560 137**	**1 836 715**	**686 951**	**347 098**	**792 086**	**264 837**

9-3 续表 1 continued

年 份 Year	二、按国民经济行业分 Grouped by Sector						
	农、林、牧、渔水利业 Farming,Forestry, Animal Husbandry and Fishery	工 业 Industry	地质勘查业 Geological Prospecting	建筑业 Construction	交通运输、邮电通讯业 Transportation, Postal and Telecommuni-cations Services	商业、饮食业、物资供销仓储业 Commerce,Catering Services,Materials Supply,Marketing and Storage	房地产业、社会服务业 Real Estate Management and Social Services
1979	30	645			31	200	553
1980	65	1 371			65	424	1 175
1981	226	4 738			226	1 467	4 061
1982	148	3 099			148	959	2 656
1983	216	6 013			273	1 809	5 124
1984	57	8 235			881	5 251	4 412
1985	73	6 549			1 457	1 221	7 976
1986	138	31 874		13	416	974	2 965
1987	232	25 216		239	432	387	454
1988	383	28 645		45	917	1 069	4 652
1989	200	27 406		53	1 071	1 530	4 744
1990	28	32 306		6	440	858	5 576
1991	143	34 869		12	894	831	10 835
1992	55	44 056		122	300	807	9 503
1993	94	74 851		54	18 514	3 216	31 664
1994	626	113 192			18 900	6 798	14 220
1995	433	121 125			17 195	2 305	15 982
1996		193 141		30	6 944	11 852	16 970
1997	64	222 822		3 195	26 095	3 318	14 372
1998	428	156 925		7 906	35 333	7 715	31 208
1999	1 049	195 450		412	10 182	8 794	48 992
2000	145	222 702		5 384	12 129	5 587	40 473
2001	294	293 765		776	9 476	9 283	44 137
累计 Total	**5 127**	**1 848 995**		**18 247**	**162 319**	**76 655**	**322 704**

9-3 续表 2 continued

年 份 Year	二、按国民经济行业分 Grouped by Sector					
	卫生、体育和社会福利事业 Health Care, Sports and Social Welfare	教育、文艺和广播、电影、电视事业 Education, Culture and Arts, Radio, Film and Television	科研和综合技术服务业 Scientific Research and Polytechnical Services	金融、保险业 Banking and Insurance	国家机关、政党机关、社会团体 Government Agencies, Party Agencies and Social Organizations	其他行业 Others
1979						78
1980						164
1981						564
1982						369
1983						959
1984						4 177
1985						15 649
1986		6		8 948		3 599
1987	6	39		10 247		3 197
1988	161	30	20	4 168		4 339
1989		33		10 666		106
1990		34		5 913		6 696
1991	35			9 837		532
1992	13	17		14 008		2 658
1993	500			254		14 070
1994	234	1 445	132	5 751		11 661
1995	10 921	625		4 327		632
1996	1 236	68	550	9 339		2 112
1997	1 750	470	17	6 638		8 427
1998	831	548	234	12 021		2 073
1999	4 659	441	3 383			2 060
2000	1 600	377	379	1 579		6 484
2001	758	18	501	1 000		269
累计 Total	**22 704**	**4 151**	**5 216**	**104 696**		**90 875**

9-3 续表 3　continued

年　份 Year	三、按国别(地区)分 Grouped by Country (Territory)							
	香港、澳门 HongKong and Macao	台湾 Taiwan	新加坡 Singapore	韩国 Korea Rep.	日本 Japan	泰国 Thailand	澳大利亚 Australia	马来西亚 Malaysia
1986	38 587		11		7 009	13	16	
1987	25 632		247		9 291	32	29	
1988	28 198	316	146		14 567		10	
1989	28 729	1 006	1 177		10 004		166	
1990	26 291	371	897		17 257		723	
1991	32 375	216	339	125	14 265		700	
1992	46 134	475	475		15 806	914	323	117
1993	92 455	4 532	1 197	170	20 822	1 577	155	
1994	125 890	10 671	1 270		18 740	102	645	
1995	105 172	6 954	845		32 067		520	
1996	150 126	13 665	7 525	7 094	29 860	3 381	340	2 024
1997	203 035	6 732	2 502	309	17 616	1 133	19	750
1998	182 956	3 479	1 089	352	8 959	257	56	45
1999	144 214	3 842	9 855	11 133	18 666	1 047	145	64
2000	184 531	3 940	6 023	8 136	5 113		219	1 724
2001	194 212	12 518	7 521	162	8 183	6	365	263

9-3 续表 4　continued

年　份 Year	三、按国别(地区)分 Grouped by Country (Territory)							
	美国 United States	加拿大 Canada	德国 Germany	法国 France	英国 United Kingdom	瑞士 Switzerland	荷兰 Netherlands	其他 Others
1986	2 560	200		499	15			23
1987	3 101	899	18	1 194	6			
1988	294	150	201	501	5			41
1989	1 143	16		3 399	112			57
1990	4 011		35	1 112	235	500	337	88
1991	6 963	5		1 668	457		819	56
1992	2 029			3 225	1 109	84	633	155
1993	14 531	450		3 153	64	510	3 511	90
1994	3 371	628	130	2 206	6 662		2 520	124
1995	14 145	194	250	8 963	1 099	2 623		713
1996	10 576	162	911	2 985	1 820	794	125	10 854
1997	24 306	215	1 365	182	3 888	6		25 110
1998	4 326	364	505	24 610	9 002	188	1 601	17 433
1999	688	22 111	650	23 933	9 291	170	5 721	23 892
2000	11 498	739	3 477	26 613	11 498	1 080	3 677	28 571
2001	5 929	668	1 339	27 912	8 238	1 551	497	90 913

9-4 利用外资合同、协议金额、实际利用外资额指数

INDICES OF FOREIGN CAPITAL USED

(1979−2001)

年 份 Year	签订合同项目(项) Number of the Signed Agreements Contracts (unit)	指 数 (以上年为100) Index (preceding year=100)	协议利用外资额(万美元) Amount of Foreign Capital to be Utilized in the Signed Agreements & Contracts	指 数 (以上年为100) Index (preceding year=100)	实际利用外资额(万美元) Foreign Capital Actually Used (USD 10 000)	指 数 (以上年为100) Index (preceding year=100)
1979	169		2 984		1 537	
1980	303	179.3	27 122	908.9	3 264	212.4
1981	578	190.8	86 360	318.4	11 282	345.6
1982	577	99.8	18 028	20.9	7 379	65.4
1983	878	152.2	33 451	185.6	14 394	195.1
1984	988	112.5	64 564	193.0	23 013	159.9
1985	1 203	121.8	102 647	159.0	32 925	143.1
1986	454	37.7	51 360	50.0	48 933	148.6
1987	334	73.6	64 893	126.3	40 449	82.7
1988	694	207.8	48 739	75.1	44 429	109.8
1989	711	102.4	48 904	100.3	45 809	103.1
1990	796	112.0	69 344	141.8	51 857	113.2
1991	986	123.9	115 158	166.1	57 988	111.8
1992	1 561	158.3	251 774	218.6	71 539	123.4
1993	3 257	208.6	497 737	197.7	143 217	200.2
1994	2 223	68.3	298 649	60.0	172 959	120.8
1995	1 638	73.7	359 654	120.4	173 545	100.3
1996	999	61.0	168 000	46.7	242 242	139.6
1997	1 786	178.8	176 896	105.3	287 168	118.5
1998	1 915	107.2	274 571	155.2	255 222	88.9
1999	1 558	81.4	223 018	81.2	275 422	107.9
2000	1 835	117.8	263 996	118.4	296 839	107.8
2001	1 860	101.4	400 393	151.7	360 277	121.4

9-5 进出口总额

TOTAL IMPORTS AND EXPORTS

(1979-2001)

单位:万美元 (USD 10 000)

年 份 Year	进出口总额 Total Imports and Exports	出口总额 Total Exports	进口总额 Total Imports	进出口差额 Balance
1979	1 676	930	746	184
1980	1 751	1 124	627	497
1981	2 807	1 745	1 062	683
1982	2 534	1 597	937	660
1983	78 642	6 230	72 412	-66 182
1984	107 247	26 539	80 708	-54 169
1985	130 632	56 340	74 292	-17 952
1986	184 696	72 552	112 144	-39 592
1987	255 784	141 354	114 430	26 924
1988	344 277	184 949	159 328	25 621
1989	375 259	217 428	157 831	59 597
1990	1 570 136	815 165	754 971	60 194
1991	1 947 635	986 240	961 395	24 845
1992	2 357 562	1 200 019	1 157 543	42 476
1993	2 820 392	1 421 776	1 398 616	23 160
1994	3 498 281	1 830 921	1 667 360	163 561
1995	3 876 960	2 052 736	1 824 224	228 512
1996	3 905 342	2 120 781	1 784 561	336 220
1997	4 500 921	2 561 844	1 939 077	622 767
1998	4 527 417	2 639 611	1 887 806	751 805
1999	5 042 750	2 820 811	2 221 939	598 872
2000	6 393 982	3 456 333	2 937 649	518 684
2001	6 861 055	3 747 955	3 113 100	634 855

9-6 进出口总额指数

INDICES OF TOTAL IMPORTS AND EXPORTS

(1980-2001)

单位:% (%)

年 份 Year	以上年为 100 Preceding Year=100			以 1979 年为 100 1979=100		
	进出口总额 Total Imports and Exports	出口总额 Total Exports	进口总额 Total Imports	进出口总额 Total Imports and Exports	出口总额 Total Exports	进口总额 Total Imports
1980	104.5	120.9	84.0	104.5	120.9	84.0
1981	160.3	155.2	169.4	167.5	187.6	142.4
1982	90.3	91.5	88.2	151.2	171.7	125.6
1983	3 103.5	390.1	7 728.1	4 692.2	669.9	9 706.7
1984	136.4	426.0	111.5	6 399.0	2 853.7	10 818.8
1985	121.8	212.3	92.1	7 794.3	6 058.1	9 958.7
1986	141.4	128.8	151.0	11 020.0	7 801.3	15 032.7
1987	138.5	194.8	102.0	15 261.6	15 199.4	15 339.1
1988	134.6	130.8	139.2	20 541.6	19 887.0	21 357.6
1989	109.0	117.6	99.1	22 390.2	23 379.4	21 157.0
1990	145.8	137.8	156.8	32 643.8	32 213.0	33 180.8
1991	124.0	121.0	127.3	40 478.3	38 977.7	42 239.2
1992	121.0	121.7	120.4	48 978.8	47 435.9	50 856.0
1993	119.6	118.5	120.8	58 578.6	56 211.5	61 434.0
1994	124.0	128.8	119.2	72 637.5	72 400.5	73 229.3
1995	110.8	112.1	109.4	80 482.3	81 160.9	80 112.9
1996	100.7	103.3	97.8	81 045.7	83 839.2	78 350.4
1997	115.3	120.8	108.7	93 445.7	101 277.8	85 166.9
1998	100.6	103.0	97.4	94 006.4	104 316.1	82 952.6
1999	111.4	106.9	117.7	104 706.7	111 477.0	97 634.8
2000	126.8	122.5	132.2	132 763.4	136 592.5	129 084.0
2001	107.3	108.4	106.0	142 455.1	148 066.3	136 829.0
年平均 Average Annual 增长率 Growth Rate				**39.1**	**39.4**	**38.9**

9-7 进出口总额

TOTAL IMPORTS AND EXPORTS

(2000-2001)

单位:万美元 (USD 10 000)

项目	Item	2000 全市 Total	2000 特区 Urban	2001 全市 Total	2001 特区 Urban
进出口总额	**Total Imports and Exports**	**6 393 982**	**3 315 300**	**6 861 055**	**3 581 860**
一、出口总额	**Total Exports**	**3 456 333**	**1 609 400**	**3 747 955**	**1 781 577**
按隶属关系分类:	Grouped by Administrative Relationship				
1、深圳市属企业	Shenzhen	1 393 143	374 006	1 440 169	440 772
2、中央、省属企业	Central Government and Guangdong	111 853	111 471	106 003	105 669
3、"三资"企业	Foreign Investment Enterprises	1 951 337	1 123 923	2 201 783	1 235 136
按贸易方式分类:	Grouped by Form of Trade				
1、一般贸易	Original Trade	311 487	297 648	408 723	386 944
2、补偿贸易	Compensation Trade	825		710	
3、来料加工装配贸易	Processing and Assembly Trade	1 117 578	108 603	1 087 958	103 507
4、进料加工贸易	Processing Trade for Imported Material	1 777 710	957 267	2 030 845	1 074 479
5、出料加工贸易	Processing Trade for Exported Material				
6、易货贸易	Transaction in Kind				
7、其他	Others	248 733	245 882	219 719	216 647
二、进口总额	**Total Imports**	**2 937 649**	**1 697 134**	**3 113 100**	**1 800 283**
#用外汇交易贸易进口	Transaction in Foreign Exchange				
按隶属关系分类:	Grouped by Administrative Relationship				
1、深圳市属企业	Shenzhen	1 163 086	545 705	1 296 143	673 411
2、中央、省属企业	Central Government and Guangdong	153 182	148 153	130 479	127 217
3、"三资"企业	Foreign Investment Enterprises	1 621 381	1 003 276	1 686 478	999 655
按贸易方式分类:	Grouped by Form of Trade				
1、一般贸易	Original Trade	667 408	631 294	795 380	751 327
2、补偿贸易	Compensation Trade	21		11	
3、来料加工装配贸易	Processing and Assembly Trade	637 801	77 303	640 121	73 951
4、进料加工贸易	Processing Trade for Imported Material	1 268 338	716 986	1 325 763	718 354
5、以工缴费补偿期进口的设备	Imported Equipment Compensated With the Processing and Assembling Costs	55 376	5 274	61 268	6 041
6、租赁贸易	International Leasing				
7、外商投资企业作为投资进口的设备	Imported Equipment and Materials as Investment of Foreign Investment Enterprises	103 295	62 066	85 497	46 491
8、外商投资企业进口供加工内销产品的料、件	Imorted Materials and Parts of Foreign Investment Enterprises for Processing and Sold Inside Country				
9、易货贸易	Transaction in Kind				
10、其　他	Others	205 410	204 211	205 060	204 119

9-8 深圳市同主要国家(地区)进出口总额

SHENZHEN'S FOREIGN TRADE WITH MAIN RELATED COUNTRIES AND TERRITORIES

(2000-2001)

单位：万美元 (USD 10 000)

项目	Item	2000 合计 Total Imports and Exports	2000 出口总额 Exports	2000 进口总额 Imports	2001 合计 Total Imports and Exports	2001 出口总额 Exports	2001 进口总额 Imports
香港	Hongkong	1 297 973	1 137 001	160 972	1 508 736	1341 901	166 835
日本	Japan	927 454	307 590	619 864	914 230	350 254	563 976
美国	United States	1 195 031	988 289	206 742	1 200 098	965 963	234 135
法国	France	123 456	62 618	60 838	90 622	48 122	42 500
德国	Germany	212 564	134 297	78 267	221 256	128 907	92 349
泰国	Thailand	144 902	40 703	104 199	170 364	55 650	114 714
新加坡	Singapore	239 918	130 090	109 828	222 517	114 551	107 966
韩国	Korea Rep.	257 133	29 383	227 750	251 976	30 059	221 917
台湾	Taiwan	587 749	78 151	509 598	610 077	77 702	532 375
澳大利亚	Australia	108 138	29 742	78 396	121 543	30 006	91 537
印度尼西亚	Indonesia	72 231	19 125	53 106	70 122	19 760	50 362
马来西亚	Malaysia	122 313	10 596	111 717	187 010	36 387	150 623
英国	United Kingdom	52 486	11 680	40 806	136 376	107 347	29 029
意大利	Italy	50 599	26 500	24 099	50 969	24 628	26 341
巴西	Brazil	18 970	14 955	4 015	19 476	13 982	5 494
加拿大	Canada	49 333	26 220	23 113	48 867	25 685	23 182

9-9 主要商品进口数量

MAIN IMPORT COMMODITIES IN VOLUME

(2000-2001)

项目	Item	2000		2001	
		全市 Total	特区 Urban	全市 Total	特区 Urban
1、汽车(辆)	Motor Vehicles	3 442	3 314	5 306	5 184
2、复印机(台)	Duplicators	6 150	6 113	13 792	8 002
3、自动数据处理及部件(万台)	Deta Processing Equipment and Components(10 000)	2 620.20	1 424.89	2 422.63	1 754.39
4、彩色电视机(万台)	Color TV Sets (10 000)	0.11	0.11	0.82	0.26
5、成品油(万吨)	Oil Products (10 000 ton)	160.20	155.18	179.31	171.9
6、钢材(万吨)	Rolled-Steel(10 000 ton)	220.18	58.03	216.81	56.19
7、谷物(吨)	Rice(ton)	267 914.5	222 024.1	301 371.9	259 634.4
8、食糖(吨)	Sugar(ton)	8 219.96	2 072.12	5 536	1 735.12
9、肥料(吨)	Fertilizer(ton)	1 420 470	1 419 442	1 363 922	1 117 154

9-10 主要商品出口数量

MAIN EXPORT COMMODITIES IN VOLUME

(2000-2001)

项目	Item	2000		2001	
		全市 Total	特区 Urban	全市 Total	特区 Urban
1、肉用活猪(万头)	Live Hogs(10 000 heads)	7.1	4.2	5.7	3.0
2、活家禽(万只)	Live Poultry (10 000 heads)	2 194.1	1 913.4	1 931.7	1 535.6
3、活鲜鱼(吨)	Live Fish (ton)	20 737.8	7 826.6	20 322.8	6 356.1
4、棉布(万米)	Cotton Cloth (10 000m)	21 140.5	202 39.6	18 592.5	17 623.7
5、服装(万套)	Garments (10 000)	133 674.9	54 292.0	190 293.0	54 856.7
6、彩色电视机(万台)	Color TV Sets(10 000)	286.9	173.5	276.7	150.3
7、收录音机及组合音响(万台)	Radio Cassette Players and Hi-Fi Stereo Component System(10 000)	12 481.5	3 942.1	13 998.7	7 095.7
8、电话机(万部)	Telephone Sets (10 000)	7 051.5	2 275.0	6 848.7	2 552.6
9、自行车(万辆)	Bicycles(10 000)	836.1	254.1	765.5	225.1
10、沙石(万吨)	Sand and Stone(10 000 ton)	75.2	68.9	164.9	92.5

9-11 旅游业基本情况(宾馆部分)

BASIC CONDITIONS OF TOURISM (HOTELS)

(1990—2001)

年 份 Year	过夜国际游客(宾馆部分)(万人) International Tourists (10 000 persons)	外国人 Foreigners	华 侨 Overseas Chinese	港澳同胞 Compatriots from Hongkong and Macao	台 胞 Compatriots Form Taiwan
1990	148.24	9.32	0.68	131.94	6.30
1991	182.98	10.84	1.66	163.74	6.74
1992	214.37	16.98	1.29	183.14	12.96
1993	180.87	20.41	2.73	144.42	13.31
1994	186.39	31.07	2.58	139.75	12.99
1995	185.37	35.32	1.10	131.41	17.54
1996	151.47	30.91	1.37	101.48	17.71
1997	140.41	32.00	0.75	89.49	18.17
1998	148.47	30.83	0.72	97.52	19.41
1999	158.08	35.49	1.45	101.03	20.11
2000	172.13	45.16		95.11	31.86
2001	181.18	55.58		98.59	27.01

9-11 续表 continued

年 份 Year	过夜国内游客(宾馆部分)(万人) Domestic Tourists (10 000 persons)	旅游外汇收入(万美元) Total Foreign Exchange Earnings from International Tourism (USD 10 000)	商品性收入 Commodities	劳务性收入 Services	宾馆、酒店、度假村开房率(%) Room Occupancy Rate of Hotels and Holiday Countries (%)
1990	314.97	20 933	11 389	9 544	68.1
1991	442.41	20 911	9 410	11 501	72.3
1992	497.77	39 100	14 774	24 326	79.6
1993	435.79	39 128	15 068	24 060	68.0
1994	373.32	48 821	17 483	31 338	63.0
1995	357.27	63 633	20 574	43 059	58.9
1996	360.55	58 384	21 489	36 895	56.3
1997	341.11	53 225	17 176	36 049	57.6
1998	488.80	59 025	18 413	40 612	55.5
1999	504.89	110 800	19 743	42 443	58.0
2000	418.49	141 100			62.5
2001	465.83	151 054	95 037	56 017	64.3

9-12 按国别分的外国旅游者人数

NUMBER OF FOREIGN TOURISTS BY COUNTRY

(1990-2001)

单位:人 (person)

国别	Country	1990	1991	1992	1993	1994	1995
合　计	**Total**	**93 175**	**108 379**	**169 818**	**204 104**	**310 751**	**353 152**
日　本	Japan	28 203	32 503	38 747	60 851	80 336	89 555
菲律宾	Philippines	2 553	1 946	2 116	3 157	3 661	3 167
新加坡	Singapore	6 443	8 727	18 034	19 115	20 891	17 151
泰　国	Thailand	3 962	6 570	7 179	5 791	5 711	6 901
印度尼西亚	Indonesia	1 617	2 367	9 175	8 280	9 439	8 467
英　国	United Kingdom	5 209	6 064	8 058	9 931	13 772	13 361
法　国	France	3 277	1 954	4 425	3 253	4 241	3 439
德　国	Germany	1 496	1 360	2 063	1 938	3 504	3 026
意大利	Italy	1 271	766	1 621	1 804	3 312	2 390
美　国	United States	13 374	14 963	23 075	26 486	46 760	47 217
加拿大	Canada	3 809	3 753	6 855	5 376	7 000	6 297
澳大利亚	Australia	1 985	2 326	4 311	3 981	5 906	5 242
新西兰	New Zealand	430	364	552	812	1 274	750
俄罗斯	Russia	367	795	708	466	814	432
韩　国	Korea Rep.		951	4 277	5 129	7 078	10 899
马来西亚	Malaysia		3 032	12 220	15 723	11 909	19 081
其他	Others	19 179	19 938	26 402	32 011	85 1	115 777

9-12 续表 continued

国别	Country	1996	1997	1998	1999	2000	2001
合 计	**Total**	**309 126**	**320 076**	**308 279**	**354 911**	**610 900**	**679 464**
日 本	Japan	83 203	78 264	74 275	93 172	150 479	197 853
菲律宾	Philippines	3 134	3 338	4 266	5 042	9 158	12 461
新加坡	Singapore	19 024	19 266	24 264	29 337	42 264	53 788
泰 国	Thailand	8 550	6 176	4 536	4 613	6 531	18 344
印度尼西亚	Indonesia	12 688	14 329	5 779	6 217	29 010	33 909
英 国	United Kingdom	10 820	9 043	10 007	12 242	17 728	20 916
法 国	France	4 265	4 826	6 524	6 765	10 529	15 722
德 国	Germany	5 234	4 720	6 549	7 842	9 015	11 337
意大利	Italy	2 163	2 399	3 043	3 636	3 627	4 108
美 国	United States	39 173	32 771	39 490	49 130	64 083	75 328
加拿大	Canada	6 939	6 208	8 476	9 217	11 431	14 092
澳大利亚	Australia	6 205	5 441	6 851	10 124	10 985	12 796
新西兰	New Zealand	993	804	1 397	1 642	1 702	2 292
俄罗斯	Russia	656	2 084	874	893	2 102	4 018
韩 国	Korea Rep.	32 015	30 885	18 696	20 133	27 612	45 172
马来西亚	Malaysia	24 430	23 269	43 931	50 554	50 537	42 186
其他	Others	49 634	76 253	49 321	44 352	164 107	115 142

9-13 旅游部门主要财务指标

MAIN FINANCIAL INDICATORS OF TOURISM

(2001)

单位:万元 (10 000 yuan)

指标	Item	合计 Total	旅行社 Travel Services	宾馆、酒店 Hotels	旅游点 Tourist Spots
营业收入	Business Revenue	788 806.17	207 947.93	429 006.50	151 851.74
营业成本	Business Cost	308 593.68	183 284.16	94 115.60	31 193.92
营业费用	Business Expenses	212 985.19	7 208.51	172 892.89	32 883.79
营业税金及附加	Business Taxes and Extra Charges	33 359.69	1 560.34	23 222.78	8 576.57
经营利润	Operating Profits	233 867.61	15 894.92	138 775.23	79 197.46
管理费用	Management Expenses	177 518.08	9 775.30	123 525.99	44 216.79
财务费用	Financial Expenses	17 949.93	928.37	11 050.50	5 971.06
营业利润	Business Profits	38 399.60	5 191.25	4 198.74	29 009.61
投资收益	Earnings of Investment	2 421.86	313.68	1 775.52	332.66
营业外收支差	Non-operating Net Revenue or Expenditure	2 567.69	-11.24	1 568.47	1 010.46
利润总额	Total Profits	43 389.15	5 493.69	7 542.73	30 352.73
年末固定资产原值	Original Value of Fixed Assets(year-end)	1 479 920.38	41 932.04	880 851.24	557 137.10
年末固定资产净值	Net Value of Fixed Assets (year-end)	813 575.14	19 716.36	442 880.85	350 977.93
年末职工人数(人)	Number of Staff and Workers (year-end)(person)	57 867	3 982	44 488	9 397

9-14 主要宾馆(酒店)设施情况

FACILITIES OF MAIN TOURIST HOTELS

(2001)

宾馆(酒店)名称 Name	客房数(间) Number of Dining Rooms	床位数(张) Number of Beds	开房率(%) Room Occupancy Rate
五星级 Five-Star	**3 072**	**4 470**	**72.09**
富临大酒店	500	851	70.41
富苑酒店	351	458	68.14
骏豪酒店	220	235	54.02
深圳南海酒店有限公司	373	574	76.53
深圳市景轩酒店	221	365	77.23
深圳香格里拉大酒店有限公司	522	829	76.62
深圳阳光酒店	374	500	80.26
深圳彭年酒店	511	658	75.77
四星级 Four-Star	**2 873**	**5 133**	**77.01**
深圳都之都大酒店管理有限公司	234	375	52.07
东华假日酒店	285	474	82.65
晶都酒店	358	555	65.11
庐山酒店	198	396	75.69
明华国际会议中心	139	516	78.30
深圳市宝明城花园酒店实业有限公司	180	220	64.46
深圳市格兰云天大酒店有限公司	230	392	78.45
深圳湾大酒店	308	593	75.83
中南海滨大酒店	133	266	77.64
深圳新世纪酒店有限公司	247	398	88.78
廷苑酒店	133	188	83.85
新都酒店	428	760	73.73
三星级 Three-Star	**8 536**	**15 531**	**66.87**
长城大酒店	138	284	63.57
帝豪酒店	135	280	67.75
海景酒店	447	894	83.39
鸿波酒店	122	230	76.58
江南酒店	127	270	52.52
晶都城酒店	52	66	44.85
凯利莱酒店	230	329	62.22
罗湖大酒店	234	440	73.32
名都酒店	230	460	69.51
名园大酒店	49	75	31.05

9-14 续表 1　continued

宾馆(酒店)名称 Name	客房数(间) Number of Dining Rooms	床位数(张) Number of Beds	开房率(%) Room Occupancy Rate
南岭求水山公园度假村	192	366	30.74
沙田酒店	80	120	68.97
深圳港龙酒店有限公司	183	356	48.25
深圳田王大酒店有限公司	80	120	64.53
深圳海燕大酒店有限公司	236	447	57.03
深圳恒丰大酒店有限公司	108	172	88.82
深圳华联粮油贸易公司丰园酒店	120	240	74.10
深圳环宇大酒店	247	486	61.78
深圳凯利宾馆	173	346	79.39
深圳丽都酒店	265	458	78.04
深圳三九大酒店	182	327	82.76
深圳上海宾馆	162	285	91.22
深圳深华国宾大酒店有限公司	235	390	68.96
深圳市北方大酒店	81	143	77.83
深圳市长安大厦实业有限公司	184	360	77.16
深圳市东湖宾馆	145	290	69.27
深圳市丰乐园大酒店有限公司	94	194	64.45
深圳市芙蓉宾馆有限责任公司	145	267	73.59
深圳市京鹏实业有限公司	212	417	66.88
深圳市上园大酒店	86	163	73.09
深圳市西丽大酒店	221	442	84.90
深圳市西丽湖度假村	286	573	43.62
深圳市雅园宾馆有限公司	96	165	66.10
深圳市银湖旅游中心	197	400	63.76
石岩湖温泉渡假村酒店	330	560	50.72
深圳市友谊酒店	128	240	80.40
深圳市中农实业发展有限公司名兰苑酒店	76	131	69.68
深圳特发小梅沙旅游中心	156	312	49.30
深圳特基实业有限公司景明达酒店	144	237	67.72
深圳远东大酒店有限公司	288	418	64.20
深圳粤海酒店企业有限公司	252	357	93.53
深圳云深有限公司金碧酒店	284	467	71.21
深圳竹园企业有限公司	179	325	63.34
双溪威大酒店	235	364	56.90

9-14 续表 2 continued

宾馆(酒店)名称 Name	客房数(间) Number of Dining Rooms	床位数(张) Number of Beds	开房率(%) Room Occupancy Rate
潭海酒店	60	93	39.96
香蜜湖渡假村	218	436	36.22
新华都酒店	82	181	76.90
永安大酒店	56	100	76.31
粤通世纪酒店	73	134	71.52
中南国际大酒店	201	321	72.16
二星级 Two-Star	**6 126**	**11 525**	**69.7**
柏豪酒店	143	210	72.41
蔡屋围大酒店	73	150	76.22
城苑大酒店	47	80	68.79
广深铁路大酒店	105	193	69.34
广信酒店	172	368	59.62
航空大酒店	100	191	75.07
航运宾馆	145	247	58.36
和平酒店	75	175	62.75
红岭宾馆	110	220	59.42
鸿图大酒店	102	143	73.24
华侨大厦	200	400	66.34
华盐宾馆	96	203	76.58
华中国际酒店	169	274	59.21
汇都大酒店	50	91	63.20
嘉旅宾馆	59	118	65.45
金丰盈酒店	52	120	31.64
经盛酒店	66	120	52.31
科苑宾馆	30	60	56.49
漓江春酒店	87	165	57.52
联城酒店	84	154	59.06
罗芳大酒店	38	74	49.49
罗湖宾馆	72	148	74.21
闽江宾馆	60	111	76.70
南油酒店	113	210	77.74
上林苑酒店	123	243	78.27
深铁大厦酒店	162	302	60.60
深运大酒店	48	61	77.08

9-14 续表 3　continued

宾馆(酒店)名称 Name	客房数(间) Number of Dining Rooms	床位数(张) Number of Beds	开房率(%) Room Occupancy Rate
深圳迪富宾馆	160	270	76.46
深圳帝都酒店有限公司	70	145	54.14
深圳酒店	106	219	80.45
深圳市奥盛华洋实业有限公司华洋宾馆	110	202	68.66
深圳市宝安区丽晶酒店	60	108	68.94
深圳市广深宾馆有限公司	150	288	87.39
深圳市国旅酒店有限公司	110	210	86.23
深圳市河东宾馆有限公司	105	202	81.06
深圳市华联物业管理有限公司华联宾馆	64	121	71.70
深圳市华强宾馆	120	253	54.96
深圳市华侨酒店	155	277	78.40
深圳市江苏宾馆有限公司	77	127	83.59
深圳市金地宾馆	47	87	71.56
深圳市三金实业有限公司皇岗宾馆	87	147	40.45
深圳市依迪酒店	72	124	76.77
深圳兴华宾馆	188	380	71.34
四川宾馆	153	334	85.33
太子宾馆	83	160	78.02
天地宾馆	80	160	63.05
田心酒店	68	136	65.22
温莎酒店	50	75	61.28
梧桐山宾馆	57	108	60.88
西湖宾馆	68	142	66.95
西江酒店	76	160	66.63
新安京洋宾馆	108	210	20.21
新安酒店	131	276	77.54
新地酒店	83	122	81.14
新京华酒店	42	82	82.68
新明珠大酒店	73	130	70.50
益城酒店	44	88	50.28
银都酒店	53	86	55.22
永通酒店	88	164	61.10
粤佳宾馆	28	56	59.41
云鹏大酒店	64	15	58.65

宾馆(酒店)名称 Name	客房数(间) Number of Dining Rooms	床位数(张) Number of Beds	开房率(%) Room Occupancy Rate
振兴宾馆	64	119	78.65
中旅学院实习酒店	75	171	67.94
一星级　One-Star	**188**	**370**	**67.8**
大江南酒店	65	120	58.48
鸿雁大酒店	50	101	74.30
穆斯林宾馆	73	149	77.80
无星级　Others	**9 522**	**17 379**	**62.2**
安发宾馆	40	62	28.61
坂田大酒店	66	112	51.03
宝华园宾馆	45	83	66.18
宝山酒店	51	108	28.18
贝岭居宾馆	120	203	42.90
碧海恒城酒店	66	120	59.14
滨海明珠大酒店	92	176	42.39
城市酒店	160	320	70.42
大铲宾馆	87	174	70.84
大华酒店	50	100	55.65
大鹏皇都酒店	13	21	30.50
大新宾馆	88	200	45.82
东江大酒店	46	89	38.97
芳菲苑酒店	21	38	58.28
富豪城酒店	60	98	56.85
富利安酒店	53	73	25.41
富麟酒店	40	55	32.99
富乔酒店	44	66	52.50
港都酒店	40	83	30.07
广东边防大酒店	144	224	47.21
广银西友酒店	80	132	32.18
国丰大酒店	83	147	60.65
海山宾馆	22	44	40.31
海上田园风光旅业部	21	42	61.86
海洋酒店	90	180	57.37
濠江酒店	29	62	61.17
核电宾馆	42	66	40.22

9-14 续表 5　continued

宾馆(酒店)名称 Name	客房数(间) Number of Dining Rooms	床位数(张) Number of Beds	开房率(%) Room Occupancy Rate
亨梓大酒店	46	72	45.45
横岗宾馆	56	104	25.83
横岗大厦	59	106	41.94
横岗好世界酒店	30	44	12.47
横岗镇嘉嘉安宾馆	28	32	23.67
湖北宾馆	15	32	73.09
华登宾馆	38	80	75.70
华海宾馆	105	270	72.02
华通大酒店	61	181	38.37
皇都酒店	12	19	51.68
机场大酒店	70	128	70.77
机场民航酒店	66	120	48.02
佳豪酒店	40	76	46.98
嘉宝大酒店	14	18	29.58
嘉上旅业有限公司	30	50	29.43
建设宾馆	66	120	66.22
江南春酒店	100	215	47.61
金都大酒店	50	76	70.58
金都酒店	28	50	45.55
金皇宾馆	18	32	43.11
金沙湾大酒店	114	214	41.68
金山酒店	19	31	25.11
金宜酒店	43	78	39.07
锦湖宾馆	56	112	73.45
锦龙酒店	45	80	27.08
凯悦大酒店	121	200	78.57
坑梓百福楼饭店	26	33	10.34
老地方酒店	144	280	79.76
荔山宾馆	46	91	30.50
莲雾酒店	25	40	19.31
灵芝大酒店	48	88	63.91
龙东宾馆	23	38	37.09
龙都酒店	36	68	34.69
龙凤宾馆	61	120	32.50

9-14 续表 6　continued

宾馆(酒店)名称 Name	客房数(间) Number of Dining Rooms	床位数(张) Number of Beds	开房率(%) Room Occupancy Rate
龙岗潮味酒店	132	248	19.60
龙岗金鼎大酒店	26	49	38.83
龙岗金龙酒店	75	125	26.82
龙岗南天阁酒店	25	47	21.62
龙岗青叶大饭店	28	48	38.15
龙岗区干部疗养院	99	173	27.17
龙岗三阳宾馆	22	40	43.82
龙之都酒店	23	39	23.64
绿晶酒店	16	32	9.37
绿远大酒店	40	75	37.17
梅州大酒店	89	120	75.86
名士酒店	37	70	56.85
南澳大酒店	78	147	40.92
南澳福源宾馆	66	126	21.14
南航机场宾馆	70	136	81.84
南蓉新酒店有限公司	123	246	58.56
鹏星酒店	45	79	36.17
平湖东山大酒店	30	51	25.54
平湖金涛酒店	30	60	7.14
平湖平建大酒店	36	76	37.13
坪山帝王酒店	63	148	24.26
润南酒店	70	143	67.3
三星大酒店	22	50	62
森林酒店	13	23	59.59
沙河酒店	40	68	28.39
蛇口海涛培训酒店	73	109	84.90
深圳春湖大酒店有限公司	39	57	58.59
深圳高尔夫俱乐部	26	52	37.96
深圳麟麒山庄	140	240	41.59
深圳南茂企业公司金凤凰宾馆	22	41	58.68
深圳青少年渡假营	60	126	62.93
深圳沈阳金奉宾馆有限公司	48	96	62.71
深圳圣廷苑酒店有限公司	297	391	63.70
深圳市翠珊园酒店有限公司	16	30	30.52

宾馆(酒店)名称 Name	客房数(间) Number of Dining Rooms	床位数(张) Number of Beds	开房率(%) Room Occupancy Rate
深圳市东风宾馆有限公司	57	98	57.08
深圳市富丽华大酒店	224	336	75.98
深圳市公共交通集团有限公司东门酒店	123	270	31.38
深圳市鸿隆商务发展有限公司	45	67	97.53
深圳市华储仓储服务有限公司锦苑酒店	105	224	58.38
深圳市华侨城威尼斯酒店有限公司	376	542	39.42
深圳市蛇口久申实业有限公司久申宾馆	49	91	55.24
深圳市万德诺富特酒店有限公司	152	200	68.49
深圳市五洲宾馆	334	700	62.60
深圳市越众(集团)股份有限公司招待所	22	72	67.77
深圳溪冲核电专家村	116	232	19.90
深圳迎宾馆	521	947	62.57
盛华大酒店	44	83	34.56
石岩湖温泉度假村	300	640	48.09
松乔酒店	98	108	31.75
泰和宾馆	40	80	48.86
泰然宾馆	99	180	87.17
天鹅宾馆	26	42	25.67
投资大厦宾馆	66	128	78.87
望族酒店	40	75	56.64
威龙酒店	47	65	30.91
西山大酒店	60	120	59.91
西苑宾馆	61	104	51.06
溪冲工人休养度假村	86	200	22.15
新侨宾馆	36	55	46.58
新王朝酒店	155	284	76.51
新兴宾馆	45	90	57.57
新雅大酒店	16	24	46.57
雅兰置业(深圳)有限公司雅兰酒店	192	376	44.02
怡鸿阁大酒店	110	220	65.18
银都酒家	124	248	12.86
中贸宾馆	48	86	56.88
中唐宾馆	50	91	59.23
中兴酒店	38	80	40.28
中油酒店有限公司	187	284	70.28

十、劳动工资

2001年城镇职工就业与劳动报酬特点

2001年是深圳率先基本实现社会主义现代化、实施“十五”计划的起步之年，尽管国际经济形势不稳，给经济发展带来一定的困难，但全市经济在市委、市政府的坚强领导和全市人民的共同努力下仍然保持了平稳的增长态势，伴随着经济的发展，城镇职工人数和劳动报酬也稳定增长。2001年全市城镇在岗职工人数为94.88万人，比上年增长1.6%；在岗职工工资总额为244.17亿元，比上年增长15.5%；在岗职工年平均工资为25941元，比上年增长12.6%，扣除物价因素后，实际增长15.1%。主要特点表现在：

一、职工人数总量增长且结构优化

1. 职工人数保持增长势头，增幅逐年加大

努力拓宽就业渠道，增加就业岗位，是政府有关部门的工作重点之一。近几年来，深圳就业形势良好，从业人数不断增加，到2001年末，全市城镇在岗职工人数达94.88万人，比上年增加了15207人，增长1.6%，增幅逐年加大（见表 1）。同时，各单位提高了优化用人意识，在合理吸收、利用、保持和开发人力资源等方面得到加强。

表1　**在岗职工人数增长情况**

指标＼时间	1999年	2000年	2001年
年末人数（人）	925177	933586	948793
比上年增加（人）	5888	8409	15207
增长幅度（%）	0.6	0.9	1.6

2. 国有、集体企业职工人数不断减少，其他企业职工人数持续增加

2001年，全市国有企业在岗职工人数为18.50万人，比上年减少1.5%；集体企业在岗职工人数为3.71万人，比上年减少3.1%；其他企业在岗职工人数为59.85万人，比上年增长2.3%。国有、集体企业职工人数持续减少，其他单位职工人数继续增加，这主要是近几年企业在改革、重组、调整中登记注册类型不断发生变化而形成的，特别是一些国有公司按公司登记条例重新注册为有限责任公司和外商投资单位不断增加，使其他类型企业职工人数的比重不断增大。全市在岗职工人数按单位类型分组情况（见表 2）。

表2　**各类型企业在岗职工人数所占比重情况**

单位类型	2001年年末人数（人）	2000年占比重（%）	2001年占比重（%）
企业合计	820712	100	100
1、国有企业	185029	23.2	22.6
2、集体企业	37134	4.7	4.5
3、其他企业	598549	72.1	72.9
# 股份合作	20496	3.2	2.5
联营企业	28266	3.6	3.5
有限责任公司	96265	11.0	11.7
股份有限公司	93551	11.0	11.4
港澳台投资企业	212709	26.0	25.9
外商投资企业	147026	17.3	17.9
其　他	236	—	—

3. 专业技术人员占职工比重有所增加

按照国家统计指标的定义，专业技术人员是指从事专业技术工作的人员以及从事专业技术管理工作且已在1983年以前评定了专业技术职称或在1984年以后聘任了专业技术职务的人员。2001年，城镇职工中的专业技术人员达210598人，比去年增长5.6%，增幅大于职工人数的增长；专业技术人员占在岗职工人数的比重为22.2%，比去年增加

0.9 个百分点。

4. 职工在国民经济各行业的分布进一步优化

随着全市经济结构的调整优化，投资环境的逐步完善，加快第三产业发展等一系列措施的落实，职工在国民经济各行业间的分布进一步优化，从事高新技术产业、第三产业的职工人数增长较快：①高新技术产业发展迅速。深圳近几年，采取引进和创新相结合的发展道路，建立以企业为主体的开发研究体系以及建立新的企业制度，政府则发挥产业引导、环境营造等作用，使高新技术产业发展较快，特别是电子及通信设备行业。2001 年，全市电子及通信设备制造业在岗职工已达 167512 人，比上年增加 9136 人，是国民经济各行业按中类分组中人数增长最多的一个行业；②基础设施建设进一步加强，整体投资环境良好，带动了交通运输、房地产业等行业的发展。2001 年，在城市基础设施、公路交通等方面都有较大的投入，相应行业发展迅速，如公路运输业在岗职工达 12972 人，比上年增长 8.6%；同时，由于全市整体环境良好，促进了房地产业的发展，从事房地产业的人数逐年增加，年末在岗职工人数达 40047 人，比上年增长 9.6%；③教育、卫生和社会服务业等持续发展，在岗职工人数分别为 39651 人、27597 人和 68572 人，分别比上年增长 5.5%、4.3%和 5.2%，增幅均大于全市职工增长速度。

二、劳动报酬普遍增加但各类型各行业间的增长存在差异

1. 职工工资总额持续增长，且增幅有所回升

坚持把提高人民生活水平摆在重要位置，扩大就业门路，增加居民收入，合理调节收入分配关系，保证人民群众向更加宽裕的小康生活迈进，是国家“十五”计划的重要目标。因此，各级政府在采取各种措施保持国民经济较快发展的同时，也在努力提高职工工资收入，并通过加薪的办法刺激消费，从而推动经济的进一步发展，形成良性循环。2001 年全市国内生产总值增长幅度为 13.2%，城镇职工工资总额的增长幅度为 15.5%，比上年增加了 3.7 个百分点，增幅有所回升（见表 3）。

表 3　职工工资总额增长情况

年份	职工工资总额增幅（%）	国内生产总值增幅（%）
1997年	15.2	16.0
1998年	13.8	14.5
1999年	12.9	14.2
2000年	11.8	14.2
2001年	15.5	13.2

2. 机关、事业单位工资增幅高于企业

根据市人事局、市财政局的有关文件精神，2001 年全市机关事业单位工作人员调整和晋升了全国标准工资及特区津贴，调整后机关事业单位工作人员工资水平有较大幅度的增长，这是自 1997 年以来机关事业单位职工工资增幅首次高于企业（见表 4）。

表 4　企业事业机关职工年平均工资增长情况

（单位：%）

	1997年	1998年	1999年	2000年	2001年
合　计	14.0	10.2	12.7	11.2	12.6
1. 企业	15.2	11.0	13.1	11.6	9.6
2. 事业	5.9	6.5	9.8	9.2	25.6
3. 机关	6.2	6.7	9.3	7.1	27.1

3. 内资企业的职工工资收入优于外资企业

从企业登记注册类型来看，内资企业（包括国有企业、集体企业、股份合作企业、联营企业、有限责任公司、股份有限公司和其他企业）、港、澳、台商投资企业和外商投资企业职工的工资水平都有不同程度的增长。内资企业的职工工资水平最高为 27238 元，增幅最大达 12.7%；其次是外商投资企业，工资水平为 22380 元，增幅 10.1%；最低工资水平的是港、澳、台商投资企业 18764 元，增幅只有 1.9%（见表 5）。

表 5　企业在岗职工年平均工资情况

按登记注册类型分组	2001年（元）	比上年增长（%）
合　计	24126	9.6
1. 内资企业	27238	12.7
2. 港澳台商投资企业	18764	1.9
3. 外商投资企业	22380	10.1

4. 三次产业间职工工资水平差距加大

2001 年，全市第一产业的在岗职工年平均工资为 18097 元，增幅仅为 0.8%，远小于第二和第三产业（见表 6）；第二产业的在岗职工年平均工资为 21561 元，增幅 10.3%；第三产业的在岗职工年平均工资为 31542 元，仍居首位，增幅也大于一、二产业，为 14.8%。一、三产业间职工工资水平差距由去年的 9522 元扩大为 13445 元。

表 6　三次产业间在岗职工年平均工资情况

按产业分组	2001年（元）	2000年（元）	对比增长（%）
合　计	25941	23039	12.6
1. 第一产业	18097	17947	0.8
2. 第二产业	21561	19556	10.3
3. 第三产业	31542	27469	14.8

5. 国民经济各行业工资水平普遍增长，但增幅有较大差异

从国民经济行业分组看，在岗职工工资水平普遍提高，其中，采掘业职工工资增幅达 38.1%，为各行业之首，但该行业的在岗职工人数却下降了 28.1%，这种减员增资现象仍然是 2001 年的主要特点之一。随着经济结构的不断调整，企业内部机制的逐步完善，不少单位通过优化用人，提高员工整体素质，从而提高经济效益，增加员工工资；其次是教育文化广播电视业、机关社团、卫生体育业和科研及综合技术服务业，工资水平也有明显提高，增幅分别为 27.4%、26.9%、23.9%和 21.0%，这些行业工资水平的提高主要是受 2001 年机关事业单位工资调整的影响所至；工资水平增幅较小的是农林牧渔业、建筑业和房地产业，只有 0.8%、6.0%和 6.1%的增长。行业间工资水平差距仍然较大（见表 7）。

三、2002 年展望

劳动就业和劳动报酬的变动趋势与经济增长是紧密联系的。从有关部门对经济形势的预测中可以看到，进入 2002 年，深圳所面临的国内外经济环境仍然是机遇与挑战同在，机遇多于挑战，经济总量仍将保持平稳增长。据此，预计 2002 年深圳市城镇职工就业人数将有 1.5%、劳动报酬将保持 10%左右的增长。

表 7　各行业在岗职工年平均工资增长情况

按国民经济行业分组	在岗职工年平均工资（元）	比上年增长(%)
合　　计	25941	12.6
1. 农、林、牧、渔业	18097	0.8
2. 采掘业	25604	38.1
3. 制造业	21558	10.8
4. 电力、煤气及水的生产和供应业	42244	9.4
5. 建筑业	17861	6.0
6. 地质勘查业、水利管理业	26862	10.6
7. 交通运输、仓储及邮电通信业	31272	9.0
8. 批发和零售贸易、餐饮业	21375	8.0
9. 金融、保险业	53861	10.4
10. 房地产业	25340	6.1
11. 社会服务业	25808	9.4
12. 卫生、体育和社会福利事业	38854	23.9
13. 教育、文化艺术和广播电影电视业	38827	27.4
14. 科学研究和综合技术服务业	40077	21.0
15. 国家机关、政党机关和社会团体	37373	26.9
16. 其它行业	40879	14.7

（撰稿：陈利萍）

10-1 职工人数、工资总额及平均工资

NUMBER, TOTAL WAGES AND AVERAGE WAGE OF STAFF AND WORKERS

(1979-2001)

年份 Year	年末职工人数(万人) Number of Staff and Workers Year-end (10 000persons)	# 国有单位 State-owned Units	工资总额(万元) Total Wages (10 000yuan)	# 国有单位 State-owned Units	年平均工资(元) Average Yearly Wages (yuan)	# 国有单位 State-owned Units
全市 Total						
1979	4.02	3.37	2 952	2 505	769	785
1980	4.86	4.05	4 366	3 691	979	990
1981	5.31	4.51	5 930	5 046	1 132	1 119
1982	8.28	7.00	10 000	8 477	1 366	1 358
1983	12.57	10.10	16 142	12 976	1 545	1 571
1984	18.33	14.14	35 306	28 642	2 179	2 257
1985	22.66	16.84	51 912	38 465	2 418	2 427
1986	25.88	18.97	59 773	44 324	2 452	2 476
1987	32.29	22.04	80 013	54 333	2 677	2 637
1988	41.74	28.04	134 218	87 607	3 388	3 269
1989	48.24	30.34	179 042	114 650	3 858	3 917
1990	55.41	33.85	227 392	140 935	4 304	4 339
1991	64.89	38.77	307 950	175 169	5 016	4 908
1992	71.10	38.85	403 790	226 079	5 931	6 026
1993	78.11	41.45	619 647	356 949	8 145	8 854
1994	82.29	38.71	852 332	445 286	10 572	11 632
1995	88.75	40.17	1 076 083	545 013	12 276	13 709
1996	89.13	41.07	1 284 558	679 349	14 507	16 625
1997	91.18	40.92	1 479 515	744 781	16 531	18 515
1998	91.93	33.75	1 674 771	707 004	18 381	21 161
1999	92.52	32.94	1 890 338	775 020	20 714	23 602
2000	93.36	31.00	2 113 366	805 421	23 039	26 193
2001	94.88	31.31	2 441 713	968 330	25 941	31 187
特区 Urban						
1980	2.65	2.65	2 697	2 697	1 133	1 133
1981	3.85	3.85	4 603	4 603	1 196	1 196
1982	6.68	6.08	8 296	7 361	1 408	1 366
1983	10.67	8.70	13 689	10 770	1 610	1 610
1984	15.45	11.78	30 705	24 902	2 266	2 363
1985	19.31	14.00	46 070	33 553	2 524	2 558
1986	22.13	15.64	53 625	38 826	2 568	2 624
1987	27.35	17.72	71 027	46 596	2 798	2 789
1988	35.79	22.94	119 989	75 667	3 543	3 455
1989	41.20	24.37	156 795	95 707	3 919	3 930
1990	47.59	27.10	199 609	118 263	4 397	4 468
1991	55.47	30.29	272 413	147 863	5 196	5 124
1992	60.06	33.04	356 496	198 202	6 151	6 198
1993	68.32	34.93	555 961	310 909	8 335	9 119
1994	72.33	32.98	768 535	389 924	10 815	11 926
1995	74.67	33.70	947 900	469 341	12 838	14 047
1996	77.52	34.81	1 146 233	586 662	14 903	16 941
1997	80.36	35.40	1 333 670	654 603	16 896	18 783
1998	80.47	28.20	1 507 327	604 604	18 896	21 641
1999	78.87	26.72	1 693 559	657 106	21 644	24 682
2000	79.84	25.64	1 889 103	683 176	24 095	26 869
2001	81.78	26.07	2 183 742	813 454	27 086	31 410

10-2 职工工资总额指数和平均工资指数

RELATED INDICES OF TOTAL WAGES AND AVERAGE WAGE OF STAFF AND WORKERS

(1980-2001)

以上年为 100 (preceding year=100)

年份 Year	工资总额指数 Related Indices of Total Wages	# 国有单位 State-owned Units	职工平均货币工资指数 Related Indices of Average Money Wage	# 国有单位 State-owned Units	职工平均实际工资指数 Related Indices of Average Real Wage	# 国有单位 State-owned Units
1980	147.9	147.3	127.3	126.1	121.2	120.1
1981	135.8	136.7	115.6	113.0	104.4	102.1
1982	168.6	168.0	120.8	121.4	112.1	112.6
1983	161.4	153.1	113.1	115.7	110.9	113.4
1984	218.7	220.7	141.0	143.7	132.0	134.6
1985	147.0	134.3	111.0	107.5	90.6	87.8
1986	115.1	115.2	101.4	102.0	95.6	96.1
1987	133.9	122.6	109.2	106.5	95.5	93.1
1988	167.7	161.2	126.6	124.0	98.8	96.8
1989	133.4	130.9	113.9	119.8	90.8	95.5
1990	127.0	122.9	111.6	110.8	109.8	109.1
1991	135.4	124.3	116.5	113.1	113.1	109.8
1992	131.1	129.1	118.2	122.8	110.2	114.4
1993	153.5	157.9	137.3	146.9	114.3	122.3
1994	137.6	124.7	129.8	131.4	109.8	111.2
1995	126.3	122.4	116.1	117.9	103.3	104.9
1996	119.4	124.6	118.2	121.3	109.7	112.6
1997	115.2	109.6	114.0	111.4	110.3	107.8
1998	113.8	95.7	110.2	112.3	111.0	113.1
1999	112.9	109.6	112.7	111.5	113.5	112.3
2000	111.8	103.9	111.2	111.0	108.2	108.0
2001	115.5	120.2	112.6	119.1	115.1	121.8

10-3 职工工资总额指数和平均工资指数

RELATED INDICES OF TOTAL WAGES AND AVERAGE WAGE OF STAFF AND WORKERS

(1980-2001)

以 1979 年为 100 (1979=100)

年份 Year	工资总额指数 Related Indices of Total Wages	# 国有单位 State-owned Units	职工平均货币工资指数 Related Indices of Average Money Wage	# 国有单位 State-owned Units	职工平均实际工资指数 Related Indices of Average Real Wage	# 国有单位 State-owned Units
1980	147.9	147.3	127.3	126.1	121.2	120.1
1981	200.9	201.4	147.2	142.5	126.5	122.6
1982	338.8	338.4	177.6	173.0	141.8	138.0
1983	546.8	518.0	200.9	200.1	157.3	156.5
1984	1 196.0	1 143.4	283.4	287.5	207.6	210.6
1985	1 758.5	1 535.5	314.4	309.2	188.1	184.9
1986	2 024.8	1 769.4	318.9	315.4	179.8	177.7
1987	2 710.5	2 169.0	348.1	335.9	171.7	165.4
1988	4 546.7	3 497.3	440.6	416.4	169.6	160.1
1989	6 065.1	4 576.8	501.7	499.0	154.0	152.9
1990	7 703.0	5 626.1	559.7	552.7	169.1	166.8
1991	10 431.9	6 992.8	652.3	625.2	191.3	183.1
1992	13 678.5	9 025.1	771.3	767.6	210.8	209.5
1993	20 990.8	14 249.5	1 059.2	1 127.9	240.9	256.2
1994	28 873.0	17 775.9	1 374.8	1 481.8	264.5	284.9
1995	36 452.7	21 757.0	1 596.4	1 746.4	273.2	298.9
1996	43 514.8	27 119.7	1 886.5	2 117.8	299.7	336.6
1997	50 119.1	29 731.8	2 149.7	2 358.6	330.6	362.9
1998	57 035.5	28 453.3	2 369.0	2 648.7	367.0	410.4
1999	64 393.1	31 184.8	2 669.9	2 953.3	416.5	460.9
2000	71 991.5	32 401.0	2 968.9	3 278.2	450.7	497.8
2001	83 150.2	38 946.0	3 343.0	3 904.3	518.8	606.3
年平均增长率(%) Average Annual Growth Rate(%)	**35.7**	**31.1**	**17.3**	**18.1**	**7.8**	**8.5**

10-4 全部职工人数(2001年底)

NUMBER OF STAFF AND WORKERS (END OF 2001)

项目	Item	在岗职工年末人数(人) Number of Staff and Workers Year-end (person)	#女性 Female	#专业技术人员 Professional Technology
总计	**Total**	**948 793**	**436 443**	**210 598**
一、按登记注册类型分	Grouped by Registration			
1. 内资单位	Domestic Investment Enterprise	589 058	229 662	157 165
(1)国有单位	State-owned	313 090	121 031	95 375
(2)集体单位	Collective-owned	37 154	18 058	3 535
(3)股份合作单位	Cooperative Shares Enterprise	20 496	11 289	1 240
(4)联营单位	Joint owned	28 266	11 238	6 036
(5)有限责任公司	Companies Limited with Liabilities	96 265	33 284	25 249
(6)股份有限公司	Companies Limited by Shares	93 551	34 672	25 631
(7)其他内资单位	Others	236	90	99
2. 港澳台投资单位	Funded by Entrepreneur from Hongkong, Macao and Taiwan	212 709	117 570	33 947
3. 外商投资单位	Foreign Funded	147 026	89 211	19 486
二、按企业、事业、机关分	Grouped by Enterprises, Institutions and Agencies			
1. 企业	Enterprises	820 712	381 704	163 944
2. 事业	Institutions	75 779	40 514	46 654
3. 机关	Agencies & Organizations	52 302	14 225	
三、按国民经济行业分	Grouped by Sector			
1. 农、林、牧、渔业	Farming, Forestry, Animal Husbandry and Fishery	7 713	2 866	1 321
①农业	Farming	719	248	239
②林业	Forestry	143	57	24
③畜牧业	Animal Husbandry	6 192	2 373	848
④渔业	Fishery	144	41	36
⑤农、林、牧、渔服务业	Services	515	147	174
2. 采掘业	Mining and Quarrying	618	52	51
3. 制造业	Manufacturing	431 551	248 939	68 722
4. 电力、煤气及水的生产和供应业	Electricity,Gas and Water Production and Supply	13 096	2 996	5 769
5. 建筑业	Construction	72 072	7 920	14 861
#土木工程建筑业	Civil Engineering	61 561	5 946	11 624
6. 地质勘查业、水利管理业	Geological Prospecting and Water Conservancy	1 836	351	507
①地质勘查业	Geological Prospecting	1 160	181	269
②水利管理业	Water Conservancy	676	170	238
7. 交通运输、仓储及邮电通信业	Transportation, Storage,Post and Telecommunication	58 446	19 351	11 515
①交通运输业	Transportation	38 434	10 567	5 862
②仓储业	Storage	3 867	1 287	709
③邮电通信业	Post and Telecommunication	16 145	7 497	4 944

项目	Item	在岗职工工资总额(万元) Total Wages (10 000 yuan)	在岗职工年平均人数(人) Average Number (person)	年平均工资(元) Average Yearly Wages (yuan)
8. 批发和零售贸易、餐饮业	Wholesale and Retail Trade & Catering Services	191 474.8	89 577	21 375
①批发业	Wholesale	106 499.2	46 189	23 057
②零售业	Retail Sales	61 490.7	29 221	21 043
③餐饮业	Catering Services	23 484.9	14 167	16 577
9. 金融、保险业	Banking and Insurance	162 289.2	30 131	53 861
①金融业	Banking	150 784.4	27 539	54 753
②保险业	Insurance	11 504.8	2 592	44 386
10. 房地产业	Real Estate Trade	97 940.4	38 651	25 340
# 房地产开发与经营业	Real Estate Development and Operation	49 341.7	15 788	31 253
房地产管理业	Real Estate Management	46 212.0	22 216	20 801
11. 社会服务业	Social Services	175 747.0	68 098	25 808
# 公共服务业	Public Services	89 606.7	31 505	28 442
居民服务业	Resident Services	3 417.7	1 394	24 517
旅馆业	Hotels	29 740.1	16 089	18 485
信息、咨询服务业	Information and Consultancy Services	9 322.4	2 376	39 236
12. 卫生、体育和社会福利业	Healh Care, Sports and Social Welfare	104 455.8	26 884	38 854
①卫生	Health Care	95 335.6	23 610	40 379
②体育	Sports	3 762.0	1 599	23 527
③社会福利保障业	Social Welfare	5 358.2	1 675	31 989
13. 教育、文化艺术和广播电影电视业	Education, Culture, Arts, Radio, Film and Television	150 173.8	38 678	38 827
①教育	Education	126 157.5	32 185	39 198
# 普通高等学校	Regular Institution of Higher Education	10 764.8	2 375	45 325
普通中学	Regular Secondary Schools	46 691.0	11 085	42 121
小学校	Primary Schools	48 701.2	13 055	37 305
②文化艺术业	Culture and Arts	14 340.3	4 170	34 389
③广播电影电视业	Radio, Film and Television	9 676.0	2 323	41 653
14. 科学研究和综合技术服务业	Scientific Research and Polytechnical Services	25 292.7	6 311	40 077
①科学研究业	Scientific Research	2 189.4	576	38 010
②综合技术服务业	Polytechnical Services	23 103.3	5 735	40 285
15.国家机关、政党机关和社会团体	Government Agencies,Party Agencies and Social Organizations	187 369.0	50 135	37 373
# 国家机关	Government Agencies	180 737.4	48 455	37 300
政党机关	Party Agencies	4 539.2	1 195	37 985
16. 其他行业	Others	29 755.8	7 279	40 879

10-6 工业、建筑业企业在岗职工人数和工资

NUMBER AND WAGE OF STAFF AND WORKERS IN INDUSTRY AND CONSTRUCTION ENTERPRISES (2001)

项目	Item	年末人数(人) Year-end Figure (person)	工资总额(万元) Total Wages (10 000 yuan)	年平均工资(元) Average Yearly Wages (yuan)
总 计	**Total**	**517 337**	**1 116 060.2**	**21 561**
一、工 业	Industry	445 265	987 285.0	22 160
(一)按登记注册类型分	Grouped by Registration			
1. 国有单位	State-owned Units	27 950	56 725.2	20 306
2. 城镇集体单位	Urban Collective Owned Units	14 825	17 095.4	11 514
3. 其他类型单位	Units of Other Types of Ownership	402 490	913 464.4	22 681
(二)按行业分	Grouped by Sector			
1. 采掘业	Mining and Quarrying	618	1 526.0	25 604
煤炭采选业	Coal Mining and Dressing			
石油和天然气开采业	Petroleum and Natural Gas Extraction			
黑色金属矿采选业	Ferrous Metals Mining and Dressing			
有色金属矿采选业	Nonferrous Metals Mining and Dressing			
非金属矿采选业	Nonmetal Minerals Mining and Dressing	618	1 526.0	25 604
其他矿采选业	Other Minerals Mining and Dressing			
木材及竹材采运业	Logging and Transport of Wood and Bamboo			
2. 制造业	Manufacturing	431 551	931 504.4	21 558
食品加工业	Food Processing	5 917	12 042.0	21 052
食品制造业	Food Manufacturing	3 517	6 658.0	19 304
饮料制造业	Beverage Manufacturing	4 061	11 743.2	27 947
烟草加工业	Tobacco Processing	450	2 449.3	56 828
纺织业	Textile Industry	7 554	13 210.9	17 426
服装及其他纤维制品制造业	Garments and Other Fiber Products	50 012	67 577.3	13 774
皮革、毛皮、羽绒及其制品业	Leather, Furs,Down and Related Products	18 036	20 507.1	11 870
木材加工及竹、藤、棕、草制品业	Timber Processing, Bamboo, Cane, Palm Fiber and Straw Products	3 133	4 708.8	15 030
家具制造业	Furniture Manufacturing	3 567	7 894.9	21 900
造纸及纸制品业	Papermaking and Paper Products	1 923	3 377.5	17 665
印刷业记录媒介的复制	Printing and Record Medium Reproduction	7 353	17 475.8	24 055
文教体育用品制造业	Cultural, Educational and Sports Goods	13 568	16 869.9	12 192

10-6 续表 continued

项 目	Item	年末人数(人) Year-end Figure (person)	工资总额(万元) Total Wages (10 000 yuan)	年平均工资(元) Average Yearly Wages (yuan)
石油加工及炼焦业	Petroleum Processing and Coking	166	723.3	42 298
化学原料及化学制品制造业	Raw Chemical Materials and Chemical Products	3 615	8 560.4	23 713
医药制造业	Medical and Pharmaceutical Products	5 480	17 040.7	31 446
化学纤维制造业	Chemical Fiber	944	2 959.0	30 727
橡胶制品业	Rubber Products	2 045	2 935.5	14 327
塑料制品业	Plastic Products	13 845	26 063.5	18 503
非金属矿物制品业	Nonmetal Mineral Products	7 949	18 331.0	23 328
黑色金属冶炼及压延加工业	Smelting and Pressing of Ferrous Metals	428	1 055.7	24 840
有色金属冶炼及压延加工业	Smelting and Pressing of Nonferrous Metals	2 507	5 405.4	22 090
金属制品业	Metal Products	28 936	46 581.0	15 373
普通机械制造业	Ordinary Machinery	1 716	3 914.9	22 708
专用设备制造业	Special Purpose Equipment	8 099	18 640.2	21 992
交通运输设备制造业	Transport Equipment	6 032	13 898.6	23 681
电气机械及器材制造业	Electric Equipment and Machinery	28 948	44 449.1	13 948
电子及通信设备制造业	Electronic and Telecommunications Equipment	166 885	470 823.6	28 471
仪器仪表及文化办公用机械制造业	Instruments,Meters,Cultural and Office Machinery	25 362	51 442.9	21 086
其他制造业	Other Manufacturing	9 503	14 164.9	14 774
3. 电力、煤气及水的生产和供应业	Electricity, Gas and Water Production and Supply	13 096	54 254.6	42 244
电力、蒸气及热水的生产和供应业	Electricity, Steam and Hot Water Production and Supply	7 259	32 640.1	45 682
煤气生产和供应业	Gas Production and Supply	2 202	7 719.9	36 466
自来水的生产和供应业	Tap Water Production and Supply	3 635	13 894.6	38 801
二、建筑业	Construction	72 072	128 775.2	17 861
按登记注册类型分	Grouped by Registration			
1.国有单位	State-owned Units	37 705	66 661.9	17 501
2.城镇集体单位	Urban Collective Owned Units	6 110	8 240.6	13 589
3.其他单位	Units of Other Types of Ownership	28 257	53 872.7	19 278

10-7 镇、村企业从业人员和工资

NUMBER AND WAGE OF STAFF AND WORKERS IN TOWN AND VILLAGE ENTERPRISES

(2001)

项　目	Item	从业人员(人) Employed Persons(person)	工资总额(万元) Total Wages (10 000 yuan)	年平均工资(元) Average Yearly Wages(yuan)
总　计	**Total**	**1 203 505**	**830 235.8**	**7 122**
1. 农、林、牧、渔业	Farming, Forestry, Animal Husbandry and Fishery	5 383	4 022.1	7 883
2. 采掘业	Mining and Quarrying	532	424.4	8 539
3. 制造业	Manufacturing	1 145 576	775 984.5	6 989
4. 电力、煤气及水的生产和供应业	Electricity, Gas and Water Production and Supply	2 691	4 149.2	15 806
5. 建筑业	Construction	14 133	11 480.2	8 252
6. 地质勘查业、水利管理业	Geological Prospecting and Water Conservancy			
7. 交通运输、仓储及邮电通信业	Transportation, Storage,Post and Telecommunication	4 552	5 040.6	13 261
8. 批发和零售贸易、餐饮业	Wholesale and Retail Trade & Catering Services	15 651	12 242.2	8 135
9. 金融、保险业	Banking and Insurance	240	924.0	39 319
10. 房地产业	Real Estate Trade	865	977.1	12 306
11. 社会服务业	Social Services	8 720	8 074.9	9 299
12. 卫生、体育和社会福利业	Health Care, Sports and Social Welfare			
13. 教育、文化艺术和广播电影电视业	Education, Culture, Arts, Radio, Film and Television			
14. 科学研究和综合技术服务业	Scientific Research and Polytechnical Services			
15. 国家机关、政党机关和社会团体	Government Agencies,Party Agencies and Social Organizations			
16. 其他行业	Others	5 162	6 916.6	14 473

10-8 城乡劳动力资源分配平衡表

BALANCE OF LABOUR RESOURCES IN URBAN AND RURAL AREAS

(2001)

单位:万人 (10 000 persons)

项目	Item	合计 Total	城镇 Urban Areas	农村 Rural Areas
年末劳动力资源总数	**Labour Resources(Year-end)**	**382.7**	**358.8**	**23.9**
#当年新增加的劳动力资源	Newly Increased Labour Resources	23.6	20.9	2.7
1. 年末16岁以上全部人数	Population aged 16 and Over	365.9	344.6	21.3
#不计入劳动力资源的人数	Population not Counted in Labour Resources	2.1	2.0	0.1
2. 机械变动差额跨地区调整数	Adjustment of Machanical Change	18.9	16.2	2.7
经济活动人口	**Economically Active Population**	**341.2**	**321.9**	**19.3**
一、从业人员	Employed	332.8	313.5	19.3
(一)按经济类型分	Grouped by Ownership			
1. 国有经济	State-owned	31.6	31.6	
2. 集体经济	Collective-owned	67.6	48.3	19.3
3. 股份合作经济	Cooperative Shares	6.0	6.0	
4. 联营经济	Joint Owned	6.4	6.4	
5. 有限责任经济	Limited With Liabilities	10.5	10.5	
6. 股份制经济	Share Holding	9.6	9.6	
7. 私营经济	Private	60.4	60.4	
8. 其他内资经济	Other Domestic Investment	7.4	7.4	
9. 港、澳、台投资经济	Funded by Entrepreneur from HongKong, Macao & Taiwan	70.3	70.3	
10.外商投资经济	Foreign Funded	25.9	25.9	
11.个体经济	Individual	37.1	37.1	
(二)按国民经济行业分	Grouped by Sector			
1. 农、林、牧、渔业	Farming, Forestry, Animal Husbandry and Fishery	3.5	1.5	2.0
2. 采掘业	Mining and Quarrying	0.1	0.1	
3. 制造业	Manufacturing	174.7	168.2	6.5
4. 电力、煤气及水的生产和供应业	Electricity, Gas and Water Production and Supply	1.6	1.6	
5. 建筑业	Construction	9.0	8.8	0.2
6. 地质勘查业、水利管理业	Geological Prospecting and Water Conservancy	0.2	0.2	
7. 交通运输、仓储及邮电通信业	Transportation, Storage,Post and Telecommunication	7.7	6.5	1.2
8. 批发和零售贸易、餐饮业	Wholesale and Retail Trade & Catering Services	65.1	62.2	2.9
9. 金融、保险业	Banking and Insurance	3.3	3.3	
10. 房地产业	Real Estate Trade	4.1	4.1	
11. 社会服务业	Social Services	14.8	14.8	
12. 卫生、体育和社会福利业	Health Care, Sports and Social Welfare	2.8	2.8	
13. 教育、文化艺术和广播电影电视业	Education, Culture, Arts, Radio, Film and Television	4.0	4.0	
14. 科学研究和综合技术服务业	Scientific Research and Polytechnical Services	0.7	0.7	
15. 国家机关、政党机关和社会团体	Government Agencies,Party Agencies and Social Organizations	5.0	5.0	
16.其他行业	Others	36.2	29.7	6.5
二、失业人员	Unemployed	8.4	8.4	
非经济活动人口	**Noneconomically Active Population**	**41.5**	**36.9**	**4.6**
#16岁以上在校学生	Students aged 16 and over	6.8	6.8	
家务劳动者	Household Labour	21.3	18.9	2.4

十一、科学、教育、文化、卫生

深圳市大中型工业企业科技活动的特点、问题和对策

2001年，深圳市科技统计年报的被调查大中型工业企业共有216家，比上年的126家多90家，多71.4%。主要原因是近几年有关部门停止了大中型工业企业的认定工作，使许多已经达到大中型规模的工业企业未能及时纳入到统计范围内，统计部门出于保证统计数据质量的需要，在这次科技统计年报中把这些单位找了回来。由于这个原因，两年的有关统计资料不太可比，给统计分析工作增加了难度。本文拟从两年的统计资料中寻找出可以对比的部分，对我市大中型工业企业的科技活动情况进行分析。

一、深圳市大中型工业企业科技活动的特点

1. 企业的科技活动开展率有所提高

2001年，深圳市被调查的大中型工业企业中，107家企业开展了科技活动，科技活动开展率高达49.5%，比上年提高了1.1个百分点。

2. 科技活动人员中，以全时人员、高职称高学历人员和R&D活动人员为主

全时人员占八成以上。2001年，深圳市大中型工业企业的科技活动人员25148人，其中全时人员为20995人，占83.5%；而非全时人员只有4153人，只占16.5%。

高中级技术职称人员、无高中级技术职称的大学本科及以上学历人员共占九成以上。2001年，这两项分别为12737人和10481人，分别占50.7%和41.7%，两项加起来占到了科技活动人员的绝大比重。

研究与试验发展人员占八成。2001年，R&D活动人员为20114人，占科技活动人员的80.0%。

3. 政府和金融机构对企业的科技投资力度进一步加大

2001年，深圳市平均每个被调查大中型工业企业获得的来自政府的资金达50.6万元，比上年增39.4%。其次是来自金融机构的贷款，平均每个企业用来开展科技活动的贷款为311.1万元，比上年增15.8%。

4. 科技活动经费主要来自企业、金融机构和政府

2001年，深圳市大中型工业企业共筹集科技活动经费59.6亿元。其中，企业资金、金融机构贷款和来自政府部门的资金分别为51.6亿元、6.7亿元和1.1亿元，占筹集总额的比重分别为86.6%、11.2%和1.8%，三项相加占到了筹集总额的九成九以上。

5. 企业平均科技活动经费增加一成

2001年，深圳市平均每个被调查的大中型工业企业的科技活动经费支出总额为2731.6万元，比上年增加10.3%。其中，内部支出2559.7万元，比上年增10.1%，外部支出171.9万元，比上年增12.8%。

值得一提的是，在外部支出中，每个企业平均对国内独立研究院所支出的科技活动经费高达67.6万元，比上年增加了近5倍。反映出企业利用科研院所弥补自身科研力量不足的意识明显增强。

6. 内部支出、R&D支出和试验发展支出占科技活动经费支出的绝大比重

内部支出占九成以上。2001年，深圳市大中型工业企业的科技活动经费支出总额为59.0亿元，其中内部支出55.3亿元，高达93.7%，外部支出只有3.7亿元，只占6.3%，说明深圳市大中型工业企业的科技活动主要是依靠企业自己的力量进行。

R&D经费接近九成。2001年，深圳市大中型工业企业的R&D经费支出为49.2亿元，占内部支出的89.0%，说明大中型工业企业的科技活动经费集中使用在R&D活动上。

试验发展几乎是R&D的全部内容。2001年，深圳市大中型工业企业R&D经费支出中，试验发展费用多达49.1亿元，占全部R&D费用的99.7%，几乎占了R&D经费支出的全部。同时，也有占总额0.3%的经费支出用在了应用研究上，说明企业的科技活

动涉足到了获得特定目的的新知识的领域。

7. 企业平均专利数大幅增加

2001 年,平均每个被调查大中型工业企业的专利申请数为 5.4 个,比上年增加 10.7%。其中,平均每个企业的发明专利申请数为 3.7 个,比上年增 26.7%。同时,平均每个企业拥有发明专利 3.0 件,比上年增加 29.0%。

8. 新产品的出口率进一步扩大

2001 年,深圳市被调查的大中型工业企业的新产品出口交货值为 171.9 亿元,占新产品销售收入的 53.9%,比上年增加 13.1 个百分点。

二、深圳市大中型工业企业科技活动存在的主要问题

深圳市大中型工业企业科技活动存在的主要问题是,有一半以上的被调查单位没有开展科技活动。2001 年,深圳市被调查的 216 家大中型工业企业中,有 109 家没有开展科技活动,占 50.5%。除了有部分外资企业的总部和科研机构在境外,部分企业属加工型的,按客户的要求进行生产加工或组装外,不少企业是因为面临着科研经费、科研设备、科研项目等缺乏,科技人员不足或不稳定,科研机构尚未建立起来等困难而难以开展科技活动。其中,资金和人员不足对企业科技活动的影响最大。面对入世之后开放的国门,这些企业开展科技活动所面临的困难如果长时间得不到解决,如果长时间不能开展科技活动,其产品的科技含量和附加值不高,在市场上的竞争力不强,企业的发展乃至生存都将受到威胁。

三、开展好深圳市大中型工业企业科技活动的对策

1. 增强科技活动意识

小平同志说,科技是第一生产力。的确,开展科技活动,可以降低生产成本、缩短生产时间、提高产品质量、增加产品的科技含量和附加值,增强市场竞争力,提高经济效益,给企业带来多方面的实惠。如华为技术有限公司、深圳市中兴通讯股份有限公司等每年投入巨资开展科技活动,产品的市场竞争力强,企业的生产经营活动蒸蒸日上。深圳兴利五金塑胶有限公司利用科技创新成果,使出口产品合格率连续几年保持 100%,降低了生产成本,提高了经济效益。广东核电合营有限公司领导,多年来一直注重电站的技术管理和技术创新,鼓励支持各项技术革新,所实施的 18 个月换料循环技术给公司带来的预期效益包括:(1) 提高机组的可用率,延长发电时间,降低发电成本,降低核电上网电价,提高核电的竞争力;(2) 减少大修次数三分之一,从而大量减少电站人力、物力、财力的消耗;(3) 电站的放射性废物的年平均产生量和排放量都将比目前已经低于国家标准的排放量还要低,安全性更高;(4) 有利于延长安全壳寿命;(5) 大幅度地降低核燃料循环的费用。深圳美特容器有限公司开展科技活动,铝料减薄技术和节电技术均获得成功,生产成本大幅度降低。深圳市中华自行车(集团)股份有限公司筹资搞技术攻关,使生产成本降低,一年就收回了全部科研经费并获得了等额的利润,而且缩短了工作周期。深圳市比亚迪锂电池有限公司通过科研改进新工艺,降低了生产成本,扩大了市场份额,锂离子电池产量由世界排名第六位上升到第四位,经济效益大大提高。类似的例子不胜枚举。这些从科技活动中尝到甜头的企业都有一个共同点,那就是具有强烈的科技意识,知道科技活动的开展对企业生存发展的重要,重视科技活动的开展。与此相反,被调查企业中那些没有开展科技活动的企业则科技意识不强。有的认为自己是加工企业或是生产企业,不是高科技企业,不需开展科技活动。有的担心投资开展科技活动后收不回成本,不敢开展科技活动。有的认为自己的技术不算太落后,不开展科技活动在市场上也能维持一定份额,不必开展科技活动。凡此种种,都是对科技活动带来的好处认识不够,开展科技活动的意识不强的表现,与入世后的中国企业所必须具备的最起码的竞争意识格格不入。

2. 根据市场需求确定科研项目

凡是迅速被市场认同的科技活动成果,其科研项目都是根据市场的需求确定的。或者是根据市场需求开发新产品,或者是在市场已经认同的产品上进一步改进工艺,降低成本,提高效益。离开了市场的科技活动等于是无的放矢,难以达到预期的目的,甚至连科研投资都难以收回。如深圳市深南电路有限公司的科技项目就“主要依据客户的要求和行业的发展”立项,深圳华谊仪表有限公司在研究项目的选题方面“多方调研,顺应市场需求”,他们的科技活动都能很好地达到预期目的。但同时也有个别企业,没有很好地根据市场需求确定科研项目,开发出的新产品“尚未打开市场实现销售”。

3. 关心和奖励科技人员

被调查企业中,因科技人员不足或不稳定而影响企业科技活动开展的情况占有较大比例。从汇总情况看,企业的科技人员在减少。2001 年,深圳市平均每个被调查大中型工业企业的科技活动人员为 116 人,比上年少了 21 人,少 14.8%。其中,全时人员只有 97 人,比上年少 23 人,少 19.2%。高中级技

术职称人员和无高中级技术职称的大学本科及以上学历人员只有 108 人，比上年少 18 人，少 14.3%。企业办科研机构的有关数据反映出了同样的趋势。2001 年，深圳市被调查的大中型工业企业共有科研机构 102 家，平均每个机构的科技活动人员 198 人，比上年少 12 人，少 5.7%。其中，无高中级技术职称的大学本科及以上学历人员为 85 人，比上年少 10 人，少 10.5%；博士生 6 人，比上年少 14.3%；R&D 人员 165 人，比上年少 34 人，少 17.1%。

科技以人为本，说明了科技人员在科技活动中的重要地位。科技人员不足或不稳定，会从根本上影响到企业科技活动的开展。其实，科技人员也希望有一个稳定的工作环境，使自己的一技之长有用武之地。能否吸引住科技人员，能否让科技人员在企业安心并长期稳定的工作，关键在于是否设身处地站在科技人员的角度为科技人员着想，是否关心和尊重科技人员，是否给科技人员应得的经济利益。在这方面，一些企业已经采用了如“脑子入股”等办法来保证科技人员的经济利益。除此之外，关心科技人员、尊重科技人员也是十分重要的。被调查企业中，已有相当一部分意识到了这个问题，并且较好地解决了这个问题。

4. 建立自己的科研机构

要唱戏，得先搭台。要想开展好企业的科技活动，最好能先建立企业的科研机构。这次被调查的 216 家企业总共只有技术中心、研究中心、开发部、研究所等各种各样的科研机构 102 个，平均每个企业不足 0.5 个。同时这些机构分布很不均匀，有的企业重视科技活动，建立的科研机构多达 10 来个，而占被调查企业 70.4% 的 152 家企业则完全没有科研机构，没有专门的科研队伍、科研经费和科研设备，严重制约着企业科技活动的开展。值得欣慰的是，被调查企业中已有相当部分已经意识到了这个问题，并开始着手解决。

5. 加强合作科研

在资金、项目、人才、设备等居多科技活动要素中，企业常常在某些方面占有优势，在另一些方面不足。企业加强与大专院校、科研院所和其他企业的科研合作，就可以优势互补，使需要开展的科技活动迅速开展起来，使相应的新产品迅速占领市场。有些企业尝到了合作科研的甜头，深感自慰。有的企业则因有条件成为合作伙伴的企业缺乏科研意识未能成功合作而深深叹息。合作科研的意识，也是企业亟需增强的。

6. 政府提供更多更好的服务

为实施科教兴市，快速发展深圳的高新科技产业，深圳市出台了一系列鼓励政策和措施，并且逐步加大了政府对科技投入的力度，极大地推动了深圳市科技事业发展。然而，本次调查结果表明，企业开展科技活动仍然面临着多方面的困难。其中，经费不足摆在最突出的位置，占有相当比重的企业因经费不足无法开展科技活动或不能根据需要充分地开展科技活动。人才、项目、技术、合作伙伴等及其信息的缺乏也是企业开展科技活动面临的困难之一。因此，进一步加大政府对企业开展科技活动的资金投入，组织更多的人才、项目、技术等方面的交易活动，是企业迫切需要的。

此外，市场秩序混乱，也使企业倍感困惑。千辛万苦搞科研，好不容易开发出一个新产品，上市不久就受到假冒产品的冲击，使企业蒙受经济损失。因此，加强市场管理，维护良好的市场秩序，也是企业所热切期待的。

（撰稿：戴跃华）

2001年深圳文教卫体发展概况

2001年，深圳市社会环境状况快速发展。文化事业繁荣、活跃，精品生产取得丰硕成果；教育事业规模和质量进一步扩大和提高；卫生事业在实施科教兴医发展战略、全面推行规范化管理、提高卫生服务质量方面取得突出成绩；体育事业蓬勃发展，竞技体育成绩创历史新高。

一、文化事业

1. 文化精品创作

2001年，深圳文艺精品创作喜获丰收。全市文化系统（包括文化艺术、新闻出版、广播电影电视）共获国际、国家、省级奖398项，比上年增长165%，其中国际级3项，国家级222项，省级173项。故事片《因为有爱》、纪实剧式歌舞《祖国，深圳对你说》、电视连续剧《钢铁是怎样练成的》、话剧《窗外有片红树林》等八部作品荣获中宣部第八届精神文明建设“五个一工程奖”。大型现代粤剧《驼哥的旗》在第七届中国戏剧节（南宁）荣获曹禺戏剧奖优秀剧目奖及编剧奖、导演奖、表演奖、音乐奖、舞台美术奖，赢得了“满堂红”。少儿表演唱《观花灯》获全国蒲公英演出和创作金奖，在第十一届全国群星奖中，深圳参赛的《逃宴》等五个小品获得五个金奖的佳绩。庆祝建党80周年大型交响音乐会《希望》演出大获成功，得到中央和省市领导、专家的一致好评。

2. 文化艺术活动

2001年，文化艺术活动繁荣活跃。文化系统内艺术表演团体全年演出359场，比上年减少3.7%，艺术表演场所全年艺术演出395场，比上年增4%。成功举办了庆祝建党80周年大型群众歌会《跟着党走向辉煌》、大型交响音乐会《希望》等大型文艺演出。举办了第十届大剧院艺术节，艺术节汇聚了多位中外音乐大师和艺术家，参演人数586名，其中外国演员161名，2万余名观众观看演出。举办了第五届“鹏城金秋艺术节”，艺术节一共组织和演出了六台文艺晚会，共计表演了近600个音乐、舞蹈、戏曲、曲艺等文艺节目。成功承办广东省第二届群众音乐舞蹈花会。

成功举办了第二届“深圳读书月”活动。以“探索科学真理，弘扬人文精神”为主题的第二届“深圳读书月”历时30天，围绕“科学精神与人文精神”为主题共举办65项主题活动，如开展推荐第二批100种阅读与藏书书目和首批50种青少年优秀读物、“首届深圳读书论坛”、“读书电视辩论赛”、“中小学生现场作文大赛”、“赠书献爱心”等大型活动，参与群众共计270多万人次。

各种展览活动丰富多彩。成功举办了庆祝建党80周年中国美术馆藏革命历史题材优秀美术作品展、16年后—深圳美术邀请展、当代中国画精品展、张大千画展等展览。

3. 群众文化

2001年，各级群众文化网络日趋完善。继续推进基层文化网络建设，积极开展文化三下乡活动，村级图书馆建设扎实推进，校园文化、广场文化、社区文化活动蓬勃开展。全市51个文化馆站全年共举办展览321个，与上年基本持平，组织群众文艺活动1479次，比上年减15.5%。

4. 公共图书馆事业

2001年，公共图书馆总藏量为245万册件，比去年增长6.1%，总流通人次405万人次，比上年增长19.1%。图书馆科技事业成效显著，深圳图书馆研制的ILAS系统取得良好的社会效益和经济效益，少儿图书馆承担的文化部科研项目“少儿网上图书馆”运作良好。

5. 文博事业

文物保护网络和博物馆网络不断完善。2001年，全市各级博物馆文物藏品12046件，比上年增加71.8%，举办陈列、展览70次，比上年减少17.6%，参观人次52.2万人次，比上年减少37%。文物保护工作取得重大进展，大鹏古城被国务院列为国家级文物保护单位。铁仔山古墓群的发现和发掘，已列入2000年中国重大考古发现中的前20名。完成2处国家级、26处省级文物保护单位（其中客家围19座）申报工作。大梅沙鹅公岭新石器时代遗址、大梅沙村商至春秋战国时期遗址等的考古发掘取得重要成果。

6. 文化设施建设

2001年，深圳市文化设施建设力度进一步加大，全年文化设施建设计划投资4.41亿元，比上年增长154 %；实际完成投资3.61亿元，比上年增长151%。重点文化设施——计划总投资近16亿元的深圳文化中心（含音乐厅、中心图书馆）工程顺利推进，完成了混凝土结构工程，目前正在进行钢结构吊装工作。罗湖区文化馆、福田区图书馆等文化设施也在筹备建设。

7. 新闻出版事业

2001年全市公开发行报刊17家，比上年增加5家，报纸出版印数7.08亿份，比上年增长25.4%；公开发行期刊38家，比上年增加5家，杂志出版印数2563万册，比上年增长1.3%；全年出版图书460种，其中新版240种，重版220种，图书出版印数448万册，比上年增长28.7%。新华书店系统全年图书销售数量2027万册，比去年增长4%，图书销售额2.65亿元，比上年增长17.3%，实现社会效益和经济效益双丰收。

8. 广播电影电视事业

2001年，全市拥有广播电台1座，电视台2座，广播电视站19座，广播人口覆盖率达100%，电视人口覆盖率达100%。完成全市“村村通”广播电视这项民心工程的扫尾工作，扫除广播电视覆盖盲点，推进广播电视“技术创新”，大力开展数字电视研究开发工作。推进精品生产，组织了深圳市广播电视新闻奖暨深圳新闻奖的评选活动。

2001年，随着人们娱乐观念的变化和娱乐方式的丰富多彩，电影市场持续滑坡，电影观众人数185万人次，比上年减少21%；电影放映单位数201个，与上年持平。

二、教育事业

1. 教育事业发展基本情况

2001年，全市各级各类学校1117所，比上年增加63所。其中，普通高校增加1所，普通中学增加13所，小学增加24所，幼儿园增加25所。实际招生19.01万人，增长15.4%，毕业生12.33万人，增长12.5%。在校学生64.42万人，增长15.0%。教职工4.66万人，增长13.9%。其中，专任教师3.13万人，增长10.7%。各类学校发展情况分述如下：

2. 高等教育逐步迈向跨越式快速发展轨道

2001年，深圳把高等教育列入发展重点，继续扩大现有高等办学规模，提高办学质量和科研水平。组建深圳信息技术学院，大学城建设进展顺利，清华大学深圳研究生院开始招生，与国务院侨办共建暨南大学中旅学院。

2001年，全市普通高等学校3所(清华大学深圳研究生院、暨南大学中旅学院等不属于深圳市统计范围)，增加1所，增长50%。招生7239人，增长11%。毕业生2779人，增长16.7%。在校学生18556人，增长31.4%。教职工2165人，增长13.8%，其中，专任教师1295人，增长16.2%。

全市有成人高等学校2所(深圳电视大学和深圳教育学院)。成人高等教育(含深圳大学、职业技术学院的函授部)招生4556人，增长13.2%。毕业生2010人，减少2.7%。在校学生11060人，增长6.1%。教职工368人，减少4.9%，其中，专任教师193人，增长0.5%。

3. 高中阶段教育在结构调整中稳步发展

2001年，将工业学校与财经学校合并提升与教育学院重组，组建深圳信息技术学院。职业中学开展和推进综合课程、免试入学招生等改革试验，促进学生综合素质、实践能力和进入劳动力市场的适应能力的提高。普通中学推进“名校带动”战略，继续扩大初高中分离办学范围，新增1000个优质学位，基本满足市民的优质高中学位需求，促进高中分阶段教育在结构调整中稳步发展。

高中阶段教育(含普通高中、职业高中、普通中专、技工学校、成人中专和成人中学）招生19761人，增长3.0%。毕业生14303人，增长2.9%。在校学生52318人，增长8.6%。专任教师3652人，增长9.1%。其中，普通高中招生12651人，增长16.5%。在校学生31733人，增长16.9%。专任教师2111人，增长15.5%。

4. 进一步贯彻落实义务教育法，义务教育规模迅速扩大

全市有小学377所，小学招生72220人，增长12.4%。毕业生38987人，增长17.4%。在校学生363657人，增长15.9%。小学学龄儿童入学率和小学毕业生升学率继续保持100%。教职工17370人，增长18.2%，其中，专任教师13254人，增长14.8%。普通初中招生35882人，增长15.3%。毕业生21010人，增长16.1%。在校学生94457人，增长18.3%。初中毕业生升学率98.9%，专任教师5113人，增长7.2%。

5. 学前教育在改革中稳步发展

继续实施《学前教育体制和运行机制改革实施

方案》，推进第二年度公办幼儿园收费改革计划，促进了学前教育改革的全面推进。全市有幼儿园587所，增加25所。招生（含学前班，下同）50354人，增长27.8%。离园幼儿44157人，增长10.6%，在园幼儿103440人，增长11.0%。教职工数和专任教师数均有较大幅度增加，增幅分别为13.5%和6.3%。

6. 非户籍人口子女接受义务教育问题得到妥善解决

在45.81万名小学、初中学生中，深圳户籍学生18.77万人，比上年增加0.71万人，增长3.93%，占在校学生总数的41.0%，比上年降低5个百分点；非深圳户籍学生27.04万人，比上年增加5.73万人，增长26.9%，占在校学生总数的59.0%，比上年上升5个百分点。义务教育在校学生快速增长的主要因素是非深圳户籍学生的快速增长。面对非深圳户籍学生增长快、占在校学生的比例高等问题，各级政府和教育主管部门采取多种形式，坚持以政府办学为主，新建、改建、扩建学校，挖掘办学潜力，鼓励社会力量办学，新增6万多学位，基本满足学位需求，27万名非深圳户籍学生接受义务教育问题得到妥善解决。

7. 人事制度改革逐步深入，校长教师队伍不断优化

组织试行中小学校长负责制、教师聘任制，积极稳妥地推行学校各类人员竞争上岗制度，加强校长教师业务培训，“名师工程”取得初步成效。系统地对校长和后备干部进行培训，评出全市首批名校长6人、学科带头人64人、中青年骨干教师188人，2万名教师通过计算机初级培训，5000多名教师通过计算机中级培训。

全体教师接受继续教育，加快了教师队伍知识更新速度，促进了教师队伍整体素质的进一步提高。小学、初中、普通高中专任教师学历合格率分别为99.5%、99.5%、96.6%，分别在上年位居全国13城市首位的基础上提高了0.8、0.6、0.9个百分点。小学教师大专学历达标率和初中教师本科学历达标率分别为82.5%和82.8%，分别比上年提高了6.6个和1.3个百分点。具有高、中级专业技术资格的中小学教师分别为1735人和10117人，分别比上年增长45.1%和29.2%。

8. 素质教育深入开展，教育改革不断深化

坚持把德育工作放在教育工作的首位，在总结实施经验的基础上，修订和继续实施《深圳市大中小学德育一体化方案》，取得实效，全市中小学生犯罪率连续5年为零。抓住课程教材建设、教学内容方法和教育教学评价等几个关键环节，深化素质教育改革，召开全市中小学素质教育现场经验交流会，全面实施素质教育的经验得到推广。深化考试制度、人事制度等改革，扩大实施学校办学质量承诺制试点，为提高教育整体质量水平探索新路。

9. 学校体育工作取得新成绩

加强学校体育工作，注重学生体能训练，开展各种形式的学生体育活动，学生的身体素质得到提高。在全省第七届中学生运动会上，深圳夺得了28枚金牌、13枚银牌、12枚铜牌，金牌数名列全省第一，打破了18项中运会记录，获团体总分第三名，还被大会授予“体育道德风尚奖”，取得了比赛成绩和精神文明双丰收。

10. 办学条件得到进一步改善

2001年，以创建等级学校和教育强区（镇）为重点，继续开展办学效益评估，进一步促进了学校办学条件的进一步改善。

南山区创建教育强区通过省督导组的复评，西乡、龙华、松岗、龙岗、横岗等5个镇创建教育强镇通过省督导组评估。

经市政府教育督导室学校等级评估，国家、省、市、区级中专、中小学一级学校有251所，比上年增42所，增长18%。其中，省级增9所（市级晋升），增长26%；市级增17所（区级晋升），增长31%；区级新增19所，增长14%。

三、卫生事业

1. 卫生事业发展的各项指标持续向好

（1）卫生资源情况

机构与人员：2001年，全市拥有各类卫生机构723家，比去年增加40家，其中医院80家，比上年增加3家。卫生人员共21362人（不含临聘人员），其中卫生技术人员17135人，分别增加8.5%和9.0%。卫生技术人员中，正高职称282人，增加36.9%，副高职称2054人，增加11.7%，显示近年引进高级人才工作已取得初步成果。

床位：2001年，全市共有病床11159张，其中医院病床10899张，比上年增长9.4%。医院病床使用率全市平均77.3%，比上年75.4%提高近2个百分点，其中市属医院为90.1%，区属医院78.5%，镇医院74.0%，其他医院48.1%。

卫生经费：2001年全市各级政府卫生经费投入13.68亿元，比上年增长6.1%，其中卫生事业费8.49亿元，基本建设经费4.18亿元。市级财政投入4.20亿元，其中卫生事业经费3.64亿元，基本建设0.56亿元。

（2）卫生服务情况

医疗服务：2001年，全市医疗服务能力不断提

高，全年全市完成诊疗量达到2408.1万人次，比上年增长10.7%，其中非营利性医疗机构完成2036.0万人次，占84.5%，营利性医疗机构完成372.0万人次，占15.4%。收诊住院病人30.23万人次，增加13.6%，其中非营利性医疗机构完成29.60万人次，占97.9%，营利性医疗机构完成0.62万人次，占2.1%。住院病人治愈率75.8%；好转率21.4%；危重病人抢救成功率88.6%；门、出院诊断符合率97.3%；入、出院诊断符合率为98.8%；病床周转次数为29.4；平均住院日数为9.5天，各项指标继续向好。全年共接听“120”电话55.33万次，其中医疗救护请求2.05万次，比去年增加57.5%；调度出车1.79万次，增加58.2%，抢救病人1.57万人次，增加64.7%，指挥调度3人以上大型事故救护249宗。较好地完成了突发事件医疗救援任务，满足了市民紧急救援的需要。

卫生防病服务：2001年，全市急性传染病的总发病数为9508例，其中病毒性肝炎、伤寒、疟疾、新生儿破伤风等发病数较去年同期分别下降了8.12%、5.18%、36.11%和25.0%。

妇幼保健服务：全市医疗机构完成接生5.04万例，婚前医学检查2.87万人次，妇女病普查普治11.16万人次。孕产妇系统管理率为61.6 %，儿童系统管理率为92.0%。

采、供血服务：2001年全市参加无偿捐血人数达到9.50万人次，比去年增加2.5%，无偿献血100%满足全市医疗用血，又一次荣获全国无偿献血先进城市称号，获金奖数全国第一。2001年献血工作实现“三个转移”后，全年有2071人次捐献成份血，已满足全市机采成份血用量的94%，全年无输血质量投诉与纠纷；深圳市骨髓基因信息库已为白血病患者免费检索200多例，成功配型11例。成功进行了全国首例由无偿捐献者提供的、采用与国际接轨的分子生物学水平的非血缘关系干细胞移植手术。成功配型的其他供受体手术正在择机进行。

干部保健服务：2001年，全市出色完成了来深和驻深中央首长和重要外宾的医疗卫生保健任务，圆满完成了第三届高交会和亚太地区经贸合作会议以及第九届全国运动会深圳赛区的医疗保健任务，保健工作水平有了很大提高。

2. 医疗卫生体制改革取得新的进展

2001年，全面落实了《城镇医药卫生体制改革的指导意见》及13个配套文件的各项改革措施，改革工作取得一系列新的进展。

（1）局机关机构改革基本完成，机关职能有新的转变。

（2）卫生机构领导管理体制改革以及人事制度改革不断深化。

（3）市级卫生监督体制改革基本完成。

（4）积极应对中国“入世”新形势，全面推进卫生管理体制改革。

（5）围绕降低医药费用，改革药品采购制度及药品收支管理制度。

（6）加快后勤工作社会化步伐。

（7）配合做好职工医疗保险改革。

（8）配合做好药品流通体制改革。

3. 狠抓规范化管理，努力提高医疗卫生服务水平

通过在卫生检验、医疗护理、血液管理等方面推行ISO系列质量认证，使全市医疗卫生服务的质控工作上了一个台阶。同时，继续贯彻落实《深圳市基本医疗管理制度》和《深圳市常见疾病诊疗规范》，加强检查督促。认真解决各种医疗纠纷，依法保护医患双方利益，积极化解医患矛盾。全年组织医疗事故鉴定46起，无一例属医疗事故。

4. 坚持预防为主方针，疾病控制工作成绩显著

在慢病防治工作方面，完成了自1993年以来利用世界银行贷款的结控项目。2001年，全市共接诊可疑结核患者9759例，发现涂阳结核病人1402例，其中常住居民467例，暂住935例，常住和暂住人口新、复发涂阳病人任务完成率，分别为114.7%和108.2%。全市的结核病控制项目继续保持先进水平。全面开展慢病社区防治，取得新的进展，被卫生部确认为全国以城市为单位的慢性病社区防治试点城市。2001年，全市急性传染病的发病水平趋于平稳。

5. 妇幼保健与社区健康服务工作再上新台阶

妇幼保健工作以“一法两纲”（即母婴保健法，妇女和儿童发展纲要）为中心，以提高产科质量和“两个系统管理率”、降低“两个死亡率”为重点，狠抓规范管理，使孕产妇死亡率和婴儿死亡率大幅下降。积极推广全程助产责任制，全市已有38间医院开展了全程助产责任制。建立健全妇幼卫生信息管理网络，并在全市启用妇幼卫生信息管理系统。

全年新组建社区健康服务中心33家，撤消1家，社区健康服务中心总数已达到228家。在规范管理方面，重点开展了社区健康服务数据平台建设工作，并完成计生与卫生服务“二网合一”的试点工作。

6. 整顿和规范医疗秩序，净化医疗市场

围绕整顿和规范市场经济秩序的重点，继续强

化了卫生监测和执法的力度。全市共出动卫生监督人员 13970 人次，捣毁制（售）假窝点 1340 个，查处制售伪劣食品案件 3449 宗，取缔无证食品经营单位 2851 个。全市食品监测合格率 84.9%；公共场所监测合格率 97.8%；有毒有害企业监测合格率 80.3%；放射工作场所监测合格率 100%。

市、区卫生行政部门采取有效措施，与工商、公安、药监等部门通力合作，对全市医疗市场进行了集中整治，全年共组织行动 600 多次，出动执法人员 6000 多人次；监督检查有证医疗机构 1933 间次，取缔无证非法医疗机构 3028 间次，清理无证行医人员 3200 人次，没收和暂扣药品器械 7580 件（袋），价值 227.4 万元；销毁和处理假劣药品及器械 6979 件（袋），价值 209.3 万元；拆除招牌、医疗广告牌 800 余块；责令整改的医疗机构 136 间次，对违法行为给予罚款 20 万元。

7. 大力发展重点专科，“科教兴医”工作成效显著

市中医院中医肝病重点专科、市血液中心输血医学重点学科的诊疗科研、检测技术已进入全国先进行列。2001 年启动了第二批重点医学专科和实验室的申报评审工作，批准确立 25 个重点医学专科、实验室，政府对每个重点专科每年 50 万元的经费也得到了落实。医疗卫生技术的“重点突出、特色鲜明、以点带面、协调发展”的整体格局初步形成，重点专科的人才梯队建设与专科特色进一步突出。2001 年全市卫生系统共申报课题 907 项，比上年增长 121.2%。其中 24 项课题获省卫生厅科研立项，比上年增长 118%。全市卫生系统获市科技进步奖 17 项次，其中 2 项成果获 2001 年市科技进步一等奖。

四、体育事业

1. 体育运动人员基本情况

2001 年，全市发展等级运动员 791 人，其中一级运动员 55 人，二级运动员 207 人；三级运动员 529 人；发展裁判员 322 人，其中一级裁判员 150 人，二级裁判员 169 人，三级裁判员 3 人。

2. 全市动员，积极备战九运会

2001 年是九运会年，经九运会筹委会的反复研究，深圳赛区承办跆拳道、艺术体操、自行车、男子足球四个项目的比赛。项目虽然不多，但要求高，影响很大。

1999 年 8 月，深圳成立了九运会深圳赛区筹备委员会，并由市委常委、副市长王顺生同志任赛区组委会主任。各职能局有关领导担任副主任或委员。与九运会组委会相对应，内设了 11 个部室，同时，成立了跆拳道、艺术体操、自行车、男子足球四个单项的竞委会，全面开始了九运会的备战工作。

加强软硬件方面的建设。比赛场馆由于已年久失修，设备老化，因此场馆的建设、改造和维修是当务之急；电子信息系统建设也是九运会的重点工作，是科技九运的标志。为此，市政府拨出专款建设、改造和维修。按时按质完成了电子信息系统的综合布线、机房建设以及现场成绩处理系统、综合成绩处理系统、查询系统、新闻发布系统、信息传输系统及监控网络系统。

此外，84 名优秀运动员积极备战九运，为取得优异成绩做了许多有效的工作。

3. 群众体育运动如火如荼

2001 年群众体育热潮高涨。在认真总结实施《全民健身计划纲要》第一期工程的基础上，根据实际，又制定了实施《全民健身计划纲要》第二期工程规划提纲。

不断营造良好的群众体育和全民健身氛围，使市民进一步加深对全民健身的了解、认识和关注，积极支持和参与。据统计，以深圳市全民健身计划工作指导委员会、市体育局和市 28 个单项体育协会组织的市级群众竞赛和健身活动 100 多次，近 6 万人次参加了活动。各区、机关、企业单位和团体组织了上千次各种体育比赛和群体活动，参加人数 20 万以上。2001 年的市民长跑日全市有 60 多万市民参加了长跑活动，创下了长跑日参加活动人数最多的记录。

举办县以上运动会 114 次，其中体育系统的 47 次，其它系统的 69 次，参加县以上运动会的运动员为 63455 人，其中体育系统 22215 人，其它系统 41240 人；举办乡镇运动会 65 次，参加运动会的运动员为 112980 人。

2001 年，在全市范围内组织了拉网式的体质测定，受测的幼儿、学生、成年人、老年人超过 22000 人。

2001 年市、区两级举办了二、三级社会体育指导员培训班。培训了社会体育指导员 100 人。2001 年底，全市共有各等级的社会体育指导员 764 人。

4. 竞技体育水平创历史新高

2001 年，深圳有 84 名优秀运动员代表广东省参加九运会。在 16 个大项 43 个小项的角逐中，经过预赛取得了决赛资格。在总决赛中，深圳运动员在 15 个项目上夺得了金牌。按九运会竞赛规程计分办法，共获 12.5 枚金牌，4 枚银牌、7 枚铜牌。这是深圳建市 21 年来取得的最好成绩。

深圳优秀运动员、体操新秀冯敬，在第 35 届世界体操锦标赛中，力克群雄，夺得了继李小双之后第二位个人全能冠军。为深圳、广东和国家争得了荣誉。

在省级赛事方面，2001 年承办了省少年跆拳道、射箭、OP 帆船、帆板的三项比赛。三场赛事均办得圆满成功。根据省体育局青少年比赛的有关规定，深圳在 10 个加分加牌项目中，共为 2002 年省运会带入了 28.5 块金牌，总分 650 分。

5. 体育产业有序发展

2001 年底，全市共发放体育经营许可证近 600 家，体育企业的总投资额 70 多亿元，总场地面积 1600 余万平方米，从业人数 1.3 万人。体育彩票和足球彩票销售良好。今年所增网点近 200 个，比去年接近翻一番。销售比去年增长约 147%。为国家创收体育基金近 8000 万元，为国家地方税源创收 1000 多万元，为社会再就业创造了近 1000 个职位。

（撰稿：吴志伟 罗海泉 陈广饮 严吉祥 黎昌发 李小燕）

11-1　市属企事业单位各类专业人员数

PROFESSIONAL PERSONNEL IN LOCAL ENTERPRISES AND INSTITUTIONS BY LEVEL AND TYPE

(2001)

单位:人　　(person)

类　别	Item	合　计 Total	# 女性 Female	按专业技术职务分 By Duty of Professional Technology			
				高级 Senior	中级 Medium	初级 Junior	未聘 Not Employing
总　计	**Total**	**59 651**	**28 066**	**6 765**	**24 151**	**27 031**	**1 704**
#工程技术人员	Engineering	14 173	3 109	1 986	6 193	5 350	644
农业技术人员	Agriculture	469	73	40	184	224	21
卫生技术人员	Health Care	13 615	8 924	1 705	3 808	7 774	328
科学研究人员	Scientific Research	348	111	133	157	56	2
教学人员	Teaching	18 866	10 155	2 222	9 100	7 337	207
经济人员	Economic	5 674	1 999	307	2 369	2 700	298
财会人员	Financial Accounting	4 781	2 880	135	1 550	2 929	167
统计人员	Statistical	353	244	3	94	237	19
新闻出版、播音人员	News Publisher and Announcer	855	337	145	466	238	6
翻译人员	Translator	239	141	6	104	121	8
艺术人员	Culture and Art	278	93	83	126	65	4

11-2　科学技术研究成果数

NUMBER OF ACHIEVEMENTS IN SCIENTIFIC AND TECHNICAL RESEARCH

(1991—2001)

单位:项　　(unit)

项　目	Item	1991	1992	1993	1994	1995	1996	1997	1998	1999	2000	2001
科技成果	Achievements in Science and Technology	71	81	109	140	111	106	139	157	150	194	251
#达到国际先进水平	Attaining Advanced World Levels	19	17	15	17	14	19	16	32	34	32	65
国内先进水平	Attaining Advanced Domestic Levels	29	33	41	38	55	42	47	30	116	102	171
获省科技进步奖	Number of Provincial Scientific and Technical Progress Prizes Awarded	5	5	7	9	13	14	7	11	17	23	17
获市科技进步奖	Number of Shenzhen Scientific and Technical Progress Prizes Awarded	44	54	55	60	65	65	65	78	142	119	93

11-3 大中型工业企业技术开发主要指标

MAIN INDICATORS OF TECHNICAL DEVELOPMENT OF LARGE AND MEDIUM-SIZED INDUSTRIAL ENTERPRISES(1999—2001)

单位:万元 (10 000 yuan)

项目	Item	1999	2000	2001
企业个数(个)	Number of Enterprises (unit)	121	111	216
企业办技术开发机构数(个)	Number of Technical Development Institutions in Enterprises (unit)	93	59	102
企业技术开发人员总计(人)	Number of Personnel Engaged in Technical Development in Enterprises (person)	15 937	16 989	25 148
#科学家和工程师	Scientists and Engineers	13 061	15 551	23 218
技术开发机构中的科技活动人数(人)	Number of Scientific and Technical Personnel in Technical Development Institutions(person)	9 066	12 855	20 180
研究与发展人员(人)	Number of Personnel Engaged in Research and Development(person)	9 577	14 043	20 114
技术开发经费筹集总额	Funds of Technical Development	221 993	324 828	595 639
#企业资金	Funds Self-raised by Enterprises	200 457	285 094	515 662
上级拨款	Appropriations from Higher Authorities	4 330	4 240	10 936
技术开发经费支出总额	Expenditures of Technical Development	218 818	308 103	590 022
#开发新产品经费	Expenditures for New Products Development	195 189	212 111	333 048
技术开发机构经费支出	Expenditures of Technical Development Institutions	173 425	237 608	460 906
研究与发展支出	Expenditures of Research and Development	198 681	259 893	492 172
新产品销售收入	Sales Revenue of New Products	2 864 549	3 176 973	3 189 815
新产品实现利税额	Pre-Tax Profits of New Products	316 269		
技术开发项目(课题)数(项)	Number of Technical Development Projects (unit)	693	1 020	1 893
技术开发成果获奖数(项)	Prized Achievements of Technical Development(unit)	67		
#国家级奖励	National Prizes	9		
省部级奖励	Ministry Prizes	35		
专利申请数(项)	Number of Patent Applications	307	608	1 161
专利授权数(项)	Number of Patent Applications Certified	74	365	799

11-4 各级各类学校数

NUMBER OF SCHOOL BY LEVEL AND TYPE

(1979—2001)

单位:所 (unit)

年　份 Year	普通高等学校 Institutions of Higher Education	中等专业技术学校 Specialized Secondary Schools	普通中学 Regular Secondary Schools	职业中学 Vocational Secondary School	小　学 Primary Schools	幼儿园 Kinder-gartens
全市　Total						
1979		1	24		226	90
1980		1	24		238	52
1981		4	26		244	32
1982		5	28		246	50
1983	1	4	30		248	69
1984	2	7	35	3	260	87
1985	2	7	38	3	258	79
1986	2	6	40	5	257	273
1987	2	7	43	5	255	187
1988	2	7	47	5	257	195
1989	2	8	47	7	264	207
1990	2	8	49	7	263	228
1991	2	7	51	9	260	257
1992	2	6	53	9	261	282
1993	3	6	51	17	267	281
1994	3	7	56	15	269	333
1995	2	7	62	19	274	349
1996	2	8	71	19	274	380
1997	2	8	73	20	275	446
1998	2	8	78	16	286	488
1999	2	8	83	16	325	560
2000	2	8	94	11	353	562
2001	3	8	107	11	377	587
特区　Urban						
1980		1	7		39	11
1981		4	9		43	13
1982		5	10		45	28
1983	1	4	12		49	24
1984	2	7	14	3	63	43
1985	2	7	16	3	66	44
1986	2	6	18	5	66	92
1987	2	6	21	5	69	106
1988	2	6	23	5	72	80
1989	2	7	25	7	84	107
1990	2	7	24	7	80	103
1991	2	6	24	9	80	114
1992	2	5	26	9	82	142
1993	3	5	32	8	91	137
1994	3	7	35	8	96	177
1995	2	5	37	11	102	193
1996	2	6	42	11	101	205
1997	2	6	44	10	103	235
1998	2	6	44	11	106	254
1999	2	6	46	11	118	279
2000	2	6	55	7	132	277
2001	3	6	57	7	135	290

11-5 各级各类学校教职工数

STAFF AND WORKERS BY LEVEL AND TYPE OF SCHOOL

(1986—2001)

单位:人 (person)

年份 Year	普通高等学校 Institutions of Higher Education	中等专业技术学校 Specialized Secondary Schools	普通中学 Regular Secondary Schools	职业中学 Vocational Secondary Schools	小学 Primary Schools	幼儿园 Kinder-gartens
全市 Total						
1986	816	445	2 871	280	3 632	
1987	972	460	3 182	394	3 959	1 616
1988	1 034	496	3 455	506	4 302	1 558
1989	1 393	541	3 758	578	4 596	1 969
1990	1 348	520	3 920	759	5 061	2 267
1991	1 381	534	4 308	767	5 388	2 716
1992	1 405	585	4 650	843	5 768	3 113
1993	1 536	512	5 106	920	6 337	4 154
1994	2 753	583	5 589	945	7 129	5 294
1995	1 187	598	6 063	1 075	7 666	5 929
1996	1 331	725	6 669	1 074	8 702	6 817
1997	1 430	768	7 079	1 163	9 148	8 328
1998	1 649	801	7 369	1 217	9 786	9 761
1999	1 819	807	7 886	1 291	11 449	11 605
2000	1 902	806	8 739	1 148	14 697	12 787
2001	2 165	803	9 763	1 161	17 370	14 515
特区 Urban						
1986	816	431	1 608	238	1 941	
1987	972	414	1 831	314	2 242	1 242
1988	1 034	436	2 095	374	2 540	1 161
1989	1 393	479	2 492	396	2 977	1 546
1990	1 348	483	2 454	540	3 143	1 763
1991	1 381	462	2 671	573	3 316	2 252
1992	1 405	512	2 905	656	3 602	2 565
1993	1 536	459	3 226	733	3 869	3 143
1994	2 753	512	3 470	781	4 226	4 051
1995	1 187	503	3 673	905	4 612	4 397
1996	1 331	615	3 968	905	4 919	4 951
1997	1 430	649	4 303	966	5 120	5 496
1998	1 649	665	4 539	1 060	5 383	6 293
1999	1 819	663	5 020	1 112	5 952	7 107
2000	1 902	661	5 701	972	7 046	7 686
2001	2 165	658	6 221	997	8 028	8 028

11-6 各级各类学校专任教师数

FULL-TIME TEACHERS BY LEVEL AND TYPE OF SCHOOL

(1979—2001)

单位:人 (person)

年 份 Year	普通高等学校 Institutions of Higher Education	中等专业技术学校 Specialized Secondary Schools	普通中学 Regular Secondary Schools	职业中学 Vocational Secondary Schools	小 学 Primary Schools	幼儿园 Kinder-gartens
全市 Total						
1979		22	752		1 588	
1980		25	625		1 763	159
1981		50	676		1 948	141
1982		31	860		1 954	259
1983	80	44	1 044	12	2 025	365
1984	162	133	1 372	67	2 282	575
1985	288	154	1 902	130	2 749	483
1986	406	197	2 138	193	2 977	573
1987	468	226	2 376	314	3 265	1 005
1988	524	263	2 603	413	3 571	937
1989	533	315	2 771	484	3 810	1 193
1990	484	272	2 915	607	4 221	1 317
1991	533	296	3 255	568	4 514	1 451
1992	493	308	3 533	629	4 832	1 698
1993	535	273	3 892	701	5 342	2 288
1994	978	303	4 290	719	6 015	2 745
1995	629	334	4 675	801	6 429	3 202
1996	747	385	5 004	812	7 046	3 665
1997	793	423	5 276	858	7 567	4 613
1998	865	447	5 502	880	7 940	5 257
1999	1 049	457	5 935	948	8 914	6 092
2000	1 114	454	6 596	849	11 550	7 234
2001	1 295	445	7 224	887	13 254	7 690
特区 Urban						
1980		25	192		351	98
1981		50	248		506	57
1982		31	350		610	147
1983	80	44	470	12	700	201
1984	162	133	714	67	981	366
1985	288	154	1 031	111	1 439	244
1986	406	197	1 200	153	1 663	247
1987	468	198	1 373	235	1 924	656
1988	524	225	1 616	285	2 209	568
1989	533	276	1 883	310	2 568	816
1990	484	258	1 849	399	2 711	891
1991	533	245	2 059	385	2 843	1 097
1992	493	261	2 237	457	3 076	1 304
1993	535	248	2 458	531	3 306	1 571
1994	978	269	2 661	573	3 556	2 059
1995	629	278	2 807	665	3 839	2 232
1996	747	318	3 007	680	4 093	2 468
1997	793	351	3 215	726	4 220	2 832
1998	865	361	3 432	767	4 404	3 201
1999	1 049	365	3 842	819	4 742	3 581
2000	1 114	362	4 393	719	5 564	4 319
2001	1 295	352	4 667	770	6 234	4 134

11-7 各级各类学校在校学生数

STUDENTS ENROLLMENT BY LEVEL AND TYPE OF SCHOOL

(1979—2001)

单位：人 (person)

年 份 Year	普通高等学校 Institutions of Higher Education	中等专业技术学校 Specialized Secondary Schools	普通中学 Regular Secondary Schools	职业中学 Vocational Secondary Schools	小 学 Primary Schools	幼儿园 Kinder-gartens
全市 Total						
1979		80	13 686		47 022	4 587
1980		142	12 296		49 168	3 377
1981		133	13 088		51 560	5 074
1982		262	17 080		54 538	7 723
1983	216	310	20 982	156	56 319	9 252
1984	1 236	1 072	27 636	937	62 021	12 140
1985	3 206	1 661	35 334	2 105	70 277	14 338
1986	3 478	2 167	40 208	3 058	77 884	22 703
1987	4 330	2 868	44 910	4 389	84 601	26 072
1988	4 710	3 610	43 267	6 086	96 474	27 106
1989	4 419	3 348	45 056	6 904	104 041	34 781
1990	3 964	2 897	46 473	8 581	111 711	36 041
1991	3 779	3 090	50 625	7 564	118 460	43 877
1992	3 653	3 218	55 857	8 548	127 978	49 985
1993	3 680	3 153	60 337	9 200	139 272	56 024
1994	4 227	3 273	66 073	9 681	147 186	63 316
1995	5 291	3 490	71 540	9 903	157 210	62 571
1996	6 493	3 741	76 949	10 258	170 983	68 769
1997	7 601	4 048	82 155	10 742	190 192	71 378
1998	8 497	3 898	86 009	10 488	215 652	77 623
1999	10 568	3 689	91 260	11 308	256 060	88 322
2000	14 123	3 707	106 996	10 509	313 852	93 164
2001	18 556	3 720	126 190	9 583	363 657	103 440
特区 Urban						
1980		142	3 718		10 884	1 729
1981		133	4 761		13 458	1 318
1982		262	6 901		15 996	2 869
1983	216	310	9 397	156	18 554	3 916
1984	1 236	1 072	12 883	937	24 826	5 322
1985	3 206	1 661	17 334	1 813	31 846	6 106
1986	3 478	2 167	19 447	2 363	36 977	12 143
1987	4 330	2 434	22 659	2 986	41 026	14 167
1988	4 710	3 075	24 265	3 618	45 973	15 031
1989	4 419	3 077	27 159	3 628	54 778	23 593
1990	3 964	2 666	27 272	4 623	56 300	23 169
1991	3 779	2 478	29 597	4 329	60 981	27 219
1992	3 653	2 687	32 860	5 482	66 871	30 206
1993	3 680	2 835	35 084	6 776	74 439	32 865
1994	4 227	2 794	38 546	7 386	80 301	39 874
1995	5 291	2 811	42 181	7 894	85 558	40 749
1996	6 493	2 947	45 506	8 068	90 486	41 173
1997	7 601	3 214	49 521	8 300	96 620	42 074
1998	8 497	3 004	52 945	8 269	103 904	42 363
1999	10 568	2 756	57 274	9 321	117 801	47 434
2000	14 123	2 767	66 322	8 282	140 923	47 979
2001	18 556	2 695	75 655	7 436	153 590	48 592

11-8 各级各类学校招生数

NEW STUDENTS ENROLLMENT BY LEVEL AND TYPE OF SCHOOL

(1979—2001)

单位:人 (person)

年 份 Year	普通高等学校 Institutions of Higher Education	中等专业技术学校 Specialized Secondary Schools	普通中学 Regular Secondary Schools	职业中学 Vocational Secondary Schools	小 学 Primary Schools	幼儿园 Kinder-gartens
全市 Total						
1979			5 612		8 978	
1980			5 344		9 064	
1981			5 046		9 978	
1982			7 401		9 561	
1983	216		8 142	156	8 936	
1984	473	615	10 053	582	9 700	8 734
1985	1 482	801	12 954	1 165	11 876	10 148
1986	1 173	1 001	12 826	1 529	14 269	10 932
1987	1 573	1 229	15 121	1 959	15 191	9 344
1988	1 378	1 332	12 583	2 669	17 235	8 369
1989	1 228	863	16 654	2 613	18 525	15 273
1990	1 041	792	17 034	3 352	19 122	17 494
1991	1 126	868	17 956	2 301	19 634	28 493
1992	1 070	964	21 242	3 373	22 129	32 847
1993	1 309	990	22 417	3 275	26 333	37 035
1994	1 664	1 297	24 286	3 211	27 860	26 213
1995	2 134	1 325	26 463	3 906	31 198	35 630
1996	2 470	1 208	27 752	3 381	33 692	37 869
1997	2 580	1 293	29 773	3 439	37 306	33 906
1998	3 078	1 108	31 286	3 859	41 824	32 822
1999	4 211	1 163	34 380	4 226	55 876	39 019
2000	6 522	1 180	41 980	3 018	64 265	39 392
2001	7 239	1 265	48 533	2 992	72 220	50 354
特区 Urban						
1980						
1981			1 821		2 629	
1982			2 767		2 859	
1983	216		3 587	156	3 009	
1984	473	615	4 298	582	4 254	2 676
1985	1 482	801	6 027	873	5 447	2 440
1986	1 173	1 001	5 957	1 035	6 292	2 605
1987	1 573	1 053	7 965	1 118	6 667	5 168
1988	1 378	1 145	8 243	1 386	8 162	4 864
1989	1 228	783	9 341	1 172	9 905	7 730
1990	1 041	692	9 567	1 898	10 067	11 109
1991	1 126	668	10 774	1 484	10 518	15 182
1992	1 070	795	12 401	2 104	11 806	16 776
1993	1 309	829	12 811	2 331	14 647	19 333
1994	1 664	1 058	14 095	2 590	15 227	20 923
1995	2 134	1 045	15 525	3 200	16 722	20 062
1996	2 470	929	16 537	2 412	16 970	18 850
1997	2 580	1 016	17 957	2 578	17 732	17 914
1998	3 078	759	19 088	3 263	18 797	14 244
1999	4 211	842	21 561	3 568	24 139	17 904
2000	6 522	887	25 688	2 085	27 324	17 499
2001	7 239	836	28 209	2 218	28 370	21 569

11-9 各级各类学校毕业生数

GRADUATES BY LEVEL AND TYPE OF SCHOOL

(1984—2001)

单位：人 (person)

年 份 Year	普通高等学校 Institutions of Higher Education	中等专业技术学校 Specialized Secondary Schools	普通中学 Regular Secondary Schools	职业中学 Vocational Secondary Schools	小 学 Primary Schools	幼儿园 Kinder-gartens
全市 Total						
1984			4 677		8 505	6 710
1985			7 468	55	10 669	7 824
1986		492	9 169	297	11 481	9 892
1987	1 028	646	11 401	549	14 411	7 529
1988	828	609	14 305	974	8 821	7 741
1989	1 491	1 012	13 388	1 407	12 947	13 090
1990	1 334	769	13 914	1 739	13 363	13 848
1991	1 191	715	11 885	2 360	14 428	23 140
1992	1 187	1 038	14 035	2 351	16 555	27 126
1993	1 203	1 009	14 739	2 873	17 685	30 000
1994	1 064	909	15 345	2 776	19 010	17 749
1995	1 143	813	17 617	3 127	20 876	33 187
1996	1 210	871	18 891	2 873	21 030	25 889
1997	1 474	1 055	20 215	2 876	22 095	32 459
1998	2 126	1 239	23 651	3 656	23 871	26 560
1999	2 146	1 203	23 179	3 284	27 040	35 545
2000	2 382	1 231	24 874	2 915	33 219	39 917
2001	2 779	1 170	28 424	3 493	38 987	44 157
特区 Urban						
1984			2 305		2 257	1 858
1985			3 848	55	3 667	1 989
1986		492	5 288	297	3 382	2 521
1987	1 028	646	6 029	549	5 344	3 716
1988	828	523	7 307	756	5 722	3 874
1989	1 491	936	7 294	1 042	6 435	6 082
1990	1 334	688	7 758	987	6 493	8 717
1991	1 191	503	7 717	1 402	7 347	12 449
1992	1 187	853	8 098	1 154	8 660	14 790
1993	1 203	911	8 655	1 765	9 253	16 619
1994	1 064	829	9 136	2 197	10 106	13 203
1995	1 143	644	10 376	2 408	11 491	18 510
1996	1 210	711	11 228	2 138	11 770	14 355
1997	1 474	820	11 964	2 294	12 177	15 761
1998	2 126	963	13 931	3 027	12 983	12 939
1999	2 146	933	14 487	2 423	14 731	16 500
2000	2 382	960	15 591	2 264	17 147	17 829
2001	2 779	836	17 823	2 879	19 136	19 710

11-10 文化事业

CULTURAL INSTITUTIONS

(1999—2001)

项目	Item	1999		2000		2001	
		全市 Total	特区 Urban	全市 Total	特区 Urban	全市 Total	特区 Urban
电影放映单位(个)	Film Projection Units (unit)	186	48	201	63	201	63
#电影院、影剧院(间)	Cinemas and Theatres	118	19	126	27	126	27
电影观众人数(万人次)	Spectators (10 000 person-times)	364	185	235	110	185	115
专业艺术表演团体(个)	Art Performance Troupes(unit)	5	4	5	4	5	4
艺术表演场所(间)	Art Performance Places(unit)	5	4	5	4	5	4
群众艺术、文化馆(座)	Art and Cultural Centers(set)	6	4	6	4	6	4
公共图书馆(座)	Public Libraries (set)	7	6	9	7	9	7
公共图书馆总藏量	Collection of Public Libraries	203.8	189.1	231.1	212.4	245.2	223.1
(万册件)	(10 000 books)						
博物馆、纪念馆(座)	Museums (set)	8	5	8	5	14	7
广播电台(座)	Broadcasting Stations (set)	1	1	1	1	1	1
电视台(座)	Television Stations (set)	1	1	1	1	2	2
有线电视台(座)	Cable Television Stations(set)	3	3	3	3	—	—
广播人口覆盖率(%)	Listener Rating(%)	99	100	100	100	100	100
电视人口覆盖率(%)	Viewer Rating(%)	99	100	100	100	100	100
图书出版数(万册)	Books Published(10 000 copies)	379	379	348	348	448	448
杂志出版数(万册)	Magazines Published(10 000 copies)	2 466	1 219	2 531	606	2 563	1 027
报纸出版数(万份)	Newspapers Published(10 000 copies)	56 024	38 424	56 453	43 968	70 808	54 213

11-11 卫生事业

PUBLIC HEALTH

(1979—2001)

年 份 Year	一、卫生机构数(个) Health Care Institutions (unit)	1. 医院 Hospitals	# 县及县以上医院 Hospitals at County Level and Above	# 综合医院 Comprehensive Hospitals	2. 疗养院、所 Sanatoriums	3. 门诊部、所 Clinics	4. 专科防治所 Specialized Prevention & Treatment Stations	5. 卫生防疫站 Sanitation and Diseases Control Stations
全市 Total								
1979	62	25				31		
1980	74	24				44		
1981	77	24				47		
1982	121	26				87		
1983	128	30				91		
1984	150	29				109		
1985	215	31				169		
1986	297	32	14	10	1	234	2	7
1987	311	34	15	11	1	253	2	7
1988	308	35	14	9	1	249	4	6
1989	332	35	18	12	1	271	5	6
1990	354	38	20	14	1	291	4	6
1991	360	41	19	13	1	293	4	6
1992	397	45	22	17	1	326	4	6
1993	400	45	22	14	1	324	3	8
1994	496	48	23	13	1	415	3	8
1995	506	63	23	13	1	407	6	8
1996	1 422	69	38	23	1	1 314	7	8
1997	1 126	76	48	31	1	1 011	7	8
1998	899	77	49	31	1	784	7	8
1999	687	76	50	32	1	574	7	7
2000	683	77	49	31	1	568	4	7
2001	723	80	52	32	1	600	4	7
特区 Urban								
1980	43	8				29		
1981	48	8				34		
1982	58	9				47		
1983	77	13				57		
1984	108	11				86		
1985	165	13				138		
1986	239	13	12	8	1	206	2	6
1987	258	14	13	9	1	222	2	6
1988	261	15	12	7	1	225	3	5
1989	276	16	15	9	1	237	4	5
1990	298	19	17	11	1	257	3	5
1991	302	19	16	10	1	260	3	5
1992	312	23	19	14	1	266	3	5
1993	323	23	19	11	1	275	1	6
1994	391	23	19	10	1	342	1	6
1995	399	37	19	10	1	344	3	6
1996	849	41	31	18	1	777	4	6
1997	649	47	39	24	1	572	4	6
1998	579	47	39	24	1	503	4	6
1999	553	46	40	25	1	479	4	5
2000	546	46	40	25	1	474	2	5
2001	559	49	43	28	1	484	2	5

11-11 续表 1 continued

年　份 Year	6. 妇幼保健所、站 Maternity and Child Care Centers	7. 药品检验所、站 Medicines and Chemical Reagent Test Labs	8. 其他卫生事业机构 Other Health Care Institutions	9. 医学科学研究机构 Institutions of Medical Science	10. 中等医药学校 Medical Secondary Schools	二、床位数(张) Beds (unit)	# 1. 医院病　床 Hospital Beds	# 县及县以上医院 Hospitals at County Level and Above
全市　Total								
1979						597		
1980						643		
1981						790		
1982						717		
1983						1 023		
1984						1 634	1 634	
1985						1 885	1 885	
1986	5	1	4	1	1	2 112	2 028	1 521
1987	6	1	4	2	1	2 309	2 225	1 682
1988	5	1	4	2	1	2 580	2 496	1 968
1989	5	1	5	2	1	2 922	2 838	2 362
1990	5	1	5	2	1	3 192	3 108	2 541
1991	6	1	5	2	1	3 582	3 498	2 789
1992	6	1	5	2	1	4 550	4 466	3 485
1993	8	1	5	4	1	5 252	5 168	3 794
1994	7	1	8	4	1	6 124	6 040	4 338
1995	7	1	8	4	1	6 724	6 640	4 561
1996	3	1	14	4	1	7 455	7 196	5 260
1997	3	1	14	4	1	8 288	7 963	5 950
1998	2	1	14	4	1	8 899	8 590	6 472
1999	2	1	14	4	1	9 332	8 997	6 654
2000	2	1	18	4	1	10 294	9 959	7 336
2001	2	1	23	4	1	11 159	10 899	7 937
特区　Urban								
1980						254		
1981						402		
1982						367		
1983						712		
1984						1 143	1 143	
1985						1 295	1 295	
1986	4	1	4	1	1	1 465	1 381	1 359
1987	5	1	4	2	1	1 599	1 515	1 492
1988	4	1	4	2	1	1 847	1 763	1 738
1989	4	1	5	2	1	2 110	2 026	2 003
1990	4	1	5	2	1	2 244	2 160	2 126
1991	5	1	5	2	1	2 474	2 390	2 324
1992	5	1	5	2	1	3 145	3 061	2 885
1993	6	1	5	4	1	3 221	3 137	3 027
1994	5	1	7	4	1	3 707	3 623	3 493
1995	5	1	7	4	1	4 210	4 126	3 771
1996	2	1	12	4	1	4 804	4 610	4 384
1997	2	1	11	4	1	5 403	5 143	4 950
1998	2	1	10	4	1	5 549	5 305	5 104
1999	2	1	10	4	1	5 722	5 452	5 290
2000	2	1	10	4	1	6 310	6 040	5 889
2001	2	1	10	4	1	6 941	6 681	6462

11-11 续表 2 continued

年　份 Year	# 综合医院 Comprehensive Hospitals	# 专科医院 Specialized Hospitals	# 2. 疗养院 Sanatoriums	三、医院门诊诊疗总人次(万人次) Total Patients Treated (10 000 person-times)	四、入院总人数(万人) In Patitents (10 000 persons)	# 县及县以上医院 Hospitals at County Level and Above
全市　Total						
1979						
1980						
1981						
1982						
1983						
1984						
1985						
1986	1 242	279	84	381	4.68	2.73
1987	1 398	284	84	461	5.84	3.58
1988	1 558	410	84	552	6.97	4.43
1989	1 830	533	84	607	7.87	5.48
1990	1 993	548	84	729	8.73	6.18
1991	2 138	651	84	808	10.08	6.88
1992	2 502	983	84	976	11.40	7.61
1993	2 818	1 022	84	1 042	12.50	8.08
1994	3 142	1 196	84	1 057	12.81	8.46
1995	3 271	1 289	84	1 060	13.07	8.48
1996	3 841	1 419	84	1 018	14.63	9.45
1997	4 211	1 739	150	1 061	16.15	10.47
1998	4 642	1 830	150	1 205	19.05	12.49
1999	4 777	1 877	150	1 316	21.12	13.57
2000	5 360	1 976	150	1 445	26.61	17.36
2001	5 957	1 980	150	1 634	30.23	19.97
特区　Urban						
1980						
1981						
1982						
1983						
1984						
1985						
1986	1 080	279	84	236	2.58	2.54
1987	1 208	284	84	272	3.24	3.20
1988	1 328	410	84	334	3.87	3.79
1989	1 470	533	84	365	4.35	4.28
1990	1 578	548	84	462	4.89	4.89
1991	1 673	651	84	501	5.45	5.38
1992	1 978	983	84	567	5.99	5.89
1993	2 051	1 022	84	567	6.41	6.17
1994	2 337	1 156	84	628	6.59	6.49
1995	2 542	1 229	84	680	6.72	6.58
1996	3 041	1 343	84	634	7.51	7.84
1997	3 341	1 609	150	629	8.70	8.37
1998	3 501	1 603	150	690	9.76	9.31
1999	3 640	1 650	150	729	10.76	10.08
2000	4 186	1 703	150	786	14.05	13.62
2001	4 769	1 693	150	901	16.45	15.90

11-11 续表 3 continued

年 份 Year	五、病床使用率(%) Utilization Rate of Beds (%)	六、病床周转次数(次) Turnover of Beds(time)	七、卫生工作人员数(人) Medical Personnel (person)	# 卫生技术人员 Medical Technical Personnel	# 中 医 Doctors and Paramedics of Chinese Medicine	# 中医师 Doctors of Chinese Medicine	# 西 医 Doctors and Paramedics of Western Medicine	# 西医师 Doctors of Western Medicine
全市 Total								
1979			1 214	988				
1980			1 335	1 088				
1981			1 514	1 270				
1982			1 967	1 609				
1983			2 910	2 343				
1984			3 869	3 064				
1985			4 861	3 857				
1986	66.2	24.4	5 800	4 657	304	189	1 913	1 510
1987	73.6	22.2	6 354	5 117	307	221	2 067	1 599
1988	75.6	28.8	7 115	5 717	330	277	2 380	2 003
1989	78.4	29.0	7 923	6 451	433	336	2 670	2 264
1990	81.4	29.0	8 619	6 996	463	417	2 960	2 530
1991	85.2	30.3	9 405	7 618	500	456	3 231	2 792
1992	81.9	28.0	10 643	8 571	579	533	3 654	3 250
1993	83.9	24.1	12 261	9 888	639	590	4 148	3 777
1994	70.1	23.2	13 853	11 034	739	654	4 608	4 204
1995	65.0	20.8	15 591	12 449	823	732	5 227	4 778
1996	64.3	21.5	17 925	14 652	1 292	906	5 974	5 419
1997	67.4	21.9	18 553	14 932	1 122	814	6 278	5 776
1998	68.6	24.1	18 707	14 975	899	843	6 263	5 817
1999	69.3	24.5	18 841	15 143	853	818	6 183	5 853
2000	75.4	28.3	19 691	15 720	896	845	6 499	6 196
2001	77.3	29.4	21 362	17 135	931	895	7 139	6 791
特区 Urban								
1980			732	579				
1981			925	755				
1982			1 319	1 043				
1983			2 333	1 833				
1984			3 068	2 366				
1985			3 877	2 996				
1986	67.5	18.8	4 722	3 728	235	165	1 565	1 284
1987	73.8	21.5	5 206	4 114	248	193	1 707	1 367
1988	73.9	22.5	5 756	4 540	260	225	1 923	1 658
1989	76.3	22.8	6 389	5 142	322	267	2 175	1 888
1990	79.0	23.4	6 892	5 546	338	309	2 423	2 106
1991	80.9	23.8	7 435	5 955	369	344	2 588	2 284
1992	79.4	22.2	8 119	6 452	416	390	2 791	2 537
1993	82.5	23.3	9 154	7 284	487	459	3 114	2 907
1994	78.1	21.2	9 833	7 756	533	484	3 288	3 086
1995	65.0	17.7	10 966	8 699	606	548	3 683	3 471
1996	62.6	18.2	12 198	9 907	794	671	4 057	3 899
1997	63.9	18.6	12 584	10 112	659	585	4 305	4 161
1998	66.8	20.2	12 476	10 031	609	592	4 214	4 079
1999	67.2	20.9	12 698	10 273	632	615	4 204	4 102
2000	74.2	24.9	13 190	10 546	663	632	4 358	4 262
2001	79.3	26.9	14 417	11 672	689	669	4 808	4 679

年 份 Year	# 中西医结合高级医师 Senior Doctors Who Integrate Traditional Chinese Therapeutics with Western Therapeutics in Practice	# 护师、士 Senior and Junior Nurses	# 护 师 Senior Nurses	# 药剂师、士 Senior and Junior Pharmacists	# 检验师、士 Senior and Junior Laboratory Technicians	# 其他技师、士 Other Senior and Junior Technicians	卫生技术人员中：医生 Doctors
全市 Total							
1979							364
1980							444
1981							520
1982							708
1983							1 078
1984							1 485
1985							1 863
1986		1 246	96	260	211	137	2 218
1987		1 450	105	292	257	145	2 409
1988		1 735	511	279	182	150	2 755
1989	4	1 971	590	431	321	225	3 107
1990	3	2 145	642	475	355	224	3 426
1991	3	2 372	824	539	365	244	3 737
1992	14	2 705	1 142	630	375	278	4 247
1993	11	3 225	1 263	744	464	306	4 798
1994	17	3 625	1 560	823	538	385	5 347
1995	23	4 034	1 883	906	612	426	6 050
1996	300	4 654	2 167	1 005	664	489	7 266
1997	232	4 828	2 329	1 063	708	473	7 400
1998	29	5 025	2 535	1 111	760	468	7 191
1999	26	5 230	2 902	1 108	812	423	7 062
2000	23	5 425	3 162	1 130	847	457	7 418
2001	27	5 945	3 451	1 194	871	526	8 097
特区 Urban							
1980							248
1981							338
1982							492
1983							861
1984							1 180
1985							1 477
1986		1 045	88	217	180	93	1 800
1987		1 225	98	244	220	89	1 969
1988		1 437	415	189	155	116	2 183
1989	4	1 642	494	335	267	163	2 501
1990	3	1 753	537	368	292	174	2 764
1991	3	1 909	700	408	293	189	2 963
1992	14	2 099	962	444	293	212	3 221
1993	10	2 408	1 041	506	355	213	3 611
1994	15	2 560	1 251	571	393	262	3 821
1995	19	2 814	1 481	624	434	308	4 289
1996	91	3 236	1 708	684	468	327	4 851
1997	44	3 367	1 810	711	506	332	4 964
1998	18	3 397	1 872	733	523	329	4 841
1999	14	3 564	2 097	636	565	294	4 850
2000	14	3 682	2 186	723	575	317	5 035
2001	16	4 126	2 408	784	602	347	5 513

十二、环境保护和城市公用事业

2001年深圳市环境状况公报

深圳市环境保护局

一、总　述

（一）国民经济和社会发展

2001年是“十五”计划实施的第一年，全市人民在市委、市政府的领导下，全面贯彻党的十五届六中全会精神和江泽民同志“三个代表”重要思想，与时俱进，开拓创新，拼搏进取，经济发展、城市建设和各项社会事业取得了显著成绩，城市综合实力进一步增强，实现了经济和社会发展的各项预期目标，为顺利实现〞十五〞计划的各项任务开了好局，在率先基本实现现代化的进程中迈出了坚实的步伐。

1. 经济持续快速健康发展

2001年全市实现国内生产总值1954.17亿元，按可比价格计算，比2000年增长13.2%，增长幅度连续多年保持两位数水平，人均国内生产总值43344元，在全国大中城市居首位。产业结构调整作用显现，高新技术产业推动深圳经济增长的局面进一步巩固和发展。全年实现工业增加值905.18亿元，比2000年增长15.0%，占国内生产总值的比重为46.3%。全年完成地方预算内财政收入265.65亿元，比2000年增长18.1%。

2. 城市面貌发生新变化

2001年全市完成城市基础设施投资147.69亿元，比2000年增长3.1%。完成环境保护投入42.9亿元，占同期国内生产总值（GDP）的2.25%，比2000年提高0.41个百分点，其中城市环境基础设施建设投资32.6亿元，工业污染防治投资0.5亿元，城市污染治理设施运行投资1.7亿元，“三同时”项目环保设施投资6.3亿元，环境管理服务投资1.8亿元。高强度的投入使我市城市功能不断完善，市容环境日趋优美。

（二）环境概况

2001年，全市环境空气质量优良，符合国家空气质量二级标准；主要饮用水源地水质达到国家地表水环境质量Ⅱ类标准，符合饮用水源水质要求；河流水质污染仍较严重，部分河段水质略有改善；近岸海域东部海水水质良好，符合国家海水水质第二类标准，西部海域污染较重，整体水质略有改善；城市声环境质量有较明显改善；城市固体废弃物综合利用和无害化处理水平进一步提高；环境辐射处于安全状态；城市生态环境继续改善。

（三）环境保护和建设

2001年，中共深圳市委、市人民政府颁布了《关于加强生态环境建设和保护，实施可持续发展战略的决定》，明确了“十五”期间深圳市生态环境建设和保护的目标、任务和措施，为完成“十五”计划打下了良好基础。

河流污染整治初见成效，福田河、新洲河、龙岗河、坪山河流域截污及综合整治工程正按计划进行；以优化能源结构、烟气脱硫和机动车尾气治理为重点的空气污染防治取得一定成效；以实施生活垃圾无害化处置为重点的固体废物处置项目进展顺利。

（四）环境管理体制改革

为加快政府职能转变，提高政府工作效率，建立适应市场经济的行政管理制度，2001年，我市继续深化环保审批制度改革，进一步精简环保审批项目，环保审批事项由2项减至1项，核准事项由5项减至4项。环保审批效率大幅提高，项目平均审批时间由5.7个工作日缩短到1.6个工作日。对重大投资项目或重点项目开辟了“绿色通道”，实行专人跟踪。

环保投融资体制改革和城市污染处理设施运营管理体制改革取得了突破性进展，开展了污染治理设施专业化、社会化运行管理试点。

（五）创建文明行风

在环保行业规范服务达标的基础上，2001 年，全市环保系统以“内强素质、外树形象”为主要内容开展了“文明机关”创建活动，按照建设“高效政府”的要求，全面改进工作作风，行政效率得到进一步提高。环保队伍廉洁奉公、奋发向上的作风得到进一步巩固。

二、空气环境

2001 年全市环境空气质量达到国家环境空气质量一级（空气质量优）和二级标准（空气质量良）的天数占全年的 99%以上，其中达到一级标准的天数占 38.4%，达到二级标准的天数占 61.5%。空气中主要污染物为二氧化氮和可吸入颗粒物。

1. 环境空气质量

空气中二氧化硫年平均浓度为 0.027 毫克 / 立方米，与 2000 年持平；二氧化氮年平均浓度为 0.058 毫克 / 立方米，比 2000 年上升 5.45%；全市可吸入颗粒物年平均浓度为 0.063 毫克 / 立方米，比 2000 年上升 6.78%。

全市降水 pH 年平均值为 4.94，酸雨发生频率为 42%。与 2000 年比较，降水酸性基本持平，酸雨频率上升了 1.8 个百分点。

全市年平均降尘量为 5.35 吨 / 平方公里 / 月，比 2000 年上升 1.7%，低于广东省推荐标准（8 吨 / 平方公里 / 月）。

2. 废气排放

全年废气排放总量为 514.71 亿标立方米，其中纳入环境统计的 606 家镇以上有污染物排放工业企业（下同）废气排放量为 468.39 亿标立方米，比 2000 年减少 29.7%。废气中主要污染物二氧化硫排放量为 3.92 万吨，烟尘排放量为 0.34 万吨，工业粉尘排放量为 55.48 吨。

3. 措施与行动

开展了以工业废气整治和机动车尾气治理为重点的空气环境治理，全年共整治工业废气超标企业 139 家，完成了 8 家工业废气超标企业的烟气脱硫试点工作，有效地削减了二氧化硫的排放；加强了机动车尾气检测工作，规范了全市机动车尾气的路（抽）检工作，全市设立了 3 个机动车尾气流动路检小组，对检测尾气超标车辆要求限期治理，对 213 家新车销售单位进行了环保法规宣传，对其销售的 552 种车型尾气排放情况进行了检查。

三、水环境

2001 年全市水环境综合治理初见成效，部分水库与河流水质略有改善，但水源地水质保护和城市河流污染治理形势仍然严峻。我市地表水污染属生活型有机污染，主要污染物是氨氮、总磷、生化需氧量和高锰酸盐指数。

1. 水环境质量

水库水质：全市饮用水源水质达标率为 93.45%。赤坳水库、清林径水库、松子坑水库等主要饮用水源地水质良好，西丽水库、铁岗水库水质基本保持良好，整体水质比 2000 年有所改善；深圳水库、石岩水库水质受到生活污染影响，个别水质指标劣于国家地表水Ⅱ类标准。

河流水质：受生活和面源污染影响，深圳河、布吉河、大沙河、茅州河、观澜河水质污染严重。与 2000 年比较，深圳河、大沙河、观澜河水质略有改善，布吉河、茅洲河局部河段水质有所下降。

近岸海域海水水质：东部海域除局部区域外，水质整体良好，达到国家海水水质第二类标准；西部海域水质受生活型污染比较严重，主要污染物是活性磷酸盐、无机氮和大肠菌群，与 2000 年比较，无机氮浓度有所上升，活性磷酸盐浓度有较大幅度下降，整体水质略有改善。

2. 废水排放

全市废水排放总量为 77867.2 万吨，其中工业废水排放量为 18657.2 万吨，比 2000 年减少了 14.4%。生活废水排放量为 59210.0 万吨，比 2000 年增加 14.2%。废水中主要污染物化学耗氧量排放量为 62925.0 吨，氨氮排放量为 16076.8 吨。

3. 措施与行动

加强了对水污染排放企业的环境管理，工业废水处理率达到 99.1%，工业废水排放达标率达 97.9%。

以饮用水源保护为重点，开展了全市一级水源保护区环境状况调查工作，加大了对西丽、铁岗、石岩水库水源保护工作力度。积极开展对水源保护区内的违章建筑和违章养殖的清理工作，对深圳水库及供水渠沿岸排污口及观澜河流域支流口进行了整治，完成了东深水库流域内 67 家工业企业生活废水治理任务，组织实施了深圳水库周边废水截排工程，进一步减少了水源保护区内的污染。

加强了河流污染治理工作，制定了《关于进一步治理我市河流污染议案》的办理方案，经市人大常委会审议通过后组织实施。建成观澜河水污染治理应急工程并投入运行；建成日处理废水 3 万吨的龙田废水处理厂和日处理污水 0.5 万吨的沙田人工湿地处理工程并进行市场化运营；盐田污水处理厂一期、罗芳污水处理厂二期建成并投入试运行；横岗污水处理厂、坪山污水处理厂、观澜污水处理厂、岗头河污染治理应急工程已动工建设；组织实施了“淡水河污染整治计划”和“石马河流域水污染综合整治计划”。

四、声环境

2001 年全市声环境质量有较明显改善，但区域环境噪声和交通干线噪声仍处于轻微污染水平。

1. 状况

2001 年全市区域环境噪声平均值为 56.1 分贝，比 2000 年下降 0.9 分贝，达标率 87.5%，比 2000 年提高 4.4 个百分点。其中特区内区域环境噪声平均值为 56.2 分贝，达标率为 85.2%；宝安区区域环境噪声平均值为 55.9 分贝，达标率 100%；龙岗区区域环境噪声平均值为 55.0 分贝，达标率 96.2%。

2001 年全市城市交通干线噪声平均值为 68.3 分贝，比 2000 年下降 1.4 分贝，达标率 81.2%，比 2000 年提高 26.4 个百分点。其中：特区内交通干线噪声平均值为 68.5 分贝，达标率 78.6%；宝安区交通干线噪声平均值为 68.0 分贝，达标率 100%；龙岗区交通干线噪声平均值为 66.3 分贝，达标率 100%。

2. 措施与行动

2001 年，全市加强了对噪声污染的环境管理，健全了施工噪声许可证的审核程序，强化了建筑施工噪声申报登记工作，使社会噪声和建筑噪声的管理逐步走上有序规范的轨道，全年处罚噪声违法行为 363 宗，使违法施工噪声投诉比 2000 年下降 15%。全市新建 2 个环境噪声达标区，建成区环境噪声达标区覆盖率达到 65%，比 2000 年提高 5 个百分点。

五、固体废物防治

2001 年全市固体废弃物得到妥善处理，危害废物得到有效处置。

1. 状况

全市工业企业固体废物产生量为 43.8 万吨，比 2000 年增加 1.7%，综合利用率为 87.35%；危险废物产生量 6.3 万吨，比 2000 年增加 20.9%，综合利用量为 4.5 万吨，危险废物处置量 1.8 万吨，比 2000 年增加 28.6%。

全市生活垃圾产生量为 219.0 万吨，比 2000 年增加 5.6%，生活垃圾清运量为 219.0 万吨，特区内生活垃圾无害化处理率 100%。

2. 措施与行动

全面加强对工业固体废物的管理，将占全市工业危险废物 80%产生量的 46 家企业确定为管理重点，从申报登记、储存设施、处理处置、联单运作方面实施了规范的全过程管理，使全市绝大部分工业企业的危险废物得到全面控制；加大了对加工利用进口废物企业的环境管理，在杜绝有毒有害废物进口的基础上，有效控制了废物加工过程中的污染。

加大了生活垃圾的分类处理、回收力度，加快了宝安老虎坑垃圾焚烧发电厂和盐田垃圾焚烧发电厂的建设，市危险废物预处理基地及安全填埋场（二期）工程按计划进行。

六、辐射环境状况

全市陆地 γ 辐射完全吸收剂量率处于正常天然本底水平，环境介质中的各种放射性核素含量未见异常变化。放射性污染源周围地区的环境 γ 辐射空气吸收剂量率、气溶胶等的放射性水平在天然涨落范围内。全市电磁辐射环境基本良好。

七、绿化建设和生态环境

2001 年，我市坚持生态保护与经济建设并重，通过人工绿化和自然保护区建设，城市绿化水平达到较高状态，城市生态环境处于良好水平。

1. 状况

2001 年全市绿化覆盖面积 103414.6 公顷，比 2000 年增加 1.95%，其中特区内建成区 6633.1 公顷，特区内建成区绿化覆盖率为 45%。园林绿地面积 102039 公顷，比 2000 年增加 0.07%，其中特区内 18789 公顷；公共绿地面积 6465.2 公顷，比 2000 年增加 12.2%，其中特区内 3258.7 公顷。全市人均公共绿地面积 13.8 平方米，其中特区内 14.7 平方米，比 2000 年增加 3.5%。全市自然保护区面积 170.3 平方公里，自然保护区覆盖率 8.7%。全市水土流失面积 59.9 平方公里，占全市总面积的 3.1%。

2. 措施与行动

2001 年全民义务植树 42 万株，育中幼林 1.88 万亩，四旁植树 108 万株，完成造林面积 2.63 万亩。积极开展生态示范村镇建设，横岗镇、石岩镇、江岭村通过了省环保局组织的生态示范村镇验收，获得了“广东省生态示范镇（村）”的称号。加大了对在建的采石场、取土场的管理力度，对废弃采石场、取土场进行绿化恢复。进一步整治了水土流失，逐步恢复由于不合理开发所破坏的生态环境，全年共关闭采石场、砖厂 43 家。

八、环境管理

（一）环境法制建设

1. 环境立法

2001年，环境立法稳步推进。市人大常委会审议通过了《深圳经济特区饮用水源保护条例》（修订），进一步明确了饮用水源保护区内项目建设的限制和禁止条件，为加强水源保护区内养殖业、种植业和生活污水、生活垃圾的管理提供了法律依据。

市政府审议通过了《深圳经济特区服务行业环境保护管理办法》，对宾馆、饭店等服务类单位提出了具体、明确的环保要求。

2. 环境执法

环境执法进一步加强。市、区两级环保部门联手对电镀行业开展了执法检查，严肃查处了一批环境违法企业；根据国家开展严肃查处环境违法行为专项行动的要求，开展了查处环境违法行为专项行动，“环保110”夜间出动730车次、1835人次，查处违法施工工地1600多场次、经营性场所200场次。全年共完成工业污染源现场检查4339厂次，责令超标排污企业限期治理64家。

2001年，全市环保部门共作出行政处罚决定831宗，其中申请法院强制执行127宗，责令停产停业56宗。

（二）环境影响评价和“三同时”制度

2001年全市环保部门共对12677项建设项目进行了环保审批，其中编制环境影响报告表971项，编制环境影响报告书93项，否定不符合环保要求的项目1055项，否定率8.3%。

建设项目“三同时”管理力度进一步加大，对超过试运转期而未进行环保验收的建设项目进行了全面清理。全年共验收“三同时”环保重点管理项目71项。

（三）环境监测与监理

1. 环境监测

2001年，我市继续拓展环境质量监测的深度和广度，加大污染源监测力度，积极开展室内空气质量检测工作，按照国际实验室准则开展检测服务，环境监测能力进一步加强，监测过程全程序质量管理体系进一步巩固。空气自动监测系统扩建工作顺利完成，增设的3个空气自动监测子站已投入运行。自6月5日起，市环保监测站、气象台正式联合发布空气质量预报。加强了对污染源的监测，全年共监测废水污染源企业2600厂次，废气污染源企业350厂次，固定噪声源457厂次，路检、抽检机动车8056辆。全年共报出各类环境监测数据29万个。

2. 环境监理

2001年，我市大力加强监理队伍和监理机构标准化建设，监理队伍的整体能力得到进一步加强，达到了广东省环境监理机构标准化建设的验收条件。加强了对第三产业、限期治理项目和“三同时”项目调试期的跟踪监督管理，监理质量和深度不断强化，监理水平不断提高，较好地适应了市场经济条件下加强环境监理工作的要求。

九、公众参与

（一）来信来访

2001年，市区两级环保部门共受理环保信访案件12225宗，其中，噪声污染案件占信访案件总数的64.3%，废气污染案件占29.7%，废水污染案件占5%，固体废物及其它污染案件占1%，案件落实率达100%。

坚持群众投诉第一责任人制度、重点投诉重点处理制度和重大投诉领导负责制度，落实专人跟踪处理投诉件，信访工作水平和信访办结率进一步提高。

（二）环境宣传教育

1. 环境宣传

2001年，环境宣传社会化工作进一步深化。公众环境保护意识逐步增强，积极参与了多种形式的环境保护活动，自觉保护环境的风气正在形成。许多市民参与了“绿色运动，健康人生”的环保联合大行动和以“抵制捕食野生动物”为主题的万人签名活动。市政协举办了以“保护生态环境，节约水资源”为主题的环保政协论坛；市内一些知名人士参加了纪念“六•五”世界环境日座谈会。全年各级新闻媒体发表、播发有关环保通讯、信息、图片共计680篇（条）。

社区环境文化建设取得成效，有27个社区开展了环境文明小区创建工作，在龙华镇进行了村镇环境文化建设试点工作。

2. 环境教育

环境教育稳步发展，元平特殊学校等13所学校被评为省级“绿色学校”，福田红树林自然保护区等4个单位被命名为市级环境教育基地。

3. 环境信息

全市环境保护专用网络建成，实现了全市环境保护信息共享。建成市环境保护局网站（www.szepb.gov.cn），开设了“环境知识”、“环境政策”、“环境质量”、“政务公开”等栏目，向公众介绍环境保护有关知识并定期公布环境质量状况，开辟了政务公开、公众参与环境保护活动的新途径。

十、环保科技与环保产业

1. 环保科技

2001年环保科研工作有了新进展。开展了“龙岗河、坪山河、观澜河和深圳水库水污染治理工程环境效益分析”；完成了“深圳市汽车排放在空气中分担率的研究”、“西丽水库污染现状和总量控制方案”等项目的研究工作，“热带、亚热带区域水质改善、回用与水生态系重建的生物学对策研究”项目通过了由中国科学院组织的成果鉴定，课题成果居国际领先水平；“深圳市生态环境保护与建设‘十五’规划”等三项成果获国家环保总局确认；“线路板再生酸性蚀刻剂生产技术”等三项科研成果实现产业化。

2. 环保产业

编制了深圳市环保产业发展纲要和深圳市环保产业发展规划，在全国率先制定了市级环保产业行业规范。3项污染治理技术被评为国家重点环境保护实用推广技术，2项污染治理工程被广东省环保局评为“优秀示范工程”。

3. ISO14000环境管理体系认证

ISO14000环境管理体系认证工作取得新进展。积极鼓励引导企业推广实施ISO14000标准，探索企业自觉守法的环境管理新机制，通过认证的企业达50余家，认证企业行业分布更为广泛。

说明：本公报部分数据由市发展计划局、城管办、水务局、农林渔业局和统计局等单位提供。

12-1 全市用电量、供水量

ELECTRICITY CONSUMPTION AND TAP WATER SUPPLY

(1990-2001)

年 份 Year	用电总量(万千瓦小时) Total Electricity Consumption (10 000 kwh)	农、林、牧、渔、水利业 Farming, Forestry Animal Husbandry, Fishery and Water Conservancy	工 业 Industry	建筑业 Construction	地质勘查业 Geological Prospecting	交通运输和邮电通信业 Transportation, Post and Tele-communications
1990	359 694	3 837	219 689	9 544	1 064	2 578
1991	472 169	5 475	296 733	12 367	71	6 523
1992	564 005	6 497	350 955	15 649	51	6 333
1993	746 795	9 650	444 328	23 472	212	11 183
1994	879 100	11 609	503 780	26 502	75	14 229
1995	913 600	11 258	499 757	27 081	147	15 877
1996	1 014 427	13 041	547 085	26 138	246	22 364
1997	1 125 781	14 558	617 016	23 974	176	20 571
1998	1 294 332	16 225	644 973	25 805	155	21 982
1999	1 498 759	22 045	749 834	36 735	216	28 215
2000	1 903 494	34 659	1 018 794	42 482	336	24 329
2001	2 122 871	48 247	1 168 146	50 425	175	28 584

12-1 续表 continued

年 份 Year	商业、饮食、物资供销仓储业 Commerce, Catering Trade, Material Supply, Marketing and Storage	其他行业 Other Sectors	城乡居民生活用电 Residential Consumption	城市 Urban	乡村 Rural	自来水生产能力(万吨/日) Tap Water Production Capacity (10 000 tons/day)	自来水供水总量(万吨) Volume of Tap Water Supply (10 000 tons)
1990	36 668	39 605	46 709	33 152	13 557		
1991	46 957	60 522	43 521	32 509	11 012		
1992	59 646	75 317	49 557	36 180	13 377		
1993	82 664	110 819	64 467	47 038	17 429		
1994	102 166	125 292	95 447	74 387	21 060	243.7	52 308
1995	105 512	128 134	125 834	92 873	32 961	268.2	57 408
1996	121 650	132 108	151 795	117 442	34 351	328.2	64 743
1997	150 755	124 155	174 576	134 001	40 575	328.2	70 194
1998	168 155	150 517	266 520	192 463	74 057	338.7	79 596
1999	176 589	195 198	289 927	188 566	101 361	363.7	86 560
2000	218 196	231 113	333 585	250 338	83 247	380.2	92 068
2001	226 547	248 025	352 722	272 224	80 498	390.2	97 334

12-2 全市公共交通

PUBLIC TRANSPORTATION

(1979-2001)

年　份 Year	年末实有公共大巴(辆) Number of Buses (year-end)	年末公共大巴营运线路条数(条) Number of Operating Routes (year-end)	公共大巴客运总人数(万人次) Number of Passengers Carried (10 000 person-times)	的士(辆) Taxi	中小巴(辆) Mini and Medium-Sized Buses
1979	12	2		10	
1980	38	3		160	
1981	44	6		199	
1982	52	7		233	
1983	88	9	1 399	860	
1984	132	19	2 974	1 226	
1985	153	27	5 184	1 700	
1986	171	29	5 827	1 794	
1987	205	32	9 068	1 896	
1988	248	37	16 399	2 305	
1989	305	38	16 747	2 365	
1990	403	42	21 947	2 394	
1991	501	51	19 821	3 152	
1992	507	55	27 248	6 083	
1993	851	61	30 600	6 212	3 600
1994	1 144	68	31 020	7 400	3 850
1995	1 468	80	35 390	8 255	3 823
1996	1 784	89	35 495	8 505	3 327
1997	2 128	125	36 202	8 505	3 306
1998	2 461	137	37 250	8 505	2 752
1999	2 772	145	40 600	8 505	2 825
2000	2 920	131	42 800	8 505	3 100
2001	3 495	138	47 072	8 505	3 057

12-3 经济特区市政工程设施

CIVIL FACILITIES IN SPECIAL ECONOMIC ZONE

(1980-2001)

年　份 Year	年末实有铺装道路长度(公里) Length of Paved Roads (year-end) (km)	年末实有铺装道路面积(万平方米) Area of Paved Roads (year-end) (10 000 sq.m)	城市下水道总长度(公里) Length of Sewer Pipelines (km)	污水日处理能力(万吨) Dialy Capacity of Sewage Disposal (10 000 tons)	城市桥梁(座) Number of Bridges	城市路灯(盏) Number of Street Lights
1980	47		11			
1981	49		14			
1982	56	128	14			
1983	70	181	47			2 229
1984	108	286	271	2.5		5 112
1985	161	371	281	2.5		6 300
1986	202	440	332	4.5	16	7 900
1987	208	455	379	4.5	16	7 900
1988	247	585	466	4.7	19	11 000
1989	257	613	537	4.7	30	11 718
1990	275	657	560	14.3	30	15 690
1991	288	635	564	14.3	37	15 800
1992	299	657	678	12.0	39	
1993	296	651	700	12.0	41	16 759
1994	335	813	841	17.0	52	17 204
1995	657	869	1 746	17.0	102	30 361
1996	737	1 124	2 092	17.0	125	32 798
1997	789	1 287	2 239	47.0	145	40 260
1998	747	1 308	2 248	119.6	164	42 534
1999	1 182	1 759	2 349	119.6	174	70 029
2000	1 198	2 182	3 158	119.6	200	76 622
2001	1 754	3 335	3 260	118.2	209	74 128

12-4　经济特区园林绿化

GREEN AREAS IN SPECIAL ECONOMIC ZONE

(1982-2001)

年　份 Year	建成区面积(平方公里) Developed Areas (sq.km)	建成区绿化覆盖面积(公顷) Coverage Green Areas in Developed Areas (hectare)	建成区绿化覆盖率(%) Coverage Rate of Green Areas in Developed Areas (%)	园林绿地面积(公顷) Total Areas of Parks,Gardens and Green Areas (hectare)	# 公共绿地面积(公顷) Public Green Areas (hectare)	人均公共绿地面积(平方米) Per Capita Public Green Areas(sq.m)
1982		1 020				
1983		1 039				
1984		1 208				
1985	48	1 418	29.54			
1986	48	1 593	33.19			
1987	58	2 181	37.60			
1988	61	2 226	36.49			
1989	61	2 284	37.44			
1990	69	2 568	37.22			
1991	72	2 542	35.31			
1992	75	2 592	34.56	2 540	1 505	12.34
1993	81	3 246	40.07	2 800	1 404	11.80
1994	84	3 688	43.90	3 192	1 798	12.19
1995	88	3 872	44.00	3 319	1 925	12.73
1996	101	4 454	44.10	18 365	2 054	12.81
1997	124	5 464	44.06	18 411	2 432	13.89
1998	129	5 689	44.00	18 503	2 565	13.89
1999	132	5 954	45.00	18 518	2 768	14.55
2000	136	6 140	45.00	18 777	2 909	14.17
2001	147	6 633	45.00	18 789	3 259	14.70

12-5　经济特区自来水供应情况

TAP WATER SUPPLY IN SPECIAL ECONOMIC ZONE

(1980-2001)

年　份 Year	自来水生产能力 (万吨/日) Tap Water Production Capacity (10 000 tons/day)	年末供水管道总长度(公里) Length of Water Supply Pipelines (year-end)(km)	供水总量 (万吨) Volume of Tap Water Supply (10 000 tons)	# 生活用水 Residential Use	生活用水人口 (万人) Population with Access to Tap Water (10 000 persons)	人均生活用水量(吨) Per Capita Consumption of Tap Water for Residential Use (ton)
1980	1.1	35	411	343		
1981	2.0	47	744	491		
1982	5.3	50	1 158	810		
1983	7.2	57	1 939	1 258		
1984	9.4	95	3 645	1 667		
1985	22.0	210	5 931	2 703		
1986	23.4	292	7 320	2 927	47.93	61.07
1987	23.7	349	8 563	3 543	54.42	65.10
1988	51.0	385	12 940	5 012	69.18	72.45
1989	57.0	450	15 589	6 021	90.55	66.49
1990	65.0	509	17 106	6 483	101.84	63.66
1991	63.0	515	17 904	5 659	110.39	51.26
1992	63.0	607	21 793	7 278	120.91	60.19
1993	92.0	702	27 390	9 516	120.48	78.98
1994	153.2	778	32 604	13 077	133.24	98.15
1995	154.2	827	33 802	13 521	149.36	90.53
1996	184.2	1 076	35 655	14 260	155.74	91.56
1997	184.2	1 170	37 540	15 020	167.70	89.56
1998	189.7	1 609	41 537	16 630	179.86	92.46
1999	189.7	1 881	43 938	16 771	187.41	89.49
2000	194.7	2 057	44 256	16 798	197.74	84.95
2001	194.7	2 190	46 038	19 976	213.49	93.57

12-6 经济特区液化石油气供应和环境卫生

LIQUEFIED PETROLEUM GAS SUPPLY AND ENVIRONMENTAL SANITATION IN SPECIAL ECONOMIC ZONE (1980-2001)

年 份 Year	液化石油气销售总量(吨) Sales Volume of Liquefied Petroleum Gas (ton)	# 家庭用量 Residential Use	用液化气人口(万人) Population with Access to Liquefied Petroleum Gas (10 000 persons)	生活垃圾粪便清运量(万吨) Volume of Garbage, Excrement and Urine Disposal (10 000 tons)	生活垃圾粪便无害化处理量(万吨) Volume of Garbage, Excrement and Urine Harmlessly Treated (10 000 tons)
1980	15	15			
1981	240	240			
1982	1 000	700			
1983	1 880	1 680			
1984	3 095	3 091			
1985	9 376	9 274			
1986	10 859	10 229			
1987	15 072	13 872			
1988	18 186	15 751			
1989	29 830	24 921			
1990	35 470	30 838			
1991	51 254	39 302			
1992	93 344	59 809		73.40	73.40
1993	152 586	60 976		71.50	71.50
1994	239 443	122 753		68.50	68.50
1995	207 854	118 192	147.74	82.30	82.30
1996	303 373	123 998	155.74	91.30	91.30
1997	353 424	134 160	167.70	82.08	82.08
1998	358 043	143 892	179.86	151.50	151.50
1999	367 244	149 928	187.41	106.55	106.55
2000	537 489	158 195	197.74	110.20	110.20
2001	493 355	166 376	213.49	121.60	121.60

12-7 主要年份经济特区气象及环境

CLIMATE AND ENVIRONMENT IN SPECIAL ECONOMIC ZONE IN MAIN YEARS

项 目	Item	1990	1995	2000	2001
一、气候	**Climate**				
平均气温(摄氏度)	Mean Air Temperature (℃)	23.0	22.5	23.4	23.6
降雨量(毫米)	Precipitation (mm)	1 396.9	2 309.8	2 533.6	2 747.3
日照时数(小时)	Sunshine Time (hour)	1 842.1	1 858.2	1 939.4	1 811.3
平均湿度(%)	Mean Relative Humidity (%)	76	74	75	74
二、环境	**Environment**				
废水排放量(万吨)	Waste Water Discharged (10 000 tons)	13 685	27 042	35 405	36 830
工业废水排放量(万吨)	Industrial Waste Water Discharged (10 000 tons)	1 552	2 185	2 649	2 202
# 符合排放标准的工业废水量(万吨)	According with Standard (10 000 tons)	1 211	1 937	2 602	2 179
工业废水处理量(万吨)	Industrial Waste Water Treated (10 000 tons)	584	2 988	5 888	
工业废气排放量(亿标立米)	Industrial Waste Gas Emission (100 000 000 cu.m)	21.52	249.64	506.33	417.89
工业废气处理量(亿标立米)	Industrial waste Gas Treated (100 000 000 cu.m)	11.53	246.53	496.54	
工业二氧化硫排放量(吨)	Industrial Sulphur Dioxide Emission (ton)	1 166	12 675	32 217	30 307
工业粉尘排放量(吨)	Industrial Dust Emission (ton)	136	17	86	55
工业粉尘回收量(吨)	Industrial Dust Retrieved (ton)	284	1 182	135	2 086
工业固体废物产生量(吨)	Industrial Solid Wastes Produced (ton)	21 914	235 400	323 226	354 700
工业固体废物处置量(吨)	Industrial Solid Wastes Treated (ton)	2 567	79 100	42 000	45 100

十三、人民生活

居民收支稳步增长　收入差距仍在拉大

——2001年深圳200户居民家庭生活情况抽样调查报告

2001年，随着国家一系列扩大内需措施的实施，如不断提高中、低收入阶层的收入水平，增加公务员工资等，深圳居民收入稳步增长，消费需求转旺。但收入差距仍在拉大，应引起有关部门的重视。

一、收入情况

1. 工资收入稳步增长

据抽样调查资料，2001年深圳城镇居民人均可支配收入为23544.24元，同比增长8.9%，剔除物价上涨因素后，居民收入实际增长11.3%，平均每一就业者实际上升13.2%。其中国有、集体和其他类型单位职工收入分别上升14.3%、34.7%和7.7%。党政机关、事业和社团等国有、集体单位职工是国家扩大内需系列政策的直接受益者。

2. 个体劳动者收入增幅居首位

个体劳动者在政府采取税收政策、简化开办手续、提供小额贷款和创业培训等措施的鼓励下，经营环境和经济效益有了较大改善。抽样调查资料显示，2001年每一个体劳动者收入为26378.75元，同比实际增幅为56.1%，收入增幅居各类就业者之首。

3. 居民财产性收入继续增加

利息、红利和出租房产收入是居民财产性收入的组成部分，也是深圳居民家庭收入的重要来源之一。随着居民收入水平的不断提高，家庭经济积累日益增加，投资保值增值成了居民生活中的头等大事。居民通过各种渠道参与投资，既支持经济建设，又分享到经济高速增长成果，为家庭增加合理经济来源。2001年，居民人均财产性收入1995.6元，同比实际增长72.7%，其中利息和红利收入分别增长2.2倍和1.2倍。

二、消费情况

2001年深圳居民消费继续呈上升态势，人均实际支出为22022.88元，同比实际上升12.2%，其中人均消费性支出17809.08元，同比实际上升6.9%。此外，因居民购房与建房支出明显增加引起非消费性支出上升41.7%。纵观全年居民消费支出情况，仍存在一些亮点。

1. 消费结构进一步优化

从调查的八大类消费支出看，居民消费结构进一步优化，主要表现在，恩格尔系数继续下降，衣着类、家庭设备用品类消费支出所占比重下降，娱乐文教服务类、居住类、医疗保健类消费支出所占比重上升，详见表1。

表1　**深圳居民八大类消费支出构成表**

项目＼年份	2001年	2000年	2001年比2000年增减（百分点）
消费性支出(%)	100.0	100.0	—
1、食品类	27.1	28.2	-1.1
2、衣着类	6.4	6.7	-0.3
3、家庭设备用品及服务	9.9	11.2	-1.3
4、医疗保健类	4.9	3.7	+1.2
5、交通通讯类	17.8	17.9	-0.1
6、娱乐文教服务类	13.6	12.8	+0.8
7、居住类	13.1	11.8	+1.3
8、杂项商品及服务类	7.3	7.6	-0.3

2. 家庭设备用品服务类支出是消费支出唯一下降项目

近年来，受需求关系影响，家电价格战愈演愈烈，家电价格虽轮番下调，但理性消费仍占主流。在生活水平显著提高的情况下，居民对家电的需求不只是商品价格，他们更注重服务、品牌与质量，尤其以洗衣机、电冰箱、空调器等普通家庭设备用品已由普及饱和转向更新换代，需求量有所下降，购买量减少实属正常。抽样调查资料表明，2001 年居民人均购买家庭设备用品及服务支出 1758.12 元，同比实际下降 5.9%，是八大类消费支出中唯一下降项目。电冰箱、空调器、热水器、组合家具、大衣柜等耐用品购买量均少于上年。

3. 医疗保健类支出增幅居首位

随着居民生活水平的提高，保健意识逐渐增强，对各类保健药品、用具等需求增加。加之实施医疗制度改革后，个人负担的医药费显著增多。常规药品价格虽有所调低，但各种进口药、检查化验费、治疗费、手术费、护理费等价格居高不下，无形中增加了居民经济负担，老百姓直叹〞病不起〞。抽样调查资料显示，2001 年居民人均医疗保健支出 870.48 元，同比实际增幅为 40.7%，高居八大类消费支出之首。

4. 娱乐文教服务类消费需求持续上升

2001 年，居民对娱乐文教服务类的消费需求持续上升，主要表现在文娱用耐用品购买量增加和教育类支出上升，两项消费支出分别比上年实际上升 14.7%和 17.1%。彩电、家用电脑、摄像机、钢琴等文娱用耐用品购买量持续增加，聘请家教、上成人大学已成为许多居民家庭日常生活的组成部分，促成居民对娱乐文教服务类消费需求持续增加。

5. 居住类支出比重不断增加

随着生活水平的提高和信贷消费意识的加强，部分有条件的居民家庭已实现了二次置业。2001 年居民人均购房与建房支出 1787.16 元，同比实际增长 1.6 倍；房屋维修、水、电和燃料等居住类支出亦随之增加，人均居住类支出 2334.84 元，同比实际增长 18.4%，占消费性支出的比重由上年的 11.8%增加到 13.1%，居住类支出比重呈不断上升态势。

6. 家用汽车价格下调，购买量增加

我国加入 WTO 后，由于预期进口轿车价格下降，国产轿车轮番降价。如今，价位在 10 万元左右的国产家用汽车备受消费者欢迎。部分有条件的居民为早日享受〞有车阶级〞的生活，纷纷加入购车行列。据抽样调查资料显示，2001 年 200 户居民家庭新购家用汽车 8 辆，比上年增加 4 辆，每辆平均单价由上年的 17.4 万元下降为 7.4 万元。至 2001 年底，百户居民拥有家用汽车 14.5 辆，比上年增加 7.5 辆。

三、个人所得税等各种税金支出增长迅速

随着收入分配制度改革的不断深化，个人所得税、利息税等各种税金支出增长迅速。2001 年居民人均个人所得税支出 266.4 元，同比实际增长 60.6%，车辆税、利息税金支出更是大幅增长，同比实际增长 3.7 倍。

四、储蓄性保险支出持续增加

由于我国社会保障体系尚在不断完善之中，加上人们对收入和支出预期存在不确定因素，具有投资与保障功能的各种储蓄性商业保险、社会保险成为居民家庭理财必不可少的组成部分。抽样调查资料显示，2001 年，居民人均储蓄性保险支出 945 元，同比实际增长 34.2%，随着保险意识的深化，投保人数将日益增加。

五、问题和建议

2001 年，居民总体收入水平和消费需求层次均有所提高，居民在普遍得到政策实惠的同时，收入差距却仍在拉大。从高低收入户的收入情况看，人均可支配收入最高收入户达 47403.12 元，最低收入户为 9970.32 元，最低收入户的人均可支配收入仅占最高收入户的 21%（上年为 19.8%）。由于收入差距拉大导致消费差距也在扩大，最低收入户人均消费性支出仅占最高收入户的 32.5%，低收入户消费水平低，生活质量也低，单是吃、住支出已占其总消费支出的 50%以上（吃的占 39%，住的占 15.8%），他们没有能力支付属享受和发展型的消费支出，只能维持基本生活需求，最低、最高收入户消费支出对比情况详见表 2。

从目前情况看，我国坚持扩大内需的方针、继续实施积极财政政策和稳健的货币政策近期内不会改变，低收入阶层的生活保障问题将会逐步得到解决落实。但是，由于我国将继续进行经济结构的战略性调整，以推动经济的持续健康发展，各项制度改革必将带来许多不确定因素，如企业转型，经济效益下降、收入减少、失业等将成为居民生活水平提高的〞拦路虎〞。因此，谨慎消费仍是大多数人的消费心态。未来，深圳居民的收支将继续保持稳中有升的发展态势。以下提供几点建议，以供参考：

第一，制定措施，鼓励和支持失业职工再就业，尤其是鼓励创业，在安全和手续齐全的条件下，向个体等小本经营的企业发放贷款，简化借款手续；

第二，继续完善社会保障体系，要确保“三条保障线”的贯彻落实，基本做到“应保尽保”；

第三，采取有效措施，提高国企经济效益，尽量避免职工收入下降，提高工薪阶层个人所得税起征点，缩小收入差距。

表 2

深圳最低、最高收入户八大类消费支出比重对比表

项　目 \ 年　份	最低收入户	最高收入户	全市平均	最低收入户比最高收入增减（百分点）
消费性支出（%）	100.0	100.0	100.0	—
1. 食品类	39.0	21.9	27.1	+17.1
2. 衣着类	4.5	6.5	6.4	-2.0
3. 家庭设备用品及服务	7.9	10.1	9.9	-2.2
4. 医疗保健类	5.6	3.9	4.9	+9.5
5. 交通通讯类	12.9	23.6	17.8	-10.7
6. 娱乐文教服务类	11.2	14.8	13.6	-3.6
7. 居住类	15.8	8.0	13.1	+7.8
8. 杂项商品及服务类	3.2	11.2	7.3	-8.0

（撰稿：周碧蓉）

13-1 职工、农民收入及储蓄

WAGES, INCOME AND SAVINGS OF STAFF AND WORKERS AND RURAL RESIDENTS

(1979-2001)

年 份 Year	职工年平均工资(元) Average Annual Wages of Staff and Workers (yuan)	国有单位 State-owned Units	集体单位 Collective-owned Units	其他单位 Other Ownership Units	农民人均纯收入(元) Per Capita Annual Net Income of Rural Residents (yuan)	人均储蓄存款(元) Per Capita Saving Deposits (yuan)
1979	769	785	688		152	118
1980	979	990	922	687	209	160
1981	1 132	1 119	1 211	1 156	230	281
1982	1 366	1 358	1 410	1 363	393	337
1983	1 545	1 571	1 470	1 528	469	403
1984	2 179	2 257	1 805	2 023	656	731
1985	2 418	2 427	1 932	2 753	750	907
1986	2 452	2 476	2 048	2 637	894	1 295
1987	2 677	2 637	3 223	3 021	1 097	1 632
1988	3 388	3 267	2 737	3 615	1 317	1 959
1989	3 858	3 917	2 855	3 733	1 622	2 045
1990	4 304	4 339	3 348	4 203	1 954	2 845
1991	5 016	4 908	3 984	5 240	2 270	3 714
1992	5 931	6 026	4 435	6 270	2 833	5 901
1993	8 145	8 854	5 681	7 633	3 050	5 937
1994	10 572	11 632	7 076	10 208	3 692	8 655
1995	12 276	13 709	7 229	12 184	4 517	13 515
1996	14 507	16 625	8 668	13 685	5 415	16 242
1997	16 531	18 515	10 320	15 872	6 256	18 641
1998	18 381	21 161	11 260	17 204	7 350	21 822
1999	20 714	23 602	13 228	19 530	8 131	23 797
2000	23 039	26 193	13 234	21 974	9 270	25 007
2001	25 941	31 187	13 427	23 981	9 869	29 298

13-2 居民家庭生活基本情况

BASIC CONDITIONS OF URBAN HOUSEHOLDS

(1985-2001)

年　份 Year	调查户数 (户) Households Surveyed (household)	平均每户家庭人口 (人) Average Persons per Household (person)	平均每户就业人口 (人) Average Employees per Household (person)	平均每一就业者负担人口 (人) Persons Supported by Each Employee (person)	平均每人每月实际收入 (元) Per Capita Mothly Real Income (yuan)
1985	100	4.07	2.28	1.78	161.26
1986	100	4.01	2.20	1.82	153.39
1987	100	3.94	2.16	1.82	176.28
1988	100	3.90	2.17	1.80	216.75
1989	100	3.92	2.16	1.82	307.21
1990	100	3.81	2.16	1.76	346.89
1991	100	3.78	2.21	1.71	383.52
1992	100	3.73	2.23	1.67	485.06
1993	100	3.59	2.14	1.68	647.91
1994	100	3.60	2.10	1.72	913.83
1995	200	3.61	2.06	1.75	1 088.62
1996	200	3.50	2.06	1.70	1 394.97
1997	200	3.46	2.03	1.70	1 596.97
1998	200	3.48	1.96	1.78	1 676.51
1999	200	3.41	1.89	1.80	1 705.56
2000	200	3.42	1.86	1.84	1 820.10
2001	200	3.43	1.82	1.88	1 988.76

13-2 续表　continued

年　份 Year	平均每人每月实际支出 (元) Per Capita Mothly Real Expenditures (yuan)	平均每人每月可支配收入 (元) Per Capita Mothly Disposable Income (yuan)	平均每人每月消费性支出 (元) Per Capita Monthly Consumption Expenditures (yuan)	平均每人年末手持现金 (元) Per Capita Year-end Holding Cash (yuan)
1985	159.68	159.57	149.20	116.52
1986	144.71	151.45	134.82	126.65
1987	170.66	174.28	159.30	80.01
1988	209.14	214.10	195.45	143.10
1989	326.24	304.71	256.59	263.71
1990	340.85	343.95	305.92	323.63
1991	454.18	380.31	347.98	404.10
1992	459.20	481.94	419.54	505.19
1993	583.38	644.72	515.97	630.15
1994	925.14	911.27	825.43	968.70
1995	1 056.66	1 088.22	943.86	1 232.33
1996	1 270.13	1 393.97	1 123.00	1 478.41
1997	1 440.57	1 589.23	1 258.53	1 186.08
1998	1 562.06	1 657.16	1 286.35	921.36
1999	1 536.09	1 686.70	1 229.48	923.08
2000	1 672.32	1 802.14	1 418.89	970.42
2001	1 835.24	1 962.02	1 484.09	1 040.62

13-3 不同收入水平家庭人均每月消费情况

PER CAPITA MONTHLY CONSUMPTION OF HOUSEHOLD GROUPED BY LEVEL OF INCOME

(2001)

单位：元 (yuan)

项目	Item	总平均 Average	最低收入户 Lowest Income (First Decile)	低收入户 Low Income (Second Decile)	中等偏下户 Medium-low Income (Second Quintite)
消费性支出合计	**Total Consumption Expenditures**	**1 484.09**	**833.20**	**1 008.69**	**1 359.09**
一、食品	Food	402.34	324.68	360.28	353.19
# 粮食	Grain	30.41	25.65	27.06	27.65
油脂类	Oil or Fat	6.85	6.77	6.18	7.41
肉禽及制品类	Meal,Poultry and Related Products	86.06	77.34	76.56	78.32
蛋类	Eggs	20.33	6.28	3.67	4.04
水产品	Aquatic Products	36.45	32.47	33.31	31.93
菜类、糖烟酒及饮料	Vegetable, Sugar,Tobacco, Liquor and Beverages	66.67	57.84	60.60	54.57
干鲜瓜果	Dried and Fresh Melons and Fruits	26.86	25.87	13.62	24.00
糕点、鲜奶及制品	Cake, Fresh Milk and Products	26.97	15.69	19.21	26.92
外餐消费	Dining Out	99.40	65.73	106.07	81.63
二、衣着支出	Clothing	94.48	37.20	39.38	86.89
# 服装	Garments	72.30	27.19	29.20	67.28
衣着材料	Clothing Materials	0.31		0.13	0.28
鞋袜帽及其它	Shoes, Socks,Hats and others	21.68	10.00	10.00	19.27
三、家庭设备用品及服务	Household Facilities, Articles and Services	146.51	65.84	82.41	143.54
# 耐用消费品	Durable Consumer Goods	82.19	35.29	50.77	92.01
室内装饰品	Interior Decorations	5.86	0.17	0.96	6.10
床上用品	Bed Articles	5.53	2.58	2.33	5.98
家庭日用杂品	Daily Use Household Articles	30.02	19.15	14.23	25.00
四、医疗保健	Medicine and Medical Services	72.54	46.25	35.10	75.61
五、交通和通讯	Transportation and Communication	263.51	107.68	103.75	252.92
1、交通	Transportation	144.24	47.67	40.47	145.10
2、通讯	Communication	119.27	60.01	63.28	107.82
六、娱乐教育文化服务	Recreation, Education and Cultural Services	201.90	93.55	147.36	171.51
1、文娱用耐用消费品	Recreational Durable Consumer Goods	50.44	7.84	27.84	57.00
2、教育	Education	106.07	68.36	89.94	84.64
3、文化娱乐	Recreation	45.39	17.35	29.58	29.86
七、居住	Residence	194.57	131.67	207.83	197.80
# 房租	Rent	79.52	61.12	124.88	72.28
水、电、燃料及其他	Water, Electricity, Fuels and Others	104.83	70.42	81.96	99.85
八、杂项商品和服务	Other Articles and Services	108.23	26.33	32.57	77.63
# 个人用品	Personal Articles	26.80	8.88	9.64	16.08
个人服务	Personal Services	7.30	1.93	1.10	3.76
旅游	Travel	52.17	7.50	13.85	41.95

项 目	Item	中等收入户 Medium Income (Third Quintite)	中等偏上户 Medium-high Income (Fourth Quintite)	高收入户 High Income (Ninth Decile)	最高收入户 Highest Income (Tenth Decile)
消费性支出合计	**Total Consumption Expenditures**	**1 419.07**	**1 692.61**	**1 940.15**	**2 567.33**
一、食品	Food	368.12	460.91	483.35	562.66
# 粮食	Grain	27.80	31.65	38.94	43.62
油脂类	Oil or Fat	5.73	5.90	9.02	9.17
肉禽及制品类	Meal,Poultry and Related Products	80.81	8.79	8.29	115.93
蛋类	Eggs	4.53	4.81	4.52	5.02
水产品	Aquatic Products	29.85	42.08	44.97	52.70
菜类、糖烟酒及饮料	Vegetable, Sugar, Tobacco, Liquor and Beverages	64.42	77.09	78.11	88.25
干鲜瓜果	Dried and Fresh Melons and Fruits	28.07	33.24	28.58	32.77
糕点、鲜奶及制品	Cake, Fresh Milk and Products	25.25	30.40	35.81	40.72
外餐消费	Dining Out	82.59	120.46	127.82	150.54
二、衣着支出	Clothing	101.06	115.43	128.71	167.14
# 服装	Garments	76.20	88.69	100.40	128.93
衣着材料	Clothing Materials	0.33	0.68	0.18	0.36
鞋袜帽及其它	Shoes, Socks, Hats and others	24.49	25.72	27.76	37.06
三、家庭设备用品及服务	Household Facilities, Articles and Services	137.40	183.95	177.02	258.15
# 耐用消费品	Durable Consumer Goods	68.10	108.89	91.87	129.32
室内装饰品	Interior Decorations	9.47	3.76	9.68	11.52
床上用品	Bed Articles	6.26	6.41	8.11	6.27
家庭日用杂品	Daily Use Household Articles	35.50	38.89	32.61	41.87
四、医疗保健	Medicine and Medical Services	67.94	77.90	119.69	101.05
五、交通和通讯	Transportation and Communication	279.53	274.21	309.59	605.50
1、交通	Transportation	164.48	141.23	104.64	408.82
2、通讯	Communication	115.05	132.99	204.96	196.69
六、娱乐教育文化服务	Recreation, Education and Cultural Services	171.65	257.86	273.14	380.90
1、文娱用耐用消费品	Recreational Durable Consumer Goods	43.55	74.31	50.95	86.41
2、教育	Education	91.95	118.93	141.73	205.35
3、文化娱乐	Recreation	36.15	64.62	80.46	89.14
七、居住	Residence	195.12	209.00	217.23	204.34
# 房租	Rent	80.13	85.44	58.43	74.76
水、电、燃料及其他	Water, Electricity, Fuels and Others	100.83	117.05	157.55	124.72
八、杂项商品和服务	Other Articles and Services	98.25	113.33	231.43	287.59
# 个人用品	Personal Articles	32.50	23.49	43.22	78.11
个人服务	Personal Services	8.29	10.61	9.65	19.53
旅游	Travel	33.06	59.94	135.81	135.87

13-4 不同收入水平家庭人均每月现金收支情况

PER CAPITA MONTHLY CASH INCOME AND EXPENDITURE OF HOUSEHOLD GROUPED BY LEVEL OF INCOME (2001)

单位：元 (yuan)

项目	Item	总平均 Average	最低收入户 Lowest Income (First Decile)	低收入户 Low Income (Second Decile)	中等偏下户 Medium-low Income (Second Quintite)
一、调查户数(户)	Households Surveyed (household)	200	20	20	40
比重(%)	Proportion (%)	100	10	10	20
二、平均每户家庭人口(人)	Average Household Size (person)	3.43	4.15	3.55	3.62
平均每户就业人口(人)	Average Employees per Household (person)	1.82	1.70	1.73	1.79
平均每户就业面(%)	Percentage of Employees per Household(%)	53.0	40.9	48.7	49.4
平均每一就业者负担人口(人)	Persons Supported by Each Employee (person)	1.88	2.44	2.05	2.02
三、期初手存现金	Holding Cash at the Beginning	768.24	453.24	784.32	693.48
四、现金收入	Cash Income	2 962.04	1 031.58	1 614.50	2 242.35
(一)实际收入	Real Income	1 988.76	838.14	1 133.77	1 471.46
# 可支配收入	Disposable Income	1 962.02	830.86	1 124.27	1 458.28
1. 国有单位职工工资性收入	Wages of Staff and Workers in State-owned Units	1 122.36	318.27	526.59	794.38
2. 国有单位职工非工资性收入	Other Income of Staff and Workers in State-owned Units	65.12	21.40	14.04	29.07
3. 集体单位职工工资性收入	Wages of Staff and Workers in Collective-owned Uints	113.01	96.75	98.42	101.85
4. 集体单位职工非工资性收入	Other Income of Staff and Workers in Collective-owned Uints	4.58	0.10	4.34	2.99
5. 其他经济类型单位职工工资	Wages of Staff and Workers in Other Ownership Units	245.08	75.34	77.35	268.45
6. 个体经营者净收入	Net Income of Individual Employers	79.98	65.03	182.17	49.69
7. 个体被雇者收入	Income of Individual Employees	5.26	20.06	27.32	
8. 离退休人员再就业者收入	Income of Reemployed Retirees	0.84			3.97
9. 其他就业者收入	Income of Other Employees	1.28	10.53		
10. 其他劳动收入	Part-time Income	6.80	10.08		2.03
11. 财产性收入	Property Income	166.30	112.59	142.05	112.29
12. 转移性收入	Transfor Income	178.14	107.99	61.48	106.74
# 离退休金	Pension	110.60	62.02	18.90	77.37
赠送收入	Income of Gifts	30.37	18.67	23.17	10.81
(二)借贷收入	Credit Income	973.28	193.44	480.74	770.89
五、现金支出	Cash Expenditure	2 891.05	1 036.24	1 643.48	2 158.88
(一)实际支出	Real Expenditure	1 835.25	886.57	1 077.91	1 538.16
1. 消费性支出	Consumption Expenditure	1 484.09	833.20	1 008.69	1 359.09
2. 非消费性支出	Nonconsumption Expenditure	351.16	53.37	69.22	179.07
# 赡养支出	Expenditure for Support	70.86	22.81	18.78	39.40
赠送支出	Expenditure of Gifts	82.64	25.56	41.38	59.08
(二)借贷支出	Expenditure for Credit	1 055.81	149.67	565.57	620.73
六、期末手存现金	Holding Cash at the End	1 040.62	584.88	689.76	733.44

13-4 续表 continued

项目	Item	中等收入户 Medium Income (Third Quintite)	中等偏上户 Medium-high Income (Fourth Quintite)	高收入户 High Income (Ninth Decile)	最高收入户 Highest Income (Tenth Decile)
一、调查户数(户)	Households Surveyed (household)	40	40	20	20
比重(%)	Proportion (%)	20	20	10	10
二、平均每户家庭人口(人)	Average Household Size (person)	3.55	3.24	2.9	2.85
平均每户就业人口(人)	Average Employees per Household (person)	1.88	1.88	1.92	1.71
平均每户就业面(%)	Percentage of Employees per Household(%)	52.9	58.0	66.2	60.0
平均每一就业者负担人口(人)	Persons Supported by Each Employee (person)	1.89	1.72	1.51	1.67
三、期初手存现金	Holding Cash at the Beginning	853.20	766.32	954.72	1 000.44
四、现金收入	Cash Income	2 714.77	3 629.05	4 378.60	6 944.54
(一)实际收入	Real Income	1 910.81	2 472.01	3 086.09	4 026.60
#可支配收入	Disposable Income	1 891.78	2 435.65	3 027.77	3 950.26
1. 国有单位职工工资性收入	Wages of Staff and Workers in State-owned Units	1 186.23	1 361.74	2 465.80	1 800.00
2. 国有单位职工非工资性收入	Other Income of Staff and Workers in State-owned Units	41.97	92.23	175.50	167.98
3. 集体单位职工工资性收入	Wages of Staff and Workers in Collective-owned Uints	23.85	216.98	168.53	112.87
4. 集体单位职工非工资性收入	Other Income of Staff and Workers in Collective-owned Uints		10.50	10.31	7.60
5. 其他经济类型单位职工工资	Wages of Staff and Workers in Other Ownership Units	205.11	313.52	17.82	817.46
6. 个体经营者净收入	Net Income of Individual Employers	50.44	107.73		
7. 个体被雇者收入	Income of Individual Employees				
8. 离退休人员再就业者收入	Income of Reemployed Retirees				
9. 其他就业者收入	Income of Other Employees				
10. 其他劳动收入	Part-time Income	7.0	11.42	13.49	4.85
11. 财产性收入	Property Income	211.89	170.73	64.91	391.64
12. 转移性收入	Transfor Income	184.32	187.15	169.73	579.87
#离退休金	Pension	142.40	126.80	86.43	288.70
赠送收入	Income of Gifts	32.56	30.41	48.59	82.03
(二)借贷收入	Credit Income	803.96	1 157.04	1 292.51	2 917.94
五、现金支出	Cash Expenditure	2 615.60	3 542.25	4 226.60	6 858.96
(一)实际支出	Real Expenditure	1 770.98	1 991.24	2 865.84	3 673.98
1. 消费性支出	Consumption Expenditure	1 419.07	1 692.61	1 940.15	2 567.33
2. 非消费性支出	Nonconsumption Expenditure	351.92	298.63	925.69	1 106.65
#赡养支出	Expenditure for Support	92.48	75.94	151.13	138.65
赠送支出	Expenditure of Gifts	77.92	95.00	146.11	196.32
(二)借贷支出	Expenditure for Credit	844.61	1 551.01	1 360.76	3 184.98
六、期末手存现金	Holding Cash at the End	1 079.88	1 281.84	2 192.52	1 061.40

13-5 主要年份居民家庭人均每月主要商品购买量

PER CAPITA MONTHLY PURCHASES OF PRINCIPAL GOODS OF URBAN HOUSEHOLDS IN MAIN YEARS

品　名	Item	1985	1990	1995	2000	2001
粮食(千克)	Grain (kg)	9.22	8.58	8.00	7.17	7.00
食油(千克)	Edible Oil (kg)	0.64	0.67	0.60	0.60	0.60
鲜菜(千克)	Fresh Vegetable (kg)	9.86	8.76	8.60	8.60	8.80
猪肉(千克)	Pork (kg)	2.58	1.90	1.80	1.70	1.60
牛羊肉(千克)	Beef and Mutton (kg)	0.10	0.12	0.10	0.13	0.10
家禽(千克)	Poultry (kg)	0.59	0.97	0.90	1.30	1.40
鲜蛋(千克)	Fresh Eggs (kg)	0.64	0.61	1.30	0.80	0.70
鱼　(千克)	Fishes (kg)	1.63	1.38	1.50	1.50	1.50
食糖(千克)	Sugar (kg)	0.27	0.23	0.10	0.10	0.10
卷烟(盒)	Cigarettes (box)	2.18	1.10	1.20	1.10	1.20
茶叶(千克)	Tea (kg)	0.02	0.02	0.01	0.01	0.01
白酒(千克)	Liquor (kg)	0.16	0.05	0.05	0.05	0.05
啤酒(千克)	Beer (kg)	0.20	0.09	0.20	0.20	0.20
鲜果(千克)	Fresh Fruits (kg)	2.01	1.89	3.20	4.80	4.30
糕点(千克)	Cake (kg)	0.32	0.23	0.30	0.30	0.30
鲜奶(千克)	Milk (kg)	0.06	0.08	0.20	0.90	1.00

13-6 主要年份居民家庭平均每百户拥有耐用消费品

POSSESSION OF DURABLE CONSUMER GOODS PER 100 URBAN HOUSEHOLDS IN MAIN YEARS

品　名	Item	1985	1990	1995	2000	2001
自行车(辆)	Bicycle	168	220	149	116.0	101.5
缝纫机(架)	Sewing Machines	58	65	46	35.0	28.0
电风扇(台)	Electric Fans	213	330	260	235.5	236.5
洗衣机(台)	Washing Machines	69	88	96	98.0	104.5
电冰箱(台)	Household Refrigerators	69	97	99	101.0	105.5
彩电(台)	Color TV Sets	80	109	124	160.0	163.5
摩托车(辆)	Motorcycles		4	13	29.5	31.0
照相机(架)	Cameras	25	51	69	93.5	88.0
电炊具(个)	Electric Cookers	108	95	80	85.5	88.0
立体声收录机(台)	Stereo Radio Cassette Players		27	23	60.0	60.5
组合音响(套)	Stereo Systems		36	41	59.5	63.5
中高档乐器(件)	Medium and High-Grade Musical Instruments	6	21	15	14.5	10.0
空调器(台)	Air Conditioners		26	106	207.0	218.5
录相机(台)	Video Recorders		27	39	37.0	33.0
微型计算机(台)	Personal Computers				54.0	71.0
健身器材(台)	Fitness Appliances				16.5	18.5
移动电话(部)	Mobile Telephone				93.0	152.0
家用汽车(辆)	Household Cars				7.0	14.5
影碟机(台)	VCD Player				65.0	73.5

13-7 不同收入水平家庭人均每月主要商品购买量

PER CAPITA MONTHLY PURCHASES OF PRINCIPAL GOODS IN URBAN HOUSEHOLD GROUPED BY LEVEL OF INCOME (2001)

品名	Item	总平均 Average	最低收入户 Lowest Income (First Decile)	低收入户 Low Income (Second Decile)	中等偏下户 Medium-low Income (Second Quintite)	中等收入户 Medium Income (Third Quintite)	中等偏上户 Medium-high Income (Fourth Quintite)	高收入户 High Income (Ninth Decile)	最高收入户 Highest Income (Tenth Decile)
粮食(千克)	Grain (kg)	7.00	6.60	6.70	6.50	6.40	7.10	8.50	10.40
食油(千克)	Edible Oil (kg)	0.60	0.60	0.60	0.70	0.50	0.50	0.90	0.90
鲜菜(千克)	Fresh Vegetable (kg)	8.80	8.70	8.70	7.50	8.10	9.70	9.00	12.50
猪肉(千克)	Pork (kg)	1.60	1.60	1.50	1.50	1.50	1.60	1.80	2.30
牛羊肉(千克)	Beef and Mutton (kg)	0.10	0.11	0.11	0.11	0.11	0.21	0.21	0.11
家禽(千克)	Poultry (kg)	1.40	1.20	1.10	1.40	1.40	1.50	1.60	1.90
鲜蛋(千克)	Fresh Eggs (kg)	0.70	0.60	0.60	0.60	0.70	0.70	0.70	0.80
鱼 (千克)	Fishes (kg)	1.50	1.50	1.40	1.20	1.20	1.60	1.80	2.20
食糖(千克)	Sugar (kg)	0.10	0.10	0.10	0.10	0.10	0.10	0.10	0.10
卷烟(盒)	Cigarettes (box)	1.20	1.00	1.00	0.70	1.70	1.30	1.30	1.80
茶叶(千克)	Tea (kg)	0.01	0.01	0.01	0.01	0.01	0.01	0.01	0.01
白酒(千克)	Liquor (kg)	0.05	0.05	0.05	0.05	0.05	0.10	0.05	0.10
啤酒(千克)	Beer (kg)	0.20	0.20	0.20	0.20	0.40	0.30	0.20	0.40
鲜果(千克)	Fresh Fruits (kg)	4.30	4.70	2.30	4.10	4.60	4.80	4.00	5.00
糕点(千克)	Cake (kg)	0.30	0.30	0.20	0.30	0.40	0.30	0.40	0.50
鲜奶(千克)	Milk (kg)	1.00	0.50	0.60	1.00	1.00	1.20	1.10	1.00

13-8 城镇居民家庭平均每百户年底主要耐用消费品拥有量

YEAR-END POSSESSION OF MAIN DURABLE CONSUMER GOODS PER 100 URBAN HOUSEHOLDS (2001)

品名	Item	总平均 Average	最低收入户 Lowest Income (First Decile)	低收入户 Low Income (Second Decile)	中等偏下户 Medium-low Income (Second Quintite)	中等收入户 Medium Income (Third Quintite)	中等偏上户 Medium-high Income (Fourth Quintite)	高收入户 High Income (Ninth Decile)	最高收入户 Highest Income (Tenth Decile)
自行车(辆)	Bicycle	101.5	120.0	115.0	122.5	77.5	107.5	75.0	90.0
缝纫机(架)	Sewing Machines	28.0	25.0	25.0	27.5	27.5	25.0	25.0	45.0
电风扇(台)	Electric Fans	236.5	250.0	240.0	217.5	220.0	270.0	225.0	235.0
洗衣机(台)	Washing Machines	104.5	85.0	85.0	120.0	100.0	107.5	110.0	110.0
电冰箱(台)	Household Refrigerators	105.5	95.0	95.0	97.5	107.5	112.5	120.0	110.0
彩电(台)	Color TV Sets	163.5	120.0	120.0	152.5	175.0	175.0	185.0	205.0
摩托车(辆)	Motorcycles	31.0	25.0	25.0	25.0	42.5	32.5	25.0	35.0
照相机(架)	Cameras	88.0	45.0	60.0	72.5	105.0	95.0	125.0	105.0
电炊具(个)	Electric Cookers	88.0	65.0	70.0	67.5	102.5	97.5	70.0	140.0
健身器材(台)	Fitness Appliances	18.5		5.0	22.5	17.5	30.0	25.0	15.0
移动电话(部)	Mobile Telephone	152.0	75.0	90.0	127.5	167.5	185.0	220.0	175.0
微波炉(台)	Microwave Ovens	50.0	10.0	20.0	47.5	57.5	57.5	70.0	75.0
立体声收录机(台)	Stereo Radio Cassette Players	60.5	60.0	40.0	72.5	57.5	57.5	60.0	70.0
组合音响(套)	Stereo Systems	63.5	40.0	45.0	55.0	77.5	67.5	70.0	80.0
中高档乐器(件)	Medium and High-Grade Musical Instruments	10.0	5.0		2.5	15.0	17.5	15.0	10.0
空调器(台)	Air Conditioners	218.5	125.0	140.0	202.5	225.0	235.0	290.0	305.0
录放像机(台)	Video Recorders	33.0	20.0	10.0	22.5	42.5	42.5	40.0	45.0
微型计算机(台)	Personal Computers	71.0	50.0	55.0	67.5	80.0	72.5	85.0	80.0

13-9 居民物质文化生活提高情况

IMPROVEMENT IN RESIDENTS′ MATERIAL AND CULTURAL LIFE

项 目	Item	1985	1990	1995	2000	2001
就业	**Employment**					
城镇登记失业率(%)	Urban Unemployment Rate(%)			2.44		2.47
收入	**Income**					
人均实际收入(元)	Per Capita Real Income (yuan)	1 935.12	4 162.68	13 063.44	21 841.20	23 865.12
人均可支配收入(元)	Per Capita Disposable Income (yuan)	1 914.84	4 127.40	13 058.64	21 625.68	23 544.24
基尼系数(%)	Gini coefficient (%)	0.17	0.19	0.28	0.30	0.30
支出	**Expenditure**					
人均实际支出(元)	Per Capita Real Expenditure (yuan)	1 916.16	4 090.20	12 679.92	20 067.84	22 022.88
人均消费性支出(元)	Per Capita Consumption Expenditure (yuan)	1 790.40	3 671.04	11 326.32	17 026.68	17 809.08
恩格尔系数(%)	Engel Coefficient (%)	47.5	47.2	39.9	28.2	27.1
储蓄	**Savings**					
人均储蓄存款余额(元)	Per Capita Balance of Saving Deposit (yuan)	907	2 845	13 515	25 007	29 298
居住	**Residence**					
人均居住面积(平方米)	Per Capita Living Space (sq.m)	7.9	10.4	12.8	17.4	17.4
通讯	**Telecommunication**					
每百人拥有电话(部)	Number of Telephone Sets per 100 Persons		10	28	93	129.5
城市公用事业	**Public Utilities in Urban Areas**					
人均生活用电量(度)	Per Capita Residential Electicity Consumption(kwh)		237	370	797	782
自来水普及率(%)	Rate of Access to Tap Water(%)				97.0	97.5
教育娱乐	**Education and Recreation**					
人均娱乐教育支出(元)	Per Capita Education and Recreation Expenditure (yuan)	182.60	244.20	1 325.56	2 187.00	2 422.80
#娱乐用品及服务	Recreational Articles and Services	134.62	140.84	665.21	746.16	605.28
教育费	Education	26.16	83.28	472.32	1 111.56	1 272.84
书报杂志费	Books, Newspaper and Magazines	4.56	8.40	53.52	88.68	79.20
卫生	**Public Health**					
每万人拥有医生数(人)	Number of Doctors per 10 000 Persons (person)	21	17	18	17	17
每万人拥有医院病床(张)	Number of Hospital Beds per 10 000 Persons	21	15	19	23	23

十四、企业景气状况

2001年深圳市企业景气走势回顾和2002年展望

2001年，国际局势动荡不安，全球经济增长大幅放缓，美国经济结束了近10年的强劲增长期而步入衰退，日本、欧盟等地区经济普遍不景气，经济外向度较高的深圳经济遇到了自亚洲金融危机以来最为严峻的考验。面对极为不利的外部环境，市委、市政府认真贯彻实施国家积极的财政政策，同时审时度势，采取了一系列措施，促进经济的发展，广大企业积极应对，努力拼搏，全市经济在逆势中保持了平稳的增长态势。全年实现国内生产总值1954.65亿元，比上年增长13.2%。企业景气调查显示：2001年深圳企业生产经营保持在良好的景气区间，全年企业景气指数呈前低后高的走势，总体水平略低于上年；订单不足，是影响企业景气的主要原因；受国际市场影响较小的个别行业表现出勃勃生机；在风云变幻的国际形势氛围中，企业家对经济前景持谨慎态度的增多，企业家信心指数低于上年同期水平5.3—14.4个百分点。

2001年企业景气总体态势

一、企业家对宏观经济乐观度减低

调查显示，2001年深圳企业受外部环境的不利因素冲击较大，企业家对宏观经济乐观度明显减低。在接受调查的企业中，尽管对宏观经济持乐观态度者仍大比例超过不乐观者，但持谨慎态度的逐渐增多，企业家信心指数从一季度起回调，年内四个季度总体呈下降走势，打破了前两年连续7个季度稳步上扬的格局。第四季度，对宏观经济持“乐观”态度的占35.9%，比上年同期减少7.9个百分点；持“不乐观”态度的占13.3%，同比增加6.5个百分点；认为宏观经济状况“一般”的占50.8%，同比增加1.4个百分点，全市企业家信心指数为122.6点，同比下降了14.4点（见图1）。

在各行业中，工业企业的企业家信心指数降幅较大。一蹶不振的美、日经济拖累了全球经济，对全市工业不可避免地带来一定冲击，首当其冲的是制造业中的加工贸易企业，订单大幅减少，企业生产不足，直接影响了企业家对经济形势的看法。与2000年四季度相比，2001年一季度全市工业企业家信心指数下降15.9点，为129.1点，进入四季度，该指数更下降至119.0点，持乐观看法的企业家下降了一成。

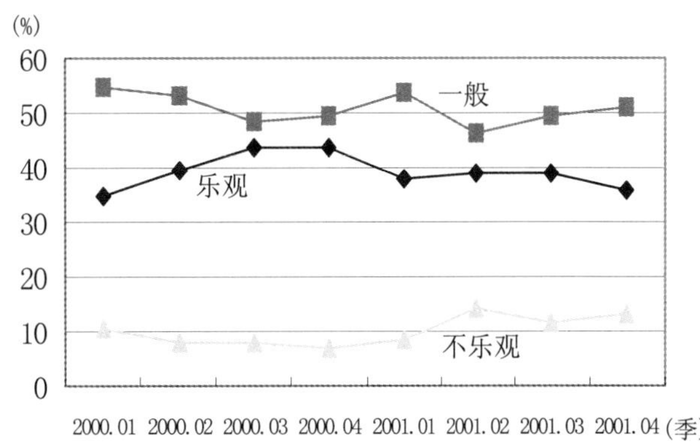

图1 企业家对宏观经济形势看法对比图示

与2000年相比，企业家信心指数下降的行业还有社会服务业、批发零售贸易餐饮业。而房地产业受房地产开发投资快速增长，市场需求上升影响，企业家对行业的宏观面持乐观看法的持续增多，四个季度的企业家信心指数持续上升，在各行业中遥遥领先，第四季度指数值达165.5点，比上年同期上升了34.9点。建筑业企业家信心指数与上年基本持平，交通运输、仓储、邮电通信业前三个季度信心指数值较高，第四季度回落15.7个百分点。六大行业企业家信心指数见表1。

二、企业景气度逐季上升，总体景气状况略低于上年

调查显示，2001年深圳企业生产经营仍处在较好的景气区间，景气指数除一季度受工业企业景气大幅回落影响而下滑外，其余三个季度呈上升走势。各季度企业景气指数比上年同期低0.6—7.3点。显示企业总体景气状况略低于上年（见图2）。

第四季度企业景气指数为135.7点，接受调查的企业中，认为本企业综合生产经营状况“良好”的占46.4%，比上年同期下降了5.0个百分点，认为“不佳”的占10.7%，同比提高了2.4个百分点，认为“一般”的占42.9%，同比提高2.6点。

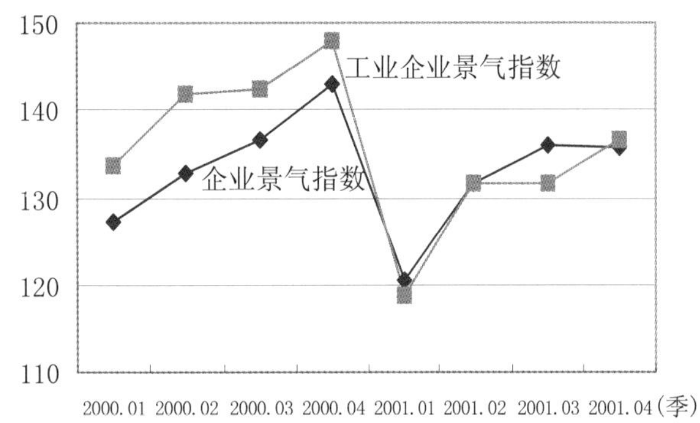

图2 企业景气走势图示

1. 六大行业保持景气态势

工业　工业是全市经济的主导力量，工业企业景气状况对全市企业景气指数起较大的影响作用。2001年国际市场变化对深圳工业影响较大，最直接的反映是企业订单减少，四个季度的企业订单景气度分别为95.4、105.4、105.6、106.3点，比上年同期分别减少8.4、13.6、13.8、19.6点，企业生产景气亦同步下降。一季度在全市工业中占重要地位的电子及通讯设备制造业受美国经济下滑，全球性IT产业萎缩影响产品订货景气指数和生产总量景气指数分别比上季度下降41.3和55.6点，全市工业企业景气指数下降29.3点，为118.7点。随着政府和企业在优化投资环境、开拓市场的积极举措作用下，企业生产经营状况不断改善，企业景气逐步走强。同时，由于全市电子信息产业的快速发展，良好的配套环境和成本优势吸引了不少国际性大公司将生产线或订单从其他国家和地区转移来深圳，全市的IT产业逆转而上，成为全市工业稳步、快速发展的重要力量。二、三、四季度的工业企业景气指数分别为131.7、131.7、136.6点，带动全市企业景气稳步向上。

建筑业　2001年建筑业整体走势强于上年，四个季度的企业景气指数均高于上年同期水平。一季度受春节长假影响，企业景气回落，二季度起持续上升。素有“全国排头兵”之称的装修装饰业保持良好的景气态势，地产开发投资快速增长以及商品房热销带动该行业景气稳步攀升。

交通运输仓储邮电通信业　总体保持较好的运行态势，全年四个季度企业景气指数分别为126.1、132.3、157.7、123.2点，保持在较好的景气区间，其中第三季度由于受全国电信资费调整，业务量景气快速上升，带动整个行业企业景气指数冲高25.4点，创下三年来新高，第四季度回落。从交通运输大类来看，铁路运输和航空运输的企业景气好于公路运输和水上运输，但各种类型企业经营状况均处在景气区间。

批发零售贸易餐饮业　全年商品销售景气走势由高至低，与全市消费市场从年初热闹非凡到年末渐趋平静相吻合。一季度受春节假日消费拉动和国家对购物卡限期消费政策影响，全市消费市场空前活跃，商品销售景气指数高达146.2点，年末随着我国加入WTO，即将打开市场大门，人们对大宗商品持持币观望的态度。虽然居民收入水平有所提高，但受经济环境复杂多变以及股市低迷影响，市民的消费欲望有所降低，四季度商品销售景气指数从三季度的125.0点降至109.3点。在商品出口方面，受外部环境影响，2001年商贸企业商品出口景气指数低于上年同期水平，从全年走势来看，一季度景气值最低，为91.9点，二季度在政府放宽进出口审批条件、加快出口退税等措施作用下，景气回升并达年内最高值136.9点，三、四季度在低景气区波动，景气指数分别为107.9点和114.7点。

房地产业　2001年房地产业保持强劲的增长势头，企业景气持续上升并连攀新高，四个季度的企业景气指数分别为132.5、152.6、158.7、165.4点，除第一季度低于批发零售贸易餐饮业外，其余三个季度均居各行业之首，成为推动企业景气持续走强的重要力量。房地产市场的日渐成熟和规范，楼盘素质的不断提高，企业促销手段的多元化，激发了来深创业和二次置业的市民看楼、买楼的热情。据统计，2001年全市商品房销售面积比上年增加15%，商品房销售价格景气和企业盈利景气不断提升，在六大行业同类指标中遥遥领先。

社会服务业　2001年社会服务业企业景气呈稳中有升态势，从全年走势来看，下半年在旅游业和会展经济的带动下，景气提升较高（见表3）。

2. 企业生产经营成本降低，盈利景气提升

调查显示，2001年深圳企业在控制生产经营成本，提高产品质量和附加值上取得成效，企业盈利景气继续提升，第三季度达到三年来最好水平123.7点。在各行业中，房地产业企业盈利景气最佳，建筑业景气提升幅度最大，工业企业盈利景气保持上升趋势（见表4、表5）。

3. 企业固定资产投资景气持平

2001年企业固定资产投资保持景气态势，景气

度与上年基本持平。在各行业中，工业企业受生产景气下降影响，固定资产投资景气度低于上年同期水平，交通运输仓储邮电通信业和房地产业则保持较好的景气状态，各季度景气值高于全市平均水平（见表6）。

4. 企业资金状况有所好转

近两年在投融资体制改革及银行信贷支持下，企业流动资金短缺状况有所好转。全市企业流动资金景气指数呈缓慢上升态势，2001年一季度突破景气临界点进入景气区间，此后三个季度在微景气区内缓步上行。第四季度受调查企业中，有31.7%认为本企业流动资金“充足”，45.7%认为资金状况“一般”，22.6%认为“不足”。从行业来看，与一年前相比，除建筑业由于受“三角债”困扰，资金短缺状况仍很严重外，其余行业均有所好转（见表7）。

5. 不同行业劳动力需求景气不同

2001年全市企业劳动用工需求景气有小幅提升，第三季度达到三年来新高108.2点后，走势回落。由于各行业景气状况不同，企业的劳动力需求呈不同的景气状态（见表8）。与上年同期相比，工业企业的劳动力需求景气指标有所回落，建筑业、房地产业景气上升，其余行业前三个季度上升，第四季度回落。

6. 价格景气走势仍然低迷

2001年企业产品销售价格和业务收费价格景气走势仍旧低迷，除房地产业商品房销售价格景气指数上升至景气区间外，其余行业均处在不景气区间。工业的景气度最低，批发零售贸易餐饮业次之，显示市场有效需求仍然不足，企业竞争压力较大。

2002年企业景气展望

从当前国内外经济环境和企业景气调查的情况来看，2002年企业面临的宏观环境仍比较严峻，经济运行的国际、国内环境将更为复杂。首先，美国经济与世界经济减速运行的格局短期内不会改变，经济学家最乐观的估计是，美国经济在年中出现缓慢的复苏，美国经济从复苏到增加国外订单还有一个时滞期（先消化本地库存）。受美国经济拖累，与其经济联系密切的其他国家和地区经济普遍不景气，因此，2002年国际市场需求疲软，订单不足，将是制约全市经济发展的一个重要因素，企业的生产和销售景气仍将受到一定程度的影响。其次，中国加入世贸后，原来受限制的外资企业和外国产品将陆续进入国内市场，市场的产品结构、价格结构和竞争主体将随之发生巨大的变化，由于不少企业的生产规模、产品质量、服务质量和技术水平与发达国家存在较大的差距，企业面临的挑战是巨大的，特别是长期受关税和许可证保护的行业和产品将受到更大的冲击。再次，从国内环境来看，国内沿海和珠三角一带经济快速发展，产业的趋同性使竞争日趋激烈；市场消费需求仍然不足，商品供过于求，价格低迷。国际经济不景气势必影响到国内企业的经营情况，就业的稳定与否，收入的多寡，都将影响市民的消费倾向，同时随着国企改革、社会保障体制改革、住房制度改革、教育制度改革等一系列改革的不断深入，市民对未来收入和支出的不确定感增强，也将影响消费需求的增长。消费需求不振，企业产品价格低迷，盈利空间缩小，反过来又会影响企业的投资意愿，影响企业发展的后劲。

在看到不利因素的同时，也要看到企业发展的有利条件。首先，国家的政策导向有利于企业的发展。2002年国家仍将继续执行积极的财政政策，并把“增加城乡居民收入，培育国内消费需求”放在经济工作的首位，外需不足内需补，从宏观政策上保证企业有一个较好的发展环境。其次，中国“入世”和“申奥”成功，增强人们了对中国未来经济稳定发展的信心。再次，加入世贸也将为企业带来新的机遇，企业将获得更大的市场空间，地方保护、部门和行业垄断将逐渐取消，竞争环境将更加公平、规范，原已开放的传统的劳动密集型企业受关税、配额减让将获得更大的发展，外资的进入有利于企业吸收、引进国外先进的技术和管理理念，促进产业结构调整，外商直接投资的增加，将带动国内投资需求的稳定增长，并有助于增加就业，促进消费需求的提升。

从全市经济发展情况来看，近两年来，深圳经济保持快速平稳的增长势头，经济实力不断增强，高新技术产业迅猛发展，经济结构不断优化，利用外资增势强劲，投融资体制、社会保障体制不断改革和完善，企业综合竞争能力不断提高，一些优势产业如高新技术产业、房地产业、装修装饰业、物流业等已经跨出深圳，在国内市场占有一席之地，住宅、汽车、信息、教育、旅游、节假日消费等新的消费热点初步形成。2001年年末全市居民储蓄存款余额1373.39亿元，比年初增长26.9%，显示居民潜在的购买力依然很强。

综上所述，2002年对深圳企业既有积极的因素，也有不利的因素，机遇与挑战并存。从被调查企业对2002年一季度的预期看，对宏观经济持乐观看法的比例比上期增加了1.4个百分点，达37.3%，持不乐观看法的占11.8%，减少1.5个百分点，显示企业家对经济前景仍持有较强的信心。由于当前经济景气上升的外部性和政策性因素较强，为促进全市经济景气平稳上升，政府部门必须坚持实施积极的财政政策，努力扩大消费需求，保持宏观调控政策的连续性和必要力度，加快转变政府职能，加快体制改革，建立起与国际接轨的经济环境平台，为“入世”提供坚实的经济基础和体制准备。同时，认真关注世界经济景气动向，加强国内外经济环境的动态监测，及时研究相应的对策，在国际经济不景气的形势下，切实为企业减负，帮助企业趋利避害，走可持续发展道路。广大企业也要积极应对，扬长避短，苦练内功，不断提高综合竞争力。预计2002年全市经济仍将保持平稳的增长态势，企业景气指数在一季度受季节因素影响呈小幅下探后，二、三、四季度继续在景气区间稳步攀升。

（撰稿：曾彩虹）

表1

深圳市企业家信心指数

（单位：点）

	2000年第1季	2000年第2季	2000年第3季	2000年第4季	2001年第1季	2001年第2季	2001年第3季	2001年第4季
总体	123.9	131.5	135.6	137.0	129.2	124.9	127.0	122.6
工业	128.7	139.5	142.2	145.0	129.1	120.4	123.9	119.0
建筑业	122.8	110.2	108.6	114.5	116.9	122.6	112.3	114.0
交通仓储邮电通信业	115.1	129.0	142.3	131.1	140.2	138.6	138.1	122.4
商贸饮食业	133.7	138.7	139.9	137.2	125.0	117.9	128.5	127.0
房地产业	123.3	121.0	130.6	130.6	156.4	159.5	160.3	165.5
社会服务业	105.3	111.9	122.5	132.4	115.9	120.2	121.4	112.4

表2

2001年建筑业企业景气指数

（单位：点）

	第一季	第二季	第三季	第四季
建筑业	93.5	124.7	126.7	133.7
# 土木工程建筑业	91.3	116.8	125.8	129.8
装修装饰业	110.5	154.0	143.4	152.7

表3

2001年社会服务业企业景气指数

（单位：点）

	第一季	第二季	第三季	第四季
社会服务业	114.2	108.5	128.6	124.5
# 旅馆业	105.5	103.7	110.3	115.4
旅游业	150.0	121.8	154.4	134.3

表 4

企业盈利景气指数

(单位: 点)

	2000年第1季	2000年第2季	2000年第3季	2000年第4季	2001年第1季	2001年第2季	2001年第3季	2001年第4季
总体	92.0	11.7	118.8	110.0	97.6	109.4	123.7	118.1
工业	104.8	113.2	126.0	107.9	98.4	104.3	123.7	117.9
建筑业	47.0	96.9	103.3	108.6	62.4	110.2	123.7	133.9
交通仓储邮电通信业	104.9	100.2	106.2	103.8	102.2	112.9	107.9	90.5
商贸饮食业	119.3	129.8	127.1	116.9	121.7	106.5	124.4	112.5
房地产业	73.5	123.3	111.3	124.3	103.8	134.4	136.3	152.4
社会服务业	62.1	97.0	103.1	109.4	97.3	123.7	132.1	108.2

表 5

企业生产经营成本景气指数

(单位: 点)

	2000年第1季	2000年第2季	2000年第3季	2000年第4季	2001年第1季	2001年第2季	2001年第3季	2001年第4季
工业	74.1	90.2	73.5	67.3	94.4	96.6	93.7	97.6
建筑业	84.4	71.2	61.6	68.0	97.1	85.5	88.7	72.1
交通仓储邮电通信业	47.2	47.4	51.1	47.1	76.7	67.1	51.5	61.7
商贸饮食业	69.5	96.3	78.8	75.4	88.0	101.3	88.0	82.0
社会服务业	81.2	69.4	73.1	79.2	93.6	96.5	82.9	102.4

表 6

企业固定资产投资景气指数

(单位: 点)

	2000年第1季	2000年第2季	2000年第3季	2000年第4季	2001年第1季	2001年第2季	2001年第3季	2001年第4季
总体	104.0	114.0	117.8	113.6	107.7	118.8	114.0	112.1
工业	94.6	119.8	123.8	112.7	112.3	116.9	111.4	105.8
建筑业	85.9	98.2	95.6	104.7	79.0	105.1	107.8	95.5
交通仓储邮电通信业	117.1	134.0	128.9	128.5	116.2	130.2	134.2	143.9
商贸饮食业	110.1	99.7	110.8	102.1	102.5	115.4	112.7	113.3
房地产业	137.4	114.6	125.0	130.4	109.4	138.1	118.9	138.5
社会服务业	120.8	95.2	101.1	118.2	118.8	125.4	113.6	113.0

表 7

企业流动资金景气指数

(单位: 点)

	2000年第1季	2000年第2季	2000年第3季	2000年第4季	2001年第1季	2001年第2季	2001年第3季	2001年第4季
总体	90.1	92.1	92.9	98.8	101.4	105.2	106.8	109.2
工业	91.9	96.8	94.1	99.3	99.2	109.7	110.5	113.6
建筑业	77.3	76.4	63.1	74.1	86.1	68.3	65.6	74.4
交通仓储邮电通信业	110.8	90.4	95.7	105.1	120.1	118.2	117.8	121.0
商贸饮食业	91.4	92.6	104.8	110.7	112.2	114.6	115.9	115.3
房地产业	97.0	94.7	108.1	108.6	105.5	97.0	108.0	105.4
社会服务业	76.4	83.4	95.1	86.4	96.2	102.0	110.6	106.0

表 8

企业劳动力需求景气指数

(单位: 点)

	2000年第1季	2000年第2季	2000年第3季	2000年第4季	2001年第1季	2001年第2季	2001年第3季	2001年第4季
总体	91.9	99.9	104.9	97.9	86.4	101.0	108.2	98.9
工业	94.8	109.1	111.5	96.2	81.5	97.3	105.7	93.2
建筑业	72.9	85.09	86.2	96.2	75.8	107.8	123.6	122.2
交通仓储邮电通信业	107.8	92.6	112.4	111.4	92.7	105.0	119.1	108.0
商贸饮食业	99.9	96.7	103.7	99.1	93.3	102.4	104.4	99.6
房地产业	90.4	86.4	99.4	99.9	106.4	116.8	106.5	111.6
社会服务业	80.7	87.8	86.4	89.7	97.5	94.1	95.5	79.5

表 9

产品销售价格(业务收费)景气指数

(单位: 点)

	2000年第1季	2000年第2季	2000年第3季	2000年第4季	2001年第1季	2001年第2季	2001年第3季	2001年第4季
工业	75.2	72.2	70.1	74.5	81.3	69.9	65.5	68.3
交通仓储邮电通信业	102.4	97.3	93.4	97.1	95.6	98.2	98.0	92.7
商贸饮食业	99.3	100.2	90.2	99.1	102.6	70.3	77.7	76.0
房地产业	76.0	83.4	101.7	84.6	97.8	110.6	110.2	112.8
社会服务业	69.6	78.2	81.8	112.1	85.5	100.1	86.8	89.5

十五、各区概况*

2001年罗湖区国民经济和社会发展统计公报

深圳市罗湖区计划统计局

2001年，全区人民在区委、区政府的正确领导下，以邓小平理论和江泽民同志"三个代表"重要思想为指导，认真贯彻执行中央、省市提出的经济工作方针及各项政策措施，努力克服世界政治经济环境的不利影响，进一步加大工作力度，大力发展特色经济和优势产业，整体经济继续保持平稳健康发展，各项社会事业全面进步，为"十五"计划的顺利实施开启了良好局面。

一、综　合

国民经济继续保持平稳健康发展。初步统计，2001年全区实现区属国内生产总值36.06亿元，按可比价格计算，比上年增长9.5%。其中第一产业增加值0.17亿元，增长8.6%；第二产业增加值7.50亿元，增长9.1%；第三产业增加值28.39亿元，增长9.6%；第一、二、三次产业比重由上年的0.5:21.2:78.3调整为0.5:20.8:78.7。

国民经济和社会发展中存在的主要问题是：一是受发展空间及投资环境比较优势弱化等因素的制约，投资需求弱化趋势明显；二是居民受消费价格下降等诸多抑制，消费需求增长的预期不可测因素增大；三是外贸出口增长放缓；四是经济增长后劲不足，可持续发展能力有待增强。

二、农　业

农业生产稳定发展。全年农业增加值1700万元，比上年增长8.6%。农业总产值（1990年不变价）1440万元，增长2.1%。其中：水产业产值802.71万元，增长3.5倍；牧业产值0.60万元，与上年持平；种植业产值627.3万元、林业产值9.39万元，分别下降47.3%和60.4%。

全年蔬菜复种面积1280亩，下降11.4%；累计水果种植面积7920亩，下降15.9%；花卉种植面积1100亩，与上年持平。主要农产品产量中，蔬菜瓜果2147吨，下降16.2%；水果25吨，下降77.8%。

全年植树造林750亩，全民义务植树3万株，幼林抚育1500亩。

三、工业和建筑业

工业生产增长放缓。全年区属工业增加值4.30亿元，比上年增长8.9%，完成工业总产值（1990年不变价，下同）18.24亿元，增长8.0%。工业总产值按经济类型分，国有经济0.51亿元，下降16.6%；集体经济0.62亿元，下降29.2%；股份制经济2.78亿元，下降14.1%；"三资"、"三来一补"企业14.33亿元，增长17.8%。按轻重工业分，轻工业产值9.91亿元，增长6.1%，重工业产值8.33亿元，增长10.4%；重工业产值占工业总产值的比重由上年的44.7%提高到45.7%。工业产品产销衔接良好，全年工业产销率98.3%，比上年提高0.19个百分点。累计完成出口产品产值15.50亿元，增长6.4%。

高新技术产业发展势头良好。全年完成高新技术产品产值9.09亿元，增长40.3%，占工业总产值由上年38.4%上升为49.8%，比重较上年提高11.46个百分点。主要产品中，电子信息类产品生产增长迅速，而印染布、家私等传统产品产量大幅下降。主要产品产量为：

指标名称	计算单位	产量	比上年增长%
电子售货终端机	万只	139	2.8倍
电话单机	万部	265	6.0
激光视盘机	万台	70.88	7.7
电子原件	万只	7842	28.1

* 由于深圳尚未实施在地统计，各区的统计数据在口径范围、计算方法等方面尚不统一，有关资料在各区之间尚不可比，仅供参考。

录音机	万部	92.28	-45.9
电子计算器	万部	0.50	-99.4
钟表	万只	442.4	25.1
印染布	万米	1340	-39.6
服装	万件	1900	71.2
软件家私	件	2816	-12.1
铅笔	万支	195	-81.4
塑料制品	吨	548	-53.8

工业经济效益明显提高。全区独立核算工业企业实现销售收入 21.72 亿元,比上年增长 4.5%;利润总额 1.34 亿元, 增长 34.9%; 工业资产负债率 53.1%, 下降 2.5 个百分点; 工业成本费用利润率 6.6%, 上升 1.6 个百分点; 工业全员劳动生产率 2.81 万元 / 人,增长 27.6%;工业企业经济效益综合指数 98.4%,下降 2.6 个百分点。

建筑业继续增长。全年建筑业增加值 3.20 亿元, 比上年增长 9.6%。各类房屋建筑施工面积 89.91 万平方米,下降 15.0%;竣工面积 28.74 万平方米,下降 47.7%。

四、固定资产投资

固定资产投资平稳增长。全社会固定资产投资 12.52 亿元,比上年增长 8.5%,增速比上年提高 2.7 个百分点。其中:基本建设 4.71 亿元,增长 9.3%;房地产开发 3.13 亿元,增长 8.9%。全年固定资产投资项目 45 项, 与上年持平; 竣工项目 15 项, 下降 31.8%。新增固定资产 9.46 亿元,下降 39.2%。房地产开发和销售市场下滑。全年商品房屋施工面积 23.70 万平方米,下降 47.4%;竣工面积 13.56 万平方米,下降 39.0%;销售面积 4.76 万平方米,下降 64.4%。

政府投资力度继续加大,重点建设项目进展顺利。全年市、区财政投资 3.88 亿元, 比上年增长 7.8%。东门二期、广岭住宅、区计生中心大厦竣工交付使用,罗湖商务中心大厦、罗湖体育馆和笋岗物流园区等重点项目建设进展顺利。

五、商　业

商品销售市场繁荣稳定。全年实现社会消费品零售总额 28.20 亿元,比上年实际增长 11.2%。分行业看,商业零售额 22.20 亿元,增长 12.5%;餐饮业零售总额 6.00 亿元,增长 5.8%。分经济类型看,国有、集体及其他经济 3.85 亿元,增长 11.2%;个体、私营经济 24.35 亿元,增长 8.4%。

区属国有、集体批发零售贸易业商品购进总额 3.20 亿元,比上年增长 10.2%;商品销售总额 4.68 亿元,增长 46.3%。商业、餐饮业企业经济效益有所下降。销售收入 3.57 亿元,增长 15.0%;流通费用率 17.4%,下降 12.3 个百分点;销售毛利率 12.3%,下降 15.1 个百分点;利润总额亏损 708 万元。

六、财　政

财政收入保持增长。全区完成预算内财政收入 13.09 亿元,比上年增长 11.9%,其中:税收 12.13 亿元,增长 12.8%,占财政预算收入的比重由上年的 91.9%上升为 92.7%。税收中,企业所得税、印花税、房产税、增值税分别增长 29.9%、28.0、24.5%和 20.0%。预算内财政支出 14.18 亿元,增长 10.3%,预算支出中:文化广播事业费、支援农村生产支出和行政管理费增长较快,企业挖潜改造资金和离退休经费下降幅度较大。通过深化财税改革,加强税收征管,强化支出管理,圆满地完成了全年各项收支任务。

七、对外经济和旅游

对外经济进一步发展。对外贸易方面,全年完成区属出口总值 22529 万美元, 比上年增长 5.2%。其中加工贸易出口 22200.45 万美元,增长 5.7%;一般贸易出口 328.55 万美元,下降 21.0%。利用外资方面,全年辖区新签合同项目 232 宗,增长 8.9%;协议利用外资金额 106528 万美元,增长 362.0%;实际利用外资 69464 万美元,增长 100.6%。

旅游业平稳发展。全年辖区宾馆、酒店共接待国内外游客 341.54 万人次, 比上年增长 9.4%。其中:海外游客 110.79 万人次,增长 6.1%;国内游客 230.75 万人次,增长 11.0%。营业收入 19.89 亿元,下降 79.9%。宾馆酒楼平均住房率 68.6%,比上年下降 0.1 个百分点。

八、科技、教育、文化、卫生、体育事业

科技事业不断进步。在第三届中国国际高新技术成果交易会上,罗湖辖区共成交 74 个项目,总成交金额为 6.60 亿美元, 分别比去年增长 15.6%和 51.2%。全年科技三项经费为 1780 万元。辖区内认定的高新技术项目达到 532 项, 高新技术企业 9 家,民科企业 137 家。18 个项目获深圳市科技进步奖,其中:在罗湖创业中心的深圳市艾科微电子有限公司 ARK 超大规模集成电路系列芯片《双口特科静态存储器》获 2001 年深圳市科技进步一等奖,广东省科技进步二等奖;深圳数码港被科技部列为国家级高新技术成果转化推广基地。2001 年,罗湖区荣获全省“科技进步先进区”称号。

教育事业稳步发展。年末全区共有中、小学59间，其中中学14间，小学45间。中学在校学生23705人，小学在校学生48750人，分别增长24.6%和5.2%。全区幼儿园共84间，在园幼儿14590人，下降2.4%。成人教育学校1间，在校学生460人，下降30.0%。初中和高中升学率分别达到98%和48%。教育综合实力进一步增强，滨河中学和靖轩、红岭、东晓、洪湖、新秀小学等6所中小学通过了市一级学校的评估。全区共有国家级学校1所、省一级学校7所、市一级学校15所、区一级学校19所，等级学校的比例在全市六区中名列前茅。

文化事业繁荣。全区有艺术表演团体5个，文化馆1座，图书馆1座，藏书量11.5万册。参加市以上文化艺术比赛获奖总数166个，其中国家级奖项35个。罗湖区创作的小品《名记》和《一张字条》均获2001年中国曹禺戏剧小品小戏奖一等奖；电视散文《红树林》获第四届百家电视台电视音乐节目展评金奖、最佳电视诗文奖、最佳制作奖。歌曲《春天的故事》和《走进新时代》分别获2001首届中国音乐“金钟奖”金奖；由罗湖区委、区政府创作的歌曲《跟着你的队伍越走越长》获2001年第七届“中国广播文艺奖”一等奖和第十三届全国《广播新歌》评选金奖。

卫生事业健康发展。年末全区拥有医疗卫生机构111个（含个体、私营），其中医院2间，妇幼保健院1间，卫生防疫站1间，门诊部（所）14间，其他卫生事业机构93间。卫生工作人员1414人，比上年增长18.2%；其中医生590人，增长8.1%。卫生机构病床431张。全年医院门诊总人数122.4万人次，增长17.5%；入院总人数9470人，增长9.5%，治愈率73.9%。卫生科研工作取得新的成绩，全区共立项科研课题11项，其中获市立项9项、区立项2项；罗湖区人民医院妇产科微创中心已被确定为重点专科。医疗设施不断完善，投资近亿元建成的罗湖区人民医院新住院大楼全面投入使用。

体育事业蓬勃发展。全区共举办各种群众性体育活动28次，参加人数达3.2万人次。在校中、小学生参加《国家体育锻炼标准》达标率为97.01%，比上年提高0.71个百分点。区体育健儿获市以上奖牌123枚。其中，国家级金牌3枚、银牌3枚；省级金牌16枚，银牌6枚。在全国第九届运动上，由罗湖区体校选拔、培训、输送到解放军队的游泳运动员张良，代表解放军和广东参赛，一人获取三枚金牌，并分别打破了一项全国和亚洲纪录，创造了2001年两项世界最好成绩，被大会评为“九运之星”。

九、城区建设和环境保护

城市功能继续增强。辖区建成城区面积6955.70公顷，与上年持平；城区绿化面积4274.87公顷，增长30.09%；年末实有铺装道路长度100.04公里，增长0.72%；年末实有铺装道路面积317.30万平方米，增长0.7%；污水日处理能力达到35万吨，日处理量为10万吨，均与上年持平；下水道排水管长度437.01公里，增长10.4%；辖区年用电量23.70亿千瓦时，增长3.6%；自来水日供水能力40万吨，与上年持平；供水量12616万吨，增长14.5%。

环境质量改善仍需努力。城区区域环境噪声平均值为56.20分贝，比上年下降1.38分贝；区域噪声监控合格率89.7%，下降7.70个百分点；辖区饮用水源水质达标率为97.6%，下降1.2个百分点。环境保护宣传教育工作取得成效，笋岗中学顺利通过了省级“绿色学校”的评估，百事达花园已成为全区创建“环境文明小区”的精品。

十、人口和人民生活

人口和计划生育考核目标全面完成。全区年末常住人口68.67万人，比上年增长7.2%，其中，户籍人口29.61万人，增长3.7%；暂住人口39.06万人，增长9.9%。辖区户籍人口出生率为10.52‰，自然增长率为9.58‰，比上年下降1.04和0.59个千分点；户籍人口计划生育率为99.1%，比上年提高0.6个百分点。

职工收入继续增长。区属年末职工人数41194人，比上年下降2.5%；职工年工资总额86527.40万元，增长9.4%；职工年人均工资21304元，增长9.9%，其中：国有经济职工年人均工资36137元，增长15.0%；城镇集体职工年人均工资13676元，增长16.9%。全年完成养老保险扩面征缴新增79386人，增长1.1倍。

居民生活水平和质量不断提高。辖区居民家庭年人均可支配收入为20666.88元，比上年增长11.1%；年人均消费支出16776.48元，增长7.5%，恩格尔系数由上年的33.1%下降为28.2%。

注：①本公报为初步统计数；②国内生产总值、各产业增加值绝对数按现行价格计算，增长速度按可比价格计算。

2001年福田区国民经济和社会发展统计公报

深圳市福田区计划统计局

2001年福田区委、区政府带领全区人民，以邓小平理论和江泽民同志“三个代表”重要思想为指导，认真贯彻落实中央、省、市关于扩大内需、促进经济发展的一系列政策措施，继续实施“大经济、大发展、大服务”的辖区发展方略，利用福田中心区开发的世纪契机，针对“五个中心”的功能定位，强化管理，深化国企改革，加大力度调整经济结构，取得了良好的效果，进一步推动了福田区率先基本实现社会主义现代化进程。福田辖区经济和区属经济均保持了平稳的增长态势，区属各项主要经济指标完成或超额完成年初预定目标，各项社会事业稳定发展，为完成“十五”计划打下了良好的基础。

一、综　合

福田辖区经济平稳发展。辖区全年完成国内生产总值 506.02 亿元，按可比价格计算，比上年增长 12.8%，占全市总量的 26.5%。其中，第一产业完成增加值 0.045 亿元，比上年下降 51.0%；第二产业完成增加值 230.46 亿元，比上年增长 9.6%；第三产业完成增加值 275.51 亿元，比上年增长 15.9%。一、二、三产业比例由上年的 0.02:46.92:53.06 调整为 0.01:45.54:54.45。辖区人均国内生产总值 62165 元，比上年增长 0.7%。

福田区属经济稳健发展，经济结构持续优化。区属经济全年完成国内生产总值 29.87 亿元，按可比价格计算，比上年增长 13.8%。其中，第一产业完成增加值 0.045 亿元，比上年下降 51.0%；第二产业完成增加值 15.37 亿元，比上年增长 14.2%；第三产业完成增加值 14.46 亿元，比上年增长 11.3%。一、二、三产业比例由上年的 0.30:50.69:49.01 调整为 0.15:51.46:48.39。

区属经济发展中存在的主要问题是：国有企业改革与发展的任务仍十分艰巨，部分企业不良资产包袱依然沉重；企业科技含量低，缺乏大中型高新技术项目；商贸企业面临生存危机，缺乏增长后劲；政府投资项目进展不平衡，部分项目进展缓慢，超投资现象仍有发生。

二、农　业

受蔬菜种植、水产品养殖面积减少等因素影响，农业产值降幅较大。福田辖区全年实现农业总产值（90 年不变价）640 万元，比上年下降 36%；全年实现农业增加值 450 万元，比上年下降 51.0%。全年蔬菜播种面积 1350 亩，产量 1837 吨，分别比上年下降 47.1%和 38.1%；水果种植面积 2213 亩，产量 30 吨，分别比上年减少 21.0%和 85.0%；水产品产量 275 吨，比上年下降 14.6%；全年植树造林面积 130 亩，比上年减少 56.7%。

三、工业和建筑业

福田辖区工业生产增长放缓。辖区国有工业企业及年销售收入 500 万元以上的非国有工业企业（简称规模以上工业企业）全年完成工业总产值（1990 年不变价）664.25 亿元，比上年增长 5.6%。其中，国有企业完成 21.24 亿元，比上年下降 3.3%；集体企业完成 0.22 亿元，比上年下降 70.6%；外商及港澳台投资企业完成 541.45 亿元，比上年增长 7.0%。全年完成工业增加值 104.41 亿元，比上年增长 0.2%；全年完成出口交货值 251.21 亿元，比上年下降 3.9%。在工业产值中，重工业完成 403.67 亿元，比上年增长 62.0%；轻工业完成 260.57 亿元，比上年下降 2.3%。轻、重工业之比为 39.2:60.8。福田辖区高新技术产业发展迅速。辖区全年实现高新技术产品产值（现价）307.32 亿元，占全市总额的 23.3%，同比增长 8.7%。

辖区规模以上工业企业销售收入及利税均有

所下降，企业亏损面和亏损额也有所增加。全年实现产品销售收入439.31亿元，比上年下降5.5%；全年实现利税总额26.94亿元，比上年下降11.4%；企业亏损面21.5%，比上年上升0.9个百分点；亏损企业亏损额4.04亿元，比上年上升29.0%。

区属工业生产继续稳定增长。全年完成工业总产值（1990年不变价）40.20亿元，比上年增长28.0%。其中，国有企业完成0.11亿元，比上年增长29.6%；集体企业完成0.11亿元，比上年下降69.6%；其他所有制企业完成39.99亿元，比上年增长29.1%。全年完成工业增加值10.34亿元，比上年增长9.1%。全年完成出口产品产值25.42亿元，比上年增长14.0%。在工业产值中，轻工业完成6.65亿元，比上年下降48.3%；重工业完成33.56亿元，比上年增长81.0%。轻、重工业之比为16.54：83.46。区属高新技术产业持续发展。全区实现高新技术产品产值（现价）16.88亿元，占全区工业总产值的比重达45.0%，比上年提高4.0个百分点。

区属规模以上工业企业全年主要工业产品产量如下：

产品名称	计量单位	产量	比上年±%
表	万只	145	-49.1
塑料制品	吨	881	-14.5
服装	件	93	-41.9
电子元件	万只	182	18.2
灯具	万只	18.8	-27.7
电话机	万部	11.80	-65.5
光通信设备	台	5346	-9.7
发电量	万度	22071	20.0
半导体集成电路	万块	278	-37.2
录放音机	万部	55.7	-76.1
组合音响	万部	84.9	-35.5

区属规模以上工业企业实现利税有较大增长，但企业亏损面和亏损额有所扩大。全年实现产品销售收入33.9亿元，比上年增长17.4%；实现利税总额1.61亿元，比上年增长65.7%；企业亏损面44.0%，比上年上升12.0个百分点；亏损企业亏损额0.38亿元，比上年上升2.5倍。工业企业经济效益综合指数155.8%，比上年上升18.9个百分点。

区属建筑业快速增长。全年实现增加值5.03亿元，比上年增长17.8%。各类房屋建筑施工面积223.38万平方米，竣工面积38.48万平方米。

四、固定资产投资

福田辖区固定资产投资稳定增长。辖区全年完成全社会固定资产投资额226.3亿元，比上年增长7.7%，占全市投资总额的33.6%。其中，基本建设投资114.21亿元，与上年持平；房地产开发投资102.08亿元，比上年增长20.8%；更新改造投资10.01亿元，与上年持平。

区属固定资产投资增长较快。全年完成固定资产投资额22.11亿元（不含私人建房投资），比上年增长14.6%。其中，基本建设投资5.85亿元，比上年增长58.6%；房地产开发投资15.29亿元，比上年增长1.1%；更新改造投资0.54亿元，比上年增长3倍；城镇集体投资0.43亿元，比上年增长16.2%。另外私人建房投资0.92亿元，比上年下降3.5%。全年固定资产投资在建项目55项，其中新开工项目21项，全部建成投产项目16项。

五、国内贸易

福田辖区商贸市场活跃。辖区全年实现社会消费品零售总额160.62亿元，扣除价格因素，比上年实际增长16.8%；占全市总额26.4%，比上年上升0.3个百分点。

区属国内商贸繁荣稳定。区属批发零售贸易业商品购进总额5.42亿元，比上年上升13.1%；商品销售总额6.31亿元，比上年上升20.1%；社会消费品零售总额5.10亿元，扣除物价因素，比上年实际增长8.5%。

六、对外经济

福田辖区利用外资速度放缓。辖区全年实际利用外资4.14亿美元，比上年上升4.9%；全年协议利用外资3.32亿美元，比上年下降16.0%；全年批准利用外资项目（合同）337项，比上年增长8.7%。区属利用外资快速增长。全年实际利用外资0.15亿美元，比上年增长25.9%。

区属对外贸易继续保持增长态势。全年进出口总额达4.91亿美元，比上年增长7.9%。其中，出口总额2.79亿美元，比上年增长9.0%；进口总额2.12亿美元，比上年增长6.5%；全年贸易顺差0.67亿美元，比上年增长17.5%。

七、财　政

财政收入高速增长。全年完成预算内财政收入21.66亿元，比上年增长21.6%。其中，各项税收完成20.39亿元，比上年增长20.8%；预算内财政支出22.04亿元，比上年增长18.5%。

八、科技、教育、文化、卫生和体育

科技：全年落实区属科技三项经费2500万元，

比上年增长56.3%，支持了95个科技项目。年末全区专业技术人员5914人，其中高中级职称人员3388人。第三届高交会在福田区胜利召开，全辖区签订合同或协议66项，成交总额67.47亿元，比上年增长67%。科普工作获“全省科普示范城区”光荣称号。

教育：辖区共有幼儿园110所，比上年增加24所；在园幼儿3.30万人，比上年增长121%。区属中小学62所，与上年持平；在校学生7.38万人，比上年增长8.1%。小学适龄儿童入学率100%。办学效益和档次上了一个新的台阶，分别有13所学校通过区、市、省一级评估，其中省级2所，市级6所，区级5所，师生获国家、省、市各类奖项400多人次。学校实施素质教育，积极开展课程、教材、教法等方面的改革，教学质量显著提高。与上年比较，普通类高考省专以上增幅为53.8%，职高类省专以上增幅为100.9%。

文化：全区有文化馆（站）8个，电影院10家。群众性文化生活丰富多样，成果丰硕。创作的大型合唱歌曲《在灿烂阳光下》和与罗湖区共同创作的钢琴协奏曲《走进新时代》在人民大会堂举行的“庆祝中国共产党成立80周年”《红旗颂》等两场中央级大型晚会上隆重推出，江总书记等中央领导观看了演出，在全国产生了良好影响。其中歌曲《在灿烂阳光下》还获得了中央电视台举办的全国音乐电视大赛银奖和荣誉组织奖。组织创作的话剧《窗外有片红树林》获全国第八届精神文明建设“五个一工程”奖。这是福田区创作的作品首次在全国“五个一工程”中获奖，也是深圳市在该奖项中首次获奖的话剧作品。全年共创作各类文艺作品520多件，获省以上奖项的文艺作品25个，其中全国奖项16个。

卫生：全区共有区属医疗卫生单位9家，病床540张，卫生专业技术人员950人，其中高级卫生专业技术人员140人。区新沙医院被授予深圳市“青年文明号”称号。积极推进社康工作，扩大覆盖面。辖区建成社区健康服务中心21家，其中区属17家。科研工作取得新的成效，获市卫生科技进步一等奖及三等奖各一项。

体育：全区共有体育场馆268个。积极组织群众性体育活动，体育竞技水平有所提高，参加全国比赛共获得金牌7枚、银牌4枚，铜牌1枚。福田区被市政府授予第九届全运会深圳赛区贡献奖。成年人体质水平达到优秀、良好和合格的分别占32.8%、30.4%和27.9%，整体体质水平较高。

九、环境保护和综合治理

在搞好城市环境综合整治工作中重点是抓好水源保护工作，加强了梅林水库水源保护区的监管力度，划定了水源保护区的警界线，并对辖区内的河流开展污染治理工作。全区城市工业废水处理率99.9%，工业固体废物处理率100%，综合利用率87.3%。主要饮用水源水质达标率100%，区域环境噪声平均值56.2分贝，城市交通干线噪声平均值68.5分贝。

社会整治和创建安全文明小区成效良好。全区已建成安全文明小区349个，占全市总数的14.7%。其中，市级标兵小区133个，比上年增加19个。环境综合治理成绩显著，辖区141个单位被命名为“园林式、花园式”达标单位，再夺“鹏城杯”，实现“三连冠”。

十、人口和人民生活

全区年末常住人口84.43万人，比上年增加6.03万人。其中，户籍人口33.27万人，比上年增加1.80万人，占常住人口的39.4%；暂住人口51.16万人，比上年增加4.23万人，占常住人口的60.6%。户籍人口出生率11.83‰，死亡率0.80‰，自然增长率11.03‰。

根据40户户籍居民家庭抽样调查资料，福田区城市居民家庭年人均可支配收入24301元，扣除物价因素后，比上年实际增长7.7%；年人均消费性支出20810元，扣除物价因素后，比上年实际增长20.6%；期末手存现金1052元/人，比上年下降3.8%；恩格尔系数23.8%，比上年下降3.1个百分点。

年末辖区机关、企事业单位从业人员25.02万人，其中在岗职工24.87万人。全辖区在岗职工工资总额64.53亿元，在岗职工年平均工资26424元。

社会保险覆盖面不断扩大。2001年末全区有23.19万人参加了基本养老保险，17.43万人参加了工伤保险，16.87万人参加了医疗保险，分别比上年增长96.4%、38.9%和56.1%。各项保险基金累计达5.81亿元，比上年增长81.6%。

注：本公报所列统计数据，以后若有调整，以调整数为准。

2001年南山区国民经济和社会发展统计公报

深圳市南山区计划统计局

2001年，全区人民在区委、区政府的正确领导下，继续高举邓小平理论伟大旗帜，认真贯彻“三个代表”的重要思想，努力克服复杂多变的国际政治经济环境的不利影响，努力营造自然、法治、安定、人才和文化五大环境，坚持“不求所有，但求所在”的战略指导，大力发展辖区经济，大力整顿和规范市场经济秩序。经济运行质量和效益不断改善，国民经济继续保持持续、快速、健康发展；科技、教育和各项社会事业全面进步，人民生活水平进一步提高。基本完成年初制定的国民经济和社会事业发展目标，实现了“十五”计划的良好开局。

一、综　合

国民经济继续保持持续、快速、健康发展，主要经济指标基本达到全年宏观调控的预期目标。

据统计，全区实现国内生产总值419亿元，增长15.1%。在419亿元的国内生产总值中，第一、二、三产业分别实现增加值0.98亿元、320.67亿元、97.35亿元，比上年增长5.8%、15.7%和13.2%，三次产业的比例为0.23:76.5:23.27。工业仍是全区经济发展的主导产业，对经济增长的贡献最大。在全区15.1%的经济增长中，有12.5个百分点是工业拉动的，对GDP增长的贡献率为82.8%。

国民经济和社会发展中存在的主要问题是：由于美国经济增长有所放缓，亚洲的国家和地区也普遍受到影响，全球IT产业的滑波，导致计算机、通讯等行业受到一定程度的影响，造成全区高新技术产品产值的增长速度比上年有所减缓。一批“三来一补”企业订单减少和有部分“三来一补”企业外迁，影响了加工贸易出口的增长；工业发展用地紧缺，使一些规模较大、技术含量较高的项目无法落户；工业用电的紧缺影响了全区的投资环境；固定资产投资对经济增长的拉动也不太理想。

二、农　业

现代农业稳定发展，“三高”农业初具规模。全年实现农业总产值1.9亿元，比上年增长5.6%。全年蔬菜产量10500吨，荔枝产量450吨，生猪上市5.2万头，水产品完成16430吨；花卉种植形势良好，全年种植1500亩。新的农业开发项目荔枝世界观光园建成开业。水产养殖业和花卉业增长较快，花卉种植业成为全区农业经济的一个新的增长点。

三、工　业

工业经济快速增长，高新技术产业发展迅猛。全年完成工业总产值（1990年不变价）1096亿元，比上年增长19%。

高新技术企业继续保持强劲的发展势头，完成高新技术产品产值607亿元，增长17.5%，占全区工业总产值的55%，占全市高新技术产品产值的46%。高新技术园区内产值超亿元的企业多达20家，全区高新技术企业的数目增加到105家，比上年增加22家，占全市高新技术企业总数的40%。孵化高新技术企业数达178家，其中有10家已被市确认为高新技术企业。高新园区、大学城、前海和留仙洞4个片区被列入市高新技术产业带，蛇口工业区已列入国家“火炬”创业园，南山软件园正式启动，南山作为市高新技术产业基地的功能进一步增强。

四、固定资产投资

固定资产投资稳步增长，基础设施建设进展顺利。全区完成固定资产投资74.9亿元，比上年增长10.2%。港湾大道建设顺利，白石洲等内涝点政治、西丽水库污水截排、东滨路改造、学府路西段等一批民心工程全面完工。南山医院住院大楼等重点项目进展顺利，南头古城广场、一甲村等旧改项目稳步推进。商业文化中心区开发速度加快。高新园区、大学城、蛇口信息岛等重大项目的建设大大地改善了全区的投资环境，推进了产业结构的优化，城区建设进一步完善。

五、商贸旅游

商贸业发展兴旺，旅游业略有增长。全区实现社会消费品零售总额 73.2 亿元，比上年增长 16.2%。商贸重点项目进展顺利，人人乐西丽分店、威尼斯酒店已经开业，深圳西部汽车交易市场正在规划设计方案，万佳百货已经签订正式合同，曼哈服装城也正在招商。全年新增商贸业营业面积 4 万平方米。旅游业全年共接待海内外游客 1004 万人次，增长 1.8%，旅游业营业收入 17.3 亿元，增长 5%。

六、财政

全年完成地方预算内财政收入 18.2 亿元，比上年增长 33.3%；其中税收收入 17.2 亿元。

全年财政支出 19.5 亿元，比上年增长 39.1%，其中基本建设支出 5.8 亿元，比上年增长 62.3%。

七、对外经济

成功地举办了“2001 年深圳南山（香港）经贸推介会”，第三届“高交会”成交项目可观。全年引进外商投资项目 230 项，比上年增长 35.3%，合同利用外资金额 4.3 亿美元，比上年增长 104.6%，实际利用外资 4.38 亿美元，比上年增长 42.5%。

对外贸易保持增长态势。全年外贸出口总额 40.2 亿美元，其中，加工贸易出口 3.67 亿美元，一般贸易出口1.22 亿美元，比上年增长 36%。

八、精神文明建设和社会事业

社会事业全面进步，精神文明精神取得新的成绩。

精神文明建设：进一步加大了精神文明建设力度，涌现出一批文明单位、家庭和个人，四件文艺作品在全国获奖、一批作品获省、市奖，群众文化蓬勃开展，文化市场进一步规范。博士论坛被评为“广东省优秀政治思想工作项目”。文物保护开发取得成果，屋背岭史前遗址的发掘产生重大反响。《南山日报》影响日益扩大。基层文化体育设施进一步充实，西丽体育文化中心和蛇口文化广场建成开放。全民健身运动蓬勃开张，竞技体育取得新的成绩。

教育：科教事业快速发展。年末拥有中小学校 55 所，幼儿园 103 所；全区在校学生 61538 人，其中中学生 14805 人，小学生 46733 人。顺利通过省教育督导组的全面督导验收，成为广东省第一个“教育强区”，标志着南山区已率先基本实现基础教育现代化。

卫生：医疗卫生体制改革稳步推进，社区健康服务和初保工作稳步发展，医德医风逐步好转。年末拥有卫生医疗机构 10 家，病床位 1145 个；全年门诊量 184 万人次，治愈率为 78.6%。

九、人口和人民生活

全区年末常住人口 55.6 万人，其中，户籍人口 176 万人，比上年增长 2.4 万人，占常住人口的 31.7%；暂住人口 38 万人，比上年减少 2.5 万人，占常住人口的 68.3%。户籍人口出生率 12.4‰，死亡率 1.07‰，自然增长率 11.32‰。

区属年末职工人数 13.1 万人，职工年工资总额 283944 万元，职工月人均工资 1880.3 元。

2001年盐田区国民经济和社会发展统计公报

深圳市盐田区计划统计局

2001 年，盐田人民在区委、区政府的正确领导下，认真贯彻“三个代表”重要思想，努力克服欧美经济增长放慢、全球 IT 行业增长率大幅下降的不利影响，继续坚持能快则快、好中求快和“大投入、大建设、大发展”的方针，积极实施科教兴区、可持续发展和港口强区、旅游强区战略，加快经济结构调整，大力整顿和规范市场经济秩序，不断改善投资环境，国民经济继续保持健康发展。教育、卫生和各项社会事业全面进步，人民生活质量继续提高，实现了“十五”计划的良好开局。

一、综 合

国民经济持续快速增长。据统计，全年国内生产总值为 27.2 亿元，按可比价格计算，比上年增长 24.1%，高出预期目标 2.1 个百分点。其中第一产业完成增加值 0.04 亿元，下降 76.8%；第二产业完成增加值 21.74 亿元，增长 22.4%；第三产业完成增加值 5.41 亿元，增长 35.2%。三次产业结构由上年的 0.8:80.9:18.3 调整为 0.2:79.9:19.9。国民经济的增长主要由第二、三产业推动，第二、三产业对 GDP 的增长分别贡献了 18.3 和 6.4 个百分点，尤其是第三产业继续高速增长，增幅达 35.2%，高出第二产业增幅 12.8 个百分点。

劳动就业情况稳定。2001 年全区年末就业人数为 6.03 万人，比上年减少 1003 人，其中，年末户籍人口从业人数 1.89 万人，比上年增加了 400 人。通过完善并落实优惠扶持政策，促进下岗、失业员工再就业，全年实现了 210 人再就业，使年末登记失业人数下降为 441 人，比上年减少了 1271 人，年末登记失业率为 2.8%。

国民经济和社会发展中存在的主要问题是：受外部经济环境的不利影响，工业和外贸出口的增幅有所下降；企业自主创新能力不强，经济效益有所下降；商业业态落后，消费不旺，旅游业对零售业的拉动作用较弱；交通基础设施滞后矛盾突出。

二、农 业

由于全区可用农地逐步减少，生产成本持续提高，造成生产经营越来越难，主产蔬菜产量持续萎缩。同时，由于主要生产企业外迁，渔业产值大幅下降，使农业产量降幅较大。全年实现农业增加值 435 万元，比上年下降 76.8%；实现农业总产值 790 万元（当年价），比上年下降 76.9%。

全年蔬菜复种面积为 1300 亩，比上年减少 7.1%；蔬菜瓜果产量为 1560 吨，比上年下降 7.1%。全年水果产量为 31 吨，下降 71.6%。

畜牧业生产受特区内禁止饲养禽畜的影响，已基本退出我区经济。

主要农产品产量如下：

指标名称	计算单位	产量	比上年增长%
蔬菜瓜果	吨	1560	-7.1
水果	吨	31	-71.6
# 荔枝	吨	21	-69.4
柑桔橙	吨	10	-75.2
水产品总量	吨	105	-96.6

全年共完成造林面积 1010 亩，全民义务植树 3000 株。

三、工业和建筑业

工业继续保持快速增长。全年实现工业增加值 20.25 亿元，比上年增长 20.6%，占国内生产总值的比重为 74.4%，工业对全区经济增长的贡献率高达 65.5%。全年实现工业总产值 195.21 亿元（1990 年不变价，下同），比上年增长 19.4%。其中，轻工业产值 49.63 亿元，比上年增长 60.6%；重工业产值 145.59 亿元，增长 9.8%。全区规模以上工业企业实现产品销售收入173.78亿元，比上年增长12.0%；工业产品销售率为96.5%，产销衔接良好。

高新技术产业增长平稳。由于受国外经济不利因素的影响，高新技术产品产值增幅有所回落。全年高新技术产业实现产值137.32亿元，增长8.7%，增幅比上年下降了13.3个百分点，占全区工业的比重为70.3%。

黄金珠宝加工业的优势逐渐显现。2001年，黄金珠宝加工业累计完成产值27.58亿元，比上年增长67.7%，对工业增长的贡献率为34.7%，拉动工业增长6.8个百分点。

外商及港澳台企业仍然是推动工业增长的主要力量，全年实现工业产值191.69亿元，增长21.3%，占全区工业的比重达98.2%。

主要工业产品产量如下：

指标名称	计算单位	产量	比上年增减%
电脑主机板	万片	1870	58.1
电脑显示器	万只	269	-25.8
电脑主机	万台	53	-49.2
程控交换机	万线	0.31	-18.3
电子元件	万只	8234	-53.2
手表	万只	7340	9.9
皮鞋	万双	325	-7.5
服装	万件	3711	-39.5
发电量	万千瓦时	16300	-54.1

工业经济效益总体水平略有上升，但部分指标有所下降。2001年工业经济效益综合指数为140.43%，比上年增加了8.56个百分点。七项考核指标中，总资产贡献率为6.4%，资本保值增值率为128.4%，成本费用利润率为2.0%，资产负债率为57.4%，全员劳动生产率为82649元／人，这五项指标比上年略有改善，而流动资产周转率仅有2.9%，工业产品销售率为96.5%，这两项指标则比上年有了一定程度的下降，经济效益总体水平未能与工业生产同步增长，情况不尽人意，与全市水平相比差距仍然较大。企业亏损大幅增加，全区规模以上工业企业68家中，亏损企业19家，亏损企业亏损额5872万元，同比增长50.3%。

国有企业改革继续深化，坚持“一企一策、规范操作”的原则，对区属国有企业进行改制。控股公司系统已有23家企业进行了改制或已进入改制程序，改制面达90%；东埔集团所属的8家企业已把企业整体产权转让给员工的形式，全面完成了改制。改制后的企业运作良好，经济效益有所提高，一些企业实现了扭亏为盈，全年区属国有企业实现利润7820万元。

四、固定资产投资

固定资产投资规模进一步扩大。全年完成固定资产投资11.61亿元，比上年增长5.3%。其中，基本建设投资7.34亿元，增长5.5%；房地产开发投资3.31亿元，增长5.1%。在基本建设投资中，市、区两级政府投资4.4亿元（包括国土基金），主要投向完善城市功能的基础设施项目和文教卫体项目。

重点建设项目进展顺利。2001年区政府确定了37个重点建设项目，累计投资7.10亿元。其中，黄金珠宝大夏、东埔福苑、东部阳光等项目基本完成；盐田海鲜批发市场、盐田区妇幼保健院等项目即将完成；中兴通讯（大梅沙）研发中心、精茂电脑生产基地等12个新建项目已开工建设；区行政文化中心主体顺利封顶，裕宏花园（一期）项目建设进行良好；川大旭飞苑、东埔海景花园等项目前期工作基本完成，已准备动工建设。其他项目也正在积极运作之中。

为民办实事项目基本完成。盐田“双拥”公园、区人民医院门诊楼等十件为民办实事项目中，除中英街景观改造整体方案需待上级主管部门审定后落实执行之外，其余项目都已完成。

房地产业迅速发展。随着投资环境的逐步改善，全区房地产业日益兴旺。全年商品房施工面积28.32万平方米，增长18.7%；商品房销售率达61.7%；商品房销售均价7305元／米。房地产业的快速发展已成为全区经济增长的亮点，对GDP的贡献也在逐年增大。

五、商　业

商业零售平缓发展。全年完成社会消费品零售总额9.93亿元，增长6.8%。2001年，通过继续完善基础设施和旅游配套设施，大力整顿和规范中英街、海鲜街经营秩序，以及旅游业的持续迅猛发展，全区商业有所好转，尤其是饮食业保持了较快发展，但由于商业网点少，业态落后，导致消费外流严重，零售贸易仍然发展平缓。全年完成饮食零售额3.02亿元，增长18.4%；商业零售额6.91亿元，增长2.4%。

商业经济效益缓慢回升。区属国有、集体批发零售贸易业商品销售总额9.23亿元，与上年基本持平；商品销售毛利率18.5%，比上年增长0.5个百分点；期末商品库存总额4147万元，下降3.9%；全区商业企业实现利润9481万元，增长3.6%。

六、财　政

财政收入持续快速增长。2001 年，尽管受到市区财政体制调整的影响，但区财政收入仍保持了快速增长的势头，全年实现财政总收入 7.25 亿元，比上年增长 27.5%；预算内财政收入 6.05 亿元，比上年增长 40.6%，增幅列全市第一，创全区财政收入增幅的历史新高，并提前一年实现了本届政府的财政目标。财政收入占 GDP 的比重不断提高，从 1998 年的 8.8%提高到 10.1%（占辖区 GDP 比重）。税收成为全区财政收入的主体，全年税收收入 5.92 亿元，增长 42.4%，占财政收入的比重达 97.8%。从税种看，企业所得税和营业税的增长仍是区财政收入增长的主要源泉，贡献率分别达 33.8%和 29.2%；从企业类型看，财政收入的增长主要由涉外企业和股份制经济的高速增长带来，其中涉外企业税收同比增长 63.2%；从行业分布来看，财政收入的增长主要来源于工业和交通运输业，二者税收收入分别同比增长 69.7%和 113.8%。

财政支出结构进一步优化。全年财政支出 6.56 亿元（含镇、街道办支出，下同）增长 22.8%。财政支出主要集中在基建支出、科技教育经费、公检法司经费、城市维护费及增资等方面，突出了按照公共财政的方向逐步调整支出结构这一显著特征。其中建设性支出比重进一步提高，由 2000 年的 33.3%提高为 35%，而基本建设支出比重则相对稳定，仅比上年提高 0.2 个百分点；科教投入进一步加大，占财政支出的 14.3%，高于全市平均水平，比上年提高 1.5 个百分点，同比增长了 36%。

七、对外经济和旅游

对外贸易增长平稳。2001 年，在工业快速增长的带动下，外贸出口也取得了较快的增长，全年实现出口总值 24.37 亿美元，比上年增长 16.9%。其中，“三资” 企业出口 23.38 亿美元，增长 19.6%；“三来一补”企业出口进一步萎缩，出口 9363 万美元，下降 24.3%；一般贸易出口 551 万美元，下降 15.1%。出口产品结构以高新技术产品为主。

外资引进工作成效突出。全年新签、续签“三来一补”项目 31 项，补充协议 72 项。在第三届“高交会”上成交项目 20 个，成交金额达 26 亿元，比上一届增长 83.3%，引进了生物港、绿色材料谷等一批高新技术项目。鑫茂、威明等一批企业大幅追加投资，扩大生产规模。全年实际利用外资 8445 万美元，增长 36.6%；协议利用外资金额 6101 万美元，增长 24.7%。

旅游业迅猛发展。2001 年，成功组织了“新世纪、新盐田”和第三届“黄金海岸 蓝色盐田”旅游系列推介活动，旅游业日渐兴旺，大、小梅沙和明思克航母世界等已成为深圳市旅游热点。全区各景点全年共接待游客 738 万人次。辖区内宾馆、度假村接待过夜旅客 14.87 万人次，比上年增长 34.3%，其中，国内旅客 12.78 万人次，增长 36.1%，国际旅客 2.09 万人次，增长 24.1%。辖区旅游营业收入 2.31 亿元，增长 56.7%。宾馆酒店开房率 51.3%，比上年提高 0.9 个百分点。

八、科教、文体、卫生和治安

科技事业进步加快。2001 年高交会共签订成交项目 20 个，成交金额 26 亿元，比上年增长 83.3%；全年财政核拨科技三项经费达 1260 万元，高于建区前三年的经费总和；辖区内认定的高新技术企业（项目）12 个，实现高新技术产品产值 137.32 亿元；成立了盐田区科技创业中心，现已入驻 14 家科技企业。

教育基础设施进一步完善。2001 年，年末共有中、小学 11 所，其中中学 3 所，小学 8 所。中学在校学生 2994 人，小学在校学生 6468 人，分别比上年增长 13.5%和 13.2%。全区年末共有幼儿园 13 所，在园幼儿 2086 人，比上年增长 3.1%。教育质量进一步提高，2001 年全区中考总评分在深圳市名列前茅；高考本科上线率达 43%，省级大专上线率达 66%。田东中学等 5 所学校校园网已建成，新建盐田外国语小学正式开学，深圳市外国语学校高中部正式落户盐田区。

文化体育事业取得丰硕成果。深圳（盐田）帆板队在 2001 年世界青年帆板锦标赛上获女子奥林匹克航线赛 C 组冠军，实现了深圳市在世界级帆板赛事上金牌零的突破，在亚洲帆板锦标赛中获得男子组总排名第二和青年组冠军、女子组总排名第五和青年组第二名、第三名的好成绩。在深圳市第五届“鹏城金秋”社区文化艺术节文艺演出中，共获得 4 金 4 银 4 铜的好成绩。

卫生事业取得较好成绩。卫生系统医疗设备进一步完善；积极引进学科带头人，在部分医院实行了“病人选医生”的医疗服务模式，医疗服务水平得到提高。全区卫生工作人员 376 人，比上年增加 3.0%。全年完成门诊量 35.3 万人次，比上年增加 8.3%；病床使用率从上年的 53.1%提高到 62.4%；出院病人治愈率 81.0%。全面完成省、市下达的计划生育任务指标，户籍人口计划生育率达 99.09%，人口出生率为 12.28‰，人口自然增长率为 10.42‰。

依法治区工作稳步推进，社会治安综合治理力度进一步加强。全年共建成24个安全文明小区，其中新建小区13个，升级小区11个，环境面貌不断改善。建筑市场得到规范，工程质量和安全文明施工水平有了较大提高。继续深化安全管理责任制，开展安全综合治理，全年无重大伤亡事故发生，劳动安全生产形势平稳。居委会社区服务设施得到进一步完善，社会福利中心正式运作，社会保障工作不断加强，人民生活水平继续提高。

九、城区建设和环境保护

城市功能不断完善。全年辖区用电总量达4.8亿千瓦时，比上年增长18.1%；年末实有自来水日供水能力为14.7万吨；年供水总量2257万吨，比上年增长1.1%。

环境质量进一步改善。主要饮用水源水质达标率90.4%；区域环境噪声56分贝，比上年下降了0.8分贝，保持良好水平；区域噪声监控合格率达100%。建成区内园林绿化面积254.3公顷，比上年增加4.0%；建成区内人均公共绿地面积16.4平方米，增加5.0%；城市绿化覆盖率达61.7%。

十、人口和人民生活

人口和计划生育考核目标全面达标。2001年，全区年末常住人口13.51万人，比上年增长9.7%，其中户籍人口2.71万人，增长2.7%；暂住人口10.80万人，增长11.6%。辖区常住人口出生率为12.28‰，自然增长率为10.42‰，分别比上年下降了0.42和0.52个千分点。户籍人口计划生育率达99.09%，比上年提高0.60个百分点。

职工收入稳步增长。2001年，区属企业年工资总额为94633万元，比上年增长2.4%；职工年人均工资15508元/人，比上年增长2.4%，其中：国有经济职工年人均工资18479元/人，比上年增长8.0%；集体经济职工年人均工资9574元/人，比上年增长17.7%；其他经济职工年人均工资15111元/人，比上年增长0.3%。

户籍居民生活水平和质量不断提高。2001年，户籍居民家庭年人均可支配收入为24300元/人，年人均消费性支出为16796元/人，人均年末手持现金896元/人，恩格尔系数为31.6%。

注：国内生产总值、各产业增加值绝对数按现行价格计算，增长速度按可比价计算。

2001年宝安区国民经济和社会发展情况

深圳市宝安区计划统计局

2001年，在区委区政府的正确领导下，全区积极实施“三个拉动”和“四个扩大”的宏观经济政策，不断加大招商引资力度，调整经济结构和大力发展高新技术产业，克服国际经济增长放缓的影响和国内市场竞争日趋激烈等困难，超额完成了全年各项计划目标，保持了全区国民经济持续、快速、健康发展。

主要计划指标完成情况如下：

国内生产总值257亿元，比上年增长15.2%；

工业总产值395.82亿元，比上年增长19.2%；

农业总产值6.61亿元，比上年增长4.6%；

出口总额（海关口径）120亿美元，比上年增长13.2%；

一般预算收入25.93亿元，比上年增长28.4%；

全社会固定资产投资55.56亿元，比上年增长19.6%；

社会消费品零售总额80.33亿元，比上年增长21.2%。

全年经济社会发展呈现以下主要特点：

1、国民经济保持较快增长，超额实现预期目标

全年国内生产总值达到257亿元（辖区口径328亿元），比上年增长15.2%，高出预期目标1.7个百分点。从全年经济走势分析，经济增长由一季度12.8%升至二季度13.9%，再到三季度的14.5%，呈稳步递增的态势。

2、工业经济势头良好，高新技术产业发展迅速

全年工业总产值为395.82亿元（辖区口径520亿元），比上年增长19.2%；在9月份香港投资环境介绍会和第三届高交会上签约项目220宗，其中高新技术项目占了六成以上；全年实现高新技术产品产值150亿元，增长32.7%，占工业总产值的38.3%。高新技术产业和先进工业发展势头良好。

3、投资、消费需求的拉动作用进一步增强

消费需求继续保持较快增长势头，全年社会消费品零售总额达80.33亿元，比上年增长21.2%，高出国内生产总值增幅6个百分点。投资在去年高增长的基础上，仍有较大增幅，全年固定资产投资完成55.56亿元，增长19.6%，虽略低于去年增幅，仍高出国内生产总值增幅4.4个百分点，对全区经济增长发挥了重要的拉动作用。

4、财政收入增长势头良好，金融存贷款规模扩大

财政继续保持良好增长势头，全区预算内财政总收入31.97亿元，比上年增长26.4%，其中：一般预算收入达25.93亿元，比上年增长28.4%，预算内财政支出27.8亿元，比上年增长27.6%。金融机构各项存贷款余额增长幅度很大，年末金融机构各项存款余额442.68亿元，比上年增长60.5%，贷款余额206.36亿元，比上年增长41.7%，存贷差进一步拉大。

5、利用外资和出口持续增长

全年实际利用外资7.6亿美元，比上年增长12%，其中“三资”企业合同利用外资5.7亿美元，下降7.4%，实际投资4.8亿美元，增长22.5%；“三来一补”合同利用外资5.8亿美元，增长0.9%，实际利用外资2.8亿美元，下降1.4%。出口因国际市场需求下降的影响，在3月份达到18.2%的高幅增长后逐月回落，全年出口（海关口径）120亿美元（辖区口径136亿美元），增长13.2%，增速低于去年4.5个百分点。

6、社会事业全面进步，人民生活水平不断提高

各项社会事业取得全面进步，“科教兴区”战略实施顺利，精神文明和民主法治建设又上新台阶。科技创新体系进一步完善，教育投入进一步加大，教育质量进一步提高，教育强镇创建工作顺利。信息化建设进展顺利，信息化水平进一步提高。文化体育事业蓬勃发展，一批形式多样的文艺精品获得表彰，开展了丰富多彩的全民健身运动，医疗卫生和社区保健事业又上新台阶。农村城市化的进程不断推进，创建文明镇和文明社区活动取得显著成效，依法治区得到加强，社会治安明显好转。人口计划执行良好，引进人才规模再创新高，人口素质进一步提高，人民安居乐业，物质文化生活水平不断提高。

经济运行中还存在一些问题，受国际经济增长放缓的影响，工业企业经济效益不高，部分中小企业经营困难问题比较突出；经济发展的动力在依靠外资和出口的同时，对内资和国内市场的开拓有待加强，经济稳步增长的内在机制亟待建立。

2001年龙岗区国民经济和社会发展统计公报

深圳市龙岗区计划统计局

2001年是实施第十个五年计划的头一年，在区委区政府的正确领导下，全区认真贯彻“三个代表”重要思想，积极推行和实施“十五”计划发展战略，开拓进取，沉着应对，抢抓机遇，国民经济和社会事业继续保持持续、协调、健康发展，实现了“十五”计划的良好开局。

一、综　合

国民经济持续快速增长。据统计2001年全区国内生产总值为218亿元（当年价），比上年增长17.5%（按可比口径，下同），比“十五”计划预期的平均发展水平高出3.5个百分点。其中，第一产业增加值6.6亿元，增长1.4%；第二产业增加值138.8亿元，增长21%；第三产业增加值72.6亿元，增长16.1%。三次产业的比例为3.0:63.7:33.3。人均国内生产总值20859元，增长12.0%。

市场价格回落。全年居民消费价格总指数为98.5%，比上年下降1.5个百分点。其中食品类下降0.9%；烟酒及用品类下降2.6%；家庭设备用品及维修服务类下降5.3%；交通和通讯类下降2.4%；娱乐教育文化用品及服务类下降3.4%。上升的仅有衣着类和居住类，分别上升0.7个百分点和0.9个百分点。

劳动就业规模扩大。年末全区从业人数为50.54万人，比上年增加57890人，增长12.9%。其中镇村从业人员45.32万人，增长14.1%。全区登记失业人员为1682人，比上年减少11.1%。城镇居民登记失业率为1.4%，下降0.1个百分点。积极实施“下岗再就业工程”，开展多种就业服务工作，下岗职再就业率达75%。

国民经济和社会发展中存在的不利因素和问题：外贸出口压力仍然较大，出口推动效应有所减弱；第三产业发展层次不高和相对迟缓，产业结构有待进一步提高和优化；国家税制的调整，财税增收的势头将趋缓；社会治安环境的治理有待提高和完善。

二、农　业

农业生产平稳增长。2001年农业总产值为4.2亿元（1990年不变价），比上年增长4.5%。农村经济总收入达68.07亿元，比上年增长3.2%；净收入为25.01亿元，比上年增长22.2%；农民人均所得为8991元，比上年增长4.9%。

在种植业方面，通过抓生产技术培训、推广先进和种植技术、优化品种结构和改良等措施，有效地提高了产品的质量。全年蔬菜的种植面积达5200公顷，比上年增长5.7%，产量达97723吨，增长2.4%；全区龙眼面积达1.73万亩，产量544吨，荔枝3.54万亩，产量1145吨，其他品种水果达2.1万亩，产量8969吨。

在畜牧业方面，以调整畜牧业生产结构，形成以生猪、活鸡集约化生产为主的格局。重点抓好万头猪场生产线的改造和建设。全年生猪饲养量为25.66万头，比上年增长3.7%；出栏量为17.61万头，比上年增长0.9个百分点。

在水产养殖方面，大力发展工厂化养殖，提高产品的产量和质量。全年水产品养殖面积已达1027公顷，水产品总产量达8071吨，比上年增长12.9%。其中海水产品产量为5811吨，增长14.2%。

花卉种植业发展迅速。建立了基因隆组织培养高档花卉育种基地，形成了以种苗供应、花卉收购的集团化经营。全年花卉种植面积达6000多亩，产值达2767万元，比上年增长63.7%。

三、工业和建筑业

工业生产发展势头良好。全年工业总产值为

340亿元(1990年不变价),比上年增长29.3%。其中国有经济工业产值为5.61亿元,比上年增长6.6%;集体经济工业产值47.18亿元,比上年增长9.3%;港澳台及其他经济工业产值为287.21亿元,比上年增长33.8%。规模以上工业企业产品销售率为98.4%,比上年提高0.2个百分点。

全区国有工业企业及年产品销售收入500万元以上的非国有企业(规模以上工业企业)全年的增加值为93.7亿元,比上年增加12.8亿元,增长20.8%。其中国有经济企业的增加值 2.0亿元,比上年11.0%;集体经济企业的增加值17亿元,比上年增长11.5%;其他经济企业的增加值74.7亿元,比上年增长21.9%。

高新技术产品产量快速增长。全年电子信息业的产品产值为 63.64亿元,比上年增加20.58亿元,增长47.8%,占高新技术产品产值的59.9%。新材料新能源行业的产品产值为39.77亿元,比上年增长28.8%;机电一体化行业产品产值为2.6亿元,比上年增长68.8%.

主要的工业产品产量:

产品名称	单位	数量	比上年增减%
磁头	万只	4922	4.0
电话机	万部	709	25.5
原电池	万只	3068	24.9
自行车	万辆	54	-23.4
组合音响	万部	107	-14.4
电风扇	万台	411	30.5
半导体集成电路	万块	4881	-16.8
激光视盘机	万台	115	98.3
时钟	万只	676	75.6

建筑业保持稳定发展。全年报建工程项目321个。报建金额48.9亿元,比上年增长65.7%。其中招标工程项目159个,招标金额21亿元,比上年增长47.8%。全年施工项目403个,竣工项目218个,房屋施工面积295万平方米,房屋竣工面积193万平方米,增加14万平方米。

四、固定资产投资

固定资产投资保持较快增长。全社会固定资产投资总额为59.05亿元,比上年增加8.75亿元,增长17.4%。其中国有经济的投资额为24.10亿元,比上年增长18.3%;集体经济的投资额为31.72亿元,比上年增长18.7%;私人的投资额为3.22亿元,比上年增长0.7%。

从投资结构来看,制造业的投资额为15.05亿元,比上年增长16.7%;房地产业投资13.4亿元,比上年增长43%;市政基础设施投资18.4亿元,比上年增长12.9%;其他行业投资12.2亿元,比上年增长4.0%。全年新增固定资产31.89亿元,比上年增长15.7%。

重点投资项目完成较好。全年70个重点项目,年计划投资额为34亿元,实际完成投资30亿元,完成年计划的88.2%。其中农业投资项目完成1.2亿元,完成年计划的80%;工业投资项目完成6.5亿元,完成年计划的93%;商贸、房地产投资项目完成11亿元,完成年计划的92%;文化、教育、卫生投资项目完成1.3亿元,完成年计划的87%;市政工程及基础设施投资项目完成10亿元,完成年计划的83.3%。平湖物流基地已完成征地70万平方米,坪西公路葵涌至南澳段以及第二通道水官高速公路已通车,龙田污水处理厂和沙田人工湿地已投入使用。龙岗世贸中心即将投入使用,深平快速干道正全面推进。

五、商贸和房地产业

消费品市场畅旺。全年社会消费品零售总额为52.69亿元,比上年增长15%。其中批发零售贸易业的销售额为29.20 亿元,比上年增长32.7%;餐饮业的销售额为5.7亿元,比上年增长13.8%;农贸集市的销售额为17亿元,比上年增长13.3%。

房地产业发展保持强势。全年商品房销售18910套,比上年增长22.8%;商品房销售面积为169.4万平方米,比上年增长32.9%;销售金额达62.11亿元,比上年增长45.3%。

六、财政和金融

财政收入创历史新高。全年地方预算内财政收入达21.31亿元,比上年增加4.58亿元,增长27.4%。其中工商税收收入20.57亿元,比上年增长32.7%。全年地方预算内财政支出为25.51亿元,比上年增加7.85亿元,增长27.7%。其中基本建设支出5.6亿元,比上年增长40.5%;教育事业费用支出2.48亿元,比上年增长27%;卫生事业费用支出1.9亿元,比上年增长37.4%;科技三项费用支出3000万元,比上年增长20%。

金融机构存贷款稳定增加。全年金融机构各项存款余额314.35亿元,比上年增加65.2 亿元,增长25.2%。金融机构各项贷款余额149.13亿元,比上年增加23.56亿元,增长18.6 %。现金收入为751.58亿元,现金支出为723.07亿元,分别比上年增长16.6% 和21.6%。

七、对外经济

招商引资成绩较好，贸易出口稳中有升。全年引进外资项目411宗，合同投资金额4.8亿美元，分别比上年增长2.5%和42%。实际利用外资金额6.5亿美元，比上年增长18.9%。其中外商直接投资3.96亿美元，比上年增长33.7%。实收工缴费2.56亿美元，比上年增长4.4%。全年贸易出口总额为72.82亿美元，比上年增加9.22亿美元，增长4.4%。其中一般贸易出口8.82亿美元，来料加工出口38.54亿美元，进料加工出口25.46亿美元，分别比上年增长16.7%、0.6%和6.6%。

八、交通、邮电和旅游

交通发展较快，客货运输业平稳增长。龙岗第二通道和坪西公路葵涌至南澳段快速公路顺利通车。全区现有公路通车里程 602公里，其中高速公路97.5公里，一级公路180公里。到2001年底，全区社会营运车辆达16072辆，比上年增加1167辆，增长7.8%。全年货运总量为1064万吨，比上年增长5.5%；货物周转量为63840万吨公里，比上年增长5.5%；客运量为745万人次，比上年增长20.1%；旅客周转量为38873万人公里，比上年增长25%。

邮政电信业稳定发展。全年邮政业务总量为9026.7万元，比上年增长2.2%。以业务划分，包件46.6万件，比上年增长14.1%；汇票392.2万张，汇票金额416321.5万元，分别比上年减少4.5%和4.1%。订销各类杂志48.8万份，比上年增长8.4%；邮政储蓄期末余额71033万元，比上年增长33.7%。全年电信业务总量为74483万元，比上年减少13.8%。其中中央国营业务总量为33222万元，比上年减少32.2%；地方国营业务总量为41261万元，比上年增长10.2%。全区现有电话用户35万户，比上年增加9.5万户，增长37.2%。

旅游业逐步兴旺。全区旅游景点接待游客人数114.7万人次，比上年增长20.2%。宾馆、酒店接待旅游者人数35.85万人次，比上年增长7.5%。客房开房率比上年提高6.3个百分点。全年旅游部门营业收入33745万元，比上年增长10.8%；其中宾馆、酒店营业收入26632万元，增长10.1%，旅游景点营业收入7113万元，增长13.5%。

九、科技、文化、教育、卫生

高新技术产业发展迅速。全区经确认的高新技术项目24个，有5项已获市级以上科技进步奖，其中一项获国家科技进步一等奖。全年高新技术产品产值达106亿元，比上年增加30.52亿元，增长40.4%，占工业总产值的31.2%，比上年提高2.5个百分点。产品销售收入105.39亿元，比上年增长45.8%。全区从事开发、生产高新技术产品的企业有125家，职工人数为41765人，其中从事高新技术产品研究、开发的技术人员有5535人，占职工总数的13.2%。全年研究开发、生产高新技术产品有110种，投资资金3.11亿美元。科技投入占销售收入的比重为3.0%。

文化事业蓬勃发展。建成区、镇、村三级文化网，镇镇有文化馆（站），村村有文化室。全区现有文化综合大楼10座、镇级文化广场10个，村级文化广场300个，有线电视台（站）11座，影剧院33间，图书馆（室）65间，文化公园20个。建成了世界一流的国际自行车赛场，并成功举办了全国“九运”会自行车比赛项目。

各类教育不断发展，教育质量稳定提升。全区拥有各类学校125所，比上年增长7.8%；其中小学109所，比上年增长9%。全区在校学生115291人，比上年增加20972人，增长22.2%。其中小学92029人，普通中学21289人，分别比上年增长20.5%和28.2%。专任教师2851人，比上年增长21.5%。

卫生事业健康发展。全区拥有卫生医疗机构32家，其中医院15家。拥有病床数1475张，比上年增长2.4%。全区卫生工作人员3125人，比上年增长7.4%；其中专业卫生技术人员2393人，增长4.4%。全区现有社区健康服务中心32家。

十、市政设施和环境保护

旧城改造和农村城市化进程加快，成效显著。区政府继续加大对市政道路照明和绿化的投入，城市环境日益完善和优美。全区2001年发电量为36644万度，比上年增长38.8%，自来水生产量18517万吨，比上年增长10.7%。

生态环境保护工作成效显著。在河流污染治理、生态环境保护、环境监督管理等方面取得较好成效。全区生活污水处理率为51.6%，比上年提高21个百分点，饮用水源水质平均达标率为98%以上；大气环境质量优于国家II级标准；近海海域水质保持国家I类标准；区域环境噪声平均值控制在60分贝以内。

十一、人口和人民生活

人口自然增长率继续下降。年末全区总人口106万人，比上年增长2.9%；其中户籍人口21.26

万人，外来人口84.74万人，分别增长6.2%和2%。全区人口出生率为13.56‰，自然增长率为10.3‰。

居民收入保持增长。2001年城镇居民人均可支配收入为21520元，比上年提高9.7%。农村居民人均纯收入26392元，比上年增长11%。居民人均居住面积25平方米。居民储蓄存款余额160.75亿元，比上年增加33.35亿元，增长26.2%。

社会保障进一步加强。在抓好最低生活保障，扶贫奔康，农村社会养老保险，职工养老、医疗保险，优抚安置等取得优异成绩。全区现有3952个单位参加社会基本养老险，比上年增加 850个，增长27.4%。参保人数达17.7万人，比上年增加8.6人，增长45.1%。有60.2万名职工参加了工伤医疗保险，比上年增长2.9%。有4.9万人参加了医疗保险，比上年增长40%。

注：①本公报部分统计数据为初步统计数，如有调整，则以统计年鉴为准。②国内生产总值、增加值、人均国内生产总值绝对数，按现行价计算，增长速度按可比价计算。③人口数按年报统计数。

光荣榜

光　荣　榜*

集体奖

A、国家级

获奖单位	获奖项目、等级	颁奖单位	颁奖时间
深圳市统计局	全国实施妇女儿童纲要先进集体	国务院妇女儿童工作委员会	2001年10月
人普办	第五次全国人口普查先进集体	国务院人口普查领导小组	2002年01月
综合处	2001年全国地方统计年鉴乙组二等奖	国家统计局	2002年01月
城调队	2000年度全国城市社会经济调查工作先进单位	国家统计局人事司 国家统计局城调总队	2001年03月
经贸处	2001年度"全国重点统计调查先进单位"	国家统计局中国行业企业信息发布中心	2002年04月

B、省　级

获奖单位	获奖项目、等级	颁奖单位	颁奖时间
深圳市统计局	广东省统计系统R&D资源清查工作先进集体	广东省统计局	2002年03月
综合处	1996—2000年全省统计系统先进集体	广东省统计局 广东省人事厅	2001年09月
企调队	1996—2000年全省统计系统先进集体	广东省统计局 广东省人事厅	2001年09月
综合处	2001年全省综合统计业务考核先进单位和单项业务特别奖	广东省统计局	2002年03月
核算处	2000年度全省国内生产总值年报第一名	广东省统计局	2001年07月
工交处	2000年度全省能源统计年报第一名	广东省统计局	2001年07月
投资处	2000年度全省投资统计年报第一名	广东省统计局	2001年07月
综合处	2000年全省统计综合年报第二名	广东省统计局	2001年07月
工交处	2000年全省运输邮电统计年报第二名	广东省统计局	2001年07月
投资处	2000年全省建筑业统计年报第二名	广东省统计局	2001年07月
经贸处	2001年度全省外经旅游统计分析一等奖	广东省统计局	2002年05月
经贸处	2001年全省贸易统计分析一等奖	广东省统计局	2002年05月
经贸处	2000年全省外经统计年报第二名	广东省统计局	2001年07月
经贸处	2001年度全省外经旅游统计综合二等奖	广东省统计局	2002年05月

* 光荣榜中所列为深圳市统计局及所属的单位及个人在2001年度获得或于2001年度颁发的2001年度以前年份的与统计业务工作有关的奖项。

经贸处	2001年度全省贸易统计综合三等奖	广东省统计局	2002年05月
工交处	2001年全省交通能源统计业务考核第一名	广东省统计局办公室	2002年04月
核算处	2001年度国民经济核算工作优秀单位	广东省统计局办公室	2001年11月
城调队	2000年度全省城调系统先进单位第一名	广东省城市社会经济调查队	2001年03月
城调队	2000年度全省城调系统业务考核评比城镇住户调查专业第一名	广东省城市社会经济调查队	2001年07月
城调队	2000年度全省城调系统业务考核评比统计分析总分第一名	广东省城市社会经济调查队	2001年07月
城调队	2000年度全省城调系统业务考核评比消费价格调查专业第二名	广东省城市社会经济调查队	2001年07月
城调队	2001年度全省重要信息报送工作优秀单位第二名	广东省城市社会经济调查队	2002年02月
城调队	2001年度全省城调系统综合考核先进单位三等奖	广东省城市社会经济调查队	2002年03月
企调队	2001年全省企调系统综合先进单位	广东省企业调查队	2001年12月
企调队	2001年统计分析研究先进单位	广东省企业调查队	2001年12月
企调队	2001年全省企业景气调查工作优秀奖	广东省企业调查队	2001年12月
企调队	2001年企业集团统计工作优秀奖	广东省企业调查队	2001年12月
企调队	2001年重要信息上报工作优秀奖	广东省企业调查队	2001年12月

C、市级

获奖单位	获奖项目、等级	颁奖单位	颁奖时间
深圳市统计局	深圳市妇女儿童"九五"规划优秀终期监测评估报告	深圳市妇女儿童工作委员会	2001年12月
社科处	深圳市实施妇女儿童"九五"规划先进集体	深圳市妇女儿童工作委员会	2001年12月
综合处	1996—2000年全市统计系统先进集体	深圳市统计局 深圳市人事局	2002年01月
企调队	1996—2000年全市统计系统先进集体	深圳市统计局 深圳市人事局	2002年01月

个 人 奖

A、国家级

获奖人员	获奖项目、等级	颁奖单位	颁奖时间
孔爱玲	首届"露露杯"全国优秀统计论文一等奖	中国统计学会 全国统计科研所成果评委会	2001年12月
戴跃华	首届"露露杯"全国优秀统计论文二等奖	中国统计学会 全国统计科研所成果评委会	2001年12月
陈凤基	第五次全国人口普查先进个人	国务院第五次全国人口普查领导小组	2002年01月
伍健铭	第五次全国人口普查先进个人	国务院第五次全国人口普查领导小组	2002年01月
林冠荣	第五次全国人口普查先进个人	国务院第五次全国人口普查领导小组	2002年01月

冯志辉	第五次全国人口普查先进个人	国务院第五次全国人口普查领导小组	2002年01月
黄轩国	第五次全国人口普查先进个人	国务院第五次全国人口普查领导小组	2002年01月
杨昌斌	2001年度《中国统计》优秀通讯员	国家统计局	2001年07月
赖映凤	2002年度《中国统计》优秀通讯员	国家统计局	2002年06月
戴跃华	2000年全国R&D资源清查工作优秀个人	国家科技部、国家统计局、国家财政部、国家计委、国家经贸委、国家教育部、国防科工委	2001年12月
彭　康	2001年度“全国重点统计调查先进工作者”	国家统计局中国行业企业信息发布中心	2002年04月

B、省　级

获奖人员	获奖项目、等级	颁奖单位	颁奖时间
邓　平	广东省第五次人口普查省级先进个人	广东省统计局 广东省第五次人口普查领导小组	2002年04月
邓　平	2001年全省统计执法大检查先进个人	广东省统计局	2002年03月
孔爱玲	2001年全省统计执法大检查先进个人	广东省统计局	2002年03月
陈凤基	广东省实施妇女儿童规划先进个人	广东省妇女儿童工作委员会	2001年10月
李必祥	广东省统计系统R&D资源清查工作先进个人	广东省统计局	2002年03月
戴跃华	广东省统计系统R&D资源清查工作先进个人	广东省统计局	2002年03月
李小燕	广东省统计系统R&D资源清查工作先进个人	广东省统计局	2002年03月
翟晓崴	广东省统计系统R&D资源清查工作先进个人	广东省统计局	2002年03月
杨昌斌	2000年度全省市、县（区）统计局优秀统计分析报告评比一等奖	广东省统计局	2001年10月
戴跃华	1999年度全省市、县（区）统计局优秀统计分析报告评比二等奖	广东省统计局	2000年10月
郭继军	广东省统计“三五”普法先进个人	广东省统计局	2001年03月
胡汪初	广东省第五次人口普查省级先进个人	广东省统计局 广东省第五次人口普查领导小组	2002年04月
朱　越	广东省第五次人口普查省级先进个人	广东省统计局 广东省第五次人口普查领导小组	2002年04月
程家瑛	广东省第五次人口普查省级先进个人	广东省统计局 广东省第五次人口普查领导小组	2002年04月
麦绮玲	2000年度全省统计年报工作先进个人	广东省统计局	2001年09月
谢春敏	2000年度全省统计年报工作先进个人	广东省统计局	2001年09月

宋过渡	2000年度全省统计年报工作先进个人	广东省统计局	2001年09月
叶志林	1996—2000年全省统计系统先进工作者	广东省统计局 广东省人事厅	2001年09月
张光明	1996—2000年全省统计系统先进工作者	广东省统计局 广东省人事厅	2001年09月
陈笑琳	1996—2000年全省统计系统先进工作者	广东省统计局 广东省人事厅	2001年09月
陈利萍	1996—2000年全省统计系统先进工作者	广东省统计局 广东省人事厅	2001年09月
陈　蓉	1996—2000年全省统计系统先进工作者	广东省统计局 广东省人事厅	2001年09月
谭慧芹	2000年全省城调系统先进工作者	广东省城市社会经济调查队	2001年03月
张　奇	2000年全省城调系统先进工作者	广东省城市社会经济调查队	2001年03月
陈笑琳	2000年度全省城调系统优秀统计分析二等奖	广东省城市社会经济调查队	2001年06月
陈少勇	2001年度全省城调系统优秀统计分析二等奖	广东省城市社会经济调查队	2002年02月
陈少勇	2000年度全省城调系统优秀统计分析三等奖	广东省城市社会经济调查队	2001年06月
陈笑琳	2001年度全省城调系统优秀统计分析三等奖	广东省城市社会经济调查队	2002年02月
陈少勇	2001年度全省重要信息报送工作优秀信息员	广东省城市社会经济调查队	2002年02月
梁晓东	2001年全省企调队系统优秀统计分析报告二等奖	广东省企业调查队	2001年12月
魏谷丰	2001年全省企调队系统优秀统计分析报告三等奖	广东省企业调查队	2001年12月

C、市级

获奖人员	获奖项目、等级	颁奖单位	颁奖时间
邓　平	1996—2000年普法工作先进个人	深圳市市委 深圳市市政府	2001年06月
邓　平	2000—2002年“热爱儿童”好领导	深圳妇女儿童工作委员会	2002年05月
李必祥	2000—2002年“热爱儿童”先进个人	深圳妇女儿童工作委员会	2002年05月
李必祥	深圳市实施妇女儿童“九五”规划先进个人	深圳妇女儿童工作委员会	2001年12月
李小燕	深圳市实施妇女儿童“九五”规划先进个人	深圳妇女儿童工作委员会	2001年12月
李必祥	1996—2001年全市统计系统先进工作者	深圳市统计局 深圳市人事局	2002年05月
叶志林	1996—2001年全市统计系统先进工作者	深圳市统计局 深圳市人事局	2002年05月
张光明	1996—2001年全市统计系统先进工作者	深圳市统计局 深圳市人事局	2002年05月
赖映凤	1996—2001年全市统计系统先进工作者	深圳市统计局 深圳市人事局	2002年05月

甘腾芳	1996—2001 年全市统计系统先进工作者	深圳市统计局 深圳市人事局	2002 年 05 月
冯志辉	1996—2001 年全市统计系统先进工作者	深圳市统计局 深圳市人事局	2002 年 05 月
陈　蓉	1996—2001 年全市统计系统先进工作者	深圳市统计局 深圳市人事局	2002 年 05 月
陈利萍	1996—2001 年全市统计系统先进工作者	深圳市统计局 深圳市人事局	2002 年 05 月
张苑飞	1996—2001 年全市统计系统先进工作者	深圳市统计局 深圳市人事局	2002 年 05 月
郭玉梅	1996—2001 年全市统计系统先进工作者	深圳市统计局 深圳市人事局	2002 年 05 月
王卫文	1996—2001 年全市统计系统先进工作者	深圳市统计局 深圳市人事局	2002 年 05 月
黄培添	1996—2001 年全市统计系统先进工作者	深圳市统计局 深圳市人事局	2002 年 05 月
刘桂勋	2000 年度全市统计年报先进个人	深圳市统计局	2001 年 05 月
麦绮玲	2000 年度全市统计年报先进个人	深圳市统计局	2001 年 05 月
郭玉梅	2000 年度全市统计年报先进个人	深圳市统计局	2001 年 05 月
谢春敏	2000 年度全市统计年报先进个人	深圳市统计局	2001 年 05 月
郑　芬	2000 年度全市统计年报先进个人	深圳市统计局	2001 年 05 月
黄健梅	2000 年度全市统计年报先进个人	深圳市统计局	2001 年 05 月
梁达军	2000 年度全市统计年报先进个人	深圳市统计局	2001 年 05 月
谭燕萍	2000 年度全市统计年报先进个人	深圳市统计局	2001 年 05 月
刘丽莲	2000 年度全市统计年报先进个人	深圳市统计局	2001 年 05 月
宋过渡	2000 年度全市统计年报先进个人	深圳市统计局	2001 年 05 月
刘惠琼	2000 年度全市统计年报先进个人	深圳市统计局	2001 年 05 月
郑小康	2001 年农业单位调查先进工作者	深圳市统计局 深圳市农业局	2001 年 10 月
甘腾芳	2001 年农业单位调查先进工作者	深圳市统计局 深圳市农业局	2001 年 10 月
孙　虹	2001 年农业单位调查先进工作者	深圳市统计局 深圳市农业局	2001 年 10 月
蔡素玫	2000 年度新闻工作报道优秀通讯员三等奖	深圳特区报	2001 年 04 月

统计大事记

2001年大事记

2月19-21日 “深圳市统计改革方案”论证会在深圳迎宾馆召开。国家统计局邱晓华副局长、有关司局领导、统计专家和广东省统计局有关领导参加会议。

4月17日 根据国务院人口普查办公室的统一部署，经广东省人口普查办公室核准，深圳市人民政府批准，发布了深圳市第五次全国人口普查主要数据公报（第一号）。

4月17-18日 国务院人口普查办常务副主任张为民同志和广东省人口普查办公室常务副主任彭启鹏同志到深圳市人口普查办和福田区人口普查办检查人口普查工作。

8月23日 庄心一副市长和市委组织部领导亲临市统计局，宣读了深圳市委、市政府的任免决定：任命邓平同志为深圳市统计局党组书记、局长；孔爱玲同志为深圳市统计局党组成员、副局长；曾曲宏同志为巡视员。同时也宣布了深圳市统计信息局更名为深圳市统计局。

9月13日 庄心一副市长一行亲临市统计局视察工作。邓平局长主持工作汇报会，向前来调研的市领导汇报市统计局机构改革以来的工作情况。庄心一副市长就当前全市统计机构改革、思想政治和统计业务建设等问题作了重要指示。

9月17日 王穗明副市长率经济贸易发展局局长一行亲临市统计局视察工作。提出加强各有关部门的联系，建立“资源共享，职能互动”的工作机制。

9月18日 市委召开市委常委（扩大）会议，讨论当前全市经济形势。在会议期间及会后，省委副书记、市委书记张高丽同志，市委副书记、常务副市长李德成同志，副市长庄心一同志分别听取市统计局党组书记、局长邓平同志的汇报并作出加强全市统计工作等一系列重要指示。

9月25日 省委常委、市长于幼军听取邓平局长关于贯彻落实市委常委（扩大）会议精神，加强和改进统计工作情况的汇报，并作了重要指示。

10月9日 副市长庄心一参加全国妇女儿童工作会议，为深圳市统计局领回了“全国实施妇女儿童纲要先进集体”的获奖证书。

10月26日 市政府唐杰副秘书长到市统计局检查指导工作，就国内生产总值的核算等问题作了具体指示。

11月29日 广东省统计局局长卜新民亲临深圳市统计局视察工作，认真听取了邓平局长的工作汇报，并对当前深圳市统计工作作了重要指示。

12月19日 庄心一副市长、唐杰副秘书长、徐安良副主任一行亲临市统计局视察工作。邓平局长主持工作汇报会，向前来调研的市领导汇报市统计局机构改革以来的工作情况。庄心一副市长、唐杰副秘书长就当前形势、统计机构改革、思想政治、班子建设、队伍建设、统计业务建设和即将召开的全市统计工作会议等作了重要指示。

12月29日 深圳市统计工作会议在市人大会堂隆重举行。传达贯彻温家宝副总理对统计工作的重要指示和全国统计局长会议精神，对全市统计工作进行了总结与部署。市委副书记、市长于幼军同志到会作了重要指示，副市长庄心一同志到会作重要讲话，市统计局邓平局长作统计工作报告。各区政府和市直单位主管统计工作负责同志，各控股公司、集团总公司及一、二类企业统计负责人，各区计统局局长和统计科长，镇、街道办事处统计负责人及市统计局全体干部职工300多人参加会议。

指标解释

主 要 统 计 指 标 解 释

Explanatory Notes to Major Statistical Indicators

【国内生产总值】 是按市场价格计算的国内生产总值的简称。它是一个国家(地区)所有常住单位在一定时期内生产活动的最终成果。国内生产总值有三种表现形态，即价值形态、收入形态和产品形态。从价值形态看，它是所有常住单位在一定时期内所生产的全部货物和服务价值超过同期投入的全部非固定资产货物和服务价值的差额，即所有常住单位的增加值之和；从收入形态看，它是所有常住单位在一定时期内所创造并分配给常住单位和非常住单位的初次分配收入之和；从产品形态看，它是最终使用的货物和服务减去进口货物和服务。在实际核算中，国内生产总值的三种表现形态表现为三种计算方法，即生产法、收入法和支出法。三种方法分别从不同的方面反映国内生产总值及其构成。

Gross Domestic Product refers to gross domestic product calculated at market prices, which is the final products of all resident units in a country(or region)during a certain period of time. Gross domestic product is expressed in three different forms, i. e. value added, income, and products respectively. The form of value added refers to the total value of all products and services produced by all resident units during a certain period of time minus total value of input of materials and sevices of the nature of non–fixed assets or the summation of the value added of all resident units; the form of income includes all the income created by all resident units and distributed primarily to all resident and non–resident units; the form of products refers to all final goods and services minus imports of goods and services. In the practice of national accounting, gross domestic product is calculated with three approaches, i. e. product approach, income approach, and expenditure approach respectively to reflect gross domestic product and its composition from different aspects.

【可比价格】 指在进行不同时期的价值指标对比时，扣除了价格变动的因素，以确切反映物量的变化。按可比价格计算有两种方法:一种是直接用产品产量乘某一年的不变价格计算；另一种是用价格指数换算。

Comparable Prices are applied when comparing indicators of value over time to reflect accurately the changes in real term. Two methods are used for calculating comparable prices: 1. Multiplying the output of products by their constant prices of certain year; 2. Conversion of the data in current prices by relevant price index.

【不变价格】 指用同类产品某一基期年份的年平均价格作为固定价格来计算各年产品价值。按不变价格计算的产品价值消除了价格变动因素，不同时期对比可以反映生产的发展速度。新中国成立后，随着工农业产品价格水平的变化，国家统计局先后五次制定了全国统一的工业产品不变价格和农业产品不变价格，从1949年到1957年使用1952年工(农)业产品不变价格，从1957年到1971年使用1957年不变价格，从1971年到1981年使用1970年不变价格，从1981年到1990年使用1980年不变价格，从1990年开始使用1990年不变价格。

Constant Price refers to the average price of a given product in certain year, which is used for compari–

son of output value over time. As the output value at constant prices removes the factor of price changes, it reflects the trend of production development over time. Since 1949, with the changes in general price level, the State Statistical Bureau has issued nationally unified constant prices five times: the 1952 constant prices for 1949–1957; the 1957 constant prices for 1958–1970; the 1970 constant prices for 1971–1981; the 1980 constant prices for 1981–1990; and the 1990 constant prices have been used since 1991.

【平均每年增长速度】 在我国计算平均增长速度有两种方法,一种是习惯上经常使用的"水平法",又称几何平均法,是以间隔期最后一年的水平同基期水平对比来计算平均每年增长(或下降)速度。另一种是"累计法",又称代数平均法或方程法,是以间隔期内各年水平的总和同基期水平对比来计算平均每年增长(或下降)速度。

在一般正常情况下,两种方法计算的平均每年增长速度比较接近,但在经济发展不平衡,出现大起大落时,两种方法计算的结果差别较大。

本年鉴内所列的平均每年增长速度,均用"水平法"计算。从某年到某年平均增长速度的年份,均不包括基期年在内。如1980—1997年的平均增长速度,是以1979年为基期计算的。

Average Annual Growth Rate Two methods for calculating average annual growth rate are applied in China, one is often called"level approach"or the method of calculating geometric average, which is derived by comparing the level of the last year of the interval with that of the beginning year; the other is called "accumulative approach" or algebraic average or equation method, which is derived by the summation of the actual figure of each year in the interval divided by the figure in the base year.

Usually the results calculated by the two methods are fairly close, but they differed sharply when uneven economic development occurred with striking fluctuations in growth.

The average annual growth rates listed in this statistical yearbook are all calculated by "level approach". The base years are not listed when the years are listed for average annual growth rates. For instance, the average annual growth rates since 1980–1997 are calculated with the year 1979 as the base year.

【各个计划时期】 本年鉴内所用各个"时期"代表的年份如下:第六个五年计划时期(简称六五时期)为1981年到1985年;第七个五年计划时期(简称七五时期)为1986年到1990年;第八个五年计划时期(简称八五时期)为1991年到1995年。

Various Planning Periods The conventional division of time period in this statistical yearbook is as follows: The sixth five–year plan period, 1981–1985; The seventh five–year plan period, 1986–1990; The eighth five–year plan period, 1991–1995.

【国有经济单位】 指生产资料归国家所有的各种企业、事业单位,以及各级国家机关、人民团体等单位。

State–owned Economic Units refer to various enterprises, institutions, and government administrative organizations at various levels, social organizations and etc., with state ownership of production means.

【集体经济单位】 指生产资料归公民集体所有的各种企业、事业单位。包括农村各种经济组织经营的农、林、牧、副、渔业,乡、村经营的企业、事业单位;城市、县、镇以及街道举办的集体经济性质的企业、事业单位。

Collective –owned Economic Units refer to various enterprises and institutions with collective ownership of production means, including various rural economic organizations engaged in farming, forestry, animal husbandry, sideline production, and fishery, enterprises and institutions run by townships and villages; collective enterprises and institutions run by cities, counties, towns and subdistrict offices.

【私营经济单位】 指生产资料归公民私人所有的单位。包括私营独资企业、私营合伙企业和私营有限责任公司。

Private-owned Economic Units refer to economic units owned by private individuals, including individual owned private enterprises, jointly owned private enterprises, and private owned companies, Ltd.

【联营经济单位】 指不同所有制性质的企业之间或者企业、事业单位之间共同投资组成新的经济实体。包括紧密型联营企业,半紧密型联营企业和松散型联营企业。

Joint Owned Units refer to economic entities jointly invested by enterprises of different types of ownership or by enterprises and institutions, and the partnerships among the joint owned units can be close ,half close, or loose.

【外商投资经济单位】 指外国投资者根据中华人民共和国有关涉外经济的法律、法规,以合资、合作或独资的形式在中国大陆境内开办企业。包括中外合资经营企业、中外合作经营企业和外商独资企业。

Foreign Owned Economic Units refer to enterprises established by foreigners in the territory of mainland China according to related economic laws and regulations of the People´ s Republic of China as joint ventures, cooperative corporations, or ventures exclusively with sole investment, including joint ventures, cooperative enterprises, and foreign enterprises.

【港、澳、台投资经济单位】 指港、澳、台地区投资者参照中华人民共和国有关涉外经济的法律、法规,以合资、合作或独资的形式在大陆举办企业,包括合资经营企业、合作经营企业和独资企业。

Economic Units Funded by Entrepreneurs from Hong Kong, Macao, and Taiwan refer to enterprises established by entrepreneurs from Hong Kong, Macao, and Taiwan in the territory of mainland China according to related economic laws and regulations of the People´ s Republic of China as joint ventures, cooperative corporations and ventures exclusively with sole investment, including joint ventures, cooperative enterprises, and exclusively invested enterprises.

【三次产业】 根据社会生产活动历史发展的顺序对产业结构的划分,产品直接取自自然界的部门称为第一产业,对初级产品进行再加工的部门称为第二产业,为生产和消费提供各种服务的部门称为第三产业。它是世界上通用的产业结构分类,但各国的划分不尽一致。我国的三次产业划分是:

第一产业:农业(包括种植业、林业、牧业和渔业)。

第二产业:工业(包括采掘业,制造业,电力、煤气及水的生产和供应业)和建筑业。

第三产业:除第一、第二产业以外的其他各业。由于第三产业包括的行业多、范围广,根据我国的实际情况,第三产业可分为两大部门:一是流通部门,二是服务部门。具体又可分为四个层次。

第一层次:流通部门,包括交通运输、仓储及邮电通信业,批发和零售贸易、餐饮业。

第二层次:为生产和生活服务的部门,包括金融、保险业,房地产业,地质勘查业,水利管理业,社会服务业,综合技术服务业。

第三层次:为提高科学文化水平和居民素质服务的部门,包括教育、文化艺术及广播电影电视业,科学研究,卫生、体育和社会福利业等。

第四层次:为社会公共需要服务的部门,包括国家机关、政党机关、社会团体以及军队和警察等。

Three Industries Industry structure has been classified according to the historical sequence of development. Primary industry refers to extraction of natural resources; secondary industry involves processing of primary products; and tertiary industry provides services of various kinds for production and consumption. The above classification is universal although it varies to some extent from country to country. Industry in China comprises:

Primary industry: agriculture (including farming, forestry, animal husbandry and fishery).

Secondary industry: industry (including mining and quarrying, manufacturing, production and supply of electricity, gas and water) and construction.

Tertiary industry: all other industries not included in primary or secondary industry.

Due to the fact that tertiary industry involves in a large variety of industries in China, it is divided into two sectors: circulation sector and service sector and further into four levels:

The first level: circulation sector, including transportation storage, postal and telecommunications services, wholesale and retail sale trades, catering trade.

The second level: service sector providing services for production and consumption, including banking, insurance, real estates, geological prospecting and survey, water conservancy, social services and polytechnical services.

The third level: service sector for upgrading scientific, educational and cultural level of the people, including education, culture, arts, radio,film and television, scientific research, public health, sports, and social welfare, etc.

The fourth level: sector providing services for public needs, including government agencies, party agencies and social organizations, armies, and policemen.

【人口数】 指一定时点、一定地区范围内的有生命的个人总和。

年度统计的年末人口数是指每年12月31日24时的人口数。

Total Population refers to the total number of people alive at a certain point of time within a given area.

The annual statistics on total population is taken at midnight, the 3lst of December.

【出生率(又称粗出生率)】 指在一定时期内(通常为一年)平均每千人所出生的人数的比率,一般用千分率表示。计算公式:

$$出生率=\frac{年出生人数}{年平均人数}\times 1000‰$$

出生人数是指活产婴儿,即胎儿脱离母体时(不管怀孕月数),有过呼吸或其他生命现象。

年平均人数是年初、年底人口数的平均数,也可用年中人口数代替。

Birth Rate (or Crude Birth Rate) refers to the ratio of the number of births to the average population during a certain period of time (usually a year), which is often expressed in ‰. The following formula is used:

$$\text{Birth Rate}=\frac{\text{Number of Births}}{\text{Average Number of Population}}\times 1000‰$$

Number of Births refers to live births, i. e. the births when babies had showed any vital phenomena regardless of the length of pregnancy.

Annual Average Number of Population is the average of the number of population at beginning of the year and that at the end of the year. Sometimes it is substituted for with the mid-year population.

【死亡率(又称粗死亡率)】 指在一定时期内(通常为一年)一定地区的死亡人数与同期平均人数(或期中人数)之比,一般用千分率表示。计算公式:

$$死亡率=\frac{年死亡人数}{年平均人数}\times 1000‰$$

Death Rate (or Crude Death Rate) refers to the ratio of the number of deaths to the average population (or mid-year population) during a certain period of time (usually a year), which is often expressed in ‰. The following formula is used:

$$\text{Death Rate}=\frac{\text{Number of Deaths}}{\text{Annual Average Number of Population}}\times 1000‰$$

【人口自然增长率】 指在一定时期内(通常为一年)人口自然增加数(出生人数减死亡人数)与该时期内

平均人数(或期中人数)之比,一般用千分率表示。计算公式:

$$人口自然增长率=\frac{本年出生人数-本年死亡人数}{年平均人数}\times 1000‰$$

人口自然增长率=人口出生率-人口死亡率

Natural Growth Rate of Population refers to the ratio of natural increase in population (number of births minus number of deaths) in a certain period of time (usually a year) to the average population (or mid-year population) of the same period, which is often expressed in ‰. The following formulas are applied:

$$\text{Natural Growth Rate of Population}=\frac{\text{Number of Births}-\text{Number of Deaths}}{\text{Average Number of Population}}\times 1000‰$$

Natural Growth Rate of Population=Birth Rate-Death Rate

【从业人员】 指从事一定社会劳动并取得劳动报酬或经营收入的人员。包括:

(1)全部职工

(2)再就业的离退休人员

(3)私营业主

(4)个体户主

(5)私营和个体从业人员

(6)乡镇企业从业人员

(7)农村从业人员

(8)其他从业人员(包括民办教师、宗教职业者、现役军人等)

这一指标反映了一定时期内全部劳动力资源的实际利用情况,是研究我国基本国情国力的重要指标。

各单位的从业人员是指在各级国家机关、政党机关、社会团体及企业、事业单位中工作,并取得劳动报酬的全部人员。包括职工、再就业的离退休人员、民办教师以及在各单位中工作的外方人员和港、澳、台方人员。

各单位的从业人员反映了各单位实际参加生产或工作的全部劳动力。

Employed Persons refers to the persons who are engaged in social labour and receive remuneration payment or earn business income, including:

(1) total staff and workers,

(2) re-employed retirees,

(3) employers of private enterprises,

(4) employers of individual economy,

(5) employed persons in private enterprises and individual economy,

(6) employed persons in the enterprises in the urban areas,

(7) employed persons in the rural areas,

(8) other employed persons (including teachers in the schools run by the local people, people engaged in religious profession and the servicemen, etc.).

This indicator reflects the actual utilization of total labour force during a certain period of time and is often used for the research on China´ s economic affairs and national power.

Persons employed in various units refer to all the persons working in government agencies of various levels, political and party organizations, social organizations, and enterprises and institutions and receiving payment, including staff and workers, re-employed retirees, teachers in schools run by the local people, foreigners, and Chinese compatriots from Hong Kong, Macao, and Taiwan working in various units. This indicator reflects the total number of laborers actually engaged in production or other operations in various units.

【经济活动人口】 指在16岁以上,有劳动能力,参加或要求参加社会经济活动的人口。包括:从业人员和失业人员。

Economically Active Population refers to the population, the members of which are aged 16 and over, capable to labour, participating in or desirous to participate in the social and economic activities, including employed persons and unemployed persons.

【职工】 指在国有经济、城镇集体经济、联营经济、股份制经济、外商和港澳台投资经济、其他经济单位及其附属机构工作,并由其支付工资的各类人员。

Staff and Workers refers to the persons who work in (and receive payment therefrom) enterprises and institutions of state ownership, collective ownership, joint ownership, share holding, foreign ownership, and ownership by entrepreneurs from Hong Kong, Macao, and Taiwan, and other types of ownership and their affiliated units.

【职工工资总额】 指各单位在一定时期内直接支付给本单位全部职工的劳动报酬总额。

工资总额的计算原则应以直接支付给职工的全部劳动报酬为根据。各单位支付给职工的劳动报酬以及其他根据有关规定支付的工资,不论是计入成本的还是不计入成本的,不论是按国家规定列入计征奖金税项目的,还是未列入计征奖金税项目的,不论是以货币形式支付的还是以实物形式支付的,均包括在工资总额内。

Total Wages of Staff and Workers refers to the total remuneration payment to staff and workers in various units during a certain period of time.

The calculation of total wages is based on the total remuneration payment to the staff and workers. Therefore, all the wages and salaries and other payments to staff and workers are included in the total wages regardless of their sources, category, and forms(in kind or cash).

【职工平均工资】 指企业、事业、机关单位的职工在一定时期内平均每人所得的货币工资额。它表明一定时期职工工资收入的高低程度,是反映职工工资水平的主要指标。计算公式为:

$$\text{职工平均工资}=\frac{\text{报告期实际支付的全部职工工资总额}}{\text{报告期全部职工平均人数}}$$

Average Wage of Staff and Workers refers to the average wage in money term per person during a certain period of time for staff and workers in enterprises, institutions, and government agencies, which reflects the general level of wage income during a certain period of time and is calculated as follows:

$$\text{Average Wage of Staff and Workers}=\frac{\text{Total Wages of Staff and Workers in Reference Period}}{\text{Average Number of Staff and Workers in Reference Period}}$$

【职工平均实际工资】 指扣除物价变动因素后的职工平均工资。计算公式为:

$$\text{职工平均实际工资}=\frac{\text{报告期职工平均工资}}{\text{报告期居民消费价格指数}}$$

Average Real Wage of Staff and Workers refers to average wage of staff and workers after removing the effects of price changes, which is calculated as follows:

$$\text{Average Real Wage of Staff and Workers}=\frac{\text{Average Wage of Staff and Workers in Reference Period}}{\text{Consumer Price Index of Urban Residents in Reference Period}}$$

【农林牧渔业总产值】 是以货币表现的农、林、牧、渔业全部产品的总量,它反映一定时期内农业生产的总规模和总成果。

农业总产值的计算方法通常是按农林牧渔业产品及副产品的产量分别乘以各自单位产品价格求得,少数生产周期较长,当年没有产品或产品产量不易统计的,则采用间接方法匡算其产值,然后将四业产品产值相加即为农业总产值。

Gross Output Value of Farming, Forestry, Animal Husbandry and Fishery refers to the total volume of products of farming, forestry, animal husbandry and fishery in value terms, which reflects the total scale and total result of agricultural production during a given period of time.

Gross output value of agriculture is obtained by first multiplying the output of each product or by-product by its price, resulting in the output value of each single item. For a small number of products, annual output of which is not available or difficult to get due to the long production/growing process involved, the output value is estimated through an indirect approach. The sum of output value of all products of farming, forestry, animal husbandry, and fishery is then equal to the gross output value of agriculture.

【粮食产量】 包括国有经济经营的、集体统一经营的和农民家庭经营的粮食产量,还包括工矿企业办的农场和其他生产单位的产量。粮食除包括稻谷、小麦、玉米、高粱、谷子及其他杂粮外,还包括薯类和豆类。

Grain Yield refers to the yield in the whole country including grains produced by state farms, collective units, rural households, industrial enterprises and mines. Grain includes rice, wheat, corn, sorghum, millet and other miscellaneous grains as well as tubers and beans.

【水产品产量】 指人工养殖的水产品和天然生长的水产品的捕捞量。包括海水的鱼类、虾蟹类、贝类和藻类以及内陆水域的鱼类、虾蟹类和贝类,不包括淡水生植物。

Output of Aquatic Products refers to catches of both artificially cultured and naturally grown aquatic products, including fish, shrimps, crabs and shellfish in sea and inland water as well as seaweed. Freshwater plants are not included.

【耕地面积】 指年初可以用来种植农作物、经常进行耕锄的田地,除包括熟地、当年新开荒地、连续撂荒未满三年的耕地和当年的休闲地(轮歇地)外,还包括以种植农作物为主并附带种植桑树、茶树、果树和其他林木的土地,以及沿海、沿湖地区已围垦利用的“海涂”、“湖田”等面积。但不包括属于专业性的桑园、茶园、果园、果木苗圃、林地、芦苇地、天然或人工草地面积。

Cultivated Area(Area under cultivation) refers to farmland which is plowed constantly for growing crops, including cultivated land, newly cultivated land in the current year, farmland left without cultivation for less than three years and fallow land in the current year, rotation land, farmland with some mulberry trees,tea trees,fruit trees, and other trees and cultivated seashore land, lake land, and etc. The land of mulberry plantation, tea plantations, orchards, nurseries of young plants, forest land, reed land, natural and man-made grassland are not included in cultivated land.

【农作物播种面积】 指实际播种或移植有农作物的面积。凡是实际种植有农作物的面积,不论种植在耕地上还是种植在非耕地上,均包括在农作物播种面积中。在播种季节基本结束后,因遭灾而重新改种和补种的农作物面积,也包括在内。

Sown Area of Crops refers to area of land sown or trans planted with crops regardless of being in cultivated area or non-cultivated area. Area of land resown due to natural disasters is also included.

【工业】 指从事自然资源的开发,对采掘品和农产品进行加工和再加工的物质生产部门。具体包括:(1)对自然资源的开采,如采矿、晒盐、森林采伐等(但不包括禽兽捕猎和水产捕捞);(2)对农副产品的加工、再加工,如粮油加工、食品加工、轧花、缫丝、纺织、制革等;(3)对采掘品的加工、再加工,如炼铁、炼钢、化工生产、石油加工、机器制造、木材加工等,以及电力、自来水、煤气的生产和供应等;(4)对工业品的修理、翻新,如机器设备的修理、交通运输工具(包括小卧车)的修理等。

Industry refers to the material production sector which is engaged in extraction of natural resources and processing and reprocessing of minerals and agricultural products, including (1)extraction of natural resources, such as mining, salt production, logging(but not including hunting and fishing); (2)processing and reprocessing of farm and sideline products, such as rice husking, flour milling, wine making, oil pressing, cotton ginning, silk reeling, spinning and weaving, and leather making;(3)manufacture of industrial products, such as steel making, iron smelting, chemicals manufacturing, petroleum processing, machine building, timber processing; water and gas production and electricity generation and supply;(4)repairing of industrial products such as the repairing of machinery and means of transport (including cars).

【轻工业】 指主要提供生活消费品和制作手工工具的工业。按其所使用的原料不同,可分为两类:(1)以农产品为原料的轻工业,是指直接或间接以农产品为基本原料的轻工业。主要包括食品制造、饮料制造、烟草加工、纺织、缝纫、皮革和毛皮制作、造纸以及印刷等工业;(2)以非农产品为原料的轻工业,是指以工业品为原料的轻工业。主要包括文教体育用品、化学药品制造、合成纤维制造、日用化学制品、日用玻璃制品、日用金属制品、手工工具制造、医疗器械制造、文化和办公用机械制造等工业。

Light Industry refers to the industry which produces consumer goods and hand tools. It consists of two categories, depending on the materials used:

(1) Industries using farm products as raw materials. These are branches of light industry which directly or indirectly use farm products as basic raw materials, including the manufacture of food and beverages, tobacco processing, textile, clothing, fur and leather manufacturing, paper making, printing, etc.

(2) Industries using non–farm products as raw materials. These are branches of light industry which use manufactured goods as raw materials, including the manufacture of cultural, educational articles and sports goods, chemicals, synthetic fiber, chemical products for daily use, glass products for daily use, metal products for daily use, hand tools, medical apparatus, and the manufacture of cultural and clerical machinery.

【重工业】 是指为国民经济各部门提供物质技术基础的主要生产资料的工业。按其生产性质和产品用途,可以分为下列三类:(1) 采掘(伐)工业,是指对自然资源的开采,包括石油开采、煤炭开采、金属矿开采、非金属矿开采和木材采伐等工业;(2)原材料工业,指向国民经济各部门提供基本材料、动力和燃料的工业。包括金属冶炼及加工、炼焦及焦炭化学、化工原料、水泥、人造板以及电力、石油和煤炭加工等工业;(3)加工工业,是指对工业原材料进行再加工制造的工业。包括装备国民经济各部门的机械设备制造工业、金属结构、水泥制品等工业,以及为农业提供的生产资料如化肥、农药等工业。

根据上述划分原则,修理业中以重工业产品为修理作业对象的划为重工业,反之划为轻工业。

Heavy Industry refers to the industry which produces capital goods, and provides various sectors of the national economy with necessary material and technical basis. It consists of the following three branches according to the purpose of production or the use of products:

(1)Mining, quarrying and logging industry refers to the industry that extracts natural resources, including extraction of petroleum, coal, metal and non–metal ores and logging.

(2)Raw materials industry refers to the industry that provides various sectors of the national economy with raw materials, fuels and power. It includes smelting and processing of metals, coking and coke chemistry, chemical materials and building materials such as cement, plywood, and electric power, petroleum refining and coal processing.

(3)Manufacturing industry refers to the industry that processes raw materials. It includes machine–building industry which equips sectors of the national economy, industries of metal structure and cement products, industries producing means of agricultural production, such as chemical fertilizers and pesticides.

According to the above principle of classification, the repairing trades which are engaged in repairing products of heavy industry are classified into heavy industry while these engaged in repairing products of light industry are classified into light industry.

【工业总产值】 是以货币表现的工业企业在一定时期内生产的已出售或可供出售的工业产品总量,

它反映一定时间内工业生产的总规模和总水平。它包括:在本企业内不再进行加工,经检验、包装入库(规定了不需包装的产品除外)的成品价值,工业性作业价值,自制半成品、在产品期初期末差额价值(生产周期较长的企业计算)。工业总产值采用"工厂法"计算,即以工业企业作为一个整体,按企业工业生产活动的最终成果来计算,企业内部不允许重复计算,不能把企业内部各个车间(分厂)生产的成果相加。但在企业之间、行业之间、地区之间存在着重复计算。

轻重工业总产值的划分也是按"工厂法"计算的,即一个工业企业在正常情况下生产的主要产品的性质属于轻工业,则该企业的全部总产值作为轻工业总产值;一个工业企业生产的主要产品的性质属于重工业,则该企业的全部总产值作为重工业总产值。

Gross Industrial Output Value is the total Volume of industrial products sold or available for sale in value terms which reflects the total achievements and overall scale of industrial production during a given period. It includes the value of the finished products, which are not to be further processed in the enterprises and have been inspected, packed and put in storage, the value of industrial services rendered to other units and the changes in the value of the semi-finished products and products in process between the beginning and closing of the period (only the enterprises with long production cycle are required to calculate the changes). The gross industrial output value is calculated with "factory method". No double calculations are to be made within the same enterprise. However, double counting does occur among different enterprises.

Output value of light and heavy industries is also classified with the "factory" method. Under normal conditions, if the major products of an industrial enterprise belong to light industry products, the gross output value of that enterprise is classified wholly into light industry; the same principle applies to heavy industry.

【工业增加值】 指工业企业在报告期内以货币表现的工业生产活动的最终成果。

Value Added of Industry refers to the final results of industrial production of the industrial trade in money terms during the reference period.

【固定资产原价】 固定资产原价指企业在建造、购置、安装、改建、扩建、技术改造某项固定资产时所支出的全部货币总额。它一般包括买价、包装费、运杂费和安装费等。

Original Value of Fixed Assets refers to the original value of all fixed assets owned by industrial enterprises, calculated at the cost paid at the time of construction, purchase, installation, reconstruction, expansion, and technical innovation and transformation of the said assets, which includes expenses on purchase, package,transportation, and installation, etc.

【固定资产净值】 是指固定资产原价减去历年所提折旧后的净额。

Net Value of Fixed Assets is obtained by deducting depreciation over years from the original value of fixed assets.

【流动资产】 流动资产是指可以在一年内或者超过一年的一个营业周期内变现或者耗用的资产,包括现金及各种存款、短期投资、应收及预付货款、存货等。

Working Capital (Circulating Assets) refers to assets which can be cashed in or spent or consumed in an operating cycle of one year or over one year, which includes cash, various deposits, short term investment, and receivable payments, and advance payments, stock, etc.

【利税总额】 指企业利润总额、产品销售税金及附加和应交增值税之和。

Total Value of Profit and Tax (Pre-tax Profits) refers to the sum of the total profits, products sales tax and surcharges and the value added tax payable of industrial enterprises. It is also called pre-tax profits.

【工业成本费用利润率】 指在一定时期内实现的利润与成本费用之比,是反映工业生产成本及费用

投入的经济效益指标，同时也是反映企业降低成本的经济效益指标。计算公式为:

$$工业成本费用利润率(\%)=\frac{利润总额}{成本费用总额}\times100\%$$

Ratio of Profits to Total Industrial Costs refers to the ratio of profits realized in a given period to the total costs in the same period, which reflects the economic efficiency of input cost and is calculated as follows:

$$\text{Ratio of Profits to Total Industrial Cost }(\%)=\frac{\text{Total Profits}}{\text{Total Costs}}=\times100\%$$

【工业增加值率】 指报告期工业增加值占工业总产值的比重,是反映工业生产降低中间消耗的经济效益指标。计算公式为:

$$工业增加值率(\%)=\frac{工业增加值(现价)}{工业总产值(现价)}\times100\%$$

Value Added Rate of Industry refers to the ratio of value added of industry in a given period to the gross output value in the same period, which reflects the economic efficiency of cutting down the intermediate input and is calculated as follows:

$$\text{Value Added Rate of Industry }(\%)=\frac{\text{Value Added of Industry (at Current Prices)}}{\text{Gross Output Value (at Current Prices)}}\times100\%$$

【流动资产周转次数】 指一定时期内流动资产完成的周转次数,是反映流动资产的周转速度。计算公式为:

$$流动资产周转次数=\frac{产品销售收入}{全部流动资产平均余额}$$

Number of Times of the Turnover of Working Capital refers to the number of times of turnover of working capital in a given period of time, which reflects the speed of the turnover of working capital and is calculated as follows:

$$\text{Turnover of Working Capital}=\frac{\text{Sales Revenue of Products}}{\text{Average Balance of Total Working Capital}}$$

【产品销售率】 指一定时期内销售产值与同期全部工业总产值之比,反映工业产品生产已实现销售的程度。计算公式为:

$$工业产品销售率(\%)=\frac{报告期现价工业销售产值}{报告期现价工业总产值}\times100\%$$

Sales Rate of Industrial Products refers to the ratio of total sales in a given period to the gross output value in the same period, which reflects the extent of industrial output sold and is calculated as follows:

$$\text{Sales Rate of Industrial Products}(\%)=\frac{\text{Total Sales (at Current Prices)}}{\text{Gross Output Value(at Current Prices)}}\times100\%$$

【产品销售收入】 指企业销售产品的销售收入和提供劳务等主要经营业务取得的业务总额。

Sales Revenue of Industrial Products refers to the revenue from the sales of products by industrial enterprises and the revenue from services provided and etc.

【产品销售成本】 指企业销售产品和提供劳务等主要经营业务的实际成本。

Sales Cost of Industrial Products refers to the actual cost of products sales of industrial enterprises and industrial servies provided, etc.

【产品销售税金及附加】 指企业销售产品和提供工业性劳务等主要经营业务应负担的城市维护建设

税、消费税、资源税和教育费附加。

Tax and Extra Charges on Sales of Products refer to the tax on city maintenance and construction, consumption tax, resources tax and extra charges for education, which should be borne by the enterprises in selling products and providing industrial services.

【产品销售利润】 指企业销售产品和提供工业性劳务等主要经营业务收入扣除其成本、费用、税金后的利润。

Sales Profits of Products refers to the profits gained by the enterprises by deducting cost, charges and taxes from the business income of the enterprises obtained in selling products and providing industrial services.

【利润总额】 指企业实现的利润。

Total Profits refer to the profits gained by the enterprises.

【应交增值税】 指企业在报告期内应交纳的增值税额。

Value Added Tax Payable refers to the amount of the value added tax which should be paid by the enterprises in the reporting period.

【产值利税率】 指报告期已实现的利润、税金总额(包括利润总额、产品销售税金及附加和应交增值税)占同期全部工业总产值的百分比,计算公式为:

$$产值利税率(\%)=\frac{利税总额}{工业总产值}\times 100\%$$

Ratio of Pre-tax Profits to Gross Output Value refers to the ratio of the total amount of pre-tax profits gained (including total profits, sales tax and extra charges of products as well as the value added tax payable) in thc rcporting pcriod to the gross output value in the same period (the ratio is expressed in percentage). The formula is as follows:

$$\text{Ratio of Pre-tax Profits to Gross Output Value}(\%)=\frac{\text{Total Amount of Pre-tax Profits}}{\text{Gross Output Value}}\times 100\%$$

【全员劳动生产率】 指根据产品的价值量指标计算的平均每一个职工在单位时间内的产品生产量。是考核企业经济活动的重要指标,是企业生产技术水平、经营管理水平、职工技术熟练程度和劳动积极性的综合表现。目前我国的全员劳动生产率是将工业企业的工业增加值除以同一时期全部职工的平均人数来计算的。计算公式为:

$$全员劳动生产率=\frac{工业增加值}{全部职工平均人数}\times 100\%$$

Overall Labour Productivity of Industrial Enterprises refers to the average output per staff and workers in industrial enterprises in value terms. At present, the value added and the average number of staff and workers of an industrial enterprises in a given period are used to calculate the overall labour productivity. The formula used is:

$$\text{Overall Labour Productivity}=\frac{\text{Value Added of Industry}}{\text{Average Number of Staff and Workers}}\times 100\%$$

【资本金】 指企业在工商行政管理部门登记的注册资金合计。企业资本金按投资主体分为国家资本金、法人资本金、个人资本金以及外商资本金等。资本金合计包括企业各种投资主体注册的全部资本金。

Capital refers to the corporation′ s capital registered in the departments of administration for industry and commerce. According to the different nature of investors, corporations′ capital can be divided into state capital, legal person′ s capital, personal capital, foreign capital, etc. Total capital includes total registered capital of all investors in the corporation.

【总资产】 指企业拥有或控制的全部资产。包括流动资产、长期投资、固定资产、无形及递延资产、其他长期资产、递延税项等,即为企业资产负债表的资产总计项。

(1)流动资产 指企业可以在一年内或者超过一年的一个生产周期内变现或耗用的资产合计。包括现金及各种存款、短期投资、应收及预付款项、存货等。

(2)固定资产 指企业固定资产净值、固定资产清理、在建工程、待处理固定资产损失所占用的资金合计。

(3)无形资产 指企业长期使用而没有实物形态的资产。包括专利权、非专利技术、商标权、著作权、土地使用权、商誉等。

Total Assets refer to all assets which are owned or controlled by enterprises, including circulating assets, long–term investment, fixed assets, intangible assets and deferred assets, other long–term assets, and deferred taxes, etc. The summation of above items is equal to total assets shown in the balance sheets of the enterprises.

(1) Circulating assets (working capital) refer to assets which can be cashed in or spent or consumed in an operating cycle of one year or over one year, including cash, all kinds of deposits, short term investment, re–ceivables, advance payment, stock, etc.

(2) Fixed assets refer to the net value of fixed assets, clearance of fixed assets,project under construction, fixed assets losses in suspense. These are corporations´ fund holdings.

(3) Intangible assets refer to the assets without material form used by enterprises over a long time, such as patents, non–patent technologies, trade marks, copyright, land use right, business reputation, etc.

【总负债】 指企业承担并需要偿还的全部债务。包括流动负债和长期负债、递延税项等,即为企业资产负债表的负债合计项。

(1) 流动负债 指企业在一年内或者超过一年的一个营业周期内需要偿还的债务合计, 其中包括短期借款、应付及预收款项、应付工资、应交税金和应交利润等。

(2)长期负债 指企业在一年以上或者超过一年的一个生产周期以上需要偿还的债务合计,其中包括长期借款、应付债务、长期应付款项等。

Total Liabilities refer to the debts that enterprises are responsible for repayment, including liquid liabili–ties, long–term liabilities and deferred taxes, etc. Total liabilities correspond to the summation item of liabili–ties shown in the balance sheets of the enterprises.

(1) Liquid liabilities (also called quick liabilities or immediate liabilities) refer to enterprises total debt payable within an operating cycle of one year or over one year, including short term loans, payables and ad–vance receipt, wages payable, taxes payable and profit payable, etc.

(2) Long–term liabilities refers to total debt payable within an operationg cycle of one year or over one year, including long–term loans, payable liabilities, long–term payables, etc.

【所有者权益】 指企业投资人对企业净资产的所有权。企业净资产等于企业全部资产减去全部负债后的余额,其中包括投资者对企业的最初投入,以及资本公积金、盈余公积金和未分配利润,对股份制企业即为股东权益。

Creditors´ Equity refers to investors´ ownership of net assets of the enterprise. It is equal to the total assets of the enterprise minus its total liabilities, including the primary input from investors, capital accumula–tion fund, surplus accumulation fund and undistributed profit. It is the stock holders´ equity in stock compa–nies.

【货(客)运量】 指在一定时期内,各运输部门实际运送的货物(旅客)数量。是反映运输业为国民经济和人民生活服务的数量指标,也是制定和检查运输生产计划,研究运输发展规模和速度的重要指标。货运按吨计算,客运按人计算。货物不论运输距离长短,货物类别,均按实际重量统计;旅客不论行程远近或票价多少，均按一人一次作为客运量统计。半价票、小孩票也按一人统计。

Freight (Passenger) Traffic refers to the volume of freight (passenger) transported with various means. Freight transport is calculated in tons and passenger traffic is calculated in the number of persons. Despite the type of freight and travelling distance, the freight transport is calculated in the actual weight of the goods: and despite the travelling distance and ticket price, the passenger traffic is calculated by the principle that one person can be counted noly once in one travel. The passenger who travel with a half-price ticket or a child ticket is also calculated as one person. The freight (passenger) traffic provides a quantitative measure to show how the transport industry serves the national economy and people, and is also an important indicator for planning the transport industry and for studying the development scale and speed of the transport industry.

【货物(旅客)周转量】 指在一定时期内，由各种运输工具运送的货物(旅客)数量与其相应运输距离的乘积之总和，是反映运输业生产总成果的重要指标，也是编制和检查运输生产计划，计算运输效率、劳动生产率以及核算运输单位成本的主要基础资料。通常以吨公里和人公里为计算单位。计算货物周转量通常按发出站与到达站之间的最短距离，也就是计费距离计算。

Freight Ton-kilometers (Passenger-kilometers) refers to the sum of the product of the volume of transported cargo (passengers) multiplying by the transport distance, usually using ton-kilometer and passenger-kilometer as units for measurement. Normally, the shortest distance between the departure station and the destination station(i. e., the payable distance)is the basis to calculate the freight ton-kilometers. This is an important indicator to show the total results of the transport industry, to prepare and examine the transport plan and to measure the efficiency, the labour productivity and the unit cost of transport.

【沿海主要港口货物吞吐量】 指由水运进出沿海主要港区范围，并经过装卸的货物数量，包括邮件及办理托运手续的行李、包裹以及补给运输船舶的燃、物料和淡水。其计量单位为吨。货物吞吐量的货种分类及其主要流向流量，反映了港口在国内外物资交流和对外贸易运输中的地位和作用。吞吐量可以分为进口、出口，又可以分为国内贸易、对外贸易。

Volume of Freight Handled in Major Coastal Ports refers to the volume of cargo passing in and out the harbor area of the major coastal ports and having been loaded and unloaded. The volume includes that of the postal matters, registered luggages and fuels, materials and fresh water as supplies of the ships. The volume of freight handled may be classified as import, export, or as domestic trade and foreign trade. The volume of freight handled by type of cargo and by main flow direction and volume reflects the position and function of the ports in the flow of Chinese and foreign goods and in the transportation for foreign trade.

【邮电业务总量】 指以货币表现的邮电部门用于传递信息和提供其他邮电服务的总数量。它综合反映了一定时期邮电工作的总成果，是研究邮电业务量构成和发展趋势的重要指标。根据邮电管理体制不同，分为中央国营业务总量和地方国营业务总量。它用各种邮电分类业务量，如函件件数、电报份数、长话张数、市内电话和农村电话的年均户数、订销报刊累计份数等，分别乘以相应的平均单价(不变价)，加总后再加上出租电路和设备的收入、代用户维护电话交换机和线路等设备的收入、其他业务收入求得。

Business Volume of Post and Telecommunications refers to the total amount (in money terms) of the information delivered and other post and telecommunications services provided by the post and telecommunications departments for the customers. It is derived by first multiplying the business volume of different types, such as number of letters, telegrams, long distance calls, city and rural telephone subscribers and accumulated number of newspapers and journals subscribed and sold, etc. by their respective average unit price (fixed price) and then adding these products together:plus the income from maintenance of telephone exchanges and lines, and the income from other business operations. The business volume of post and telecommunications indicates the total achievements made by the post and telecommunications department during a given period of time in a comprehensive way, and is an important indicator to study the composition and development of the post and telecommunications business.

【全社会固定资产投资】 固定资产投资是社会固定资产再生产的主要手段。通过建设和购置固定资产的活动,国民经济不断采用先进技术装备,建立新兴部门,进一步调整经济结构和生产力的地区分布,增强经济实力,为改善人民物质文化生活创造物质条件。这对我国的社会主义现代化建设具有重要意义。

固定资产投资额是以货币表现的建造和购置固定资产活动的工作量,它是反映固定资产投资规模、速度、比例关系和使用方向的综合性指标。全社会固定资产投资包括国有经济单位投资、城乡集体经济单位投资、各种经济类型的单位投资和城乡居民个人投资。按照我国现行计划管理体制,国有经济单位固定资产投资总额分为基本建设、更新改造、房地产开发投资和其他固定资产投资四个部分;城乡集体经济单位投资包括城镇集体所有制单位投资和农村集体投资;各种经济类型的单位投资包括联营经济、股份制经济、中外合资经营、中外合作经营、外商独资、与大陆合资经营、与大陆合作经营、港澳台独资及其他经济类型的单位投资。城镇居民个人投资包括城市、县城、镇、工矿区所辖范围内的个人建房和农村个人建房及购买生产性固定资产的投资。

Total Investment in Fixed Assets in the Whole Country: Investment in fixed assets is the main means for social reproduction of fixed assets. By means of construction and purchase of fixed assets, more advanced technologies and equipment are adopted in the national economy, and new sectors are established, which promote the adjustment of economic structure and regional distribution of productive forces and enhance the economic strengths so as to provide the material conditions for improving people´ s livelihood. This is significant for speeding up the drive of socialist modernization in China.

Amount of investment in fixed assets refers to the volume of activities in construction and purchases of fixed assets in monetary terms. It is a comprehensive indicator which shows the size, pace, proportional relations and use orientation of the investment in fixed assets. Total investment in fixed assets in the whole country includes the investment by the state-owned units, the investment by the urban and rural collective units, the investment by the units of other types of ownership and the investment by the individuals in the urban and rural areas. According to China´ s current planning management system, the investment is fixed assets in the whole country is classified into the following four parts:investment in capital construction, investment in innovation, investment in real estates development and other investment in fixed assets. The investment by the urban and rural collective units includes the investment by the urban collective units and the investment by the rural collective units. The investment by the units of other types of ownership includes the investment by the units of joint-owned economy, share-holding economy, Sino-foreign joint economy, Sino-foreign cooperative economy, economy exclusively with foreign investment, Mainland-Hong Kong or Mainland-Macao or Mainland-Taiwan joint economy, Mainland-Hong Kong or Mainland-Macao or Mainland-Taiwan cooperative economy, and economy exclusively with investment of Hong Kong or Macao or Taiwan. The investment by the individuals in the urban and rural areas includes the investment in personal house building in the areas under the jurisdiction of city, county, town and special industrial and mining areas as well as the investment in personal house building and purchase of productive fixed assets in the rural areas.

【基本建设投资】 基本建设是企业、事业、行政单位以扩大生产能力或工程效益为主要目的的新建、扩建工程及有关工作。包括(1)列入中央和各级地方本年基本建设计划的建设项目,以及虽未列入本年基本建设计划,但使用以前年度基建计划内结转投资(包括利用基建设备材料)在本年继续施工的建设项目;(2)本年基本建设计划内投资与更新改造计划内投资结合安排的新建项目和新增生产能力(或工程效益)达到大中型项目标准的扩建项目,以及为改变生产力布局而进行的全厂性迁建项目;(3)国有单位既未列入基建计划,也未列入更新改造计划的总投资在5万元以上的新建、扩建、恢复项目和为改变生产力布局而进行的全厂性迁建项目,以及行政、事业单位增建业务用房和行政单位增建生活福利设施的项目。

Investment in Capital Construction Capital construction refers to the new construction projects or extension projects and the related work of the enterprises, institutions or administrative units mainly for the purpose of expanding production capacity or improving project efficiency. It includes:(1) projects listed in the capital construction plan of the current year of the central government and the local governments at various levels as well as the projects, though not listed in the capital construction plan of the current year,but continued to be constructed in this year, using the investment listed in the plan of capital construction of previous years and carried forward to this year (also using the equipment and materials kept in stock of the capital construction); (2) new construction projects arranged both in the plan of capital construction and the plan of innovation; extension projects with the newly increased production capacity (or project efficiency) up to the standard of a large and medium-sized project; and the projects of moving the whole factory to a new site so as to improve the distribution of productive forces; (3) new construction projects, extension projects or restoration projects with the total investment more than 50 thousand RMB yuan by the state-owned units, though listed neither in the plan of capital construction nor in the plan of innovation; the projects in the state-owend units of moving the whole factory to a new site so as to improve the distribution of productive forces; and the projects of building additional business houses by the administrative units and institutions and builing welfare facilities by the administrative units.

【更新改造投资】 更新改造是指企业、事业单位对原有设施进行固定资产更新和技术改造，以及相应配套的工程和有关工作(不包括大修理和维护工程)。包括:(1)列入中央和各级地方本年更新改造计划的项目和虽未列入本年更新改造计划,但使用上年更新改造计划内结转和投资在本年继续施工的项目;(2)本年更新改造计划内投资与基本建设计划内投资结合安排的对企、事业单位原有设施进行技术改造或更新的项目,和增建主要生产车间、分厂等其新增生产能力(或工程效益)未达到大中型项目标准的项目,以及由于城市环境保护和安全生产的需要而进行的迁建工作;(3)国有企、事业单位既未列入基建计划也未列入更新改造计划,总投资在5万元以上的属于改建或更新改造性质的项目,以及由于城市环境保护和安全生产的需要而进行的迁建工程。

Investment in Innovation: Innovation refers to the renewal of fixed assets and technological innovation of the original facilities by the enterprises and institutions as well as the corresponding supplementary projects and the related work (excluding major overhaul and maintenance projects). It includes:(1)projects listed in the innovation plan of the current year of the central government and the local governments at various levels as well as the projects, though not listed in the innovation plan of the current year, but continued to be constructed in this year, using the investment listed in the plan of innovation of previous years and carried forward to this year;(2)projects of technological innovation or renewal of the original facilities, arranged both in the plan of innovation and in the plan of capital construction; extension projects (main workshops or a branch of the factory) with the newly increased production capacity (or project efficiency) not up to the standard of a large and medium-sized project; and the projects of moving the whole factory to a new site so as to meet the requirements of urban environmental protection or safe production;(3)projects of reconstruction or technological innovation with the total investment more than 50 thousand RMB yuan by the state-owned units, though listed neither in the plan of capital construction nor in the plan of innovation; the projects in the state-owned units of moving the whole factory to a new site so as to meet the requirements of urban environmental protection or safe production.

【房地产开发投资】 包括各种经济类型的房地产开发公司、商品房建设公司及其他房地产开发单位统一开发的包括代建、拆迁还建的住宅、厂房、仓库、饭店、宾馆、度假村、写字楼、办公楼等房屋建筑物和配套的服务设施、土地开发工程,如道路、给水、排水、供电、供热、通讯、平整场地等基础设施工程的投资。包括非房地产企业实际从事房地产开发或经营活动,不包括单纯的土地交易活动。

Investment in Real Estate Development: It includes the investment by the real estate development companies, commercial buildings construction companies and other real estate development units of various types of ownership in the construction of house buildings, such as residential buildings, factory buildings, warehouses, hotels, guesthouses, holiday villages, office buildings, and the complementary service facilities and land development projects, such as roads, water supply, water drainage, power supply, heating, telecommunica-tions, land levelling and other projects of infrastructure. It covers the activities of the non-real estate compa-nies in real estate development or management, but excludes the activities in simple land transactions.

【其他固定资产投资】 全社会固定资产投资中未列入基本建设、更新改造和房地产开发投资的建造和购置固定资产的活动。包括：

(1)国有单位按规定不纳入基本建设计划和更新改造计划管理，总投资在5万元以上的以下工程：①用油田维护费和石油开发基金进行的油田维护和开发工程；②煤炭、铁矿、森工等采掘采伐业用维简费进行的开拓延伸工程；③交通部门用公路养路费对原有公路、桥梁进行改建的工程；④商业部门用简易建筑费建造的仓库工程。

(2)集体经济单位固定资产投资：包括城镇集体经济单位和农村集体经济单位建造和购置固定资产计划总投资在5万元以上的项目。

(3)联营经济、股份制经济、外商投资经济、港澳台投资经济及其它经济类型的企、事业单位建造和购置固定资产其计划总投资在5万元以上的、未列入基本建设计划和更新改造计划的项目。

(4)城镇和工矿区私人建房投资和农村个人投资。城镇和工矿区私人建房包括市、县城、镇、工矿区所辖范围内的全部私人建房，不论其房主是否系本地的常住户口均应包括；农村个人投资包括农村个人建房及购置生产性固定资产的投资。

Other Investment in Fixed Assets refers to the construction and purchases of fixed assets not listed in the investment in capital construction, investment in innovation and investment in real estate development. It includes:

(1) The following projects of the state-owned units with the total investment more than 50 thousand yuan, which are not included in the plan of capital construction and the plan of innovation: ① projects of oil fields maintenance and exploitation with the oil fields maintenance funds and petroleum development funds; ② opening and extending projects with the maintenance funds in coal, ore and other mining enterprises and log-ging enterprises; ③ project of reconstruction of the original highways and bridges with the highway mainte-nance funds in the department of transportation; ④ projects of construction of warehouses with the funds of simple construction in the commercial department.

(2) The investment in fixed assets by the collective units: including the projects of construction and pur-chases of fixed assets by the urban and rural collective units with the planned total investment more than 50 thousand yuan.

(3) The projects of construction and purchases of fixed assets by the enterprises or institutions of joint-owned economy, share-holding economy, foregn-funded economy, economy funded by the entrepreneurs form Hong Kong, Macao and Taiwan and other economy with the planned total investment more than 50 thousand yuan, which are not included in the plan of capital construction and the plan of innovation.

(4) The private investment in house construction in the urban areas and industrial and mining areas as well as the individual investment in the rural areas; The private house construction in the urban areas and industrial and mining areas includes all the private house construction under the jurisdiction of cities, countries, towns and industrial and mining areas, no matter whether the owner of the house is registered as the permanent resi-dent in the locality or not. The individual investment in the rural areas includes the investment in house con-struction and purchase of producitive fixed assets by the individuals in the rural areas .

【新增生产能力】 指通过固定资产投资活动而增加的设计能力或工程效益，它是用实物形态表示的固定资产投资的成果。新增生产能力的计划，是以能独立发挥生产能力或效益的单项工程(或项目)为对象。当单项工程(或项目)建成，经有关部门鉴定合格，正式移交投入生产，即可计算新增生产能力。

新增生产能力或工程效益有以下几种表现形式：

(1)以建设项目或单位工程建成后的年产能力表示。如煤炭开采、石油开采等。

(2)以建设项目或单项工程建成后处理原料的能力表示。如选矿工程的年处理矿石能力,洗煤厂年洗原煤能力等。

(3)以新增的主要设备数量或容量表示。如棉纺锭枚数,发电机组容量等。

(4)以建筑物容积、容量、面积或长度表示。如水库容量、铁路公路里程等。

新增生产能力的数量一般按设计能力计算。设计能力是指设计文件中规定的正常情况下能够达到的生产能力,而不论投产后的实际产量如何。以设备数量、建筑物容积、面积、长度等表示的新增生产能力(或效益),则按建成的实际数量计算。

Newly Increased Production Capacity refers to the increase of designed capacity and project efficiency through investment in fixed assets, which reflects the accomplishment of investment in fixed assets in kind. The calculation of newly increased production capacity is based on individual projects wich operate independently. When an individual project is completed and checked and accepted and put into production, it is counted as newly increased production capacity.

The newly increased production capacity and project efficiency are usually expressed in one of the following forms:

(1)annual production capacity, such as extraction of coal and petroleum;

(2)raw material processing capacity, such as ore dressing capacity of ore dressing projects, the dressing capacity of a coal washery;

(3)number or capacity of major equipment increased, such as the number of cotton spindles increased and the capacity of generating sets increased;

(4)physical measures of construction, such as volume, capacity, area, and length, for instance, the capacity of reservoirs, the length of railways or highways.

Newly increased production capacity in terms of quantity is calculated in designed capacity in general, which refers to the production capacity of a project under normal conditions designed in construction documents regardless of the actual output.

【施工和竣工房屋建筑面积】 房屋建筑面积是从房屋外墙线算起的各层平面面积的总和,包括房屋结构(如柱、墙)占用的面积和地下室面积。多层建筑按各自然层面积总和计算,包括房屋内的楼隔层,突出墙面的眺望间、门斗、有柱雨罩的面积。不包括突出墙面结构的构件、艺术装饰等所占的面积,如台阶等。凹阳台、挑阳台按其水平投影面积一半计算建筑面积。

Floor Space of Buildings Under Construction and Completed refers to total floor space in each story of buildings calculated from the outside line of building walls, including the space occupied by constructions like pillars or walls and basements. The floor space of multi-story building includes the total floor space of each story, including area occupied by separating walls, watching rooms, doorways, and pillars, but excluding protruding wall structures, artistic decoration, etc. (for example, flight of steps). The space of balcony is counted by half of the projection area.

【住宅建筑面积】 指施工和竣工房屋建筑面积中供居住用的施工和竣工房屋建筑面积。

Floor Space of Residential Buildings refers to the floor space of the residential buildings under construction and completed among the total space of buildings under construction and completed.

【竣工面积】 指在报告期内房屋建筑按照设计要求已全部完工,达到住人和使用条件,经验收鉴定合格,正式移交使用单位的建筑面积。

Floor Space of Buildings Completed refers to the floor space of buildings completed in the reference period, which have come up to the designed standards and have been put into use.

【房屋建筑面积竣工率】 指一定时期内房屋竣工面积占同期房屋施工面积的比率。这是从房屋建筑施工速度的角度反映投资效果和建筑业经济效益的指标。

Completion Rate of Floor Space of Buildings refers to the ratio of the floor space of buildings completed in certain period of time to the floor space of buildings under constrution in the same period, which reflects the investment result and economic efficiency of the construction industry from the angle of the speed of project construction.

【新增固定资产】 指通过投资活动所形成的新的固定资产价值。包括已经建成投入生产或交付使用的工程价值和达到固定资产标准的设备、工具、器具的价值及有关应摊入的费用。它是以价值形式表示的固定资产投资成果的综合性指标,可以综合反映不同时期、不同部门、不同地区的固定资产投资成果。

Newly Increased Fixed Assets refer to the newly increased value of fixed assets through investment, including the value of projects completed and put into production, the value of equipment, tools, and vessels considered as fixed assets, as well as the relevant expenses as investment in fixed assets. This is a comprehensive indicator of investment in fixed assets, reflecting the achievements of investment in fixed assets in different periods, different sectors, and different regions.

【建设项目投产率】 指一定时期内全部建成投入生产项目个数占同期正式施工项目个数的比率。它是从项目建设速度的角度反映投资效果的指标。

Rate of Construction Projects Completed and Put into Use refers to the ratio of the number of construction projects completed and put into use in certain period of time to the number of projects under construction in the same period. This reflects the investment efficiency from the angle of the speed of projects construction.

【固定资产交付使用率】 指一定时期新增固定资产与同期完成投资额的比率。它是反映各个时期固定资产动用速度,衡量建设过程中投资效果的一个综合性指标。

Rate of Projects of Fixed Assets Completed and put into Operation refers to the ratio of the newly increased fixed assets to the total investment made in the same period. This is a comprehensive indicator, reflecting the speed of the employment of fixed assets and the investment efficiency.

【社会消费品零售额】 指各种经济类型的批发零售贸易业、餐饮业、制造业和其他行业对城乡居民和社会集团的消费品零售额。这个指标反映通过各种商品流通渠道向居民和社会集团供应的生活消费品,是研究人民生活、社会消费品购买力、货币流通等问题的重要指标。社会消费品零售额包括:(1) 售给城乡居民作为生活用的商品;(2)售给机关、团体、学校、部队、企业、事业单位的职工食堂和旅店(招持所)附设专门供本店旅客食用,不对外营业的食堂的各种食品、燃料;企业、事业单位和国营农场直接售给本单位职工和职工食堂的自己生产的产品;(3)售给部队干部、战士生活用的粮食、副食品、衣着品、日用品、燃料;(4)售给来华的外国人、华侨、港澳台同胞的消费品;(5)居民自费购买的中、西药品、中药材及医疗用品;(6)报社、出版社直接售给居民和社会集团的报纸、图书、杂志,集邮公司出售的新、旧纪念邮票、首日封、集邮册、集邮工具等;(7)旧货寄售商店自购、自销部分的商品零售额;(8)煤气公司、液化石油气站售给居民和社会集团的煤气灶具和罐装液化石油气;(9)农民售给非农业居民和社会集团的商品。不包括售给国民经济各部门企业、事业单位(包括国有经济的农场)生产经营用的各种原材料、燃料、设备、工具等和售给批发零售贸易业、餐饮业作为转卖用的商品,旧货寄售店受托寄售卖出的商品,服务业的营业收入,邮局出售邮票的收入,自来水、电力、煤气生产(供应)单位的产品供应收入,也不包括农民之间的商品销售。

Total Retail Sales of Consumer Goods refer to the sum of retail sales of consumer goods by the establishments in wholesale trade, retail sale trade, catering trade, manufacturing industry and other industries of different types of ownership, to urban and rural residents and social groups. This indicator is used to show the supply of consumers goods through various channels to households and institutions to meet their demands, and is therefore very important for the study of the issues on people´ s livelihood, on the purchasing power of consumer goods and on the circulation of money. The retail sales of consumer goods include:(1) commodities sold to urban and rural residents for residential use and building materials sold to them for the construction or repair of houses;(2) food and fuels sold to canteens of institutions, enterprises, schools, military units and to canteens of hotels and hostels that only serve their guests, and commodities produced by enterprises, institutions or state farms and sold directly to their employees or their canteens; (3) grain and non-staple food, clothing, daily articles and fuels sold to military personnel; (4) consumer goods sold to foreigners, overseas Chinese, and Chinese compatriots from Taiwan, Hong Kong and Macao during their stay in the mainland of China; (5) Chinese and western medicines, herbs and medical facilities purchased by residents;(6) newspapers, books and magazines directly sold to residents and social groups by publishers, new and old commemorative stamps, special stamps, first-day covers, stamp albums and other stamp-collection articles sold by stamp companies; (7) consumer goods purchased and then sold by second-hand shops; (8) stoves and other heating facilities and liquified gas sold by gas companies to households and institutions; (9) commodities sold by farmers to non-agricultural residents and social groups. Excluded under this heading are: raw materials, fuels, equipment, tools sold to enterprises, institutions and state farms for production purpose; commodities sold to trade establishments for re-selling; commissioned sales at second-hand shops; operational income of urban public utilities; stamps sold at post offices; income of water, power, gas production and supply establishments from the supply of their products; and sales of commodities among farmers.

【批发零售贸易业商品购、销、存总额】 指以各种经济类型的批发、零售贸易业(不包括个体)为总体的商品购、销、存。

Purchase, Sales and Stock of Commodities by Wholesale and Retail Trade refer to the purchase, sales and stock of commodities by wholesale and retail establishments of different ownership (excluding individual sellers).

【商品购进总额】 指从本企业(单位)以外的单位和个人购进(包括从国外直接进口)作为转卖或加工后转卖的商品。这个指标反映批发零售贸易业从国内、国外市场上购进商品的总量。商品购进总额包括:(1)从工农业生产者购进的商品;(2)从出版社、报社的出版发行部门购进的图书、杂志和报纸;(3)从各种经济类型的批发零售贸易企业(单位)购进的商品;(4)从其他单位购进的商品,如从机关、团体、企业、单位购进的剩余物资,从餐饮业、服务业购进的商品,从海关、市场管理部门购进的缉私和没收的商品,从居民收购的废旧商品等;(5)从国(境)外直接进口的商品。不包括企业(单位)为自身经营用,和未通过买卖行为而收入的商品以及销售退回、商品升溢等。

Total Purchases of Commodities refer to the purchases of commodities by the establishments from other establishments or individuals (including direct import from abroad) for the purpose of re-selling, either with or without further processing of the commodities purchased. This indicator is used to show the total value of purchases of commodities by wholesale and retail establishments from domestic and overseas markets. The total purchases include:(1) agricultural and industrial products purchased from producers; (2) books, magazines and newspapers purchased from distribution departments of the publishers;(3) commodities purchased from wholesale and retail establishments;(4) commodities purchased from other units, such as surplus materials purchased from government agencies, enterprises or institutions, commodities purchased from catering and service establishments, confiscated goods purchased from customs authorities or market management agencies, second-hand goods and wastes purchased from residents; (5) commodities directly imported from abroad. Excluded are commodities purchased by establishments (units) for use in their-own business operation, commodities obtained without buying or selling procedures, rejected commodities, etc.

【商品销售总额】 指对本企业(单位)以外的单位和个人出售(包括对国(境)外直接出口)的商品。这个指标反映批发零售贸易业在国内市场上销售商品以及出口商品的总量。商品销售总额包括:(1)售给城乡居民和社会集团消费用的商品;(2)售给工业、农业、建筑业、运输邮电业、批发零售贸易业、餐饮业、服务业等作为生产、经营使用的商品;(3)售给批发零售贸易业作为转卖或加工后转卖的商品;(4)对国(境)外直接出口的商品。不包括:出售本企业(单位)自用的废旧包装用品,未通过买卖行为付出的商品,经本单位介绍,由买卖双方直接结算,本单位只收取手续费的业务,购货退出的商品以及商品损耗和损失等。

Total Sales of Commodities refer to selling of commodities by the establishments to other establishments and individuals (including direct export). This indicator is used to show the total value of sales of commodities at domestic markets and export. The total sales include:(1) commodities sold to urban and rural residents and social groups for their consumption; (2)commodities sold to establishments in industry, agriculture, construction, transportation, post and telecommunications, wholesale and retail trades, catering trade and public utility for their production and operation;(3) commodities sold to wholesale and retail establishments for reselling, with or without further processing; (4) commodities for direct export to other countries. Excluded are selling of waste packaging materials used by the establishments (units) themselves, commodities transferred without buying or selling procedures, commission income from brokerage in transactions whose settlement is directly handled by buyers and sellers, rejected commodities in the purchase, loss in commodities, etc.

【批发零售贸易业年末库存】 指年末各种经济类型的批发零售贸易企业(单位)已取得所有权的商品。它反映各地区、各批发零售贸易企业(单位)的商品库存情况,和对市场商品供应的保证程度。期末库存包括:(1)存放在批发零售贸易业经营单位(如门市部、批发站、经营处)仓库、货场、货柜和货架中的商品;(2)挑选、整理、包装中的商品;(3)已记入购进而尚未运到本单位的商品,即发货单或银行承兑凭证已到而货未到部分;(4)寄放他处的商品,如因购货方拒绝承付而暂时存放在购货方的商品和已办完加工成品收回手续而未提回的商品;(5)委托其他单位代销(未作销售或调出)尚未售出的商品;(6)代其他单位购进尚未交付的商品。不包括所有权不属于本单位的商品、拨付除批发零售贸易业以外的其他行业所属独立核算加工厂等加工生产尚未收回成品的商品、代国家物资储备部门保管的商品等。期末库存总额计算方法是:农副产品采购单位按购进价计算,批发单位按进货价计算,零售单位按什么价格核算就按什么价格计算。

Commodity Stock of Wholesale and Retail Enterprises at Year-end refers to total commodities possessed by wholesale and retail enterprises (units) of various types of ownership, which reflects the commodity stock level of various wholesale and retail enterprises and the potential for market supply. It includes:(1) commodities deposited in storage, counters, and shelves of operating units (such as sale stores, wholesale centers, and operating offices) of wholesale and retail enterprises;(2) commodities in the process of selecting, sorting, and packing;(3) commodities not arrived but recorded as purchase in the account, i. e. commodities not arrived but payment receipts for the commodities from the sellers or the banks arrived;(4) commodities deposited in other places rather than places mentioned above, for instance:commodities in the hold of purchasers temporarily due to the refusal of payment and commodities not taken back after going through the formalities;(5) commodities entrusted to other units to sell but not sold yet;(6) commodities purchased for other units but not delivered yet. Commodities not included as stock are those not owned by the enterprises (units), those allocated to financially independent factories rather than wholesale and retail enterprises for processing but not taken back yet, and finally those put in stock by wholesale and retail enterprises on behalf of the state material reserves units. In the calculation of the value of commodities stock at the end of period, the value is calculated at purchasing prices in agricultural goods purchasing units and wholesale units, and at the accounting prices in retail units.

【零售价格指数】 是反映城乡商品零售价格变动趋势的一种经济指数。零售物价的调整变动直接影响到城乡居民的生活支出和国家的财政收入,影响居民购买力和市场供需平衡,影响消费与积累的比例。因此,计算零售价格指数,可以从一个侧面对上述经济活动进行观察和分析。

Retail Price Index reflects the general change in retail prices of commodities. The change and adjustment in retail prices directly affect the living expenditure of urban and rural residents, government revenue, purchasing power of residents and the equilibrium of market supply and demand, and the ratio of consumption to accumulation. Therefore, the calculation of retail price index is useful to analyse the changes of the above economic activities.

【居民消费价格总指数】 是反映一定时期内城乡居民所购买的生活消费品价格和服务项目价格变动趋势和程度的相对数。是综合了城市居民消费价格指数和农民消费价格指数计算取得。利用居民消费价格指数,可以观察和分析消费品的零售价格和服务价格变动对城乡居民实际生活费支出的影响程度。

Consumer Price Index reflects the relative change in prices of consumer goods and services purchased by urban and rural residents, and is a composite index derived from the urban consumer price index and the rural consumer price index. Consumer price index can be used to analyse the impact of consumer price change on actual expenditure for living cost of urban and rural residents.

【利用外资】 指我国各级政府部门、企业和其他经济组织通过对外借款、吸收外商直接投资以及用其他方式筹措的境外现汇、设备、技术等。

Utilization of Foreign Capital refers to remittance, equipment and technology financed from abroad, by loans, foreign direct investment and other forms undertaken by the Chinese governments at all levels, by various departments, enterprises and other economic units.

【对外借款】 是我国利用外资的主要部分。包括我国通过外国政府贷款,国际金融组织贷款,外国银行商业贷款,出口信贷以及对外发行债券,股票等方式,从境外筹措的资金。

Foreign Loans a major part of China´ s utilization of foreign capital, refer to funds borrowed from abroad, including loans of foreign governments, loans of international financial institutions, commercial loans of foreign banks, export credit, and funds raised by Chinese bonds and shares issued abroad.

【外商直接投资】 是指外国企业和经济组织或个人(包括华侨、港澳台胞以及我国在境外注册的企业)按我国有关政策、法规, 用现汇、实物、技术等在我国境内开办外商独资企业、与我国境内的企业或经济组织共同举办中外合资经营企业、合作经营企业或合作开发资源的投资(包括外商投资收益的再投资)以及经政府有关部门批准的项目投资总额内,企业从境外借入的资金。

Direct Investment by Foreign Entrepreneurs refers to the investments inside China by foreign enterprises and economic organizations or individuals (including overseas Chinese, compatriots from Hong Kong, Macao and Taiwan, and Chinese enterprises registered abroad), following the relevant policies and laws of China, for the establishment of ventures exclusively with foreign own investment, Sino-foreign joint ventures and cooperative enterprises or for co-operative exploration of resources with enterprises or economic organizations in China. It includes the re-investment of the foreign entrepreneurs with the profits gained from the investment and the funds that enterprises borrow from abroad in the total investment of projects which are approved by the relevant department of the government.

【对外承包工程】 包括各对外承包公司以招标议标承包方式承揽的下列业务(1)承包国外工程建设项目;(2)承包我国对外经援项目;(3)承包我国驻外机构的工程建设项目;(4)承包我国境内利用外资进行建设的工程项目;(5)与外国承包公司合营或联合承包工程项目时我国公司分包部分;(6)以服务成果向业主收费的技术服务项目(包括承担地形地貌测绘;地质资源勘探与普查;建设区域规划;提供设计文件、图纸、生产工艺技术资料和工程技术经济咨询;工程项目的可行性考察、研究和评估;进行技术指导和培训人员等);(7)对外承包兼营的房屋开发业务。对外承包工程的营业额是以货币表现的本期内完成的对外承包工程的工作量,包括以前年度签订的合同和本年度新签订的合同在报告期完成的工作量。

Contracted Projects with Foreign Countries refer to projects undertaken by Chinese contractors (project contracting companies) through bidding process. They include:(1)overseas civil engineering construction projects financed by foreign investors;(2) overseas projects financed by the Chinese government through its foreign–aid programs; (3) construction projects of Chinese diplomatic missions, trade offices and other institutions stationed abroad; (4) construction projects in China financed by foreign investment;(5) sub–contracted projects to be taken by Chinese contractors through a joint umbrella project with foreign contractor (s); (6) technical assistance projects in the form of service results and chargeable to the owners (such as topographic surveying, geological prospecting, development zone programming, provision of designing documents, blueprint, materials on production process, technical consultation, project feasibility studies and evaluation, personnel training, etc.); (7)housing development projects. The Business income from international contracted projects is the work volume of contracted projects completed during the reference period, expressed in monetary terms, including completed work on projects signed in previous years.

【对外劳务合作】 指以收取工资的形式向业主或承包商提供技术和劳动服务的活动。我国对外承包公司在境外开办的合营企业,中国公司同时又提供劳务的,其劳务部分也纳入劳务合作统计。劳务合作营业额按报告期内向雇主提交的结算数(包括工资、加班费和奖金等)统计。

Service Co–operation with Foreign Countries refers to the activities of providing technology and labour services to employers or contractors in the forms of receiving salaries and wages. Labour services providing by contractual joint ventures of Chinese international contraction corporations should be included in the statistics of service co–operation with foreign countries. The business income of labour service co–operation is the income in the form of wages and salaries, overtime pay ,bonuses and other remuneration received from the employers during the reference period.

【旅游人数】 指来我国参观、访问、旅行、探亲、访友、休养、考察、参加会议和从事经济、科技、文化、教育、体育、宗教等活动的外国人、华侨、港澳台胞的人数。不包括外国在我国的常驻机构,如使领馆、通讯社、企业办事处的工作人员;来我国常驻的外国专家、留学生以及在岸逗留不过夜人员。

Number of Tourists refers to the number of foreigners, overseas Chinese, and compatriots from Hong Kong, Macao and Taiwan coming to China for sightseeing, visits, tours, family reunions, vacations, study tours and other activities of an economic, scientific and technological, cultural, physical culture and religious nature. This does not include the number of employees of foreign organizations stationed in China such as embassies, consulates, news agencies, the offices of corporations and enterprises and foreign experts and students residing in China and the persons staying briefly in China but not for passing the night.

【国际旅游(外汇)收入】 指入境旅游的外国人、华侨、港澳台同胞在中国大陆旅游过程中发生的一切旅游支出,对于国家来说就是国际旅游(外汇)收入。

Foreign Exchange Earnings from International Tourism refer to the total expenditures of the foreigners, overseas Chinese, compatriots from Hong Kong, Macao and Taiwan in the process of their tourism in the mainland of China. Their expenditures mentioned above are foreign exchange earnings to China.

【进出口总额】 海关进出口总额指实际进出我国国境的货物总金额。包括对外贸易实际进出口货物,来料加工装配进出口货物,国家间、联合国及国际组织无偿援助物资和赠送品,华侨港澳台同胞和外籍华人捐赠品,租赁期满归承租人所有的租赁货物,进料加工进出口货物,边境地方贸易及边境地区小额贸易进出口货物(边民互市贸易除外),中外合资经营企业、中外合作经营企业、外商独资经营企业进出口货物和公用物品,到、离岸价格在规定限额以上的进出口货样和广告品(无商业价值、无使用价值和免费提供出口的除外),从保税仓库提取在中国境内销售的进口货物,以及其他进出口货物。进出口总额用以观察一个国家在对外贸易方面的总规模。我国规定出口货物按离岸价格统计,进口货物按到岸价格统计。

Total Imports and Exports at Customs refer to the value of commodities imported into and exported from the boundary of China. They include the actual imports and exports through foreign trade, imported and exported goods under the processing and assembling trades and materials, supplies and gifts as aid given gratis between governments and by the United Nations and other international organizations, and contributions donat-ed by overseas Chinese, compatriots from Hong Kong Macao and Taiwan and Chinese with foreign citizenship, leasing commodities owned by tenant at the expiration of leasing period, the imported and exported commodi-ties processed with imported materials, commodities trading in border areas (excluding mutual exchange goods), the imported and exported commodities and articles for public use of the Sino-foreign joint ventures, cooperative enterprises and ventures exclusively with foreign own investment. Also included are import or ex-port of samples and advertising goods for whose CIF or FOB value are beyond the permitted ceiling (excluding goods of no trading or use value and free commodities for export), imported goods sold in China from bonded warehouse and other imported or exported goods.The indicator of the total imports and exports at customs can be used to observe the total size of external trade in a country. In accordance with the stipulation of the Chi-nese government, imports are calculated at CIF, while exports are calculated at FOB.

【存款】 企业、机关、团体或居民根据可以收回的原则,把货币资金存入银行或其他信用机构保管并取得一定利息的一种信用活动形式。根据存款对象的不同可划分为企业存款、财政存款、机关团体存款、基本建设存款、城镇储蓄存款、农村存款等科目。它是银行信贷资金的主要来源。

Deposit is a form of credit by which enterprises, institutions, organizations or residents can put money into banks and other credit institutions for safekeeping and interest earning under the principle of free with-drawal. According to different depositors, deposits are divided into enterprise deposits, treasury deposits, de-posits of government agencies and organizations, capital construction deposits, urban saving deposits, rural de-posits and other deposits. Deposits are major sources of the credit funds of banks.

【贷款】 银行或其他信用机构根据必须归还的原则,按一定利率,为企业、个人等提供资金的一种信用活动形式。我国银行贷款分为流动资金贷款、固定资产贷款、城乡个体工商户贷款以及农业贷款等科目。

Loan is a form of credit by which banks and other credit institutions provide funds at certain interest rate to enterprises and individuals in the light of the principle of unconditional repayment. Loans from Chinese banks include circulating capital loans, fixed assets loans, loans to urban and rural individuals engaged in in-dustrial and commercial business and agricultural loans.

【普通高等学校】 指按照国家规定的设置标准和审批程序批准举办,通过国家统一招生考试,招收高中毕业生为主要培养对象,实施高等教育的全日制大学、独立设置的学院和高等专科学校、短期职业大学。

Regular Institutions of Higher Learning refer to educational establishments set up according to the government evaluation and approval procedures, enrolling graduates from senior secondary schools and provid-ing higher education courses and training for senior professionals. They include full-time universities, colleges, high professional schools and short-term professional universities.

【研究与发展经费支出】 指报告期内用于研究与实验发展课题活动(基础研究、应用研究、实验发展)的全部实际支出。包括用于研究与发展课题活动的直接支出,还包括间接用于研究与发展活动的一切支出(院、所管理费、维持院、所正常运转的必需费用和与研究发展有关的基本建设支出)。

Total Expenditure on Research and Development refers to all actual expenditure made for R & D (bassic research, applied research and experimental development) in reference period. It includes direct expenditure on R & D and indirect expenditure on R & D (including management expenses, administrative and investment in capital construction ralating to R & D).

【艺术表演团体】 指从事戏曲、音乐、舞蹈、杂技等专业艺术表演,有独立帐户,实行单独核算的团体。不包括半工半艺、半农半艺和民间职业剧团。

Art Troupe refers to the troupe which engaged in drama, opera, music, dance, acrobatics or other art performance, opens independent accounts with banks and has self-supporting accounting system; excluding the troupes which are engaged partly in industrial or agricultural activities, partly in art performance and the professional troupes organized by the people.

【电影放映单位】 指具有放映机器设备、固定或不固定的放映场所与专职或兼职的放映技术人员,经有关部门登记批准,经常为一定的观众对象放映电影的机构。包括经批准对外开放进行营业,并与电影发行放映管理机构分帐的专用放映单位和军委系统租片单位。

Film Projection Units refer to units with film projection equipment, full or part-time projectionists, permanent or non-permanent places, approved by related administrative departments to show films regularly for certain groups of audience, including those film projection units which have been approved to give commercial shows and run business with independent accounting system as well as those film-renting units of the military system.

【医院】 指名称为医院,设有固定床位能收容病人住院并能为病人提供医疗、护理服务的医疗机构。包括县及县以上医院、农村乡卫生院、其他医院三部分。按所属性质分为卫生部门、工业及其他部门,集体经济单位三类。其中县及县以上医院按业务性质分为综合医院和专科医院。

Hospitals refer to medical institutions named as "hospital" with permanent hospital beds, which are able to take in patients and provide them with medical and nursing services. Hospitals are classified into three categories: hospital at or above the county level, hospitals of rural townships, and other hospitals. According to their ownership, hospitals can be classified into three categories:hospitals under the public health departments, hospitals under industrial and other departments and collective-owned hospitals. Hospitals at or above county level are divided into comprehensive and specialized hospitals.

【卫生技术人员】 指卫生事业机构支付工资的全部固定职工和合同制职工中现任职务为卫生技术工作的专业人员。包括中医师、西医师、中西医结合高级医师、护师、中药师、检验师、其他技师、中医士、西医士、护士、助产士、中药剂士、西药剂士、检验士、其他技士、其他中医、护理员、中药剂员、西药剂员、检验员,其他初级卫生技术人员。

Medical Technical Personnel refers to all permanent medical staff and workers employed by medical institutions, including doctors of Chinese and Western medicine, senior doctors who integrate traditional Chinese therapeutics with Western thrapeutics in practice, senior nurses, pharmacists of Chinese and Western medicine, laboratory specialists, other specialists, paramedics of Chinese and Western medicine, nurses, midwives, druggists in Chinese and Western medicine, laboratory technicians, other technicians, other practitioners of Chinese medicine,nursing attendants, pharmacological workers of Chinese and Western medicine, laboratory workers, and other primary medical personnel.

【医生】 指经卫生部门审查合格,从事医疗工作的专业人员。分为中医医生和西医医生。包括卫生技术人员中的中医师、西医师、中西结合高级医师、中医士、西医士和其他中医。

Doctors refer to qualified professional medical workers approved to practice by public health departments. They are classified into doctors of Chinese medicine, doctors of Western medicine, senior doctors who integrate traditional Chinese therapeutics with Western therapeutics in practice, paramedics of Chinese medicine and Western medicine, and other specialists of Chinese medicine.

【工业废水排放量】 指经过企业厂区所有排放口排到企业外部的工业废水量。包括生产废水、外排的直接冷却水、超标排放的矿井地下水和与工业废水混排的厂区生活污水,不包括外排的间接冷却水(清污不分流的间接冷却水应计算在内)。

Volume of Industrial Waste Water Discharged refers to the volume of industrial waste water discharged, through all outlets, to the outside of industrial enterprises, including waste water produced, direct-cooling water, underground water from mines that does not meet the standard of discharge, and the domestic sewage mixed up with industrial waste water when discharged, but excluding discharged indirect-cooling water.

【工业废水处理量】 指报告期内各种水治理设施实际处理的工业废水量,包括处理后外排的和处理后回用的工业废水量。虽经处理但未达到国家或地方排放标准的废水量也应计算在内。计算时,如遇有车间和厂排放口均有治理设施,并对同一废水分级处理时,不应重复计算工业废水处理量。

Volume of Treated Industrial Waste Water refers to the volume of industrial waste water after being treated and purified through various water treatment facilities in the reference period, including the volume discharged or recovered after being treated. The volume of waste water that fails to meet the national or local standards after treatment is also included. If there are treatment facilities both at the outlets of workshops and at the outlets of the factory, and the same volume of waste wate has been treated twice, duplication should be avoided in the calculation of the volume of treated industrial waste water.

【工业废气排放量】 指企业厂区内燃烧和生产工艺过程中产生的各种排入空气的含有污染物的气体的总量,以标准状态[273K,101325Pa]计。

Volume of Waste Gas Emission refers to waste gas emitted from burning of fuels and from production process in the area of the factory,and is measured by 10 000 standard cubic metres each year under normal condition.

【二氧化硫排放量】 指企业在燃料燃烧和生产工艺过程中排入大气的二氧化硫量。

Volume of Sulphur Dioxide Discharged refers to the volume of sulphur dioxide discharged to the air in the process of fuel burning or in the production process.

【工业粉尘排放量】 指企业在生产工艺过程中排放的颗粒物重量。如钢铁企业的耐火材料粉尘、焦化企业的筛焦系统粉尘、烧结机的粉尘、石炭窑的粉尘、建材企业的水泥粉尘等。不包括电厂排入大气的烟尘。

Industrial Dust Discharged refers to the total weight of solid dust discharged by industrial enterprises in the production process, such as dust of refractory materials from iron plants, dust from coke-screening system or from sintering machines of coking plants, dust from lime kilns, cement dust from building material enterprises, etc., but excluding smoke and dust discharged by power plants.

【工业固体废物产量】 指企业在生产过程中产生的固体状、半固体状和高浓度液体状废弃物的总量,包括危险废物、冶炼废渣、粉煤灰、炉渣、煤矸石、尾矿、放射性废物和其他废物等;不包括矿山开采的剥离废石和掘进废石(煤矸石和呈酸性或碱性废石除外)。酸性或碱性废石是指采掘的废石其流经水、雨淋水的pH值小于4或pH值大于10.5者。

Volume of Industrial Solid Wastes Produced refers to the total volume of solid, semi-solid or high concentration liquid residue produced by industrial enterprises in their production process,including dangerous wastes, residues from melting, slag, powdered coal ash, gangue, chemical residues, tailings, radioactive residues and other residues, but excluding stripped or dug stones in mining (except gangue and acid or alkali stones which are stones washed or soaked by water with a pH value smaller than 4 or larger than 10.5.)

【工业固体废物处置量】 指将固体废物焚烧或者最终置于符合环境保护规定要求的场所并不再回取的工业固体废物量(包括当年处置往年的工业固体废物累计贮存量)。处置方法如:填埋(其中危险废物应安全填理)、焚烧、专业贮存场(库)封场处理、深层灌注、回填矿井等。

Volume of Industrial Solid Wastes Treated refers to solid wastes disposed of in a non-recoverable place that meet the requirement of environmental protection, such as burying (The dangerous wastes should be buried safely), burning, piling in designated sites, pouring water into the deep strata, filling of old mines, etc. (including treatment of solid wastes piled up in the previous years).

【城镇居民家庭就业人口】 指城镇居民从事社会劳动并取得劳动报酬或经营收入的人口。就业人口包括通过国家统筹规划和指导由劳动部门介绍就业,自愿组织起来的就业和自谋职业等方式,在国有制、集体所有制、中外合资、中外合作 、外资在华独资的企事业单位和私营企业单位工作或从事个体劳动的有固定性职业或临时性职业的人口。被聘用和留用的离退休人员也计入就业人口。本指标可以反映城镇居民的就业情况,是计算就业面、负担系统的重要资料。

Employed Population in Urban Households refers to urban residents engagd in certain work and receiving payment for their labour of income from their business operation, including those who work in state-owned or collective units, joint ventures, foreign-owned units and private units with permanent or temporary jobs. The self-employed individuals and re-employed retirees are also included. This indicator reflects the situation of urban employment and is the basic data for calculating employment rate and dependency ratio.

【城镇居民家庭全部收入】 指被调查城镇居民家庭全部的实际现金收入,包括经常或固定得到的收入和一次性收入。不包括周转性收入,如提取银行存款、向亲友借入款、收回借出款以及其他各种暂收款。

Total Income of Urban Households refers to the total actual cash income of the sample households, including regular or fixed income and occasional income. The income of a circulating nature such as withdrawal from bank deposits, loans borrowed from relatives or friends, repayment of loans received and various temporary collection of money is excluded.

【城镇居民家庭可支配收入】 指被调查城镇居民家庭在支付个人所得税之后,所余下的实际收入。

Disposable Income refers to the income of the sample households which can be used for daily expenses, i. e. total income minus income tax.

【城镇居民家庭消费性支出】 指被调查的城镇居民家庭用于日常生活的全部支出,包括购买商品支出和文化生活、服务等非商品性支出。不包括罚没、丢失款和缴纳的各种税款(如个人所得税、牌照税、房产税等),也不包括个体劳动者生产经营过程中发生的各项费用。

Expenditure for Consumption refers to total expenditure of the sample households for consumption in daily life, including expenditure for various commodities and expenses for non-commodity items such as culture and service, etc., but excluding fines and confiscation, loss, tax payments (such as income tax, license tax, real estates tax, etc.) and various expenses by individual laborers for business purposes.

【农村居民家庭纯收入】 指农村常住居民家庭总收入中,扣除从事生产和非生产经营费用支出、缴纳税款和上交承包集体任务金额以后剩余的,可直接用于进行生产性、非生产性建设投资、生活消费和积蓄的那一部分收入。它是反映农民家庭实际收入水平的综合性的主要指标。农民家庭纯收入,既包括从事生产性和非生产性的经营收入,又包括取自在外人口寄回带回和国家财政救济、各种补贴等非经营性收入;既包括货币收入,又包括自产自用的实物收入。但不包括向银行、信用社和向亲友借款等属于借贷性的收入。

Net Income of Rural Households refers to the total income of the permanent residents of the rural households during a year after the deduction of the expenses for productive and non-productive business operation, the payment for taxes and the payment for collective units for their contracted tasks. The net income can be spent for investments in productive and non-productive construction, for consumption in daily life and for savings deposit. It is a comprehensive indicator to show the actual level of the income of the peasants′

household. The net income of the rural households includes not only the income from the productive and non-productive business operation, but also the income from the non-business operation, such as the money remitted or brought back by the members of the household who are in other places, the government relief payment and various subsidies. It includes not only the money income, but also the income in kind. But the income from borrowing from banks, friends and relatives is excluded.

索　　引

索　　引

说　　明

1. 本年鉴以主要统计指标或关键词作索引，以首字汉语拼音音序排列。
2. 个别指标在不同场合出现时名称会有差异，在该索引中按同一指标对待。

中国统计出版社最新资料书简目